Günter Seuren · Sylvio Heufelder

SCHATZ SUCHER

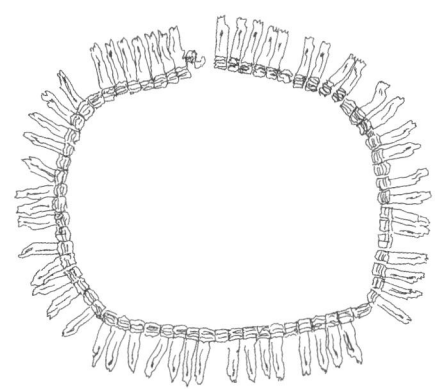

Günter Seuren · Sylvio Heufelder

SCHATZ SUCHER

Auf der Jagd
nach dem verlorenen Gold
der Jahrhunderte

Bechtermünz Verlag

Lizenzausgabe mit Genehmigung der
GUSTAV LÜBBE VERLAG GmbH, Bergisch Gladbach
für Weltbild Verlag GmbH, Augsburg 2000
Copyright © 1993 für die deutsche Ausgabe
by Gustav Lübbe Verlag GmbH, Bergisch Gladbach
Einbandgestaltung: Studio Höpfner-Thoma, München
Umschlagmotiv: AKG, Berlin
Gesamtherstellung: Offizin Andersen Nexö – ein Betrieb
der INTERDRUCK Graphischer Großbetrieb GmbH

Printed in Germany

ISBN 3-8289-0746-6

Für Max und Gina

INHALT

Meine Kritiker haben geschrieben, es ginge mir um die Poesie der Niederlage. Da sind sie auf dem Holzweg. Sie haben nachgerechnet, wie viele meiner Helden auf der Strecke bleiben und wie wenige siegen. Aber das Schicksal meiner Helden hat für mich wenig Gewicht. Was mich fasziniert, das ist, ihre Abenteuer zu teilen.

John Huston

Altmeister des Hollywoodfilms,
Regisseur des Klassikers »Der Schatz der Sierra Madre«

Auf unseren Expeditionen zu Schatzverstecken rund um den Globus haben wir viele Freunde gefunden, die unsere Spurensuche in schwer zugänglichen Gebieten abseits der Zivilisation unterstützten. Allen, die uns in Fels und Busch, Dschungel oder Wüste, unter dem Meeresspiegel oder im Sand einer einsamen Schatzinsel mit Rat und Tat zur Seite standen, danken wir mit diesem Buch.

Sie waren die guten Geister unterwegs:

In Arizona, USA:
Bob Ward, Superstition Mountains,
Hank Sheffer, Apache Junction,
Fred und Elaine Schrader, Apache Junction,
Tom Kollenborn, Apache Junction,
Bob Corbin, Phoenix.

In Ecuador:
Oswaldo Guayasamín, Quito,
Maria, Salasaca-Indianerin, Pillaro.

In Südafrika:
Peter Hayward, Johannesburg,
John und Mrs. Lavers, Johannesburg,
Jackson Mbowana, Dorfältester der Shangaan.

In Australien:
Bob Lasseter, Sydney,
Hank und Jim, Aborigines vom Stamm der Pitjantjatjara,
Petermann Ranges,
Hugh Edwards, Abrolhos Islands,
Max Cramer, Abrolhos Islands.

In Französisch-Polynesien:
Christophe Zebrowski und Nicole Zebrowska, Raiatea,
Rudolphe und Claude-Elaine Weinmann,
Honorarkonsulin der BRD, Tahiti,
Henri Rittmeister, Tahiti,
Albert Durou, Tahiti,
Robert Hervé, Tahiti,
Bengt Danielsson, Tahiti,
Marcello Raioho, Mopelia.

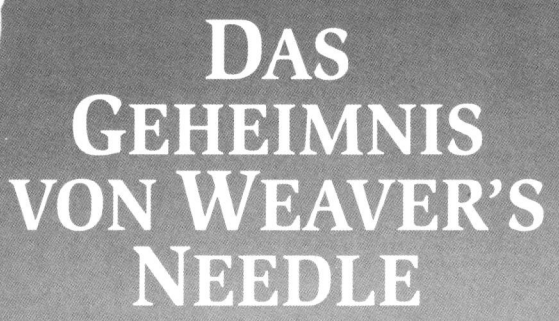

DAS GEHEIMNIS VON WEAVER'S NEEDLE

Tödliches Gold in der Bergwildnis von Arizona

Rechte Seite links:
Bob Ward, der Kö-
nig der Goldgräber,
in der Wüste von
Arizona. Der Sa-
guaro-Kaktus kann
200 Jahre alt und
15 Meter hoch wer-
den.

Rechte Seite rechts:
Der König von
Arizona mit einem
Goldklumpen in der
Hand. So sahen
amerikanische Zeit-
genossen den deut-
schen Goldgräber
Jakob Walzer in den
siebziger Jahren des
19. Jahrhunderts.

Die Wüstensonne heizt den Asphalt von Apache Junction auf. Die kleine Stadt in der Kaktuswüste von Arizona liegt am Fuß der berüchtigten Superstition Mountains. Das Gebirgsmassiv gleicht einer riesigen Spinne, die im Lauf eines Tages ihre Farben wechselt. Im Morgengrauen ist das Biest noch bleich, unausgeschlafen, mittags lauert es rötlich schimmernd unter der glutheißen Sonne und versinkt abends in einem betörenden Rosa. Wir werden an Alpenglühen erinnert, aber diese Riesenspinne wirkt jederzeit bedrohlich, auch wenn sie mit dem schönsten Make-up auf ihre Opfer lauert.

Die Spinne wartet auf Männer wie Bob Ward, der einen Colt Kaliber 45 am Gürtel trägt. Er braucht ihn nicht, um sich vor Klapperschlangen zu schützen, besonders vor der gefürchteten Diamondback mit dem Diamantenmuster auf dem Rücken. Er hat einen anderen Feind, einen unbekannten Killer in den Superstitions. Bob Ward sucht eine legendäre Goldader, die Lost Dutchman Mine. Und oben, in einer Bergwildnis, die Pumas, Klapperschlangen und Adlern gehört, wartet manchmal ein Konkurrent, der aus dem Hinterhalt schießt.

Seit 1891 geht das schon so: Ein paar Dutzend Männer haben in den Superstitions ihren Traum vom plötzlichen Reichtum mit dem Leben bezahlt. Sie endeten mit einem Schußloch in der Stirn oder im Rücken. Ein Mörder wurde nie gefaßt. Jede neue Generation von Goldsuchern trifft in den Superstitions auf einen Killer, der die Konkurrenz zur Hölle schicken will.

Es ist August, einer der heißesten Monate in der Wüste. Täglich Temperaturen über vierzig Grad. Die Erdhörnchen flitzen ins nächste Loch, um sich die Pfoten nicht zu verbrennen. Zwischen ihren Erdhöhlen steht unser »Grand Hotel«, eine Ansammlung von Bungalows, in denen schon Elvis Presley und John Wayne logierten. Tag und Nacht rauscht die Klimaanlage. Im August ist das »Grand Hotel« wie ausgestorben. Touristen kommen erst im milden Winter, wenn die Temperatur auf angenehme 25 Grad sinkt. Manchmal aber schlägt der Frost auch in den Superstitions zu, dann präsentiert sich die Bergspinne mit einer dicken Schneehaube.

Vor dem »Grand Hotel« steht das Denkmal des Mannes, der die Goldader gefunden hat: Er geht mit Packesel und Winchester in die Superstitions. Er war ein Deutscher namens Jakob Walzer. Für die Leute von Apache Junction ist er ein Held aus den Tagen des Wilden Westens. Die Amerikaner nannten ihn Jacob Waltz, auch Dutchman oder Dutchie, wie man im vergangenen Jahrhundert deutsche Einwanderer nannte. Dutchie stammte aus Oberschwandorf in Württemberg. Es heißt, er war ein Bergbauingenieur, den das Abenteuer nach Amerika lockte. Andere sagen, er war der Sohn eines Schneiders, der keine Lust mehr hatte, Sonntagsanzüge für die Kunden seines Vaters zu nähen.

Jacob Waltz, 1810 geboren, kam um 1839 als hoffnungsvoller Aussteiger nach Amerika. 1848 ging er nach Kalifornien, als dort der Goldrausch begann. 1862 tauchte er dann in Arizona auf, arbeitete in der Vulture Mine bei Wickenburg, aber den großen Goldklumpen fand Waltz auch hier nicht. 1871 zog er schließlich mit seinem Packesel in die Superstitions, um das Gold der spanischen Minenkönige, der Familie Peralta, zu suchen. Waltz und sein Goldesel haben soviel Staub aufgewirbelt, daß er sich bis heute nicht gelegt hat.

In der letzten Nacht ist ein Gewitter im Norden niedergegangen, über Phoenix, der Metropole Arizonas, zuckten Blitze. Am Morgen regnet es noch leicht, als die Erdhörnchen sich begrüßen. Bob Ward steht vor dem Hotel, ein hagerer Abenteurer Ende Vierzig. Sein Colt liegt auf dem Armaturenbrett eines klapprigen Chevrolets. Bob wird uns über den alten Trail führen, den Pfad, den Jacob Waltz gegangen ist.

Wir fahren über den Highway, den ein Drahtzaun von der Wüste abgrenzt. Wo die Saguaro-Kakteen enden, ragen die Superstitions auf, Sitz

des alten Donnergottes der Apachen, des »Thunder God«. Die Riesenkakteen, die Saguaros, können mehr als zehn Meter hoch und zweihundert Jahre alt werden. Längst verblichene Goldsucher haben mit ihren
Messern Zeichen in die Kakteen geritzt und Steine als Wegweiser in das
aufgeschnittene Fleisch der Saguaros geklemmt. Sie tragen graue Narben, die von den Rätseln der Superstition Mountains zeugen.

Nach einer halben Stunde Fahrt biegt der Chevrolet nach links ab.
Bob öffnet und schließt den Drahtzaun: Wir verlassen die Zivilisation.
Jetzt sind wir Gesetzessünder, denn es ist verboten, den Highway zu
verlassen. Die Wüste ist Staatseigentum. Aber Bob Ward ist ein Amerikaner, der wie einer der letzten Helden des Wilden Westens aussieht und
seinem eigenen Gesetz folgt. Wir rollen mit einer Staubwolke in die
große Freiheit.

Bob parkt den Chevy zwischen dicht zusammenstehenden Saguaros, dort ist er gut versteckt. Die Rangers, die manchmal Streife fahren,
werden ihn so leicht nicht finden. Bob Ward schiebt seinen Colt in das
Halfter, dann gehen wir los, die Rucksäcke voll mit Proviant und Plastikflaschen, ohne Mineralwasser würden wir in der Wüste nicht weit kommen. Der Regen der letzten Nacht ist schon verdunstet. Die Wüstensonne brennt über dem alten Trail der Goldsucher.

Wir steigen in einem Canyon auf, Felsen stehen wie versteinerte Apachen da, Basaltsäulen, Hunderte von Kriegern, die den weißen Eindring-
lingen erbitterten Widerstand leisteten, bis zu den letzten Gefechten des
Häuptlings Geronimo, der erst 1886 kapitulierte. Über den steinernen
Gruppen ragen Felsen auf, die wie die alten Götter der Apachen mißtrauisch auf die kleinen weißen Männer herabschauen, die die Ruhe
der Verlierer stören, der Indianer Amerikas.

Bob Ward ist in Apache Junction stadtbekannt. Für die Leute ist er der
»King of the Mountains«, der König, der da oben jeden Bergwinkel
kennt. Wüstensonne, Whisky und Wildnis haben an ihm gezehrt. Aber
wenn er in die Superstitions geht, hat er seine besten Stunden.

Bob spricht vor sich hin, als rede er mehr mit den versteinerten Apachen als mit uns, er macht Atempausen und erzählt weiter – es ist die
Geschichte seines Lebens: »Paß auf, geh nie über einen Steinhaufen, unter dem eine Klapperschlange liegen könnte.« Er grinst: »Die Rattlers
beißen nicht, wenn du dich an die Regeln hältst. Nur vor den Menschen
mußt du dich fürchten, vor der Zivilisation. Ich bin seit mehr als dreißig
Jahren in den Bergen. Du kommst da hoch, der Wind bläst dir ins
Gesicht und kämpft mit dir. Wenn du in die Nähe eines Adlernestes
kommst, versuchen die Vögel, dich vom Berg zu stoßen. Unten in der
Wüste hast du andere Probleme. Wenn der Wind stark bläst, kriegst du

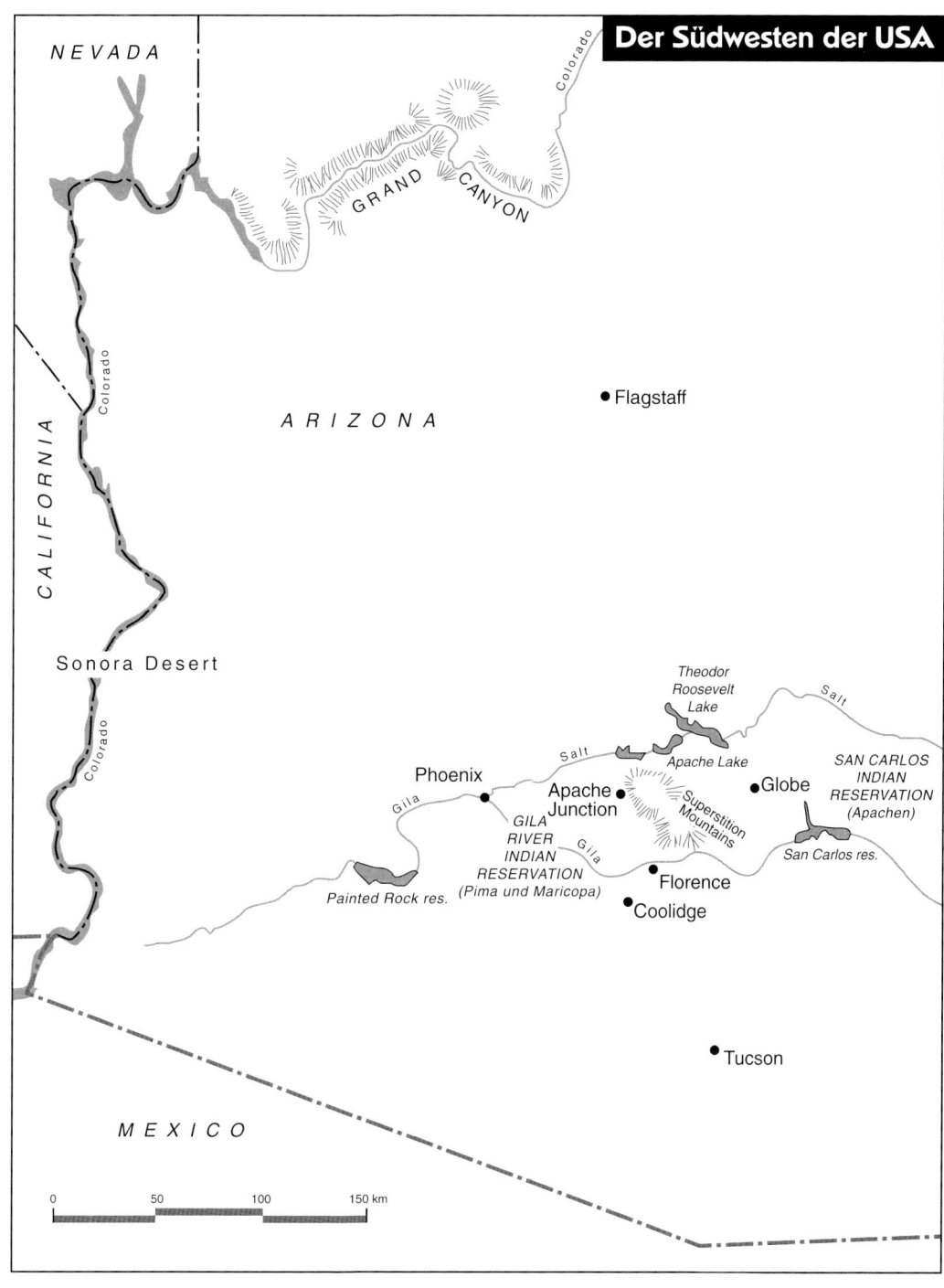

Der Südwesten der USA

N E V A D A

Colorado

GRAND CANYON

Colorado

C A L I F O R N I A

A R I Z O N A

● Flagstaff

Sonora Desert

Colorado

Theodor
Roosevelt
Lake

Salt

Salt

Apache Lake

Phoenix

Gila

Apache
Junction

*GILA
RIVER
INDIAN
RESERVATION*
(Pima und Maricopa)

Superstition
Mountains

●Globe

*SAN CARLOS
INDIAN
RESERVATION*
(Apachen)

Gila

San Carlos res.

Painted Rock res.

● Florence

●Coolidge

● Tucson

M E X I C O

0   50   100   150 km

*Der klagende India-
ner, der sein Land
an die Weißen ver-
lor. Denkmal in
Phoenix, Arizona.*

es mit dem Springkaktus zu tun. Wir nennen ihn Cholla. Wenn die Chol-
las sterben, treibt der Wind diese runden Dinger durch die Luft. Dann
ist es wie verhext. Sie fliegen dir ins Gesicht, bleiben in den Haaren hängen, an Hemd und Hosenbeinen. Du mußt sie mit einem Kamm auskäm-
men. Wenn sie kommen, schießen sie durch die Luft wie Raketen auf der
Suche nach einem Ziel.«

Wir steigen über Felsen, die 25 Millionen Jahre alt sind. Vulkane haben dieses Gebirge geschaffen, haben Lava und Asche aufgetürmt, Gra-
nit und Basalt. In Millionen von Jahren haben Wind, Regen und Sonne
aus diesem monströsen Schutthaufen die Gestalt der Superstitions ge-
formt. Bob liebt das Monstrum: »Die geheimnisvollen Superstitions
geben einem Mann das Gefühl, ein König zu sein, wenn er durch die
Wildnis geht. Aber plötzlich, ohne Warnung, verraten sie dich. Und
dann mußt du sehen, wie du deine Haut rettest. Felsen bröckeln unter
deinen Füßen. Ein trockenes, durstiges Land. Wenn du in einem ausgetrockneten Flußbett übernachtest, und einen Kilometer weiter regnet
es, dann dauert es nicht lange, und die Flut kommt den trockenen Canyon runter. Dann mußt du um dein Leben rennen. Man kann zwanzig
Meter vom Wasser entfernt sein und merkt nichts. Ein kurzes, schreckliches Rauschen, es geht sekundenschnell. Und noch etwas: Die Leute
staunen über die Riesenkakteen, sie wundern sich, wie die es schaffen,
so uralt zu werden, hundert, zweihundert Jahre. Ein großartiges Land,
mit nichts zu vergleichen. Wer sich hier auskennt, weiß: Die Berge sind

eine schlafende Welt, aber gefährlich. Menschen verschwinden hier spurlos. Morde kommen hier vor, jedes Jahr mindestens ein Mord. Manche gehen hier rein, als würden sie den Tod lieben und ihn suchen. Andere werden plötzlich angeschossen. Meine zweite Frau wurde bei einer Schießerei verletzt. Zwei Kugeln Kaliber 44 in den Arm. Ein anderes Mal wurde sie von einer 45er in den Bauch getroffen. Sie hat es überlebt. Solche Sachen passieren hier. Aber den Killer sieht man nicht. Die Schüsse sind seine letzte Warnung: Bis hierher und nicht weiter. Das ist verrückt: Den Goldklumpen, den er überhaupt noch nicht gefunden hat, will er mit keinem teilen.«

Die Ermittlungen der Sheriffs von Apache Junction waren in den vergangenen Jahrzehnten immer erfolglos. Ein Suchtrupp hat auf der wildromantischen Hochebene kaum eine Chance, auch wenn er Spürhunde dabei hat. Wenn die Rangers den Teufelskreis da oben erreichen, ist der Killer schon über alle Berge.

Im Canyon, wo Jacob Waltz mit seinem Packesel hochgestiegen ist, stehen Paloverdesträucher. Stamm, Zweige, Dornen, alles ist grün an diesem Strauch, deshalb nannten ihn die spanischen Eroberer »Palo verde«, grüner Stock. Mesquite-Bäume ragen aus dem Dickicht.

Uraltes Indianerland: Vor dreitausend Jahren bauten hier die Anasazi Höhlensiedlungen. Die Hohokam lebten an den Ufern des Salt River, sie tauschten Mais und Töpferware gegen den Schmuck der Anasazi. In der Sprache der Pima-Indianer bedeutet Hohokam: Die, die spurlos verschwunden sind. Dürreperioden und ausgelaugte Äcker haben sie wahrscheinlich gezwungen abzuwandern. Wohin, das weiß niemand. Haben sie sich mit den Papago und Pima vermischt?

Dann kamen die Apachen. Vor etwa achthundert Jahren zogen sie aus Alaska und Kanada nach Süden, Jäger und Krieger, die sich in der Bergwildnis niederließen. Die Pima machten seither üble Erfahrungen: Sie gingen zur Hirschjagd in die Berge, aber oben saßen die Apachen und töteten die Jäger. Kein Pima kehrte von der Hirschjagd zurück.

Deshalb glaubten die Pima an böse Geister. Später nannte man die Felsen »Berge des Aberglaubens«, Superstition Mountains.

Bob Ward lacht im Schatten der Mesquite-Bäume: »Vielleicht wartet jetzt da oben auch einer auf uns. Die Leute sind gefährlich. Ich trage die Waffe nicht, um Tiere zu töten. Ich trage sie, um Menschen zu töten. Das macht mir nichts aus. Es sind die Verrückten, die auf mich schießen. Ich weiß, daß die Behörden gegen Schießereien sind. Man will ein Gesetz machen, das das Tragen eines Gewehres in den Bergen außerhalb der Jagdsaison verbietet. Aber was ist, wenn du da oben bist und einer ein Gewehr hat? Also brauchst du mindestens einen Colt. Doch wenn der

andere zu weit weg ist, kannst du ihn mit deinem Colt nicht treffen. Wenn ich allein in die Berge gehe, habe ich eine Winchester dabei. Wie der alte Jacob Waltz. Ich hoffe, wir kriegen keinen Ärger da oben. Ich habe nur den Colt dabei. Ich hätte die Winchester mitnehmen sollen.«

Wir kommen an einer Felsmulde vorbei, in der sich der Regen der letzten Nacht angesammelt hat, eine Tränke für den Puma. Vor ein paar Tagen hat der Puma zwei Hunde geholt, die sich zu weit von den Häusern entfernt hatten. Er kommt manchmal aus den Bergen, weil er weiß, daß da unten in der Wüste verspielte Hunde herumlaufen, die keine Ahnung haben, wie nah die tödliche Gefahr ist. Bob Ward hat seine eigene Philosophie: »Alles, was geboren wird, Mensch, Tier oder Pflanze, muß sterben. Ich werde das nie verstehen. Sicher haben Bäume keine Sünde begangen, und mir scheint, daß sie immer Schatten spenden und mehr Bäume machen und nicht sterben müssen. Schau mal, wie lange diese Berge schon stehen. Millionen von Jahren. Aber die vielen neuen Touristenpfade hinterlassen mehr Narben als die Natur mit sintflutartigen Regenfällen. Und was uns betrifft – nichts hält ewig. Ich glaube, daß die Menschheit sowieso nur die kürzeste Zeit auf Erden hat. Die Natur holt sich zurück, was man ihr nimmt. Über die Zivilisation wird Gras wachsen. Verrückte Welt.«

Er bleibt stehen und nimmt einen Schluck aus seiner Wasserflasche. »Damals, in den fünfziger Jahren, gab es hier oben viele Schießereien. Heute ist weniger los. Jetzt gibt es eine neue Art Menschen, die sind nicht ganz so gefährlich wie die von damals. Sie tragen immer noch Waffen, aber sie sind nicht ganz so habgierig wie früher. Sie haben ja fast alles, dank der Zivilisation. Wenn du damals über das Land eines anderen gelaufen bist, hat er gedacht, du willst ihm was stehlen. Dann hat er ganz einfach auf dich geschossen.«

Über dem Canyon kreisen zwei Adler. Bob Ward schaut in den Himmel und lauscht auf die Rufe: »Do you hear the little brothers?« Hört ihr die Stimmen der kleinen Brüder? Männer, die wie Bob Ward seit Jahren durch die Superstitions streifen, im Freien unter dem sternklaren Himmel schlafen, ähneln den längst vergangenen Trappern, den Freunden der Indianer, die deren Respekt vor der Natur teilten, vor dem Gesetz von Leben und Tod.

Wenn du da hineingehst, in die Wildnis, die Einsamkeit, bist du nie allein. »You are never alone«, sagen die Männer, die sich seit Jahren in den Superstitions auskennen. Sie haben viel gemeinsam mit den Indianern. Wenn die Hopi-Indianer im Norden Arizonas eine Klapperschlange fangen, lassen sie die Schlange wieder frei. Sie glauben, daß Schlangen Regen bringen, der für ihre Felder lebenswichtig ist.

Bob Ward geht weiter, steigt über die Basaltfelsen und setzt das Puzzle seines Lebens zusammen. »Ich suche nach Gold, wann immer ich die Zeit dafür habe. Aber ich glaube, es ist nicht nur die Goldsuche, die mich antreibt, es ist auch der Zauber, das Abenteuer, das ich sonst nirgendwo finde.«

Eines Tages ging er in einen verlassenen Minenstollen, suchte nach Goldspuren, und ein Puma, der Schutz vor der Sonne suchte, kam ihm fauchend entgegen. Bob erzählt: »Ich weiß nicht, wer mehr Angst hatte. Der Puma hatte nicht mit meinem Besuch gerechnet. So ist das in den Superstitions. Plötzlich ist der Teufel los, wenn du gar nicht damit rechnest.« Bob Ward duckte sich, und der Puma sprang über ihn hinweg. Zweimal haben den alten Goldgräber Klapperschlangen gebissen. Da er nicht viel von der Schulmedizin hält, hat er Whisky getrunken, bis er die Sterne am Nachthimmel tanzen sah. So hat er den giftigen Schlangenbiß überlebt.

Selbstironisch sinniert Bob weiter: »Übrigens werde ich langsam zu alt, das Gold noch auszugeben, falls ich es finde. Na ja, es ist eben ein wunderbarer Spaß, die ganze Sucherei. Natürlich ist so ein Fund herrlich, man ist glücklich. Aber dann, was machst du dann? Was machst du mit deinem plötzlichen Reichtum? Die Leute sind verrückt, leben in Städten. Verrückt, was sie Zivilisation nennen, wo all der Abfall herumliegt. Du schaust aus deinem Fenster, und was siehst du? Noch ein Fenster. Und nachts diese großen, hellen Lichter, alles hell erleuchtet. Du hörst Sirenen. Ein Unfall, ein Mord? Wer weiß? Alles in diesem grellen Licht, total verrückt. Du kannst nichts machen, ohne deinen Nachbarn zu stören. Du brauchst eine Erlaubnis für dies, eine Erlaubnis für das. Die Verrückten, das sind die in der Stadt.«

Bob behauptet, daß er nah dran ist an der Goldader des Jacob Waltz. Aber so einfach ist das nicht, einem Toten die Goldader zu stehlen. »Das Problem ist«, sagt Bob, »eine Erlaubnis zum Graben zu bekommen, den Behörden klarzumachen, daß es da oben etwas gibt. Diese Bürokraten verstehen die Markierungen nicht. Die denken, man spinnt. Ich sage ihnen: Das ist eine Bank mit einem Haufen Geld. Aber sie machen nur Witze und ziehen mich auf: Es ist ein Känguruh, das in deinem Gehirn herumspringt. Ich bin ein Spinner für die. Und selbst wenn ich es beweisen könnte – sagen wir, mit goldhaltigen Gesteinsproben – würden sie mich nicht graben lassen. Sie würden mich austricksen und selber alles holen. Das ist mein Problem.«

Wenn er ihnen ein paar Nuggets auf den Schreibtisch legt, um zu beweisen, daß er Gold gefunden hat, wissen sie, daß er gegraben hat. »Und das ist gegen das Gesetz«, erklärt Bob. »Man darf das Gold nicht von

seinem Fundort entfernen. Wenn du einen Goldklumpen gefunden hast, mußt du sie kommen lassen, damit sie nachrechnen können, wieviel Steuern du zahlen mußt, wenn du deine goldene Beute verkaufen willst. Aber sie nehmen dir natürlich erst mal alles weg, der Staat legt die Hand drauf, und du kannst warten, bis du grau wirst. Nach dem Gesetz darfst du den Highway nicht verlassen, sonst bist du auf Staatsgebiet. Es sei denn, du hast eine Jagdlizenz. Dann darfst du rein – nur mit einer Lizenz zum Töten. Aber wenn du rein willst, um mit der Kamera ein paar gute Bilder zu machen und die Wildnis zu genießen – das darfst du nicht. Wenn du kein Zeichen an deinem Auto hast, das beweist, daß du eine Jagdlizenz hast, können sie dir eine Geldstrafe verpassen. Zivilisation heißt eben: kontrollieren, töten, rumstoßen. So setzen sie willkürlich ihre Macht ein.«

Bob Ward ist ein Oldtimer, er wurde 150 Jahre zu spät geboren. Er hätte besser in die sechziger oder siebziger Jahre des vorigen Jahrhunderts gepaßt. Ich kann mir Bob nicht mit Krawatte oder vor dem Fernseher vorstellen. Er sieht die Dinge so: Die Erde ist ein Planet und der Mensch ein Besucher, der nicht bleibt. Bob kann mit seiner Philosophie gut leben: »Ich glaube nicht, daß Goldsucher und Behörden jemals miteinander auskommen. Sie wollen hier zu viele Gesetze durchdrücken. Sie sagen: Du darfst nur vierzehn Tage in den Superstitions bleiben. Jeden Tag hocken sie in ihren Büros mit Klimaanlage. Wenn dich nach vierzehn Tagen ein Flugzeug aufspürt, dann beeilen sich diese Bürokraten, verlassen ihr Büro, rennen hierher, um dir einen Strafzettel zu verpassen. Dann zahlst du eine Geldstrafe, damit es in ihrer Kasse klingelt, um noch mehr Kontrolleure einzustellen, die dich überwachen. Und dann laufen sie wieder in ihr Büro mit Klimaanlage. Aber mich kriegen sie nicht.«

Hinter einer Bergkante öffnet sich plötzlich ein riesiges Tal, in dem Basalttrümmer herumliegen, so weit das Auge reicht. Und mittendrin dieser Berg, der alle Schatzsucher magisch anzieht: Weaver's Needle, eine riesige Felsnadel. Die Legende erzählt, Weaver's Needle sei hohl und Jesuiten-Missionare hätten im Mittelalter ihre Goldschätze in den Gewölben versteckt. Der König von Spanien ließ die ungehorsamen Jesuiten verfolgen, weil sie es wagten, Gold zu unterschlagen, das sie an den Staat abliefern sollten. Die Jesuiten, so erzählten Indianer, sind in die Berge geritten, gehetzt von spanischen Soldaten – und die Pferde der Jesuiten waren mit Gold beladen.

Jacob Waltz war ein schlauer Einzelgänger; er ist mit seinem Packesel nicht einfach ins Blaue getrottet, die Winchester unterm Arm, wie ihn das Denkmal vor dem »Grand Hotel« in Apache Junction zeigt. Waltz

*Rechte Seite oben:
Der Felsen von
Weaver's Needle gilt
als Grabmal für die
vielen besessenen
Goldgräber, die
in den Superstition
Mountains ihr
Leben ließen.*

*Rechte Seite unten:
Durch diese
Schlucht der Super-
stition Mountains
führt der alte Trail:
ein Pfad, auf dem
1871 der Deutsche
Jakob Walzer und
viele nach ihm in
die Berge zogen, um
das Gold der Apa-
chen und der spani-
schen Minenkönige,
der Peraltas, zu
suchen.*

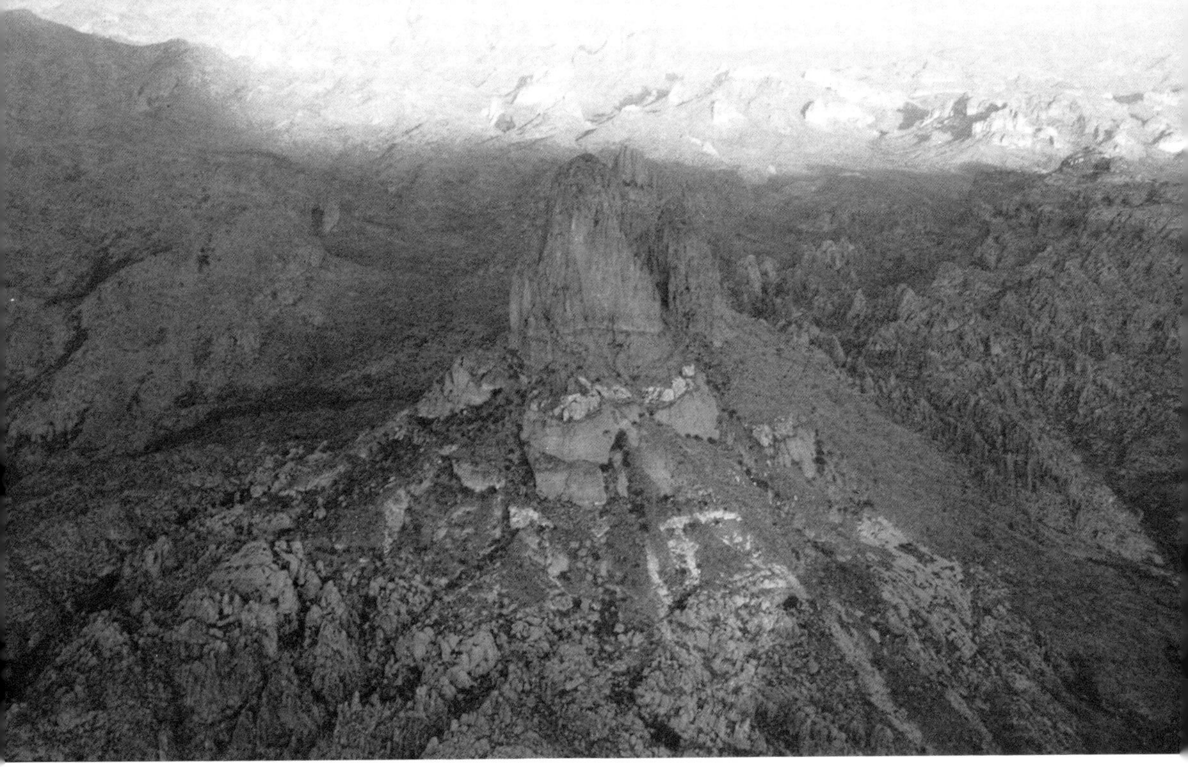

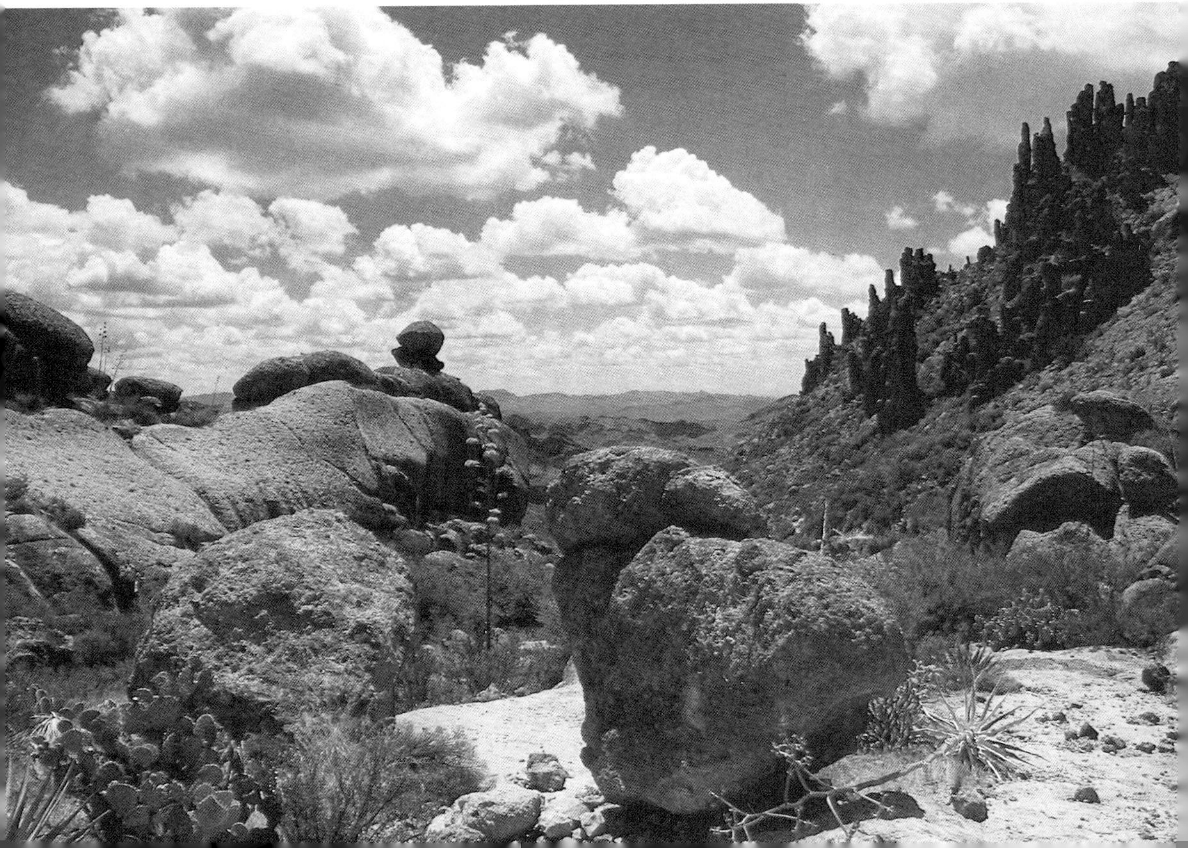

folgte den Spuren der Jesuiten und Apachen, die lange Zeit die Herren der Berge waren und über die Goldadern ihres Thunder God wachten. In diesem Felsenlabyrinth haben die spanischen Minenkönige, die Peraltas, die Goldminen der Apachen solange ausgebeutet, bis die Indianer die Geduld verloren. 1848 massakrierten sie Don Pedro Peralta und seine mexikanischen Minenarbeiter, als sie wieder eine Ladung Gold auf Packeseln abschleppten. Das Schlachtfeld liegt am Fuß der Superstitions, bei Goldfield, einem ehemaligen Goldgräbernest, dessen Mine um das Jahr 1900 ausgebeutet war.

Bis heute suchen Goldjäger im Massacre Ground nach dem Gold der Peraltas. In den dreißiger Jahren wurden dort menschliche Skelette und Satteltaschen voller Nuggets gefunden, die neben den Gerippen der Packesel lagen. Aber Jacob Waltz wollte mehr. Er suchte eine der verlassenen Peralta-Minen, deren Eingänge die Apachen mit Caliche, dem indianischen Tonzement, verschlossen hatten. Fest steht, daß er eine Goldader gefunden hat. Wenn er einen Whisky zuviel getrunken hatte, erzählte Waltz an den Bars von Phoenix, das damals Hill City hieß: »Keiner wird jemals meine Mine finden. Man kann sie vom Trail aus nicht sehen.« Meinte er den uralten Apache Trail, den Pfad, über den schon die prähistorischen Indianerstämme der Hohokam und Anasazi zogen?

Jacob Waltz hat damals hinzugefügt: »Aber ich kann den Trail von meiner Mine aus sehen. Wer an drei roten Hügeln vorbeigeht, ist schon zu weit gegangen. Ich kann Weaver's Needle sehen. Die Mine liegt im Schatten des Berges.« Mancher Schurke hat an der Whisky-Bar darauf gewartet, daß der Alte, der schon über 60 war, mehr ausplaudern würde. Aber Waltz war ein trinkfester Abenteurer, der sein Geheimnis nicht preisgegeben hat.

Jacob Waltz hatte mehr Feinde als Freunde. Neider und Halunken waren hinter ihm her, um die Lage seiner Goldader herauszufinden. Nur einmal hatte Waltz einen Partner, den Deutschen Jakob Wisner. Eines Tages erschossen sie zwei Mexikaner und behaupteten, sie hätten sie für feindselige Apachen gehalten. Aber das Gerücht wollte nicht verstummen, daß die beiden Mexikaner eine Goldader gefunden hatten und deshalb sterben mußten.

Waltz, so erzählt man sich hier, hatte eine Romanze mit einer Apachenfrau, die ihm eine Goldader ihres Stammes zeigte. Waltz zog mit ihr nach Phoenix. Aber die Apachen rächten sich, überfielen 1874 das Goldgräbernest und töteten die verräterische Squaw. Wisner hatte sich auch in eine Apachin verliebt. Der Stamm verzieh ihr die Liebe zu einem weißen Mann nicht. Sie lauerten Wisner auf, durchlöcherten ihn mit Pfeilen und mauerten die Squaw bei lebendigem Leib in einer Höhle ein. 1910 fanden Goldsucher in einer Höhle das Skelett einer Frau. Alles sprach dafür, daß es die Gebeine von Wisners Squaw waren.

Wir übernachten an einer windgeschützten Felswand gegenüber Weaver's Needle. Der Berg, an dem so viele Hoffnungen und Träume gescheitert sind, steht wie ein riesiger Schatten unter dem sternklaren Himmel. Ein Trapper namens Weaver hat vor langer Zeit seinen Namen in den uralten Indianerfelsen geritzt. Bob erzählt von einem Mann, der in den fünfziger Jahren in den Felsen von Weaver's Needle herumgeisterte. Wenn Bob mit ein paar Goldsuchern am Lagerfeuer saß, hörten sie, wie der Fremde pfeifend durch die Nacht wanderte. Sie nannten ihn den Whistler. Er kam nie zu ihrem Feuer. Eines Tages fanden sie den Whistler krank im West Boulder Canyon, er hatte eine Lungenentzündung und konnte nicht mehr pfeifen. Sie brachten ihn in die Klinik. Niemand kannte seinen Namen. Aber unter seinen Habseligkeiten fand sich eine alte Armeebibel mit der Widmung: »Für Hal. Deine Verdienste im Kampf für Dein Vaterland wird diese große Nation nie vergessen.« Unterschrieben von General »Hap« Arnold, U.S. Army, 1943.

War der Whistler ein alter Kriegsheld, der sich in der Zivilisation nicht mehr zurechtfand und in die Freiheit der Superstitions flüchtete? 1959 verließ er die Klinik und ging in die Berge zurück. Eine Zeitlang hörte man noch sein Pfeifen. Dann verstummte es, und der Whistler wurde nie mehr gesehen.

Am nächsten Morgen führt uns Bob zu der Stelle, die den Leuten von Apache Junction in schrecklicher Erinnerung ist. Es war 1931, als Adolph Ruth aus Washington, ein Beamter, der sich langweilte, aus seinem braven Spießerleben ausstieg und in den Superstitions nach Gold suchte. Ruth blieb verschwunden, Sheriff McFadden schickte einen Suchtrupp in die Berge. Brownie Holmes war der Hundeführer. Sie hatten einen Suchhund dabei, der für die Jagd auf Berglöwen trainiert war, ein scharfer »lion dog«, der auf den Namen Music hörte. Im Schatten eines Mesquite-Baums stöberte Music den Totenschädel des Adolph Ruth auf, mit einem Schußloch in der Schläfe. Der Mann war von einem fanatischen Killer, der keinen Konkurrenten in seinem goldenen Traumland duldete, erschossen und enthauptet worden. Music fand auch das Skelett, eine halbe Meile vom Schädel entfernt.

So erging es auch den beiden Soldaten, die 1880 nach ihrer Entlassung aus der Armee Fort McDowell verließen, um nach Gold zu suchen. Sie fanden eine Goldader und haben wohl zuviel darüber geredet. Mr. Mason, Boß der »Silver King Mine«, sah sich ihre Gesteinsproben an und bestätigte ihnen, daß sie Gold gefunden hatten. Später wurde einer der

Rechte Seite: Seit
dreißig Jahren
träumt Bob Ward da-
von, eines Tages die
sagenhafte Gold-
ader in der Wildnis
der Superstition
Mountains von Ari-
zona zu finden.
Wüste, Sonne und
Whisky haben den
»König der Berge«
gezeichnet.

Folgende Doppel-
seite: Arizona, Land
des Wilden Westens.
Durch die Bergket-
ten am Salt River,
dessen Ufer im Stau-
see versunken sind,
schlängelt sich der
uralte Indianerpfad,
der Apache Trail.
Berglöwen, Adler
und Goldgräber
leben hier noch wie
in alten Zeiten.

beiden erschossen aufgefunden, von dem anderen fand man jedoch nur eine Hand.

Bob Ward hat seine eigene Theorie, wie es gewesen sein könnte. »Ein Killer erschoß den einen und zwang den anderen, ihm die Goldader zu zeigen. Er weigerte sich, und der Killer hackte ihm die Hand ab. Ich denke, daß sie dann zu der Mine gegangen sind, dort hat der Killer auch den zweiten erschossen. Wenn meine Theorie stimmt und die Mine eines Tages gefunden wird, dann muß in einem Stollen ein Skelett liegen, dem eine Hand fehlt.«

Überall in diesem Felsenlabyrinth hat der Totentanz seine Spuren hinterlassen. Bob zeigt weit über die Hochebene hinaus, Richtung Tortilla Flat, wo die Apachen erbittert gegen das Eindringen goldhungriger Desperados kämpften – und gegen die Kavallerie des Generals George F. Crook, die von Fort McDowell Strafexpeditionen unternahm, wenn die Apachen die Berge ihres Thunder God verteidigten. Bei Tortilla Flat standen die Apachen an einem Abgrund und wollten nicht kapitulieren. General Crook ließ eine Flintensalve abfeuern, die zwanzig Apachen tötete – dann sprangen die anderen in den Canyon, es waren noch mehr als fünfzig Mann. Ihre Frauen stiegen in den Canyon und holten die Toten. Die Squaws weinten, und die Legende von Tortilla Flat erzählt: Die Tränen der Frauen fielen in den Sand und verwandelten sich in Obsidian, den geheimnisvollen dunklen Stein. Bob sagt lächelnd: »So was gibt's auch in den Superstitions, in unseren Killerbergen. Wenn du das Glück hast, in die Augen eines Apachenmädchens zu schauen, dann siehst du die gleiche dunkle Farbe wie in einem Obsidian.«

Wir verlassen Weaver's Needle und steigen den Canyon des Jacob Waltz wieder hinunter. Der Gluthauch der Wüste weht uns entgegen. Ein grüner Gecko liegt auf einem Stein und beobachtet die Fremden. Waltz muß wirklich ein alter Fuchs gewesen sein, daß er die Tücken der Superstitions und seiner Rivalen überlebt hat. Er hatte den Finger rechtzeitig am Abzug seiner Winchester, und beim Whisky pflegte er zu sagen, er habe einen Privatfriedhof da oben bei Weaver's Needle – mit einem Dutzend Schurken, die ihm seine Goldader abjagen wollten. Die Wüste ist übersät mit Patronenhülsen, mancher Riesenkaktus ist wie ein Sieb durchlöchert. Brave Familienväter trainieren hier in ihren freien Stunden. Wer ein Mann sein will, trägt Colt oder Winchester. Keine Klapperschlange ist vor ihnen sicher. Bob würde nie auf eine Klapperschlange oder einen Saguaro-Kaktus schießen, um sich seine Männlichkeit zu bestätigen. Wir steigen wieder in seinen Chevrolet. In einem Felswinkel am Rand der Wüste, wo Saguaros wie ein Wald stehen, zeigt er uns Löcher in den Felsen: »Das sind mexikanische Mühlen, wo

Weaver's Needle, der geheimnisumwitterte Gipfel in den Superstition Mountains, zu dem es Schatzsucher immer wieder hinzieht.

Rechte Seite oben: Die Felsen der Superstition Mountains überragen das verfallene Goldgräbernest. Ende des vorigen Jahrhunderts war Goldfield ein Treffpunkt für Spieler, Revolverhelden und leichte Mädchen.

Rechte Seite unten: Der Traum aller Goldgräber: Nuggets groß wie Haselnüsse, die der glückliche Finder beim nächsten Goldhändler gegen Dollars tauschen kann.

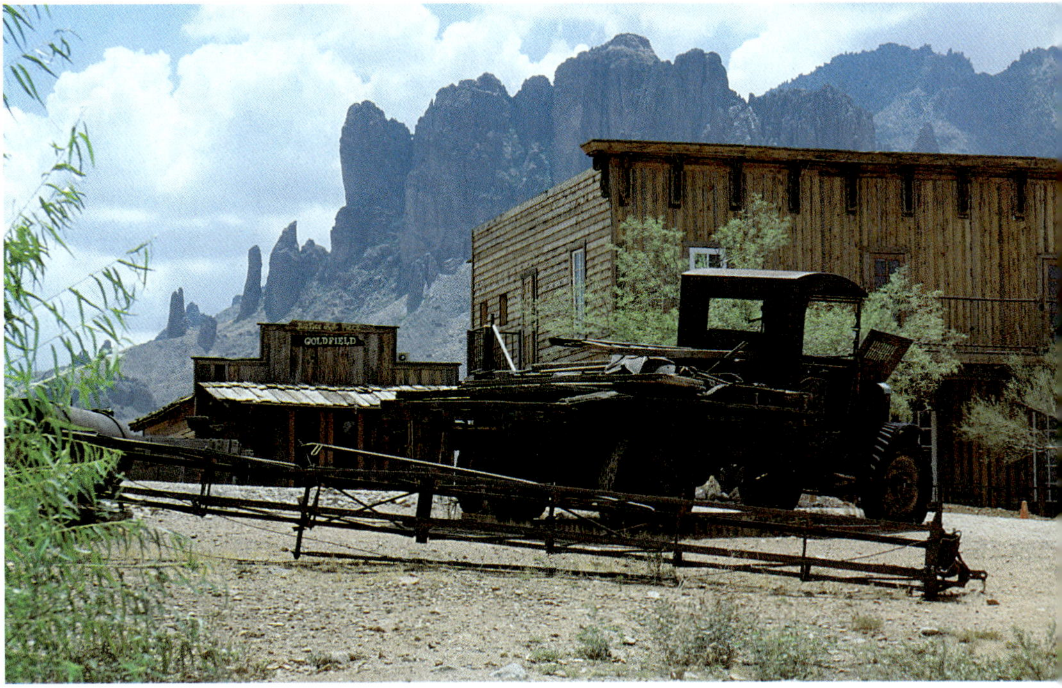
GOLDFIELD

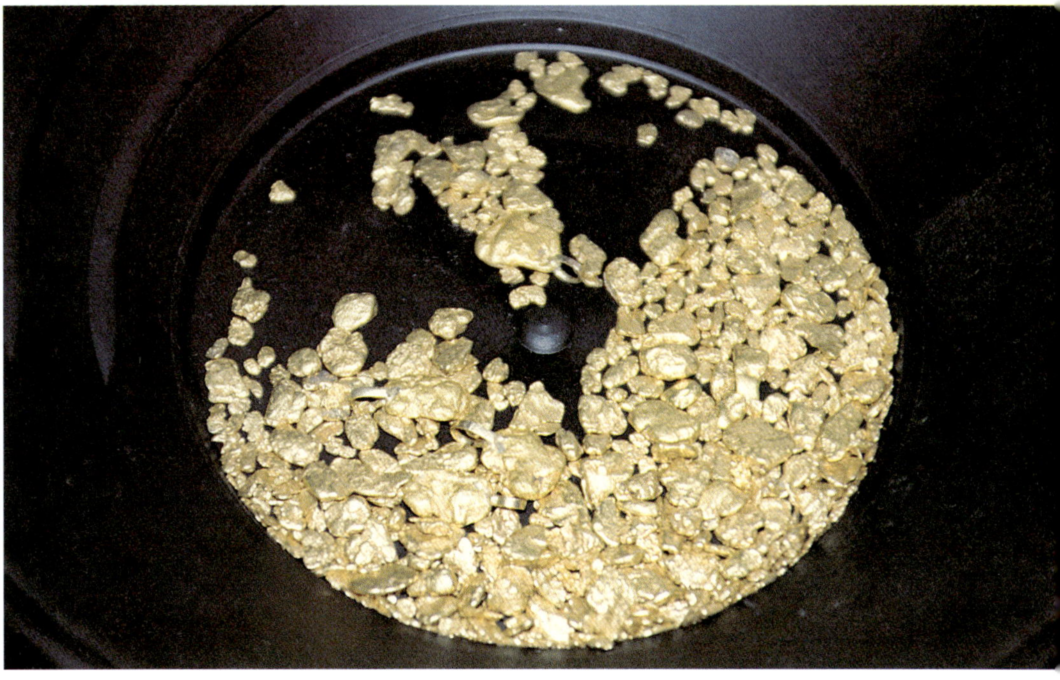

Linke Seite: Der Navajo »Little Medicine Man« hat kein Verständnis für den Goldrausch der Weißen: »Man beutet die Erde nicht aus, wenn man sie liebt.«

Oben: Höhlensiedlung der Anasazi-Indianer.

Unten: Sind diese indianischen Felszeichnungen Wegweiser zu den Goldadern?

Revolverhelden, die
das »Duell in der
Sonne« verloren,
landeten auf dem
Friedhof von Tomb-
stone und wurden
mit ihren Stiefeln
begraben. Deshalb
heißt der Toten-
hügel »Boothill« –
»Hügel, wo die
Stiefel vermodern«.

Minenarbeiter der Peraltas Gestein abgeladen haben, es zerkleinerten und das Gold herausholten. In diesen Löchern haben sie die Steine durchgemahlen, um kein überflüssiges Gewicht aufzuladen. Die Esel schleppten das pure Gold ab. In der ganzen Gegend gibt es diese Mühlen und Felszeichnungen, die den Arbeitern den Weg zu einer Goldader anzeigten.«

Er klettert die Felsen hinauf und zeigt auf die verwitterten Zeichen. »Das hier heißt: Steig auf den Berggipfel, da oben liegt Gold. Das Messer zeigt zum Gold, das heißt: Du mußt klettern. Der Kreis bedeutet Gold, das heißt immer: Schätze in der Nähe.«

Er steigt höher, ruft uns zu: »Dieses Zeichen bedeutet: Gold zur Rechten. Diese Markierung ist ungefähr 150 Jahre alt. Weiter oben ist noch eine. Das ist eine Gegend, wo man immer noch sein Glück machen kann – wenn man gute Beziehungen zu den Behörden hat.«

Vielleicht denkt er dabei an Bob Corbin, der in einem noblen Büro in Phoenix sitzt und Karriere gemacht hat: Er ist Justizminister. Ein paar Tage vor unserem Aufstieg zu Weaver's Needle haben wir Corbin besucht. Er sagte: »Bob ist nicht verrückt. Ich mag ihn, wir sind gute Freunde. Ich habe immer das Lebensgefühl des Westens geliebt. Im Westen brauchte man keinen schriftlichen Vertrag, wenn jemand sein Wort gab. Das war und ist eine besondere Art, miteinander umzugehen. Ich kam auch hierher, als junger Kerl, um die Lost Dutchman Mine zu suchen. Ich wollte raus in die Berge, nach vergrabenen Schätzen und verlorenen Goldminen suchen. Ich glaube, daß es diese Mine gibt. Jacob Waltz hatte Lederbeutel voll Nuggets unter seinem Bett in Phoenix. Er soll gesagt haben: Das ist alles, was ich zur Zeit im Haus habe. Es ist nicht das Beste. Und wenn es nicht das Beste war, dann muß es ja noch oben in den Superstitions sein, das Gold.« Bob Ward wollte mit Corbin in die Berge gehen und ihm die Felszeichnungen zeigen, ihm sagen: Ich bin nah dran. Und wenn ein Minister hinter mir steht, kann ich es schaffen. Aber dazu ist es noch nicht gekommen. »Ich hatte bis jetzt keine Zeit, mir das alles anzusehen«, erklärte Corbin. »Sie und ich, wir können da rausgehen und dann, sagen wir, zwanzig, dreißig Millionen teilen. Wenn die Mine existiert und nicht ausgebeutet ist, werden Sie Multimillionär – oder Bob Ward zieht seinen Colt und legt Sie um.«

Bob steht in der Wüste und lacht über Corbins Witz, er schaut auf den Colt an seinem Gürtel, auf seine Hand. Sie zittert ein wenig, und Bob sagt: »Das kommt vom Whisky, mit dem ich die Schlangenbisse und all das andere überstanden habe.«

Der staubige Chevy fährt über den Highway, biegt nach Apacheland ab. So heißt die Geisterstadt, in der wir mit Hank Sheffer verabredet

sind. An der Hauptstraße stehen hölzerne Kulissen eines Spielernestes, wie wir es aus dem Westernkino kennen. Alles nachgebaut, aber es sieht aus wie in den Tagen, als Revolverhelden, Falschspieler und leichte Mädchen für Tod und Vergnügen sorgten. Ein Gila-Monster kriecht über die menschenleere, sandige Hauptstraße, eine giftige Echse, die vom Aussterben bedroht ist. Uns kann sie kaum gefährlich werden, sie ist langsam und scheu. »Und wer hält einem Gila-Monster schon seinen Finger hin?« sagt Hank. Es ist streng geschützt. Wer auf ein Gila-Monster schießt und es tötet, um seine Schießlust zu befriedigen, muß 20000 Dollar zahlen und für ein halbes Jahr hinter Gitter.

Hank ist Stuntman in der Ghost Town, er spielt für Touristen den braven Sheriff, der im Duell den Schurken niederballert. Aber auch er weiß, was Goldfieber ist. Wenn es ihn packt, reitet er in die Superstitions, die gleich hinter den Bretterfassaden aufragen. Er kennt die Gefahren. Dort ist ein Wasserloch, wo der Puma manchmal trinkt. Und im Schatten der Saguaros liegen mehr Klapperschlangen als unter den Bretterböden der Ghost Town. »Ja, man kann da oben in den Superstitions das große Los ziehen. Dieser Goldrausch hört nie auf. Schau in die Wüste, sie ist heiß, macht dich kaputt. Deshalb gehen Männer wie Bob Ward immer wieder in die Berge, auch wenn sie den Goldklumpen nicht finden. Aber da oben findest du mehr als Gold – das Leben.«

Er zieht seinen Colt, ballert auf eine leere Coca-Cola-Dose und philosophiert: »Das Leben – das ist immer gefährlich. Und wenn du einmal damit angefangen hast, bist du schon in der Falle. Genauso ist es mit den Superstitions. Aber du mußt zugeben – eine wunderbare Falle.«

Jedes Jahr im November, Dezember, wenn die Wüstensonne nicht mehr so heiß brennt, kommen abenteuerliche Gestalten aus allen Himmelsrichtungen nach Apache Junction. Männer mit dem schrägen Lächeln eines John Wayne im Gesicht, späte Revolverhelden mit einem großkalibrigen Colt am Gürtel. Sie suchen die »Lost Dutchman Mine« des Jacob Waltz – oder die große Freiheit. Die Leute von Apache Junction nennen sie »Crazy Jakes«, Traumtänzer, benannt nach einem Spekulanten, der das Geld von Leuten unterschlagen hat, die ihre Dollars in die Suche nach verlorenen Goldadern in den Superstitions investierten. Jake sitzt seit Jahren im Gefängnis, und wenn er rauskommt, erwarten ihn vielleicht die Pistolen seiner Gläubiger.

»Wenn ich in den Superstitions unterwegs bin«, sagt Hank, »sitz ich auf meinem Pferd. Ein Pferd hat vier Beine, ich habe nur zwei. Ein Pferd ist also besser, wenn es läuft. Ich nehme ein Gewehr mit, für alle Fälle. Wenn das Pferd stürzt und sich so schwer verletzt, daß es keine Chance mehr hat, kann ich es mit einer Kugel erlösen. Ich fürchte mich nicht vor Zweibeinern, vor diesen Killern da oben. Mit einer Flinte kann ich mich und mein Pferd vor Schlangen schützen. Bob Ward und ich sind alte Freunde. Er kann dir Geschichten über die Superstitions erzählen, daß dir die Haare zu Berge stehen.«

Hank erinnert sich an die Story von Jacob Waltz – wie der Alte immer gebrechlicher wurde und nicht mehr in die Superstitions gehen konnte. Er wurde 81 Jahre alt und hinterließ einer Frau namens Julia Thomas eine Schatzkarte. Hank Sheffer erzählt: »Julia Thomas war 29 Jahre alt und gerade von ihrem Mann geschieden, als Jacob Waltz starb, im Oktober 1891 in Phoenix. Außer der Schatzkarte erbte sie die goldgefüllten Lederbeutel unter dem Totenbett, so um die 30000 Dollar. Sie suchte in den Bergen nach der Goldader. Sie hatte zwei junge Burschen dabei, die in einer Bäckerei arbeiteten, Reinhard Petrasch und sein Bruder Hermann, zwei Deutsche. Sie ritten im August 1892 zum Weaver's Needle. Aber der alte Dutchman hat seine Goldader zu gut versteckt. Mrs. Thomas kam mit leeren Händen zurück. Sie hat dann wieder geheiratet und rechnete sich wohl aus, daß sie mit Kopien der Schatzkarte, die Waltz

ihr hinterlassen hatte, eine Menge Geld verdienen könnte. Die Traumtänzer rissen ihr die Kopien aus der Hand, das Stück für sieben Dollar.«

Hank schaut über die Saguaro-Kakteen in die Schluchten, aus denen
manchmal der Puma zum Wasserloch kommt. Hanks Pferd hat eine gute
Nase und riecht die Wildkatze schon von weitem. Dann bleibt es stehen,
und Hank weiß, daß der Puma in der Nähe ist. »Der Berg ist schroff und
erbarmungslos. Wenn man nicht aufpaßt, gibt es schlimme Unfälle. Da
oben sind Leute ermordet worden, dafür gibt es Beweise. Im letzten Jahr
hatten wir zwei Tote, von Klapperschlangen gebissen. Zu dumm, diese
Touristen, sie laufen überall herum. Die Rattlers schlafen tagsüber unter
den Steinen, sie sind Nachtjäger. Und wenn ein Tourist einer Rattle-
snake auf das Dach tritt, schnappt sie zu.«

Bob Ward sagt: »Hank, du bist ein Romantiker.«

Und Hank sagt: »Er ist der King, schau ihn dir an, wie er dasteht. Er
hat alle Prüfungen der Superstitions bestanden. Ein Wunder, daß er
noch lebt.«

Ein Mann reitet durch die Kaktuswüste, kommt auf die Geisterstadt
zu, es ist Tom Kollenborn. Hank fragt: »Kommst du aus den Bergen?«

»Ja, ein verdammt heißer Tag. Und ich hab mal wieder meine Kreuz-
schmerzen.«

Tom Kollenborn war früher Lehrer. Jetzt kümmert er sich um Kultur
und Tourismus in Apache Junction, ein alter Freund des Justizministers
Corbin. »Wir haben die ganzen Jahre nach der Dutchman Mine gesucht,
als wir jung waren. Ein wahres Laster, eine Leidenschaft. Ich hoffe, wir
werden eines Tages auf das Ding stoßen. Aber bis dahin wollen wir unser
Laster genießen.«

Alle Schatzsucher sind bisher gescheitert. Aber das finden Männer
wie Bob Ward, Hank Sheffer und Tom Kollenborn okay, sie sind gute
Verlierer. Von ihnen aus kann das noch lange so bleiben. Denn was wären die Superstition Mountains ohne das lockende Gold? Tom Kollenborn nennt die Goldjäger »Coronado's Children«, Kinder des Coronado.
Der spanische Conquistador Francisco Coronado, 30 Jahre alt, zog 1540
durch Arizona, auf der Suche nach den legendären »Sieben Städten von
Cíbola«, wo er Schatztruhen voller Gold und Juwelen zu finden hoffte.
Er fand Cíbola – einen Haufen armseliger Lehmhütten. Coronado fiel
vom Pferd, verletzte sich und mußte den Rückmarsch antreten, mit leeren Händen. Coronado's Children, das sind die Traumtänzer in den
Superstitions, für die ein lebenslanger Traum so wertvoll ist wie Gold.

Wir fahren nach Apache Junction, Bobs alter Chevy klappert über die
Piste. Am West Apache Trail haben Fred und Elaine Schrader einen Laden, wo Goldsucher alles kaufen können, was sie für ihr Abenteuer

brauchen, von der Hacke bis zur kompletten Goldwaschanlage, Nuggets liegen haufenweise in der Vitrine. Elaines Revolver liegt immer griffbereit unter der Kasse, für alle Fälle.

Hoss Blackman, ein alter Kunde, war schon Goldwäscher in Kalifornien. Er verkauft Elaine die Nuggets, die er mit seinem Metalldetektor am Fuß der Superstitions findet. Dort, wo die Apachen nach dem Massaker an den Peraltas verächtlich die goldgefüllten Satteltaschen ausgeschüttet haben. Sie töteten und verzehrten die Packesel. Auch Hoss Blackman trägt einen Colt am Gürtel. Er legt seine Nuggets auf die schäbige Theke.

Elaine scherzt: »He, Hoss, das ist ja ein wahrer Schatz. Hast du die Lost Dutchman Mine gefunden?«

Blackman sagt: »Ich glaube nicht, daß es vom alten Dutchman ist.«

Elaine lacht: »Ich wette, du würdest es mir sowieso nicht sagen, wenn du seine Goldader findest. Ich sehe, es war jedenfalls ein sehr guter Tag für dich.«

»Ja, ein guter Tag für mich und mein Pferd.«

»Du hast ein paar schöne Brocken dabei. Schau dir das an. Whow!«

»Es war schrecklich heiß heute. Ich habe ganz schön mit dem Metalldetektor geackert.«

Hoss Blackman wiegt mehr als zwei Zentner, eine Strapaze für das stärkste Pferd. Elaine wiegt das Gold und sagt: »Ich zahle dir 2616 Dollar und 48 Cents. Das ist nicht schlecht für einen Wochenlohn.«

Gold wie die Nuggets von Blackman bezahlt Elaine bar oder mit einem Scheck. Sie sagt: »Man kann in vielen Gegenden dieses Landes mit Gold bezahlen. Wie in den alten Zeiten des Wilden Westens. Ich kann in einen Laden gehen und sagen: Ich hätte gern einen Sack Kartoffeln. Dann wiegen sie das Gold und gehen damit um wie mit Geld. Mit Gold kann ich alles kaufen.«

Ich sage: »Sogar Bob Corbin hat nach der Dutchman Mine gesucht, Ihr Justizminister, Elaine.«

»Ja, Bob Corbin und Tom Kollenborn. Das sind keine Träumer. Das sind ganz vernünftige Schatzsucher. Sie haben Karten und gehen ganz bestimmten Spuren nach. Die suchen nicht nur das Gold vom alten Dutchman, auch das Gold der Jesuiten am Weaver's Needle. Aber sie erzählen mir natürlich nicht, wohin sie gehen und was sie finden. Die können schweigen, ja, die gehen ganz ernsthaft an die Sache heran. So sind sie hier, die Männer mit den Goldadern. Frauen nehmen sie nie mit. Die verlassen sich lieber auf ihr Pferd und ihr Gewehr.«

Elaine lacht nachsichtig: »Uns kann es recht sein, solange sie keine anderen Geheimnisse haben.«

Bob Ward bringt uns in seinem Chevy nach Goldfield, dem einst blühenden Goldgräbernest, wenige Meilen von Apache Junction entfernt. Um 1891 erlebte der Ort einen Goldrausch. Goldfield hatte eine Schule, eine Kirche und drei Whisky-Saloons, um das süße Leben zu genießen. Um 1900 war alles vorbei, die Mine ausgebeutet, sintflutartige Regenfälle überschwemmten die Schachtanlage. Jetzt steht hier eine Ghost Town, unter der Wüstensonne verrotten die Maschinen des vergangenen Goldrausches, eine Touristenattraktion. Bob Schoose leitet das Freilichtmuseum, ein Typ wie Bud Spencer. Er hat in Vietnam gekämpft, jetzt trägt er eine Adlerfeder am Hut. Er zeigt uns Abgüsse der »Stone Maps«, jener Steinkarten der Peraltas, Felsmarkierungen, die den Peraltas und ihren Minenarbeitern als Wegweiser zu den Minen dienten: das steinerne Pferd, den Priester, der mit einem Kreuz den Weg zum Gold weist. Es könnte auch ein Bankier sein, der auf Goldbarren steht, mit dem Hut eines spanischen Bankdirektors.

Bob Schoose erzählt: »Eine Theorie besagt, daß die Priester- oder Bankierkarte eine Bergformation darstellt, die man da drüben auf den Felsen der Superstitions erkennen kann. Die Karte sagt: ›Esta bereda es peligroza. Yo boy 18 lugares. Busca el mapa. Busca el coazon.‹ Das heißt: Dieser Pfad ist gefährlich. Ich gehe zu 18 Orten. Suche die Karte. Suche das Herz.«

Goldfield, das verfallene Goldgräbernest, dessen Mine um 1900 ausgebeutet war.

Das steinerne Pferd steht zwischen zwei Linien, die Flüsse darstellen: Gila River und Salt River. Auf der Steinkarte steht die spanische Inschrift: »El caballo de Santa Fe. Yo pasto al norte del rio.« – Das Pferd von Santa Fe. Ich weide im Norden des Flusses.

Bob Schoose grinst. »Das steinerne Pferd führt dich hin. Du mußt dich nur entscheiden – für den Gila River oder den Salt River. Das ist das Problem.«

Er zeigt auf ein steinernes Herz: »Der Pfad führt dich in die Herzgegend. Dort liegt die Mine. Jeder hat seine Theorie, wohin diese Steinkarten führen. Ich habe mindestens hundert Goldsucher getroffen, die hundert verschiedene Theorien hatten. Es ist ein Puzzle, das Männer antreibt, alles zu versuchen. Wenn man die Dutchman Mine einmal im Blut hat, wird man sie nicht mehr los.«

Drüben, an den Abhängen der Superstitions, liegt das alte Schlachtfeld, der Massacre Ground. Bob parkt seinen Chevy im Schatten eines Mesquite-Baums. Wir gehen über den heißen Sand, wo die Gebrüder Peralta Gold und Leben verloren, als die Apachen 1848 den Goldtransport angriffen. Bob Ward erzählt uns, was Miguel Peralta passierte: Er liebte die Tochter eines Ranchers, sie gab sich ihm hin. Der Vater wollte ihre verlorene Ehre mit Blut rächen und den Liebhaber erschießen. Damals gehörte Arizona noch zu Mexiko. Don Miguel floh auf seinem Pferd in die Berge der Superstitions, und als er zu Tode erschöpft zwischen den Felsen lag, sah er eine Goldader glänzen. So wurden die Peraltas Minenkönige, Pedro, Manuel und Miguel. Ob er das entehrte Mädchen geheiratet und die Ehe vergoldet hat, kann Bob Ward nicht beschwören.

Bobs Frau, Bebbi, hat uns gesagt: »Bob ist okay, ein Mann, der träumen kann. Er hat nur einen Fehler …« Bebbi hat Probleme mit der Wirbelsäule, lästige Schmerzen, sie wollte ein Wasserbett kaufen. Aber der King of the Mountains weigerte sich, mit ihr auf einem Wasserbett zu schlafen. Sie hat auf das Wasserbett verzichtet, das ist wahre Liebe. Sie geht in die Klinik von Scottsdale und läßt sich operieren, es wird alles gut, auch ohne Wasserbett.

Das Gold der Superstitions wartet auf den glücklichen Finder. Beweis? 1945 ging Del Mondino in die Berge, eine Enkelin Geronimos, des letzten Kriegshäuptlings der Apachen, der 1886 die Waffen niederlegte, als er von der US-Kavallerie umzingelt war. Geronimos Enkelin wurde von einem Apachenhäuptling tief in die Superstitions geführt, zurück zu den Geheimnissen des Thunder God. Del Mondino kehrte zurück und sagte den Zeitungsreportern nur: »Ich habe sie gesehen – die Lost Dutchman Mine existiert.«

Bob Ward grübelt: »Vielleicht hat sie dabei gedacht: Aber ihr Weißen werdet sie nie bekommen. Man beutet die Erde nicht aus, die unsere Mutter ist. – So haben die Indianer immer gedacht. Aber es gibt keine Apachen mehr in den Superstitions. Die Zeiten haben sich geändert. Das Gold ist jetzt Eigentum der Vereinigten Staaten. Doch wenn ich kann, werde ich mir irgendwann einen Sack voll Gold holen – für die alten Tage.«

Ich kann mir Bob nicht am offenen Kamin vorstellen, wie er sich im Winter die Füße an der knisternden Glut wärmt. Manchmal fegt ein Schneesturm über die Superstitions. Bebbi hat Bob das Wasserbett erspart. Er wird noch manche Nacht da oben in den Bergen verbringen, im heißen Sommer. Männer wie Bob Ward liegen lieber unter einem sternklaren Himmel als auf einem amerikanischen Wasserbett.

Über den Superstitions zieht ein Gewitter auf. Bob lächelt. »Das ist der alte Thunder God. Es blitzt und regnet schon in den Superstitions, auch wenn hier noch die Sonne scheint. Du denkst dir nichts dabei. Aber die Flut schießt sekundenschnell aus einem Canyon. Und du ertrinkst. Der Thunder God will nicht, daß die Weißen sein Gold stehlen. Ich glaube, wir verschwinden hier besser.«

Der Wind schüttelt die Riesenkakteen. Früher, in den Tagen des Wilden Westens, sind Postkutschen in meterhohen Regenfluten versunken. Heute würde das Wasser Bobs rostigen Chevrolet mitreißen. Der alte Apachengott vertreibt uns, der Chevy rollt in einer Staubwolke durch die Wüste. Auf dem Armaturenbrett klappert Bobs Colt, den er wieder abgelegt hat. Gegen die Blitze des Thunder God ist so ein Colt nur ein lächerliches Feuerzeug. Bob Ward steuert seinen Chevy auf den Apache Trail zurück. »Die Wolken ziehen vorbei. Das wird ein wunderbarer, klarer Abend. So sind die Superstitions. Sie spielen das Spiel. Sie geben dir Kraft, geben dir Leben – aber vergiß nie, sie spielen mit dir. Das kann manchmal tödlich enden.«

Dann schweigt er lange Zeit, während der Chevy in die Dämmerung rollt. Coyoten überqueren den Highway auf der Jagd nach Kaninchen in der Wüste. Morgen geht die Sonne wieder auf über dem Denkmal des Jacob Waltz, der seinem Packesel voranschreitet. Ein einsamer Gewinner in einem abenteuerlichen Männerspiel. Irgendwann wird Bob seinen Chevrolet wieder in der Wüste parken und sich auf den Weg zu einer Goldader machen, die er in all den Jahren noch nie gesehen hat.

In den nächsten Tagen geht eine Serie von mächtigen Gewittern über den Superstitions nieder. Verglichen mit so einem mittleren Weltuntergang über der verfinsterten Wüste und dem pechschwarzen Bergmassiv wirken unsere heimischen Gewitter wie biederes Feuerwerk. In den Monaten Juli und August treibt aus dem Golf von Mexiko feuchte Meeresluft über Arizona, erhitzt sich über der glühendheißen Wüste und ballt sich zu riesigen Gewitterwolken zusammen. Manchmal zieht nur eine einzelne schwarze Wassersäule über die Berge, rechts und links von diesem Wolkenbruch scheint die Sonne. Dann steht der Bergriese Weaver's Needle da wie der »Finger Gottes«. Die Coyoten verkriechen sich vor dem Unwetter in den alten Minenstollen der Goldgräber. Coyoten sind in den Fabeln und Legenden der Indianer die »Hunde Gottes«, sie sind schlau, haben die Zeiten der Apachen und der weißen Trapper überstanden, die sie bei jeder Gelegenheit abknallten, sie werden auch die vordringende Zivilisation überleben. Ihr nächtliches Geheul ist für manchen einsamen Goldjäger, der sein Lager am Weaver's Needle aufschlägt, die vertraute Stimme der Wildnis. »God's dog« ist sein ständiger Begleiter. Coyoten scheuen sich nicht, einen verblichenen Goldgräber zu verzehren, das ist das Gesetz der Natur. Die Leute von Apache Junction sagen, daß Weaver's Needle der Grabstein für die vielen Besessenen ist, die im Schatten dieses Berges ihr Leben ließen.

An den Schießereien waren vor allem zwei Goldsucherteams beteiligt, die sich in der Zeit von 1959 bis 1962 Gefechte lieferten, die auch der Friedensrichter Norman L. Teason nicht verhindern konnte. Er ordnete an, die Fehde zu beenden, andernfalls würde er alle, die für das Blutvergießen verantwortlich waren, im Gefängnis von Florence einsperren. Ein Witz – denn wie wollte Friedensrichter Teason schießwütige Goldjäger aus den Schlupfwinkeln der Superstitions herausholen? Da konnte die vollbusige Celeste Marie Jones nur lachen, die Chefin der einen Gruppe.

Celeste Jones war eine Schwarze, eine Frau in den besten Jahren, die den Männern zeigen wollte, wie man den Jesuitenschatz findet, der in einem Tunnel von Weaver's Needle verborgen sein sollte. Es mußte sich um Goldbarren und Kirchenschmuck handeln, den die Jesuiten versteckt hatten, als der spanische König seine Goldeintreiber auf sie hetzte. Ed Piper, der Gegenspieler von Celeste Jones, war überzeugt, daß Jacob Waltz ein Goldversteck der Jesuiten gefunden hatte. Dagegen spricht die Aussage einer Augenzeugin, die 1884 ein junges Mädchen war und dabei war, als Jacob Waltz einen Laden betrat, um Vorräte einzukaufen. Sie beschrieb das Aussehen des 74jährigen Alten: Sein Bart war weiß, mit gelben Flecken vom Rauchen. Die Wüstensonne hatte seine Gesichtshaut ausgedörrt und mit tiefen Runzeln überzogen. In der Hand trug er seine unentbehrliche Winchester. Er bezahlte die Ware mit

Gold, das noch in einem aus dem Felsen gehauenen Stück Quarz steckte. Der Alte kaufte und ging wortlos, als fühlte er sich vom Geflüster der Leute belästigt, die ihn erkannt hatten. Draußen war sein Packesel angebunden.

Doch Celeste Jones und Ed Piper, der auch schon über 60 Jahre alt war, glaubten fest an den Jesuitenschatz im Bergtunnel. Celeste umgab sich mit Leibwächtern, die mit Winchester und Colts bewaffnet waren. Sie selber hatte eine abgesägte Schrotflinte und trug einen Colt an der Hüfte. Ed Piper war hochgewachsen und hager, hatte einen kranken Magen und war mit dem Finger schnell am Drücker seines Colts, wenn er Gefahr witterte. Er trug stets eine Baseballmütze. Er war früher Farmer gewesen, deshalb pflanzte er Pfirsichbäume im sonnigen Hochland von Weaver's Needle und war stolz auf seine wunderbaren Pfirsiche. Doch hinter seiner Jovialität versteckte sich ein hemmungsloser Revolverschütze.

Zuerst stritten die beiden Gruppen um das Wasser im East Boulder Canyon. Als sich die Lage zuspitzte, wurden in einer Bar von Apache Junction Listen ausgehängt, in die sich junge Männer eintragen und der einen oder anderen Gruppe anschließen konnten. Mancher schnallte seinen Colt um die Hüfte, um Wildwest zu spielen.

Am 11. November 1959 duellierten sich Ed Piper und Robert St. Marie, der zu den Goldjägern der Celeste Jones gehörte. Ed Piper zog schneller und tötete seinen Gegner. Piper konnte vor Gericht nachweisen, daß er in Notwehr gehandelt hatte. Zwei Wochen nach diesem Duell erschoß Ralph Thomas einen gewissen Lavern Rowlee. Die beiden gehörten keiner Gruppe an, doch sie hatten sich über die Lage am Weaver's Needle gestritten und zum Revolver gegriffen. Der dritte Tote war Walter Mowry, ein Einzelgänger, der auch Gold suchte und irgendwie zwischen die feindlichen Fronten geriet. Er wurde am 21. März 1961 im Needle Canyon erschossen aufgefunden.

Celeste Jones war von der Idee besessen, den Jesuitenschatz auszugraben, sie buddelte sich die Hände wund, und ihre Männer bohrten einen Tunnel in den Berg. Dynamitexplosionen erschütterten die Stille und grandiose Einsamkeit der Superstitions. Wenn Ed Piper die Detonationen hörte und fürchtete, Celeste Jones könnte ihm den Jesuitenschatz vor der Nase wegschnappen, bekam er Magenkrämpfe. Das Leiden verschlimmerte sich, Piper wurde ins Hospital von Florence eingeliefert. Die Ärzte stellten Magenkrebs fest, vorbei war es mit Ed Pipers Traum vom Gold. Wie ein richtiger Revolverheld wollte er im Schatten von Weaver's Needle begraben werden. Aber das war laut Gesetz verboten. Ed Piper starb am 13. August 1962. In Apache Junction hält sich das Gerücht, daß er nicht auf dem Friedhof, dem Valley Cemetery zwischen Florence und Coolidge, begraben wurde. Freunde, heißt es, hätten ihn heimlich zum Needle Canyon gebracht und in ein kühles Felsengrab gelegt, in Stiefeln, mit dem Colt an der Hüfte und der Baseballmütze auf dem Kopf.

Celeste Jones hat noch ein Jahr weitergebuddelt und ist dann aus den Superstitions verschwunden. Keiner weiß, wo sie geblieben ist. Tom Kollenborn hat sie gekannt, ist ihr begegnet, wenn er durch die Berge ritt. Sie war immer freundlich zu ihm, weil Kollenborn keiner von Ed Pipers Bande war und auch sonst ihre Goldsuche nicht störte. »Celeste Jones trug den größten Hut der Superstitions«, erzählt Kollenborn. »Sie liebte bunte Kleider und lächelte charmant durch die Sonnenbrille. Aber sie war bis an die Zähne bewaffnet.«

Kollenborns Pferdestall steht am Fuß der Superstition Mountains. Wir bleiben unter dem Dach und lassen den Gewitterregen vorbeiziehen. Die Felsen glänzen naß in der Sonne, die hinter schwarzen Wolken hervorkommt. Kollenborns Hund späht zwischen die Säulenkakteen, als rege sich dort nach Blitz und Donner wieder eine Diamondback-Klapperschlange, die sich unter Steinen verkrochen hatte. Er heißt ganz einfach Dog, der beste Name für einen Hund, der einen Blick für die tödliche Gefahr im Wüstensand hat, für Diamondback oder Skorpion. Dog sieht alles, was Kollenborn beißen, stechen oder sonstwie gefährlich werden könnte. Die beiden haben manche Nacht in den Superstitions verbracht. Dog witterte den Geruch von Puma oder Luchs, reckte knurrend seinen Hals, dann wußte Kollenborn, daß Besuch kam. Er hatte den Finger am Drücker seines Colts. Wenn eine Diamondback zu nah kam, mußte er schießen. Kollenborn ist in den Bergen ein Philosoph geworden, der nur noch schießt, wenn es unvermeidlich ist.

Er weiß, was die Superstitions aus einem Menschen machen können, im Guten und im Bösen. Er sagt, es habe ihn immer gewundert, daß an so einem wunderbaren Platz auf Erden soviel Böses geschehen konnte. Es muß an der Faszination des Goldes liegen. Ohne das Gold wären diese Berge wahrscheinlich ein harmloses Paradies für Bergtouristen. Jacob Waltz ist nicht schuld am üblen Ruf der Superstitions. Lange vor ihm haben Mexikaner und Spanier dort nach Gold gesucht. Der alte Einsiedler Elisha Reavis und Jacob Waltz sollen sich einmal im Fraser Canyon begegnet sein, wie Kollenborn erzählt. Reavis soll den Goldgräber gewarnt haben: »Wenn du je eine Goldader findest, wirst du das goldgierigste Gesindel zwischen Arizona und Kalifornien in diese wunderbare Wildnis hetzen. Sie werden den Frieden und den Zauber für immer zerstören.« Vielleicht hat Waltz darüber nachgedacht und deshalb

sein Geheimnis so streng gehütet. Er hat Julia Thomas, die ihn in seinen alten Tagen pflegte, zwar Hinweise auf die Lage seiner Goldader gegeben, aber ihre Suche war vergeblich.

1892 wurden die Goldadern der Mammoth Mine und Black Queen entdeckt, in einem Gebiet, durch das Jacob Waltz so oft mit seinem Packesel gezogen war. Goldfield wurde zur »Boomtown« am Fuß der Superstitions. Doch dieser Goldrausch hatte mit der Goldader des Jacob Waltz nichts zu tun, sie lag, wie er immer betonte, im Schatten von Weaver's Needle. Reinhard Petrasch hat die Suche noch jahrelang fortgesetzt, bis auch er ein Opfer seines Goldfiebers wurde: Müde und verbittert hat er sich am 4. Februar 1943 erschossen.

»Es gab auch andere, die das Gold gesucht haben und mehr gefunden haben, als sämtliche Goldadern der Superstitions wert sind«, sagt Tom Kollenborn. Was kann das schon sein, scheint Dog zu grübeln. Wenn so ein gewaltiges Arizona-Gewitter die Superstitions zu einer feuerspeienden Bergfestung macht, ziehen Mensch und Tier den Kopf ein. Jetzt ist die Wetterwand abgezogen, und die Berge im Sonnenlicht laden schon wieder zu diesem verrückten Glücksspiel ein. Wer wird der nächste sein, der sein Leben riskiert?

»Elisha Reavis war nicht scharf auf das Gold«, erzählt Kollenborn, »vielleicht war er deshalb einer der glücklichsten Menschen unter der Sonne.« Reavis lebte ab 1878 als Einsiedler in den Superstitions, baute sich eine windschiefe Hütte und bestellte seinen Kartoffelacker. Er hatte einen blühenden Obstgarten, mit den besten Früchten zwischen Phoenix und Florence, die er auf einem Esel zum Markt brachte. Reavis hatte die höchsten Preise, aber seine Kartoffeln und sein Gemüse waren im Nu ausverkauft. So friedlich er war, Reavis konnte mit seiner Winchester schießen wie der Teufel. Die Apachen ließen ihn in Ruhe, nachdem er ein paar von ihnen während einer Schießerei ins Jenseits geschickt hatte. Reavis kämmte nie seine Haare und seinen Bart, deshalb sah er aus wie ein Buschgespenst, hager, verwittert, Hemd und Hose waren voll Staub und Schweiß. Er duftete schärfer als sein Esel und war ein wandelndes Symbol des Wilden Westens.

Aber wie das so ist in den Superstition Mountains: Sie geben und nehmen. Am Ende ist das Gesetz der Wildnis brutal. Im April 1896 wurde die Leiche von Elisha Reavis gefunden, Coyoten hatten den Toten angefressen. Die Überreste waren nicht mehr transportfähig, sie wurden verscharrt und mit Steinen zugedeckt, damit die wilden Tiere sie nicht ausbuddeln konnten. Jemand ritzte den Namen des Einsiedlers in einen Stein, der noch heute auf dem Grab steht. Starb Elisha Reavis friedlich im Schlaf, als sein altes Herz stehenblieb? Oder haben Banditen ihn getötet und ausgeraubt, wie die Leute munkelten. Er hatte ein paar tausend Dollar gespart.

Das Land der Reavis Ranch hat oft den Besitzer gewechselt. 1966 kaufte es die Forstbehörde, und mit der Zeit verwandelte sich der einstige Garten Eden des Elisha Reavis wieder in Wildnis. Reavis hat die tollste Jagdepisode erzählt, die in den Superstitions jemals die Runde machte: Er schoß eine Bärin an, die zwei Junge hatte. Die Bärin drückte die Jungen fest an ihre Brust und kam auf Reavis zu, der mit seiner Winchester zielte. Die Bärin soll ihn mit den Augen so um Gnade angefleht haben, daß Elisha Reavis die Flinte senkte. Die Bärin trottete mit ihren Jungen davon.

»Glaubt ihr, daß er gelogen hat?« fragt uns Tom Kollenborn herausfordernd, als dulde er keinen Widerspruch. Dann lacht er: »Vielleicht war es so oder so ähnlich. Vielleicht wollte er uns eine gute Story erzählen, weil soviel Böses geschah. Jedenfalls ging es diesmal gut aus, was man von all den anderen Fällen nicht behaupten kann.«

Albert Erland Morrow gehört zu den tragischen Gestalten der Superstitions. Er suchte in der Gegend von Bluff Spring Mountain nach dem Gold des alten Waltz. Aber Al Morrow war nicht gewalttätig, er war ein friedlicher Goldsucher, der 1949 im Needle Canyon sein Lager errichtete. Er war ein Einzelgänger, ein einsamer Prospektor, der auf seine fünf Sinne vertraute und die Wildnis liebte. Es war die Zeit, in der sich die Banden von Celeste Jones und Ed Piper bekämpften. Ein Glück für Al Morrow, daß er nicht in die Schußlinie der anderen geriet. Manchmal hörte er ihre Schießerei und machte einen Bogen um die verfeindeten Banden. Wie Ed Piper trug Morrow eine Baseballmütze, die Scharfschützen von Celeste Jones hätten ihn leicht mit Ed Piper verwechseln können.

In seinem Lager im Needle Canyon waren Besucher immer willkommen. Er gab den Bergtouristen Wandertips, und unerfahrenen Goldsuchern erzählte er Geschichten und Legenden der Superstitions. Dann saßen sie am Lagerfeuer und lachten über den alten Jacob Waltz, der in den Regenfluten des Jahres 1891 fast ertrunken wäre. Im Februar war ein sintflutartiger Regen über dem Salt River Valley niedergegangen, die Fluten überschwemmten Phoenix, wo Waltz seinen Lebensabend verbrachte, er war damals 81 Jahre alt. Waltz rettete sich vor der Flut auf einen Baum und saß dort Tage und Nächte, durchnäßt und frierend, bis ihn der Deutsche Reinhard Petrasch im Baum entdeckte. Sein Bruder Hermann und Julia Thomas waren an der Rettung beteiligt. Der alte Waltz muß ziemlich verwirrt gewesen sein, denn er sagte, er habe mal nachsehen wollen, wo sein Esel und der Stall geblieben waren. Die Flut

hatte sie fortgeschwemmt. Solche und andere Anekdoten erzählte Al Morrow den Besuchern. Manchmal kam sogar Celeste Jones vorbei, saß mit ihrer abgesägten Schrotflinte an Morrows Lagerfeuer und klagte über die harten Zeiten. Oder die Leibwächter von Ed Piper kamen abends vorbei und tranken einen Tee.

Beinahe hätte Al Morrow ein paar Goldsucher getötet, als er auf der Suche nach Gold mit Dynamit sprengte. Die Felsbrocken flogen einer Gruppe von Prospektoren um die Köpfe, die er nicht bemerkt hatte. In Apache Junction glaubte keiner, daß Morrow die Konkurrenten töten wollte, wie die Anklage behauptete. Er wurde freigesprochen. Seitdem warnten Goldgräber im unübersichtlichen Gelände mit Rufen oder einem Signalhorn vor einer Sprengung. Statt Gold fanden sie die Uniformknöpfe von US-Kavalleristen, die im Gefecht mit Apachen gefallen waren. Die Kavallerie war im Fort McDowell am Verde River stationiert. Am Gila River lag das Camp Infantry, in der Nähe von Hutton Peak. General George Stoneman hatte damals das Kommando, die Jagd auf Apachen hatte begonnen, die Superstition Mountains sollten von Indianern »gesäubert« werden.

Al Morrow hatte ein paar Uniformknöpfe der Blauröcke in seiner Konservendose gesammelt. Er war überzeugt, daß Jacob Waltz ein alte Goldader der Peraltas gefunden hatte, die die Apachen nach ihrem Massaker an den Mexikanern zugeschüttet hatten. In der Nähe von Morrows Lager stand ein Felsen, in dem die Buchstaben J. W. und die Jahreszahl 1878 eingeritzt waren. Für Morrow stand fest, daß Jacob Waltz hier sein Lager hatte und die Goldader in der Nähe sein mußte. Um 1887 hat ein Erdbeben das Gebiet erschüttert und verändert, was Morrows Goldsuche erschwerte. Arizona und Nordmexiko waren vom Bavispi-Erdbeben betroffen. Eine Staubwolke zog damals über die Superstitions und verdunkelte die Sonne.

Zwischen 1884 und 1886 war Waltz noch mit seinem »Burro«, seinem Packesel, unterwegs und holte Gold aus den Bergen. 1886 ließ er sich, alt und müde, in Phoenix nieder, stellte seinen treuen »Burro« in den Stall und gab ihm das Gnadenbrot. Junge Kerle mit Hacke und Schaufel, mit Winchester und Colt an der Hüfte, zogen los, um sein Erbe anzutreten. Sie haben eine blutige Spur hinterlassen.

Al Morrows Leben endete nicht durch eine Kugel. Er war einer der wenigen, die nicht täglich mit Winchester oder Colt herumliefen. Er suchte Antwort auf die Frage nach dem Sinn seines Lebens. Er hat sie vielleicht auf der Hochebene von Weaver's Needle gefunden, Schritt für Schritt, als er die Kraft spürte, die ihm diese Bergwildnis gab. Er rechnete nicht mit einem sanften Ende. Er sagte einmal: »Wenn ich hier sterbe, dann hat Old Dutchman wieder eine Runde gewonnen.« So war es. Im September 1970 wurde Al Morrow vermißt. Der Sheriff von Pinal County startete eine Suchaktion. Im September hatte es oft und heftig geregnet. In der Nähe von Al Morrows Camp war ein Tunnel in Felsen, in dem Morrow nach Gold gegraben hatte. Der Suchtrupp bemerkte, daß Geröll über den Tunnel gestürzt war, das von der Regenflut gelöst worden war. Ein schrecklicher Verdacht packte die Männer, und als sie das Geröll wegräumten, fanden sie Morrows Leiche. Offenbar hatte er Schutz vor einer Wolkenbruch gesucht, und die herabstürzenden Felsbrocken hatten ihn erschlagen.

Al Morrow hatte sich wie Ed Piper ein Grab in den Superstitions gewünscht, aber den Wunsch konnte der Sheriff ihm nicht erfüllen. Sie legten den Toten über einen Pferdesattel und brachten ihn nach Apache Junction. Zwischen 1957 und 1959 hatte er eine Pause gemacht. Aber danach blieb er endgültig in den Bergen. 19 Jahre lang hatte er vergeblich nach dem Gold von Jacob Waltz gesucht.

»Es gibt für einen alten Goldsucher keinen besseren Platz, um sich auszuruhen«, sagte Tom Kollenborn. »Weaver's Needle ist der größte Grabstein von Arizona. Dort sind Männer verschwunden, die kein Sheriff finden konnte.«

Das hat Reverend Calvin Hill von Apache Junction, der zur Zeit von Al Morrow Priester war, manche Arbeit erspart. Wer nicht zurückkehrte, bekam auch nicht den Segen der Kirche. Aber darauf konnten harte »Gunfighter« wie Ed Piper verzichten, die mehr auf ihren Revolver als auf Gott vertrauten. In Apache Junction verdammt keiner die armen Sünder, die vom Goldrausch gepackt wurden und in den Superstitions ihr Leben ließen. Im Gegenteil: Ihre Abenteuer gehören zur Geschichte des Wilden Westens. Und die Superstition Mountains sind wie eine finster-schöne Freilichtbühne, auf der auch heute noch jeder spielen darf, den es dazu drängt. Die Rollen sind immer die gleichen: die letzten Helden Amerikas. Da ist alles noch so wie in Hollywoods Westernfilmen. Am Fish Creek, wo der alte Apache Trail sich durch die steilen Felsen windet, wurde »Mountain Road« mit James Stewart gedreht. Elvis Presley stand in Apacheland für »El Chorro« vor der Kamera. Und Glenn Ford spielte in den Bergen Szenen für den Streifen »Lust For Gold« (»Der Berg des Schreckens«).

Es ist nicht nur das Gold, das Männer in die Einsamkeit der Superstitions lockt. Tom Kollenborn kennt das Geheimnis. »They hear a different drummer«, sagt er – diese Männer hören einen anderen Trommler. Einer von ihnen war auch Jabez Clapp, kurz Jay genannt. Er wollte ohne die starren Regeln der Zivilisation leben. Jay Clapp wußte: Viele Menschen

suchen ihr Leben lang etwas, das sie nie finden. Er fand sein Glück in den Superstitions. Die Navajo-Indianer im Norden Arizonas sagen:

My house is so clean to be at home
and so dirty to be happy.

»Mein Haus ist sauber genug, daß ich mich darin zu Hause fühle, und so schmutzig, daß ich mich glücklich darin fühle.« – Der Staub der Prärie oder Wüste gehörte zum Leben der Indianer und der weißen Siedler. Heutzutage darf kein Stäubchen auf unserem Fernsehapparat liegen. Jay Clapp zog es 1951 in die Superstitions, er war unbewaffnet, hat während seiner Jahre in der Wildnis nie einen Revolver getragen. Er zahlte niemals Steuern und mischte sich nicht in die Geschäfte der anderen ein. So behielt er lange Zeit seinen Kopf oben, während andere ins Gras beißen mußten.

Doch wer zu lange in den Superstitions bleibt, der macht auch mal einen falschen Schritt. So was Ähnliches muß Jay Clapp passiert sein. Eines Tages war er verschwunden, im Juli 1961 begann eine wochenlange Suchaktion. Es war sehr heiß, die Männer und ihre Suchhunde litten unter der Hitze. Jay Clapp blieb verschwunden, die Suche wurde eingestellt. Es gab keine Hoffnung mehr, ihn lebend zu finden. Und dann, im März 1964, fand ein Bergsteiger im Boulder Canyon Clapps Gebeine, dreieinhalb Jahre nach seinem Verschwinden. Was war geschehen? Jay Clapp war schlank, ein geübter Kletterer, und trotzdem – er ist vermutlich abgestürzt. Ein Fehler in den Superstitions kann tödlich sein. Jay Clapps Schädel wurde nie gefunden. Wurde sein Schädel eine Beute der Coyoten? Ein schmutziges Ende, könnte man meinen. Aber es ist so, wie die Navajo sagen – »and so dirty to be happy.« Kann auch sein, daß er ein Schußloch im Kopf hatte, aber ohne Totenschädel war Mord nicht zu beweisen.

Tom Kollenborn hat Jay Clapp gut gekannt. Tom sagt: »Er stand über diesem verdammten Spiel. Die anderen waren von einem mörderischen Haß auf Konkurrenten beseelt. Jay wollte nur eines – nach seinen Regeln leben.«

Es ist spät geworden, Kollenborns Hund späht in die Dämmerung, irgendwo raschelt es, Dog weiß: keine Klapperschlange, nur Kaninchen. Und Cottontail Rabbits interessieren ihn nicht. Dog hat in all den Jahren, die er mit Tom Kollenborn in der Wildnis verbrachte, seine Wachsamkeit bewiesen, wenn er Pumas oder eine weitaus größere Gefahr witterte – Menschen. An diesem Abend schließen wir, trotz allem, Frieden mit den Superstition Mountains und den toten Revolverhelden.

Ein Jahr ist vergangen. Hank Sheffer, der den Sheriff in der Wildwest-show von Apacheland spielt, hat uns ein Telefax aus Apache Junction geschickt. Er schreibt, daß Bob Ward, der King of the Mountains, gestorben ist. 30 Jahre Goldsuche – eine verzehrende Leidenschaft. Am Ende Whisky, kaputte Leber und Lungen, die von Wüstenglut und Bergtouren verschlissen waren. Bob war abgehetzt und atemlos. Seine Hand zitterte, als er den Revolver zog, um uns zu demonstrieren, daß der schnelle Griff nach der Waffe noch funktionierte. Aber er hat keinen Schuß mehr abgefeuert, weder auf eine Klapperschlange noch auf einen Saguaro-Kaktus. Sie waren Weggefährten seines abenteuerlichen Lebens, und auf alte Freunde schießt man nicht, um zu beweisen, daß man noch treffen kann. Danke, Bob Ward, für unvergeßliche Stunden in deiner Wüste und deinen Apachenbergen, die dein Leben waren.

Ein altes Lied der Pima-Indianer erzählt von den Superstitions. Die letzte Strophe könnte auf Bob Wards Grabstein stehen:

The shadow of Crooked Mountain
The curved and pointed shadow
'Twas there that I heard the singing
Heard the songs that harmed my heart.

Günter Seuren und »Little Medicine Man«, Medizinmann in einem Dorf der Navajo-Indianer.

»Der Schatten des Buckligen Berges, der krumme und spitze Schatten, dort war's, wo ich die Lieder hörte; sie schmerzten, trafen mein Herz.«

Hank schreibt auch, daß ein Mann, den die Leute nur Trapper nannten, in seiner Hütte in den Superstitions erschossen wurde, durchlöchert von 17 Kugeln. Die Ermittlungen des Sheriffs waren bisher vergeblich, Täter unbekannt. Die alte Reavis Ranch, die nach dem Einsiedler Elisha Reavis benannt war, ist abgebrannt. Eine historische Wegmarke weniger. Blitzschlag oder Brandstiftung. Wer weiß? Das sind die letzten Nachrichten aus dem Wüstennest Apache Junction. Old Dutchman hat in dem endlosen Spiel um seine verschollene Goldader wieder eine Runde gewonnen.

DAS GOLD
DER GÖTTER

Auf Dschungelpfaden zu den
Inka-Schätzen

Wir sind mit dem Jeep von Quito gestartet und zum 6272 Meter hohen Chimborazo gefahren. Wir haben noch zwei Tage Zeit, bevor wir uns in Pillaro mit unseren Freunden aus Quito treffen, die uns auf der Expedition durch die berüchtigten Llanganati-Berge begleiten werden. Die Zivilisation haben wir hinter uns gelassen, auch die letzten Indio-Siedlungen. Über 4000 Meter nur noch hier und da die Hütte eines Berghirten, der mit seiner Lama-Herde zusammenlebt. Am Straßenrand stehen Kinder im kalten Bergwind und betteln mit ausgestreckter Hand.

Eine Inka-Sage erzählt: Viracocha, der Schöpfer der Welt, schenkte den Inka einen Goldbarren. Ecuador war ein reiches Land, mit vielen Gold- und Silberminen. Auf der Höhe ihrer Macht hatten die Inka Schatzkammern voller Gold und Juwelen. Die Herrscher des Inka-Reiches hielten sich für die Söhne der Sonne. Doch der spanische Eroberer Francisco Pizarro nahm den Inka-Herrscher Atahualpa 1532 gefangen. Atahualpa wollte sich mit einem Palastzimmer voll Gold freikaufen. Lama-Karawanen schleppten das Gold herbei. Die Spanier tanzten wie Besessene, als sie die Kostbarkeiten sahen. Die Sieger zogen auch den letzten goldenen Nagel aus den Türbalken der Paläste und schmolzen das Gold der Inka-Götter zu Barren. 1533 ließ Pizarro Atahualpa erdrosseln, um den letzten Widerstand der Inka zu brechen. Aber von diesem Tag an lieferten die Inka kein Gold mehr. Sie versteckten es in den Bergen der Anden.

Am Fuß des Chimborazo bleibt der Jeep im Sand stecken, wir drehen um und finden eine bessere Stelle für die Anfahrt. Eine kahle Berglandschaft, kein Baum, kein Strauch. Nur Steine, zähe Gräser und Sand. Der Asphalt endet im Niemandsland. Es sieht hier aus wie auf einem anderen Stern, und aus diesem wüsten, kargen Hochland ragt majestätisch der Schneeriese Chimborazo, ein Traumziel für Bergsteiger. Wir parken den Jeep auf dem Platz neben der Bergstation, von der aus Gipfelstürmer und Touristen aufbrechen. Jeder Schritt wird in der dünnen Luft zur Qual, der Körper ist schwer wie Blei. Wir sind 5500 Meter hoch, noch ein paar hundert Meter bis zum ewigen Eis des Chimborazo. Wir schaffen es bis auf 6000 Meter, dann sind wir ausgepumpt. Wir sind keine professionellen Bergsteiger, wollten am Chimborazo unsere Fitness testen, 6000 Meter ohne Kollaps – nicht schlecht für zwei ungeübte Kletteramateure aus München.

Der Chimborazo hat sich in Nebel und Wolken gehüllt. Aus den Grauschleiern tauchen junge Schweizer auf, die auf dem Gipfel waren. Sie sind glücklich, daß sie den Chimborazo bezwungen haben. Auf dem Gipfel, im strahlenden Sonnenschein, hatten sie das Gefühl grenzenloser Freiheit. Ich erinnere mich an einen Japaner, der den Mount Everest bestiegen hatte. Er sagte überglücklich: »Wenn ich wieder unten bin, werde ich heiraten.« Wenn das Traumziel erreicht ist, will man den Lohn der Angst genießen.

Wir haben die schlimmsten Strapazen noch vor uns: Der Chimborazo überragt einen Bergdschungel, der bis heute sein Geheimnis hütet, die Llanganti-Berge, wo das Gold der Götter versteckt wurde. Wir verlassen den Chimborazo und nehmen die Schweizer Gipfelstürmer im Jeep mit. Sie wollen nach Riobamba, Hauptstadt der Provinz Chimborazo.

Die Anfahrt zum Chimborazo war wie eine Reise über einen wüsten Stern, aber die Rückfahrt durch ein grünes Flußtal ist voller Leben. In einem Dorf haben Indios Schafe geschlachtet, Fleischverkauf am Straßenrand, eine Indio-Frau will uns Reste verkaufen, die Hoden eines Hammels. Aus dem Geschäft wird nichts – ein fruchtbares Tal, doch ein bißchen zu blutig für unsere zivilisierte Mentalität. Die Indios lachen über unser Schaudern beim Anblick der Fleischfetzen. In unseren Schlachthöfen fließt das Blut in Strömen, aber wir sehen es nicht. Ich verstehe plötzlich, warum die Indios uns auslachen: Im Schatten des Chimborazo zu überleben ist etwas ganz anderes als in den großen Städten den Wohlstand zu genießen.

Schlachttag in einem Dorf, das in einem Tal am Fuß des Chimborazo liegt.

Wir setzen die Schweizer Bergsteiger an der Autobahn nach Rio-bamba ab und fahren nach Baños, einem Kurort in den Anden, beliebt wegen seiner Heilquellen. Hier fand der englische Forscher Richard Spruce 1857 Dokumente des Spaniers Atanasio Guzmán, der ab 1790 in den Llanganati-Bergen nach dem Gold der Inka suchte.

In Baños stehen junge Männer in den Türen und drehen Karamel-stränge aus Zuckerrohrsaft, damit die süße Masse die nötige Geschmei-digkeit bekommt. Baños ist für seine Karamelproduktion bekannt, am Straßenrand stehen Verkäufer und bieten Karamelbonbons an. Wir ge-hen durch den Karamelduft. Ein junger Indio sagt verächtlich zu einem Mädchen: »Da kommen Gringos.«. Weiße sind hier, im entlegenen Hochland der Anden, nicht so gern gesehen. Sie gelten immer noch als Eroberer und Ausbeuter, als Kapitalisten, die den Indios das kleine Geschäft mit den Karamelbonbons überlassen.

Aus einer Nebenstraße klingt Trauermusik, Trommeln und Trompe-ten. Ein Trauerzug zieht vorbei, schwarzgekleidete Indios. In der schweigenden Menschenmenge geht eine junge Mutter. Sie hat ihr Trau-erkleid aufgeknöpft und stillt ihr Baby. Ihre Brust schimmert hell wie Milch in all dem Trauerschwarz – Leben und Tod vereint, für die Leute am Fuß eines Vulkans nichts Besonderes. Die »Jungfrau vom Heiligen Wasser« ist die Schutzpatronin dieses Bergnestes. In der Kirche am Marktplatz gibt es eine Galerie mit Gemälden, auf denen die Katastro-phen abgebildet sind, die sich im Lauf der Zeit ereigneten: Ausbrüche des Vulkans oder der Absturz eines Autos britischer Touristen in eine Schlucht. Naive Malerei, die mit großer Ausdruckskraft das Leben der Leute in Baños illustriert.

Das Wasser der Heilquellen fließt über Steilwände und wird in Bä-dern gesammelt, in denen Indios und Touristen Heilung von allerlei Ge-brechen suchen. Schon die Inka pilgerten zu diesen Heilquellen. Der Schatzsucher Atanasio Guzmán war ein Forscher, der sich als Botaniker einen Namen gemacht hatte. In Baños hinterließ er auf dem Dachboden der Pfarrei Kisten mit Pflanzenpräparaten und Tagebuchaufzeichnun-gen über seine Suche nach dem verschwundenen Gold der Inka.

Wir gehen durch das Dschungelmuseum, das zum Areal der Kirche am Marktplatz gehört. Ausgestopfte Raubkatzen und Greifvögel starren den Besucher aus Glasaugen an. In Baños kann uns keiner Auskunft ge-ben über Atanasio Guzmán oder den englischen Botaniker Richard Spruce, der Guzmáns Spuren folgte. Es wird Zeit, daß wir im Dschungel der Llanganati eigene Wege gehen. Es gibt einen Ort, den Schatzsucher wie ein Tor zu den Llanganati-Bergen benutzen: Pillaro, Treffpunkt aller Schatzjäger, die hinter dem Inka-Gold her sind. Dort treffen wir unsere

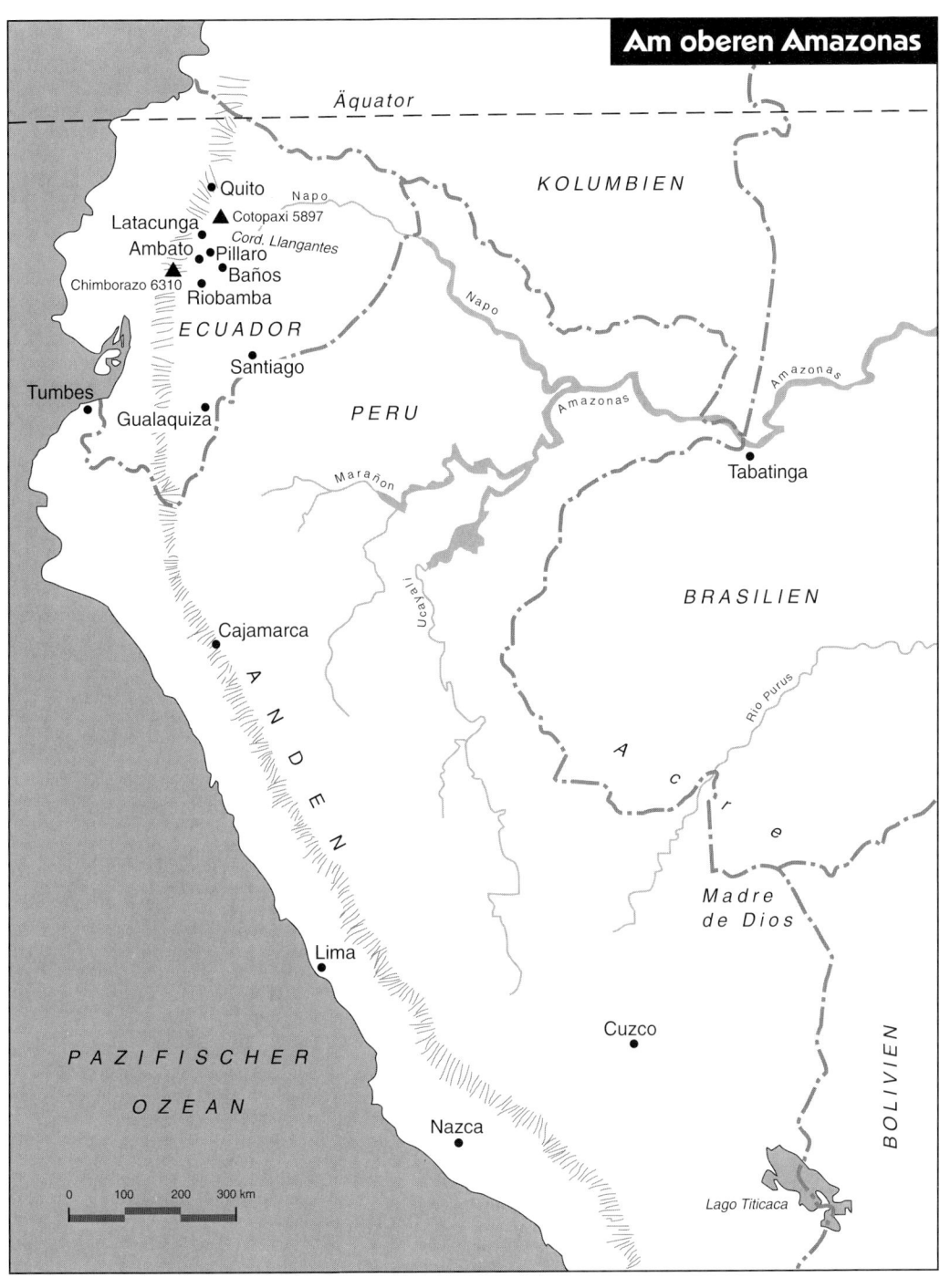

Am oberen Amazonas

Äquator

Quito

Napo

KOLUMBIEN

Latacunga

▲ Cotopaxi 5897

Cord. Llangantes

Ambato ●Pillaro

Napo

● Baños

Chimborazo 6310 ▲

Riobamba

ECUADOR

Santiago

Amazonas

Amazonas

Tumbes

PERU

Tabatinga

Gualaquiza

Marañon

BRASILIEN

Ucayali

Cajamarca

Rio Purus

A

N

D

E

N

A
c
r
e

Lima

Madre
de Dios

Cuzco

PAZIFISCHER

BOLIVIEN

OZEAN

Nazca

0 100 200 300 km

Lago Titicaca

Freunde aus Quito. Dann gehen wir zu einem Friseur, der mehr weiß als alle anderen in diesem Bergnest.

Don Iván hat einen Barbierladen in Pillaro. Sein ganzer Stolz ist ein museumsreifer Rasierstuhl aus der Zeit vor dem Zweiten Weltkrieg. Auf diesem Stuhl hat so mancher Desperado gesessen, der sich an seinem letzten Tag in der Zivilisation noch einmal rasieren und mit einem Duftwasser das Kinn tätscheln ließ, bevor er in der Grünen Hölle der Llanganati-Berge auf Nimmerwiedersehen verschwand und nie mehr auf Don Iváns Rasierstuhl zurückkehrte.

Er wetzt sein Messer, bedient uns mit dem Charme eines Barbiers, der viele Verrückte kommen und gehen sah. Jetzt rasiert er uns Deutsche. Vor ein paar Wochen waren es Italiener, die nach dem Inka-Schatz suchten. Sie kamen zurück und fielen abgekämpft in die Hotelbetten. Sie hatten sich in den Llanganati das Leben zur Hölle gemacht und sich zerstritten. Die Nerven versagten, als sie in dem Irrgarten die Orientierung verloren.

Don Iván sagt: »Die Italiener hatten Glück. Wer nicht mehr rauskommt, den fressen die Ameisen. Sehr erfreut, meine werten Freunde, euch in meinem bescheidenen Laden zu begrüßen.« Don Iván ist ein freundlicher Mestize, in dessen Adern spanisches und indianisches Blut fließt. An den Wänden seines Ladens hängen Kruzifixe und Madonnenbilder, aber neben den Rasierspiegeln baumeln auch die Klauen von Raubvögeln, die gelben Greifer des Kronenadlers, der im Flug mühelos einen Affen oder ein Faultier aus den Wipfeln der Bäume reißt.

Don Iváns Horrorkabinett macht uns klar, was uns in den nächsten Tagen erwartet: ein Härtetest für Nerven und Muskeln. Der Barbier beobachtet seit dreißig Jahren das Kommen und Gehen von Schatzjägern aus aller Welt, die das eine Ziel haben: den Schatz des spanischen Soldaten Juan de Valverde.

Der Barbier erzählt uns das Abenteuer des 18jährigen Spaniers, der mit den Conquistadoren kam. 1535 war Valverde in Ambato stationiert, nicht weit von Pillaro. Die spanischen Eroberer suchten vergeblich nach den Goldschätzen der Inka, nachdem Pizarro 1533 den Inka-Herrscher Atahualpa hingerichtet hatte. Die Verstecke lagen in einem nebelverhangenen Dschungel, den noch kein Weißer betreten hatte.

Der Barbier kratzt mit seinem Rasiermesser an unseren Bärten und erzählt weiter: »Der Besatzungssoldat Valverde verliebte sich in ein Mädchen aus dem Dorf Pillaro. Sie hieß Eatla und war die Tochter eines Fürsten vom Stamm der Salasaca-Indianer. Valverde heiratete die Prinzessin. Und der Salasaca-Fürst überraschte den Spanier mit einer goldenen Mitgift: Der Fürst zeigte ihm ein Schatzversteck in den Llanganati.«

Linke Seite: Durch die Wildnis der Llanganati-Berge in Ecuador zogen einst die goldbeladenen Lama-Karawanen der Inka zu Schatzverstecken, um das Gold vor den spanischen Eroberern in Sicherheit zu bringen. Die Tour ist ein Härtetest für alle, die das Gold der Inka-Götter suchen.

Seit mehr als 400 Jahren schlagen sich seither Generationen von Schatz-jägern durch den Dschungel und suchen nach diesem Versteck. Der Schatz war so groß, daß Valverde nur einen Teil abtransportieren konnte, das meiste blieb in der Höhle liegen. Und noch immer leben die Salasaca in der Gegend von Ambato.

Der Barbier hat selber schon einmal mit einem Deutschen nach dem Inka-Gold gesucht, den »Tränen der Sonne«, wie die besiegten Inka das Edelmetall nannten. Die beiden haben sich im Dschungel der Soguillas-Region verirrt. Sie tappten durch tiefhängenden Nebel, und der Deut-sche sagte zu Don Iván: »Wenn du uns hier wieder rausbringst, bist du für mich der König des Dschungels.« Und plötzlich brach wie ein Wun-der die Sonne durch den Nebel. Sie sahen den Gipfel des Suncho Hurco und fanden ihren Weg wieder. Seitdem ist der Barbier von Pillaro auch der König des Dschungels, der es allerdings vorzieht, lieber seinen Kunden in Ruhe den Bart zu scheren, als noch einmal die Götter her-auszufordern.

Don Iván sagt: »Wir Ecuadorianer sind an der Sache interessiert, ge-nauso wie die Ausländer. Aber die Fremden wissen zu wenig über unser Land. Sie haben alles, was sie wissen, nur von den Landkarten. Wenn man sich schon in einer Stadt verlaufen kann, wieviel eher dann im Dschungel, im Páramo, auf der Hochebene? Deshalb nimmt man immer einheimische Führer mit. Im Alleingang schafft man das nie und nim-mer. Das Ganze ist eine Expedition, eine komplizierte Spurensuche. Da muß man Erfahrung haben und hart arbeiten. Das Klima ist rauh und kalt da oben. In 4000 Meter Höhe, auf dem Cerro Hermoso, liegen die Temperaturen bei 6 bis 8 Grad. Und man hat immer diesen Nebel vor den Augen. Man kann eigentlich nur bei gutem Wetter losziehen. Aber das kommt in dieser Gegend selten vor, so ein, zwei Monate im Jahr. Seit etwa 30 Jahren beobachte ich nun schon dieses Kommen und Gehen, Männer auf der Suche nach dem Llanganati-Schatz. Es gibt so etwas wie Schatzfieber, besonders unter den Ausländern. Ich führe ein Register mit allen ausländischen Besuchern, die jedes Jahr hierherkommen. Eine Art Statistik der Fremden, die sich hier zu einem einmaligen Glücksspiel versammeln.«

Der Soldat Valverde kam reichbeladen aus dem Dschungel zurück. Doch das Gold hat ihm kein Glück gebracht. Er wollte sich mit seiner Salasaca-Prinzessin und dem Goldschatz in Spanien niederlassen. Aber seine Frau starb noch vor der Abreise. Valverde kehrte reich, aber ein-sam nach Kastilien zurück und führte das Leben eines Edelmannes mit gebrochenem Herzen.

Er hinterließ ein Dokument, das bis auf den heutigen Tag die Gemüter bewegt: »Derrotero de Valverde«, die Wegbeschreibung, die in die Geschichte der Schatzsuche eingegangen ist. Eine Abschrift wird in der »Biblioteca Nacional« in Madrid aufbewahrt. Draufgänger, Spekulanten und Traumtänzer suchten das Inka-Gold ebenso vergeblich wie Besessene, die mit wissenschaftlicher Sorgfalt vorgingen.

Atanasio Guzmán war der erste, der eine Karte der Llanganati zeichnete, die nach ihm zahllose Schatzsucher benutzten. Die Götter bereiteten ihm ein bitteres Ende: Guzmán war mondsüchtig. Eines Nachts verließ er sein Haus bei Ambato, wandelte über die Felsen und stürzte in einen Abgrund.

»Die Indios glauben seit alter Zeit, daß die Inka-Götter die Goldjäger in die Irre führen«, sagt der Barbier. »Die Götter schicken Nebel, bitterkalte Nächte, halten Sümpfe bereit, messerscharfe Schilfblätter, Regen, tagelang, reißende Flüsse, Schluchten und giftige Korallenschlangen. Werte Freunde, ich wünsche, ihr kommt mit langen Bärten zurück.« Don Iván winkt uns mit dem Rasiermesser nach, als wir gehen.

In Latacunga treffen wir Eduardo Parédez, er ist der »Jefe«, Distriktvorsteher, und besitzt eine Schatzkarte aus dem 16. Jahrhundert, die er wie seinen Augapfel hütet: »Ja, der Schatz liegt in den Llanganati. Aber ich fürchte, irgendwann werden ein paar Halunken mit Computern kommen, kaltblütige Rechner. Die werden die Beute heimlich abschlep-

In Latacunga holen wir uns beim »Jefe«, dem Distriktvorsteher, Informationen über die verschwundenen Schätze der Inka.

pen. Und das ecuadorianische Volk wird leer ausgehen – das kennen wir ja, seit die Spanier uns ausgebeutet haben.«

Der Distriktvorsteher kennt sich in der Historie aus: »Es war 1813, da bekam ein gewisser Pater Roca eines Tages ein Dokument in die Hände, das als Schatzkarte des Valverde bekannt ist. Eine Karte und eine Beschreibung des Weges. Es heißt, daß Pater Roca mit Valverdes Papieren in die Llanganati ging. Der spanische König soll ihm aber befohlen haben, die Dokumente herauszugeben. Der Pater gab ein paar Kopien an Bauern weiter, die den Schatz suchen wollten. Pater Roca nahm am Befreiungskrieg teil, er schickte Mulis mit Gold und Silber ins Hauptquartier des Generals Antonio José de Sucre, der am 4. Mai 1822 die Unabhängigkeit Ecuadors erkämpfte. Leider ist der Weg durch die Llanganati schwierig und gefährlich. Es soll dort eine Höhle geben, wo man nur den Arm hineinstecken muß, um das Gold rauszuholen. Aber bisher sind alle Expeditionen gescheitert. Deshalb sagt man: Die Llanganati sind verhext.«

Schatzsucher brauchen eigentlich eine Genehmigung des Staates. Aber so lange können wir nicht warten. Wenn wir das Gold finden, werden wir es dem »Jefe« sagen. Wir sind elf Männer und eine junge Frau aus einer Indio-Siedlung. Maria kocht für uns. Jorge Anhalzer aus Quito ist unser Expeditionsführer, ein durchtrainierter Kletterer. Er hat vielleicht ein paar deutsche Blutstropfen in den Adern, aber wir haben keine Zeit für Ahnenkunde, vor uns liegt der Dschungel. Mit 30 Kilo schweren Rucksäcken machen wir uns auf den Weg. Irgendwo in diesem Irrgarten warten die alten, rachsüchtigen Götter, die das Massaker der Conquistadoren in den Städten und Dörfern der Inka nicht vergessen haben. Fürchten wir uns vor bösen Geistern? Jorge hat zwei Winchester-Gewehre mitgebracht. Aber auf Geister kann man nicht schießen. Und die Boa constrictor ist mit Dschungelratten zufrieden, kriecht so gut wie nie in die Zelte schlafender Gringos. Vor Jahrhunderten liefen Boten, die »Chasquis«, über die Inka-Pfade und meldeten das Eindringen »weißer Männer aus der Ferne«. Wer meldet in diesem längst zerfallenen Inka-Reich, daß sich ein paar Gringos mit Filmkamera und Rucksäcken nähern? Ist da jemand? Papageien pfeifen, Kolibris saugen Honig. Wir vergessen die bösen Geister.

Am Fuß eines Vulkans treffen wir einen alten Indio. Der Alte sagt: »Hütet euch vor dem Zauber. Ein Mann, dieser Lucho Andrade Marin, ging in den Dschungel und suchte das Gold. Vierzig Jahre lang, dann hat er was gefunden. Das war 1967. Er hat es rausgeschleppt, mehrere Kisten voll. Einer der Träger war wie betäubt. Er ist beim Tragen der Kisten eingeschlafen, fiel plötzlich um. Mir ist das auch einmal passiert. Ich bin da reingegangen, in den Dschungel, und bin eingeschlafen. Ich weiß nicht, wie es passiert ist. Ein Zauber hat mich betäubt. Ich wachte auf wie aus einem Traum und bin davongelaufen, weil ich Angst hatte.«

»Glauben Sie, daß es den Schatz gibt?«

»Ja, natürlich. Gerade hat Francisco Sanchez Hernandez im Radio über die Llanganati gesprochen.«

»Und was hat er gesagt?«

»Er sprach sehr schön von den Llanganati.«

»Hat er auch gesagt, daß dort ein Schatz liegt?«

»Ja, der Schatz des Atahualpa.«

»Und das glauben Sie?«

»Das ist alles hier passiert, auf dem Inka-Pfad.«

»Auf dem Inka-Pfad?«

»Ja, das hier ist er. Da gehe ich immer lang.«

»Glauben Sie, daß die Götter den Schatz nicht rausgeben wollen?«

»Genau, die wollen ihn nicht rausrücken.«

»Wer?«

»Die Götter wollen es nicht. Die wissen genau, wem sie was geben und warum.«

Günter Seuren im Hochland der ecuadorianischen Anden, die sich in eisigen Nebel hüllen.

»Wollen sie Ihnen vielleicht eines Tages den Schatz geben?«

»Mir vielleicht, wenn ich mich auf den Weg mache und suche.«

»Trauen die Götter anderen Leuten nicht, den Fremden?«

»Denen trauen sie nicht.«

»Und deshalb geben sie den Schatz nicht her?«

»Die Fremden glauben nicht an die Götter. Fremde bringen nur Unglück, sie kämpfen sogar gegeneinander, wenn sie Gold finden. Bei uns ist das anders, auf dem Inka-Pfad. Die Fremden kommen und gehen. Wenn man nicht behutsam sucht, mit Geduld und Leidenschaft, kommt man nie ans Ziel.«

Don Lucho ist mit zwei Gringos in den Dschungel gegangen und nicht mehr rausgekommen. Ein Suchtrupp hat Schaufeln, Ledersäcke und andere Sachen gefunden. Die drei Männer sind spurlos verschwunden. Die Leichen wurden nie gefunden.

»Wie sieht der Schatz aus?« fragen wir den Alten.

»Man sagt, es sind Goldklumpen und große Körner.«

»Auch Figuren?«

»Dieser Lucho hat es gesehen. Man sagt, er ist mit dem Gold nach Kolumbien, um es dort zu verkaufen. Aber ich glaube, er ist damit nicht weit gekommen. Die Götter haben ihn bestraft. Ja, ich denke, da sind viele Figuren unter der Erde – in den unterirdischen Gärten.«

Der Alte meint die Gewölbe in den Anden, wo die Inka angeblich goldene Gärten angelegt haben. Schätze, die sie vor den goldhungrigen

Im verregneten Dschungel der Llanganati.

Spaniern in den »Cavernas«, weitverzweigten Höhlen, in Sicherheit brachten. Im Labyrinth der Anden, so erzählen die Alten, stehen Bäume aus purem Gold, sitzen goldene Vögel auf den Zweigen. Und tausend Sonnen spiegeln sich auf den Blättern. An einem goldenen Fluß steht der Goldthron des ermordeten Inka-Herrschers Atahualpa. Der Tag der Auferstehung wird kommen. Die Vision der Indios von einem besseren Leben, auf das sie seit Jahrhunderten warten.

Eiskalte, sternklare Nächte, frierende Männer, die morgens aus den Zelten kriechen und fluchen, weil die Sonne wieder hinter aufziehendem Nebel verschwindet. Jeden Tag diese Wechselbäder: Wir marschieren durch Treibhaustemperaturen, und abends weht ein Eishauch über die Zelte, die in einer Höhe von 3800 Metern stehen. Wenn die Sicht für ein, zwei Stunden klar ist, schimmern die schneebedeckten Gipfel des Vulkans Cotopaxi und des Chimborazo in der Ferne. Dann glauben wir wieder an unser Glück.

Doch am Berg Guapa bleibt der Geländewagen in der sumpfigen Hochebene stecken, versinkt bis zu den Achsen im Moor. Wir verlieren sechs Stunden, bis es gelingt, ihn mit der Seilwinde des zweiten Wagens herauszuziehen. Ein deprimierender Zeitverlust, denn im Dschungel der Llanganati schaffen wir pro Stunde ohnehin nur einen Kilometer. Jorge Anhalzer schlägt mit der Machete einen Pfad frei. Wir leiden unter der Zeckenplage. Ein falscher Schritt, und man steht bis zu den Kniekehlen im Morast.

DAS GOLD
DER GÖTTER

63

Im sumpfigen Hochland bleibt unser Wagen stecken.

Aus dem Nebel taucht eine Gestalt auf, als wäre der Conquistador Francisco Pizarro von den Toten auferstanden. Ein stolzer, dunkelbärtiger Spanier kommt uns am Guapa entgegen. Diego Arias hat mit einem Partner an einem Zufluß des Yana-Cocha-Sees Gold gewaschen. Arias sucht seit vielen Jahren nach dem Inka-Schatz. Im vergangenen Jahr hat er sich am Cerro Hermoso das Bein gebrochen und mußte mit dem Hubschrauber herausgeholt werden.

Arias sagt: »Das Problem ist, die Berge sind durchlöchert mit Schächten und Stollen. Zur Zeit der Inka war hier ein blühendes Bergbauzentrum, Gold- und Silberminen. Der alte Guzmán hat seine Nase zu oft und zu tief in die Socabóns (Bergstollen) gesteckt. Er hat viel Zeit und Energie verloren und konnte sich am Ende nicht mehr auf die Suche nach dem Schatz konzentrieren.« Arias lacht: »Die Götter haben ihn mit den leeren Socabóns von der Spur abgelenkt. Er konnte eigentlich gar nicht gewinnen.«

Arias haßt dieses Wetter: »Seht euch den Nebel an. Das ist dein täglicher Begleiter. Nebel und Regen, wo du gehst und stehst. Es ist ein Wunder, wenn hier mal die Sonne rauskommt. Ich war dreizehn Tage in dieser Berghölle und habe auch nach dem Schatz von Atahualpa gesucht. Das war mein achtzehnter Versuch. Ich habe in den letzten achtzehn Jahren nach dem Gold gesucht. Mein erster Trip war im Dezember 1973. November und Dezember sind die beste Zeit, die schlimmste ist Juli, August. Dann kannst du deine Feinde losschicken und sicher sein, daß sie nie mehr da rauskommen.«

»Haben Sie schon etwas gefunden?«

»Ich habe ein paar kleine Stücke gefunden, habe ein bißchen Glück gehabt. Ich kann sie euch zu Hause zeigen, wenn ihr wollt.«

Das Wetter ist zu schlecht, um weiterzufahren. Also folgen wir der Einladung, um uns für den nächsten Tag zu stärken. Arias zeigt uns ein goldenes Opfermesser, einen Finger von einem goldenen Handschuh und Türkisketten, an denen goldene Figuren hängen: »Schätze jagen und treiben dich, du wirst ein Teil des Schatzes. Es ist, wie wenn man sich in eine Frau verliebt. Du gehst aufs Ganze, aber du weißt nie, was passiert, wenn du sie hast. Die Llanganati sind ein verhextes Gebirge. Ich kann euch nur den einen Rat geben: Wenn ihr in die Llanganati geht, seid verdammt vorsichtig. Geht und grabt mit Verstand. Das ist ein gefährliches Land, ein Platz für harte Männer, für echte Goldsucher.«

Nebelfetzen ziehen über die Berge, Arias steht am Fenster und blickt ihnen nach: »Man braucht einen guten Führer und Träger. Du gehst irgendwohin, wo du noch nie warst. Deshalb brauchst du Männer, die sich auskennen. Du weißt nie, wieviel Zeit du brauchst. Das hängt ganz

In den Llanganati
muß das Expedi-
tions-Team Moore
und meterhohes
Schilf überwinden.

von deiner Planung ab und von deinem Vertrauen zu den anderen. Die müssen Freunde für dich sein, nicht nur Träger. Im Dschungel brauchst du Freunde.«

»Wie ist das Verhältnis zwischen Indios und Schatzsuchern? Seit achtzehn Jahren gehen Sie mit den Indios in die Berge.«

Arias grübelt und sagt dann: »Da ist so etwas wie eine Mauer, eine Art Grenze. Die Jungs, die mit mir gehen, reden nicht viel. Sie sagen: Du bist ein Verrückter, der nach einem Schatz sucht. Versteht ihr: Du bist verdammt allein. Du folgst deinem eigenen Gesetz. Und die anderen? Vielleicht haben sie einen guten Riecher. Die Indios wissen, wie die Wolken ziehen. Die kennen sich in der Wildnis aus. Ich suche nach dem Schatz, und sie führen mich. Wir bleiben auf der Spur. Aber die Indios sind keine Schatzsucher, sie sind deine Führer. Du bist ein Fremder, den sie begleiten. Sie gehören einer anderen Kultur an. Ich bin sicher, daß in den Llanganati ein Schatz liegt. Ich liebe diese Spannung, die Romantik des Abenteuers. Die Llanganati sind ein Ort, wo nur eine bestimmte Art Menschen hingeht, wo nur ein bestimmter Menschentyp den Tod findet. Wer die Gefahr nicht liebt, der lebt auch nicht. Du mußt die Gefahr suchen, dann lebst du. Nur eine bestimmte Art Menschen stirbt an besonderen Plätzen.«

Durch diese Wildnis sind vor Jahrhunderten spanische Deserteure marschiert, auf der Suche nach den Goldverstecken der Inka. Sie träumten davon, mit einem Goldklumpen nach Spanien heimzukehren. Es waren die ersten Weißen, die dieses nebelverhangene Bergmassiv betraten. Aber ihre Suche war vergeblich, Indios fanden die Gebeine und vermoderten Uniformen der Spanier an den Hängen der Vulkane.

Arias sagt: »Du mußt durch das Grün, den Dschungel, mußt durch diese wunderbare Fauna und Flora hindurchgehen. Das klärt deine Gedanken, lenkt sie aber nicht von der Schatzsuche ab. Das hier ist ein Paradies, im Guten wie im Bösen. Im Dschungel bist du im Niemandsland, wo du tagelang keine Menschenseele triffst, wo du auf Händen und Füßen wie durch ein Wollknäuel kriechst. Das Wetter ist das größte Problem in den Llanganati. Die Berge haben ein Leben wie wir. Man lebt 365 Tage im Jahr, aber 400 Tage regnet es. Du hast es hier mit dem scheußlichsten Wetter zu tun, das du dir vorstellen kannst, ein Alptraum. Man muß gut in Form sein, um damit fertig zu werden, auf einer Höhe zwischen 3000 und 4000 Metern. In dieser Kälte. Da geht es dir eiskalt unter die Haut. Die Felsen sind dick mit Moos bewachsen. Wenn man den Arm hineinsteckt und den Felsen berührt, ist man im Nu klatschnaß. Die Regenwolken ziehen vom Amazonas hoch, treffen auf diese Berge und laden ihre Wassermassen ab. Du hast entweder Nebel oder Regen. Überall Sümpfe, Seen und Rinnsale, da kannst du dich total verlaufen. Manchmal gehst du einen Bach entlang, später willst du am selben Bach zurück zum Lager, aber wenn es stark geregnet hat, gibt es keinen Bach mehr, alles überflutet. Du verirrst dich. Und das ist das Schlimmste, was dir in den Llanganati passieren kann.«

Am nächsten Tag verabschieden wir uns von Diego Arias. Er lacht und sagt: »Paßt auf, manchmal glänzen die Flußsteine in der Sonne wie Gold. Deshalb nennen wir sie das ›Gold der Dummen‹. Die sind wie Irrlichter, wenn die Sonne den Nebel vertreibt. Du denkst, da liegt Gold vor deinen Füßen, aber wenn du dich bückst und danach greifst, kommt die nächste Wolke, und du stehst mit leeren Händen da.«

Wir haben uns noch nicht für eine bestimmte Richtung entschieden, gehen erst einmal den Tips nach, die wir in Quito bekommen haben. In dem Gebiet, das vor uns liegt, gibt es Höhlen, die in alten Berichten und Dokumenten eine Rolle spielen. Wir kommen an diesem Tag nur knapp zehn Kilometer voran, durch enge Schluchten, Sümpfe und meterhohes Schilf, Moskitoschwärme fallen über uns her. Riesenameisen richten sich kampfbereit auf, wenn sie Schritte hören, ihre Zangen tasten nach unseren Hosenbeinen. Der Biß mancher Ameise kann lästige Entzündungen hinterlassen. Wir schleppen zwar einen Medizinkasten mit herum, aber es gibt in diesem giftigen Irrgarten auch Insektenbisse, die tödlich wirken. Ich muß an den Engländer Charles Baker-Cresswell denken, der 1962 nach dem größten aller Inka-Schätze suchte und dafür mit seinem Leben bezahlte. Sein Schädel und seine Tagebuchnotizen, die durchnäßt in einem zerfetzten Plastikbeutel lagen, wurden 1964 im Dschungel des Territorio de Acre gefunden, im Grenzgebiet zwischen Brasilien, Peru und Bolivien.

Es scheint, daß Baker-Cresswell weder von einer Giftschlange noch vom tödlichen Biß der schwarzen Riesenameise überrascht wurde. Vielleicht wurde er von den Cakina getötet, einem Indianerstamm, der das Schatzversteck hütete. Baker-Cresswell war bis zu einem Hochplateau vorgedrungen, auf dem das Schatzversteck lag. Er kannte das Losungswort aus der Inka-Zeit, hatte es dem Häuptling der Cakina genannt, der auf die Rückkehr der »weißen Männer« gewartet hatte. Anscheinend hielt er Baker-Cresswell für würdig, ihm den Inka-Schatz zu übergeben. Oder trieb der alte Cakina-Häuptling ein tödliches Spiel mit dem ahnungslosen Engländer?

Zu tief war der Schock, den die »Conquista«, die Eroberung Südamerikas durch die spanischen Stoßtrupps, im Gedächtnis der Ureinwohner hinterlassen hatte. Sie waren den plündernden, goldgierigen Horden der Spanier begegnet und hatten die Greueltaten der Conquistadoren

nicht vergessen. Noch Jahrhunderte später erinnerten sich die Indianer an das christliche Kreuz und Schwert, die ihre Welt so katastrophal verändert hatten.

Baker-Cresswells Tagebuchaufzeichnungen sind entweder eine abenteuerliche Fälschung oder ein Dokument der Naivität eines besessenen weißen Schatzjägers, der glaubte, wenn er nur das Losungswort der Inka kennen würde, öffneten sich Tür und Tor des ersehnten Schatzverstecks. Baker-Cresswell beschreibt im letzten Akt des Dschungeldramas, wie er dankbar und glücklich vor der Felswand steht, die ihn noch vom Gold trennt. Er denkt nicht eine Sekunde daran, daß ihn die Cakina in eine Falle gelockt haben könnten.

Aber alles der Reihe nach. Denn dieser Fall hat mich in den schlaflosen Nächten der Llanganati-Berge verfolgt. Er ist es wert, erzählt zu werden, ein warnendes Beispiel, das wir vor Augen hatten. Manchmal lag ich kaputt und grübelnd unter dem Zeltdach, auf das der Regen tropfte, und Baker-Cresswells Totenschädel tauchte, wenn keiner ein Wort sagte und jeder auf das Ende des Regens wartete, im Dunst des Dschungels auf, lag bleich im Gras und verschwand wieder. Ich nehme an, jeder von uns sah im Verlauf der Expedition Gespenster, aber wir sprachen kaum darüber oder machten Witze, um die toten Verlierer zu vertreiben. »I have always loved a good mystery«, das habe ich auf den verschiedenen Reisen immer wieder von Abenteurern und Glücksrittern gehört: »Ich war immer fasziniert von einem guten Geheimnis.« Gut muß es ein, magisch, extrem, alles versprechend, trügerisch und dennoch – auch, wenn man mit leeren Händen nach Hause kommt, erinnert man sich gern an die ungelösten Rätsel. Wenn wir sie alle gelöst hätten, meinte ein Freund zu mir, was sollten wir dann noch mit unserem Leben anfangen?

Also dieser Baker-Cresswell war so einer, bereit, bis in den letzten Winkel des Territorio de Acre, an der Grenze zu Brasilien, vorzudringen. Seine Geschichte beginnt vor mehr als 400 Jahren: Pizarro hatte 1532 den Inka-Herrscher Atahualpa in Cajamarca (Peru) gefangengenommen. Pizarro war mit einem Stoßtrupp von 183 Spaniern und etwa 70 Pferden an der Küste des heutigen Peru, bei Tumbes, gelandet, um Land und Gold der Inka zu erbeuten. Es ist viel geschrieben worden, warum die kleine Streitmacht der Spanier die 30000 Inka in Cajamarca in Angst und Schrecken versetzen konnte. Ein kurzes Gemetzel, eine Schießerei mit altertümlichen Flinten – und die Inka gaben sich geschlagen, weil sie die Spanier für Abgesandte eines hellhäutigen, bärtigen Gottes hielten, der am Anfang ihrer Mythologie steht. Indianer haben keine Barthaare. Wer war dieser hellhäutige Gott? Ein phönizischer Kapitän, der lange vor Columbus Südamerika entdeckte? Oder der Kapitän einer römischen Galeere, die von einem Sturm über den Atlantik getrieben wurde? Oder einer der irischen Mönche, die in die Neue Welt segelten? Der irische Mönch und Seefahrer Saint Brendan, heißt es, landete in Südamerika. Er muß den Indianern wie ein hellhäutiger Gott erschienen sein, mit rotem Haupthaar und einem rötlichen, irischen Vollbart. Der Gott, der am Anfang der Inka-Mythologie steht, heißt Wakea, Viracocha oder Kon Tiki. Immer ist dieser Gott hellhäutig und vollbärtig. Lange vor Columbus müssen Europäer in der Neuen Welt gelandet sein.

Sie haben mit den Indianern hellhäutige Mischlinge gezeugt. Pizarro berichtete, daß Atahualpa im Vergleich mit dem dunkelhäutigen Hochadel der Inka eine helle Haut hatte, daß er sogar hellhäutiger war als mancher Spanier.

Zurück zu Baker-Cresswell: Er suchte den Schatz des Huascar, des Halbbruders von Atahualpa. Der Vater der beiden war Huayna Cápac. Er starb 1526 und hinterließ Atahualpa und Huascar ein Riesenreich, das er in seinem Testament teilte: Huascar erhielt den Süden mit der Hauptstadt Cuzco (Peru), Atahualpa sollte den Norden mit der Hauptstadt Quito (Ecuador) regieren. Die beiden Halbbrüder stritten um das Erbe.

Die Ruinen der Festung Ingapirca zeugen von der Macht und Größe des Inka-Reiches im 15. Jahrhundert.

Atahualpa siegte, gab den Geheimbefehl, den gefangenen Huascar zu ermorden, als Atahualpa selber schon Pizarros Gefangener war. Pizarro konnte gelassen zusehen, wie sich die Inka im Erbstreit ruinierten.

Geschichtsschreiber berichten, daß Atahualpa das Ende des Inka-Reiches als ein unabwendbares Schicksal verstand. Der Inka-Herrscher blieb bis zu seiner Hinrichtung selbstbewußt und unsentimental, ein großer Verlierer. Eines Nachts saßen Pizarro und Atahualpa zusammen an einem Tisch. Pizarro hatte zu einem Nachtmahl eingeladen, indianische Diener trugen Delikatessen auf. Pizarro versuchte, den Inka zu trösten, aber Atahualpa lehnte das Mitleid des Siegers ab. Der Inka sagte: »Ich weiß, daß der Sinn des Krieges darin besteht, zu erobern oder erobert zu werden.«

Er mußte es wissen. Die Inka hatten das Reich der Chimu kurz vor der Ankunft der Spanier unterworfen. Die Chimu waren hervorragende Goldschmiede, und die Inka wurden ihre Schüler. Die Inka hatten unermeßliche Goldschätze erbeutet. Als der Erbstreit zwischen Huascar und Atahualpa begann, ahnte Huascar, daß er der Verlierer sein würde. Atahualpa war ihm militärisch überlegen. Huascar sorgte rechtzeitig dafür, daß der Schatz von Cuzco in Sicherheit gebracht wurde. Tausende von Indianern und Lamas transportierten die Kostbarkeiten in den Dschungel der Ost-Anden, wo das Amazonasbecken beginnt. Als die Spanier Cuzco eroberten, fanden sie zwar eine Menge sakraler Kunstwerke aus Gold, aber auch viele Attrappen aus Goldblech.

Pizarro war wütend, weil ihm der Großteil des Goldes entgangen war. Sein Fehler war, wie seine eigenen Berater erkannten, daß er zu schnell Beute machen, alles auf einmal haben wollte. Wenn er es verstanden hätte, mit dem Hochadel der Inka diplomatisch umzugehen, hätten sie ihm Karawanen goldbeladener Lamas geschickt. Sein größter Fehler war, daß er Atahualpa töten ließ. Ihrem Todfeind wollten die Inka kein Gold schenken.

Pizarro hätte erkennen müssen, daß er es nicht mit Barbaren zu tun hatte. Die Inka waren stolze, selbstbewußte Herrscher einer Hochkultur, die man nicht einfach mit Flinte und Bibel unterwerfen konnte. Als Pizarro und Atahualpa zum erstenmal in Cajamarca zusammentrafen, stellte der Dominikanermönch Vincente de Valverde den ersten Kontakt her. Der Mönch Valverde hat nichts mit unserem kleinen Soldaten Juan de Valverde zu tun. Aber beide haben Geschichte gemacht. Der Dominikanermönch gab Atahualpa eine Bibel und erklärte ihm, das Buch sei Gottes Wort. Gott habe die Spanier geschickt, um ihnen das Land und seine Reichtümer zu übergeben. Atahualpa nahm die Bibel, hielt sie an sein Ohr, hörte nichts und warf sie beiseite.

Für die Spanier war das die Reaktion eines Barbaren, dem man das Christentum notfalls mit Gewalt beibringen mußte. Und das war nur noch eine Formsache: Atahualpa wurde zum Tode verurteilt, ließ sich taufen, um nicht als Ketzer auf dem Scheiterhaufen verbrannt zu werden. Der Dominikanermönch Valverde taufte ihn auf den grotesken Namen Juan de Atahualpa, weil gerade der Feiertag Johannes des Täufers war. Dann legten sie ihm die Würgeschraube, die spanische Garrotte, um den Hals und erdrosselten ihn. Atahualpas letzte Worte an sein Volk: »Trauert nicht um mich. Ich werde als pfeifende Schlange wiederkehren.« Die Spanier veranstalteten eine prunkvolle Totenmesse, Pizarro erschien in Galauniform, zynisches Theater der neuen Herren. Manco Cápac wurde 1536 von den Spaniern als Marionette auf den Inka-Thron gesetzt. Aber Manco Cápac rebellierte, der Partisanenkrieg in den Bergen und im Dschungel begann. Manco Cápac baute seine Residenz Vilcabamba zu einer Festung aus. Die Spanier eroberten Vilcabamba, Manco Cápac zog sich mit seinen letzten Kriegern in den Dschungel des Territorio de Acre zurück, wo Huascars Schatz versteckt lag. Manco Cápac starb im Dschungel. Der Partisanenkrieg wurde von Túpac Amarú weitergeführt, der von den Spaniern besiegt und nach Cuzco gebracht wurde, gefesselt mit einer goldenen Kette. 1571 wurde er enthauptet.

Túpac Amarú soll im Verhör die Lage des Schatzes verraten haben, den Huascar 1528 abtransportieren ließ. Der Gefolterte soll das Losungswort genannt haben, das die Hüter des Schatzes überzeugen sollte, der rechtmäßige Erbe des Inka-Goldes stehe vor ihnen. Und das sollte Charles William Baker-Cresswell sein?

Aber zunächst betrat sein Vater, George Baker-Cresswell, die Szene: Er kam 1935 nach Quito, war Soziologe und interessierte sich für alte Dokumente aus der Zeit der spanischen Eroberung. Dabei stieß er auf das Protokoll der Inquisition, die Túpac Amarú verhört hatte. George Baker-Cresswell hinterließ seinem Sohn Charles die Papiere, die in einem Londoner Banksafe ruhten. Seitdem ließ der Gedanke an Huascars Schatz den zwanzigjährigen Charles nicht mehr los. 1958 reiste er nach Lima, lernte Quechua, die alte Sprache des Inka-Reiches, und bereitete sich auf eine Expedition in den Dschungel vor. Ziel: das Territorio de Acre, unerforschte Wildnis, tiefster Dschungel mit Kannibalen an den Ufern des Amazonas.

Prunkstück des Schatzes von Cuzco war der goldene Sonnendiskus, der das Sonnenlicht so reflektierte, daß das Innere des »Tempels der Sonne« in einem wunderbaren Licht erstrahlte. Der Sonnendiskus symbolisierte den Sonnengott Inti, trug aber menschliche Gesichtszüge. Die Inka waren Sonnenanbeter. Huascar hatte sich ein besonderes Versteck

ausgedacht: Der Schatz wurde in einer riesigen Grube zusammengetragen und mit Steinen bedeckt, die Ritzen und Spalten wurden mit dem indianischen Zement »Llanki« gefüllt. Darüber wurde ein See angelegt, über dem sich wie eine Tarnkappe ein künstlicher Hügel schloß. Baker-Cresswell hätte ohne das Losungswort der Inka den Schatz niemals finden können. Allerdings muß bezweifelt werden, daß der tapfere und kluge Túpac Amarú, der heute noch von den Indios als Held verehrt wird, das Losungswort verraten hat. Er mußte wissen, daß die Spanier ihn nach dem Geständnis hinrichten würden. Es heißt, daß sie ihm nach dem Verhör die Zunge herausrissen.

Baker-Cresswell hatte es nicht nur mit den Ablenkungsstrategien der Inka zu tun, sondern auch mit den Widersprüchen von Legende und Wahrheit, die jeden Schatzsucher begleiten. Ein Losungswort wäre hilfreich, aber ich denke, Túpac Amarú hat ihm diesen Gefallen nicht getan – oder er hat ein falsches Losungswort genannt, an dem die Nachkommen der Inka einen Betrüger erkannten, den sie töteten.

Weiß der Teufel, was der Engländer für das Losungswort gehalten hat. Er zitiert es in seinem Tagebuch kein einziges Mal. Doch im Protokoll der Inquisition steht eine Wegbeschreibung Túpac Amarús, ähnlich detailliert wie der »Derrotero de Valverde« für die Llanganati-Berge. Baker-Cresswell hat wahrscheinlich den Bericht über den Inka Carlos gekannt, ein Dokument, das von einem Schatz in den unterirdischen Kammern der Inka-Festung Sacsayhuaman spricht, 200 Meter über Cuzco gelegen. Das Protokoll des spanischen Schreibers Felipe de Pomares aus dem 16. Jahrhundert berichtet, warum der Inka Carlos seinem streitsüchtigen und goldgierigen spanischen Eheweib den Schatz zeigte: Doña Maria de Esquivel nervte ihren Carlos mit Klagen über die finanzielle Beschränktheit ihres Ehelebens an der Seite eines »heruntergekommenen Inka«. Sie wollte Schmuck tragen und zu den besten Kreisen gehören. Carlos machte dem Gezeter ein Ende: Er verband Doña Maria die Augen und führte sie in ein unterirdisches Gewölbe, nahm ihr die Augenbinde ab – und sein Weib war wie geblendet. Die Wände waren mit Gold und Silber getäfelt, Edelsteine häuften sich, Goldpokale standen auf vergoldeten Tischen, und in den Wandnischen sah Doña Maria die Goldstatuen längst verstorbener Inka-Fürsten. Sie durfte nichts mitnehmen, aber ihre Eitelkeit war befriedigt: Ihr Inka war so reich wie ein König, und Doña Maria fühlte sich wie eine Königin, auch ohne ein massiv goldenes Inka-Collier um den Hals.

Auch mit Hypnose wurde im Lauf der Zeiten versucht, an die Schätze der Inka heranzukommen. 1844 wurde ein katholischer Priester zu einem sterbenden Indio gerufen, der ihm von einem unterirdischen Labyrinth, von einem Tunnelsystem erzählte, das in grauer Vorzeit, lange vor den Inka, konstruiert wurde. Von wem? Von hellhäutigen, vollbärtigen »Fremden aus der Ferne«, die wie Götter kamen? Phönizier, Carthager, Iren, Wikinger? Oder etwa von Überlebenden des im Atlantik versunkenen sagenhaften Kontinents Atlantis, der nach einem Seebeben oder dem Einschlag eines riesigen Meteoriten verschwand? Südamerika war schon immer der Tummelplatz von hellhäutigen Göttern, von prähistorischen Riesenmenschen und Dinosauriern, von Architekten, die mit Megalithen, 100 und 300 Tonnen schweren Felsquadern, Städte bauten, von denen die zyklopischen Mauern und Türme noch stehen. Über welche magischen oder technischen Kräfte verfügten sie, um die Megalithe von Cuzco so perfekt aufzurichten, daß die Mauern erdbebensicher stehen und keine Messerspitze zwischen die Felsblöcke paßt? Auf dieser abenteuerlichen Bühne der Menschheit kamen und gingen Hochkulturen, verschwanden Zivilisationen im Dunkel der Geschichte, im Zwielicht des Dschungels. Ein idealer Tummelplatz für die Phantasien der Science-fiction-Autoren. Raumschiffe anderer Planeten sollen, schon lange vor den Inka, auf den Hochebenen der Anden gelandet sein, Flüchtlinge eines Kriegs der Sterne weit draußen im All, Verlierer, die Südamerika mal eben wie eine Fußmatte benutzten, bevor sie weiterreisten. Wann die Herrschaften wiederkommen, ist ungewiß.

Zurück zu dem Priester und dem sterbenden Indio: Der Priester hat das Beichtgeheimnis nicht verraten, er wurde erst schwach, als er in Lima einem italienischen Hypnotiseur begegnete, der ihm den Bericht des Indio entlockte. Die Inka-Königin, Atahualpas Frau, heißt es, hat unermeßliche Schätze in den Tunnels unter der Stadt Cuzco verstecken lassen. Das Labyrinth ist so weit verzweigt, daß Schatzsucher sich darin verirrt haben und nie wieder gesehen wurden. Andere kamen nach Tagen des Herumirrens in totaler Dunkelheit halbblind zurück und waren fast wahnsinnig. Der Präfekt der Provinz Cuzco verbot das Betreten der Stollen und Höhlen, Eingänge wurden zugemauert.

Das alles führte zu einer langen Denkpause für die Schatzsucher. Keine Sensationen, keine Schlagzeilen über Goldfunde in der Weltpresse. Nur die Archäologen hatten ihre Erfolgserlebnisse, als sie eine Inka-Ruine nach der anderen entdeckten. Aber dann kam der vierundzwanzigjährige Charles Baker-Cresswell und ging mit der Energie eines jungen, unerschrockenen Schatzjägers im November 1962 an den Start. Sein Freund, der Indio Roberto Mendoza, begleitete ihn. Mendoza sprach Quechua und mehrere Indianerdialekte, die am oberen Amazonas vorkamen.

Die beiden verließen Manaus, die heruntergekommene, ehemalige Kautschukmetropole am Amazonas. Sie hatten sich gegen die lange, beschwerliche Strecke durch den peruanischen Dschungel entschieden, weil sie hofften, mit dem Boot das Ziel am Fuß der Ost-Kordilleren leichter zu erreichen. Sie hatten ein ausgedientes US-Sturmboot gekauft, das mit den Tücken des Amazonas, mit Klippen und umgestürzten Baumriesen, zu kämpfen hatte. Eine besondere Gefahr gab es sicher nicht mehr: die Amazonen, nackte, wilde Kriegerinnen mit Pfeil und Bogen, die jeden Annäherungsversuch erbittert ablehnten. Sie waren kein Hirngespinst fiebernder spanischer Soldaten, die durch die Amazonassümpfe irrten, auf der Suche nach Gold. Schon Columbus hat berichtet, daß die Amazonen existierten. Auf einer karibischen Insel, heute Martinique, hörte er zum erstenmal von unterirdischen Tunnels auf dem südamerikanischen Festland. Karibische Indianer erzählten ihm von einem geheimnisvollen Volk im Süden, dessen Tempel von goldenen Sonnen erhellt wurden. Sie hätten Kammern unter der Erde, wo sie Schutz suchten, wenn sie von feindlichen Indianerstämmen angegriffen wurden. Und dann sagten die karibischen Indianer noch zu Columbus, er sollte sich vor den nackten Frauen mit Pfeil und Bogen in acht nehmen, die am Großen Fluß lebten, kriegerische Frauen ohne Männer. Wenn sie angegriffen wurden, zogen sie sich in Tunnels zurück wie das Volk im Süden. Und wenn der Feind in die Tunnels eindrang, flog ihm ein Hagel Pfeile entgegen. Ab und zu raubten sie Männer, um Nachkommen zu zeugen. Aber sie töteten die neugeborenen Knaben. Die Amazonen, erzählten die Kariben, benutzten Männer nicht für die Liebe, sondern nur, um weibliche Bogenschützen zu zeugen. Columbus hat den Amazonasdschungel gemieden, man kann seine Ängste verstehen.

Baker-Cresswell und Roberto Mendoza kamen mit ihrem US-Sturmboot gut voran. Der Engländer wollte in der Nähe des Schatzverstecks einen Sender installieren, um später den Punkt genau anpeilen zu können. Er wollte mit einem Hubschrauber dort hinfliegen und den Schatz bergen. Die brasilianische Luftwaffe war informiert und stand für die Bergungsaktion zur Verfügung. Alles sprach für einen Erfolg Baker-Cresswells. Er und Mendoza wurden im Dezember 1962 von einer Patrouille der brasilianischen Flußpolizei auf dem Rio Purus zum letztenmal gesehen.

Laut Tagebuch fuhr das Boot in engen Nebenflüssen in der Mitte des Stromes, um Giftschlangen auszuweichen, die gern an Ästen herunterhingen. Die beiden Männer begegneten Indianern vom Stamm der Kampa-Kampa, denen sie Musik aus dem Radio vorspielten. Sie waren entzückt, aber sie wagten nicht, das Radio zu berühren. Danach Begegnungen mit den Kaschinava, man tauschte Geschenke aus; friedliche Stunden, nichts deutete auf eine tödliche Falle hin. Baker-Cresswell schenkte dem Häuptling der Kaschinava ein Fahrtenmesser, und der Alte versprach den Schatzsuchern jede Hilfe.

Unterwegs erkannten sie Wegzeichen, von denen Túpac Amarú unter der Folter berichtet hatte. Ein eigenartiger Rundsee – ein Meteoritenkrater? – lag am Weg. Am Ende der Strecke sollte eine Felsmarkierung auf den Finder warten, ein Kondor. Mit vier Pfadfindern der Kaschinava stieß Baker-Cresswell immer tiefer in den Amazonasdschungel vor. Der flache Rumpf des Bootes erwies sich als sehr nützlich, das Sturmboot tanzte über Sandbänke und andere Hindernisse hinweg. Manchmal meldeten sich verdrängte Ängste bei den beiden Weißen: Werden uns die Kannibalen verspeisen und unsere Schrumpfköpfe als Schmuck an der Dachrinne ihrer Hütten aufhängen?

Sie erreichten das Stammesgebiet der gefürchteten Cakina. Aber die Cakina verhielten sich überraschend gastfreundlich. Baker-Cresswell stellte fest, daß sie eine auffallend helle Haut hatten und ihre Gesichter europäische Merkmale trugen. Kamen vor langer Zeit spanische Soldaten durch den Dschungel, auf der Suche nach Gold? Nahmen die Cakina sie gefangen, und zeugten die Spanier »hellhäutige Indianer«, als sie sich dem Stamm anpaßten und zu »weißen Indianern« wurden? Die einzige Chance zu überleben.

Der Cakina-Häuptling führte Baker-Cresswell in eine Kammer seiner Hütte, die aussah wie ein überfülltes Waffenmuseum. Dort häufte sich der rostige Schrott spanischer Stoßtrupps, die in diesem Dschungel ihr Ende fanden. Die Vorfahren der Cakina hatten die spanischen Schwerter, Degen, Lanzen, Brustpanzer, Helme und Gewehre gesammelt und von einer Generation auf die andere vererbt. Der Schrott der einstigen Sieger, die mit Feuer und Schwert den angeblichen Barbaren das Christentum brachten, lag unter Spinngeweben. Die Kandaren der Pferde rosteten. Die Gäule hatten auf den eisernen Kandaren herumgekaut, und die Inka hatten gedacht: Die Pferde der Spanier kauen ein seltsames Futter. Die Inka hielten den Pferden Gold zum Fressen hin und sagten: »Eßt das, es schmeckt viel besser als Eisen.« Die Inka waren am Anfang, als das Morden noch nicht begonnen hatte, naive und freundliche Gastgeber.

Baker-Cresswell stand in der Rumpelkammer des Cakina-Häuptlings und zweifelte noch immer nicht an seinem Erfolg, obwohl ihn dieses rostige Waffenarsenal der toten Spanier hätte warnen müssen. Er zielte mit einem Vorderlader, staunte wie ein Museumsbesucher, obwohl er hätte schaudern müssen.

Er fragte sich, was die Spanier veranlaßt haben könnte, in diese grüne Hölle einzudringen. Es gab nur eine Antwort: Gold. Er hätte mit einer Falle rechnen müssen – in der Rumpelkammer der Cakina fehlte nur noch ein amerikanisches Sturmboot. Aber Baker-Cresswell hatte das Boot am Rio Pirapora zurückgelassen, weil sie sich auf der letzten Strecke im dichten Dschungel mit Macheten durchschlagen mußten. Das Sturmboot hatten sie gut versteckt.

Sie fanden auch das letzte Wegzeichen, eine überdimensionale Markierung auf dem Felsplateau, es war der Kondor, dessen Schnabel auf das Schatzversteck zeigte – nur noch zehn Meter entfernt. An dieser Stelle sagte Baker-Cresswell das Losungswort, und der Cakina-Häuptling drückte ihm feierlich die Hand. Baker-Cresswell ist nie der Gedanke gekommen, daß er auch nur eine Marionette in dem Glücksspiel sein könnte, das die Indianer Südamerikas nie mitgespielt haben – oder nur widerwillig, als die Inka den gefangenen Atahualpa mit Karawanen von Gold freikaufen wollten, mit Tausenden schwerbeladener Lamas. Die Weißen diktierten die Spielregeln.

Baker-Cresswell hat zu sehr seinen Recherchen, Wegzeichen und einem verstaubten Inquisitionsprotokoll vertraut, die Gesetze des Dschungels hat er unterschätzt. Ein tödlicher Fehler. Im November 1964 fand der Diamantensucher Matteo Barcelos das letzte Lager der beiden Schatzjäger. Im Gras lag Baker-Cresswells Skelett, der Totenschädel starrte durch die Halme, im Plastikbeutel faulten die nassen Tagebuchblätter. Sein Freund Roberto Mendoza blieb spurlos verschwunden. Vielleicht liegt in der Rumpelkammer der Cakina ein rostiges Gewehr, das Baker-Cresswell gehörte. Unterwegs schoß er einmal ein junges Krokodil. Fleisch für eine Mahlzeit. Der Schwanz des Kaimans, schreibt er im Tagebuch, war eine Delikatesse, serviert mit Ananas aus der Dose.

Ich sitze im Dschungel der Llanganati, der Regen ist gegen Abend schwächer geworden, es nieselt über Zelte und Lagerfeuer. Der Indio Braulio kocht Tee. Die Nächte sind kalt, wir wärmen die Hände an Plastikbechern, in denen der Tee dampft. Alle schweigen, tiefhängende Nebel ziehen durch den Dschungel, drücken auf die Stimmung. Zecken fallen von den Blättern auf uns herab, wir töten sie abgekämpft zwischen den Fingernägeln, und das Geräusch, mit dem sie zerplatzen, befriedigt in diesem Irrgarten. Ich sitze mit meinem Becher vor dem Zelt und versuche mir vorzustellen, wie vor 40000 Jahren sibirische Jäger eine Landbrücke der Bering-See überschritten und die ersten waren, die auf den nordamerikanischen Kontinent vorstießen. Falls die Landbrücke zwischen Sibirien und Alaska schon versunken war, zogen sie mit Hundeschlitten über die zugefrorene See, auf der Suche nach neuen Jagdgründen, der wärmenden Sonne entgegen. Aus den Weiten Sibiriens kamen die Vorfahren der Indianer Nordamerikas, dehnten sich über Alaska und Kanada aus, zogen weiter nach Süden und teilten sich in Stämme mit klangvollen Namen auf: Dakota-Sioux, Cheyenne, Comanchen, Kiowa, Apachen, Pima, Maricopa, Papago. Von den Black Hills in Dakota bis zum Grand Canyon und weiter bis Mexiko lebten Indianer. Als Columbus in Südamerika landete, gab es in Nordamerika etwa 300 verschiedene Stämme, die sich immer weiter nach Süden ausgebreitet hatten. Ihre Vorfahren, die sibirischen Jäger, kamen nicht wie Götter, es waren dunkelhäutige Gestalten, die um ihr Überleben kämpften. Um 10000 vor Christi Geburt überschritten Jäger und Sammler aus den Weiten Nordamerikas die mittelamerikanische Landschwelle. In Peru begannen die Einwanderer um 4000 v. Chr. mit Ackerbau. 300 v. Chr. erster Gebrauch von Kupfer und Gold. Im 7. Jahrhundert nach Christi Geburt die Hochkultur der Mochica, Meister der Töpferkunst, gefolgt vom Reich der Chimu, die hervorragende Goldschmiede waren. Am Ende dieser Entwicklung standen die Inka, die im 15. Jahrhundert die Chimu besiegten und zu Alleinherrschern auf dem südamerikanischen Kontinent aufstiegen.

Die Ahnenkette reicht also tief in die Weiten Sibiriens zurück. Wer die Fotos weißer Fotografen sieht, die berühmte Häuptlinge der Sioux oder Apachen – wie Sitting Bull oder Geronimo – fotografiert haben, der erkennt in den Gesichtern die Würde und schmerzvolle Welterfahrung eines Atahualpa oder Túpac Amarú wieder. Sie alle, die Stämme der Algonkin in Kanada oder der Anasazi und Hohokam in Arizona, der Azteken, Maya, Chimu oder Inka, sie stammten nicht von weißen Göttern ab. Doch als die ersten europäischen Seefahrer an den Küsten Südamerikas landeten, Wikinger, Phönizier, irische Mönche oder Kapitäne aus Carthago, begannen die Mythen und Legenden von den weißen Göttern – ein verhängnisvoller Irrtum der Ureinwohner. Wieweit die frühen europäischen Entdecker diese naive Bewunderung für sich genutzt haben, bleibt im Dunkel der Geschichte verborgen. Aber ein schlauer phönizischer Händler oder ein rotbärtiger irischer Mönch, der »Barbaren« bekehren wollte, haben sich wahrscheinlich genauso eitel und herablassend verhalten wie Columbus. Kon Tiki, der hellhäutige Gott, der am Anfang der Inka-Mythen steht, der verschwand und wiederkommen wird, wie die Inka glaubten, war vielleicht auch nur ein gestrandeter Europäer.

In den sechziger Jahren sah ich einmal einen Dokumentarfilm des Italieners Jacopetti, der Film hieß »Mondo Cane«, »Hundewelt«, und

zeigte die Welt als einen Schauplatz blutiger Rituale und des Aberglaubens. Unter anderem war folgende Szene zu sehen: Auf einer Südseeinsel haben Ureinwohner ein Flugzeug am Himmel gesehen. Sie träumen von seiner Wiederkehr, von einem Gott, der alles schöner und besser macht. Und damit er kommt, bauen sie aus Zweigen und Lianen kunstvoll ein Flugzeug, stellen es auf einen Hügel, um zu demonstrieren, daß sie die Botschaft von der Erlösung verstanden haben. Ein grotesker, aber schöner Traum.

Es muß am Dauerregen und am undurchdringlichen Nebel der Llanganati liegen, daß man ins Grübeln kommt. Die sibirischen Urahnen dieses Kontinents überzeugen mich mehr als der »weiße Gott« mit dem wallenden Bart, der die Welt der Inka erschaffen haben soll. Wir sind so tief in das historische Puzzle und in den Dschungel vorgestoßen, daß wir froh sein können, wenn wir mit heiler Haut wieder rauskommen. Über keinen Kontinent wurde von Wissenschaftlern, Glücksrittern, Traumtänzern und Science-fiction-Autoren soviel spekuliert wie über Südamerika. Wer schichtete die riesigen Felsblöcke auf, die Megalithen von Cuzco und der Festung Sacsayhuaman? Eine Theorie besagt: Die Architekten konnten das Material mit einem Pflanzensaft aufweichen wie Wachs. Der britische Oberst Percy Fawcett, der auf der Suche nach einer goldenen Stadt 1925 im Amazonasdschungel verschollen ist, hörte auf seinen früheren Expeditionen, daß die Pflanze rötliche Blätter habe und in der peruanischen Provinz Chuncho wachse. Ihr Name: Caochyll. Es heißt, daß ein Vogel beobachtet wurde, wie er mit dem Zweig eines rötlichen Strauches in seinem Schnabel eine Felswand »einpinselte«, vom Saft des Zweiges wurde der Fels weich, und der Vogel konnte ein Loch für sein Nest machen.

Die Inka konnten fliegen, sagen andere, sie besaßen Heißluftballons. Und König Salomons sagenhaftes Goldland Ophir lag nicht in Afrika, sondern an der Mündung des Amazonas, behaupten manche »Experten«. Besaß Salomon ein Luftschiff, um Gold von Ophir zu holen? Und draußen im Atlantik lag angeblich ein Kontinent mit einer Zivilisation, die über magische Energien verfügte, um die Schwerkraft zu überwinden – Atlantis, das Bindeglied zwischen Europa und Amerika. Fawcett behauptet in einem seiner Expeditionsberichte, er habe die Fußspuren der letzten Dinosaurier im Uferschlamm des Amazonas gesehen. Und der Forschungsreisende Magellan begegnete, wie sein Schreiber Pigafetta berichtet, 1520 in Patagonien Riesen, die über drei Meter groß waren; ihre Stimmen waren laut wie das Brüllen von Rinderbullen. Die »Patagonischen Riesen« haben auch den britischen Piraten Sir Francis Drake 1578 tief beeindruckt, als er in San Julian ankerte, einem Hafen im Norden von Tierra del Fuego, Feuerland. Und was ist mit den geheimnisvollen Zeichen auf der Nazca-Ebene in Peru? Waren sie Signale für außerirdische Raumschiffe? Oder dienten sie zur Positionsberechnung der Sterne, waren sie Zeichen eines astronomischen Kalenders, der den präkolumbianischen Menschen die Zeiten für Saat und Ernte, für Rituale und Feste mit Göttern und Geistern anzeigte? War eine solche Gravur im Boden, an der Reste von Seilen gefunden wurden, vielleicht ein Seismograph, um Erdbeben vorauszusagen, die Südamerika immer wieder erschüttert haben? Unbestreitbar ist: Es gibt ein unterirdisches Tunnelsystem in den Anden. Wie weit es reicht, wer weiß? Es gibt Berichte der US-Kavallerie, die den Apachen-Häuptling Geronimo und seine Krieger in den Bergen von Arizona verfolgten. Plötzlich waren die Apachen wie vom Erdboden verschwunden und tauchten in unglaublich kurzer Zeit wieder in Mexiko auf. Kannte Geronimo einen Tunnel aus grauer Vorzeit? Navajo-Indianer in Arizona und New Mexico sollen das Tunnelsystem kennen, aber sie schweigen beharrlich, wenn man sie danach fragt.

Im Jahr zuvor drehten wir in Arizona einen Film über die verschollenen Goldminen der Apachen. Wir waren in den Superstition Mountains, den Bergen des »Thunder God«, des Donnergottes der Apachen. Die Superstitions sind ein geheimnisumwittertes Felsmassiv in der Arizona-Wüste. Eines Tages lag vor meiner Hoteltür ein Brief mit Fotografien der Superstitions, mit Hinweisen auf eine Verbindung dieses bizarren Gebirgsmassivs zu Atlantis. Wir hatten leider keine Zeit, der Einladung zu folgen. Der Brief kam von einer Atlantis-Jüngerin namens Elfriede Tingleaf im Wüstennest Apache Junction. Elfriede möge uns verzeihen, für eine Filmkamera liegt Atlantis allzu tief in einem Ozean der Gerüchte.

Außerdem standen die Llanganati-Berge und das Gold der Götter auf unserem Reiseplan. Wir machten Zwischenstation in Lima und besuchten das Goldmuseum von Don Mujica Gallo, um zu sehen, was alles dem Zugriff der Conquistadoren entgangen ist. Hinter Panzerglas schimmern die goldenen »Kleider«, in denen die toten Herrscher die letzte Reise antraten: Masken, Handschuhe, Lanzen, Zepter, Brustpanzer, alles pures Gold. Die Mediziner der Inka beherrschten schon die Kunst der Trepanation, öffneten die Schädeldecke – um Gehirntumore zu entfernen? Der letzte Beweis fehlt. Aus den Vitrinen starren Totenschädel, und die kleinen, quadratischen Trepanationslöcher geben Rätsel auf. Diente die Trepanation vielleicht einem unbekannten Ritual?

Wir hatten in der Avenida César Vallejo ein kleines Hotel namens »Rembrandt« gefunden, 20 Dollar pro Nacht, mit Frühstück. Eine Straßenecke weiter ist das »Blue Moon«, ein Schlemmertempel in einem

*Rechte Seite: Der Ge-
ländewagen rollt
durch das Hochland
von Ecuador, aber
die Fahrt endet am
Dschungel der Llan-
ganati-Berge. Dann
beginnt die schwie-
rige und gefährliche
Strecke zu Fuß
durch den Regen-
wald – zur Schatz-
höhle der Salasaca-
Indianer.*

armseligen Arbeiterviertel. Vor dem Eingang steht eine Vitrine mit tief-gekühltem Wild, Anden-Hasen und verschiedenen Vögeln. Der Chef des »Blue Moon« trug eine Goldkette mit einem kleinen Goldbarren um den Hals, goldene Armbanduhr und Goldketten am Handgelenk. Jeden Abend trat ein Akkordeonspieler auf, und als er hörte, daß wir Deutsche waren, spielte er »Lili Marlen« und »La Paloma«. Da kriegst du Heimweh nach dem Dschungel, also nichts wie weg. Das viele Gold, das der Chef trug, stammte vermutlich aus Geschäften der Kokainmafia. Denn die Herren, die im »Blue Moon« ein und aus gingen, sahen so verdammt geschäftstüchtig aus. In den Slums am Rand von Lima leben Tausende in hoffnungsloser Armut neben rauchenden Müllkippen.

Der Regen in den Llanganati hat aufgehört. Ein kalter Wind streicht in der Abenddämmerung über unsere Zelte. »He, du hast eine Zecke im Gesicht«, sagt Jorge, unser ecuadorianischer Teamleiter, plötzlich zu mir und reißt mich aus meinen Gedanken.

»Mach sie weg.«

Er schnippt die Zecke ins Feuer, sie hatte noch nicht zugebissen. Dann setzt er sich, wärmt seine Hände am Lagerfeuer und sagt grinsend zu mir: »Warst du wieder in deiner Zeitmaschine unterwegs? Warst du auch schon mal in Akakor?«

»Akakor? Wo liegt das?«

Jorge sagt: »Ich bring euch hin. Mit der Zeitmaschine, jetzt gleich.« Und dann erzählt er eine Geschichte, die den armen Baker-Cresswell nicht hätte ruhen lassen, wenn er sie gekannt hätte. Akakor ist »a good mystery«, ein Ziel, um sich Schwielen zu laufen.

Die verschollene Dschungelstadt liegt im Osten, im Grenzgebiet von Peru und Brasilien, beginnt Jorge seine Erzählung, während der Tee in unseren Plastikbechern dampft. Und da wir sowieso eine unserer schlaf-losen Nächte vor uns haben, in denen uns die Bilder und Gespenster vergangener Zeiten nicht loslassen, verkriecht sich keiner in seinem Schlafsack. Wir sitzen am Feuer und hören Jorge gespannt zu. Ein Mord ist mit im Spiel.

Im März 1972 lernte der deutsche Journalist Karl Brugger in der Ha-fenstadt Manaus am Amazonas einen Mestizen namens Tatunca Nara kennen. Die beiden trafen sich oft im Café »Graças a Deus«. Brugger erfuhr, daß Tatunca ein Adliger vom Stamm der Ugha Mongulala war, der im Dschungel zwischen der peruanischen Region Madre de Dios und der brasilianischen Provinz Acre lebte. In der Chronik von Akakor taucht wieder das Territorio de Acre auf, in dem Baker-Cresswell nach Huascars Schatzversteck suchte. Gibt es eine Verbindung zwischen Akakor und dem Gold, das den Engländer das Leben kostete?

*An manchen Tagen
kommen wir nur
wenige Kilometer
im Bergdschungel
voran.*

*Rechte Seite oben:
Ein Plastikdach
schützt vor dem auf-
ziehenden Regen,
der oft in den Llan-
ganati-Bergen fällt
und die Nerven stra-
paziert.*

*Rechte Seite unten:
Das Team stärkt
sich in einem wet-
terfesten Zelt für die
nächste Etappe,
durch Schluchten,
reißende Flüsse und
über Pfade, die in
eisige Bergregionen
führen.*

*Folgende Doppel-
seite: Über dem
Bergdschungel
ragen die Schnee-
riesen der Anden
auf. Die Expedition
zieht weiter zu den
Ufern des Rio Napo,
wo Goldwäscher
ihre Zelte auf-
geschlagen haben.*

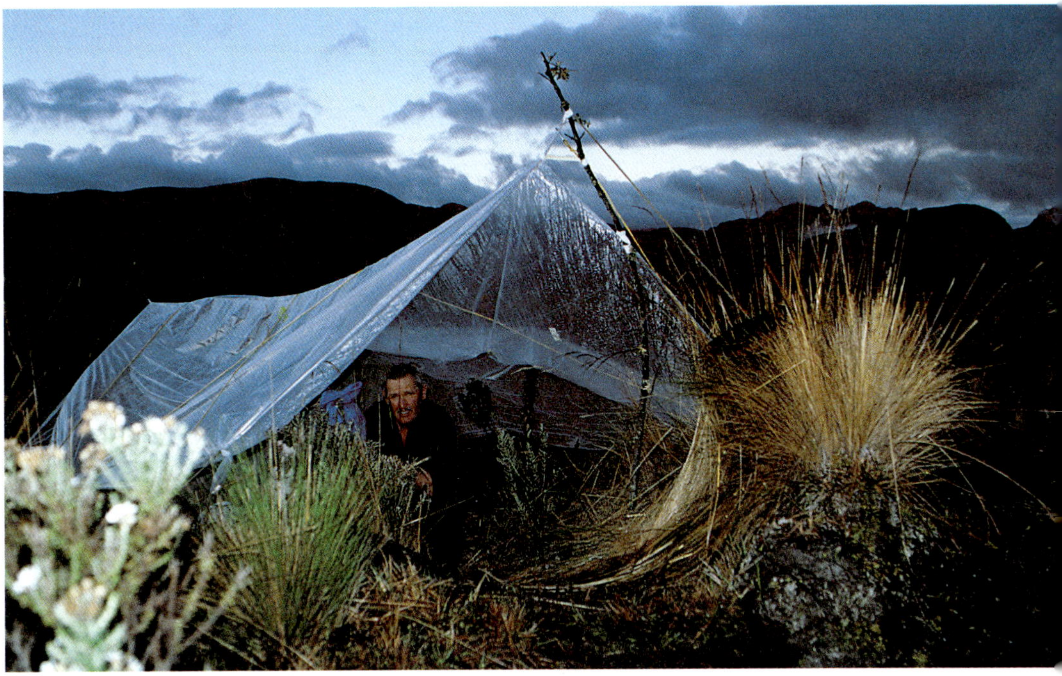

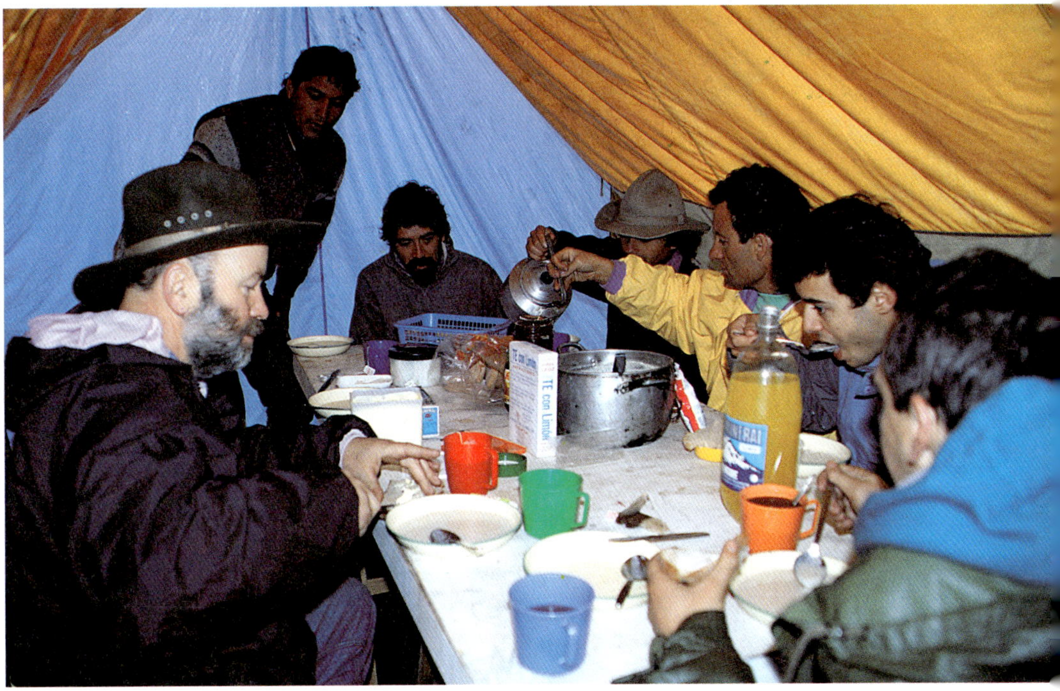
TE con Limón
TE con Limón

Linke Seite oben: Wenn kein anderer Weg in die Schluchten führt, müssen wir uns abseilen.

Linke Seite unten: Im Canyon geht es weiter, aber nur am Sicherungsseil, sonst würde uns die Strömung von den Beinen reißen.

Rechte Seite oben: Im Hochland der Llanganati. Es geht wieder hinab in den Dschungel, hier ist das Gewehr oft die einzige Waffe gegen die giftige Korallenschlange und andere Tiere.

Rechte Seite unten: Am Rio Napo haben ein Mann und eine Frau, die als Goldwäscher arbeiten, ein Schilfzelt aufgestellt und eine Hängematte für ihr Baby befestigt.

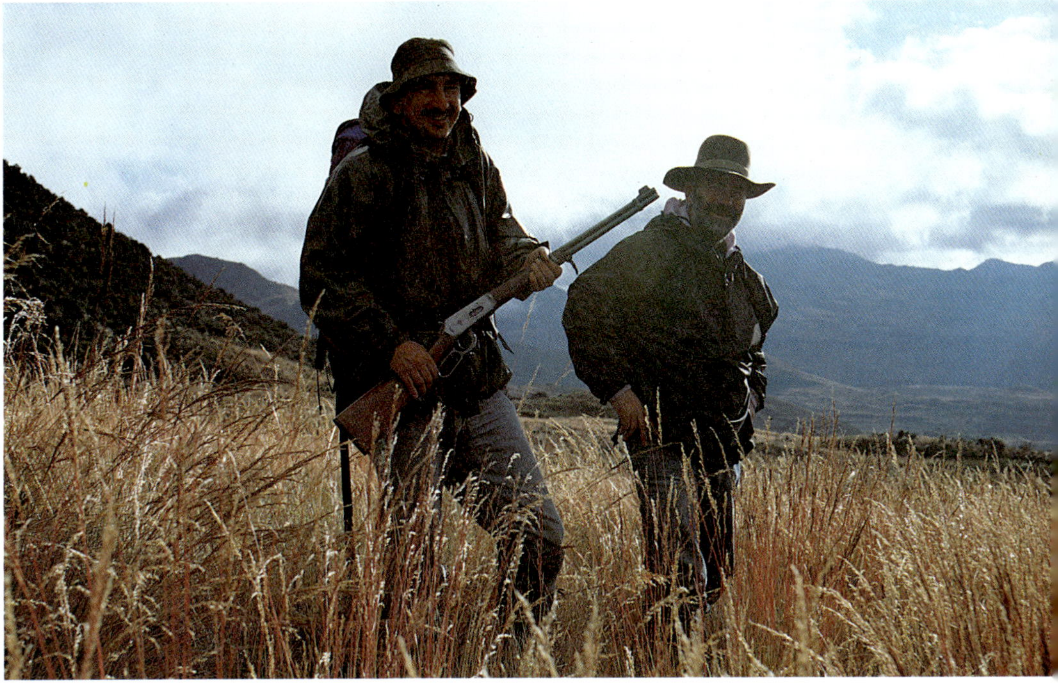

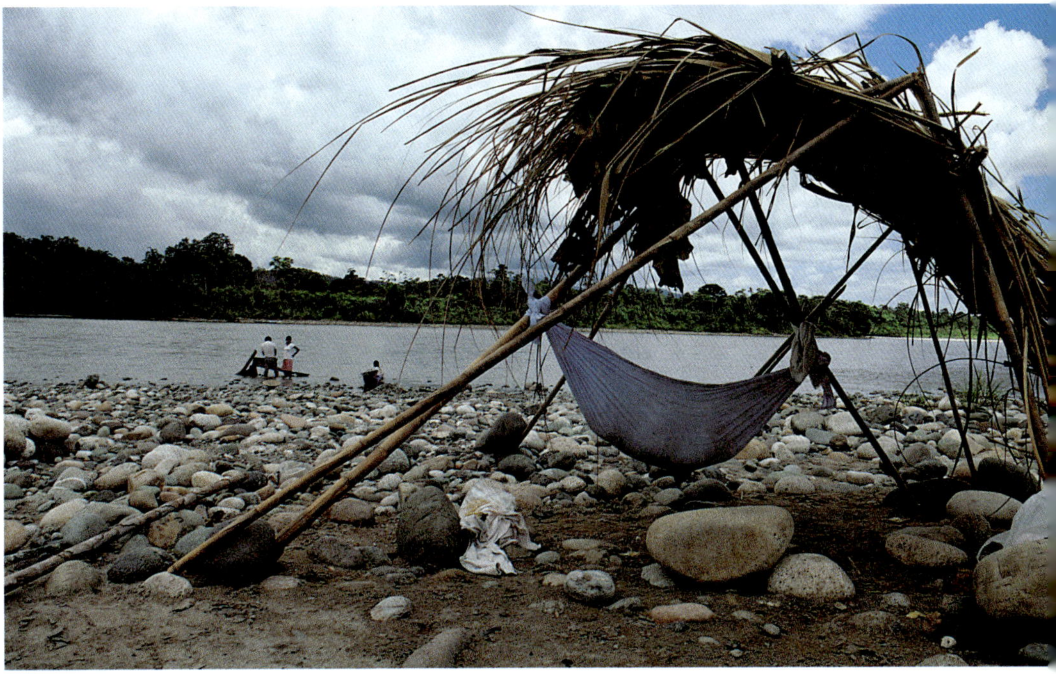

Oben: Die Kinder der Bergbewohner schützen sich vor dem prasselnden Regen, während wir durch ihr Dorf marschieren.

Unten: Für sie sind wir Gestalten aus einer anderen Welt, die kommen und gehen. Wichtig ist für die Mutter nur, daß ihr Kind satt wird. Gold, sagen die Indios, kann man nicht essen.

Akakor war, nach Tatunca Naras Worten, eine Stadt, die vor mehr als 10000 Jahren gegründet wurde. Sein Stamm sei »auserwählt von Göttern«. Im Sonnentempel von Akakor ruhe die alte Schrift des Stammes, sagte Tatunca, das heilige Buch. Aber vor und zur Zeit der Inka existierte keine Schrift. Die Inka übermittelten Botschaften mit geknoteten Schnüren, den Quipus. Von welcher Schrift also sprach Tatunca Nara? Vor Tausenden von Jahren, berichtete er, kamen Fremde in »fliegenden Schiffen« und brachten den Ugha Mongulala ein neues Zeitalter, Macht, Glück und Reichtum. Die Begründer von Akakor trugen Bärte und hatten sechs Finger an jeder Hand und sechs Zehen an jedem Fuß. Noch heute kann man im bolivianischen Tiahuanaco Statuen sehen, die zwölf Finger und zwölf Zehen haben. Woher kamen die mächtigen Fremden, die anscheinend aus Flugmaschinen stiegen? Nur die Priester von Akakor konnten die alte Schrift lesen, ein Buch, das in einer steinernen Truhe ruhte. Tatunca sagte, daß im Sonnentempel ein goldener Spiegel steht, der die Strahlen der Sonne reflektiert und ein wunderbares Licht spendet. Das Tempeldach ist offen, so daß der Spiegel die Sonnenstrahlen von morgens bis abends auffängt. Eine Weltkarte zeigt, daß die Erde in längst vergangenen Zeiten nicht nur einen Mond hatte, es sollen drei gewesen sein. Das deckt sich mit Theorien über den Absturz zweier Meteoriten. Der erste krachte vor 230000 Jahren auf diesen Planeten, der zweite vor rund 15000 Jahren. Er wirbelte Staub auf, der die Sonne verdunkelte, die Temperaturen fielen, Eiszeit, die Mammuts starben unter dem Kälteschock. Forscher fanden bei Ausgrabungen in Sibirien halbtropische Gräser zwischen den Zähnen der Mammuts. Die Katastrophen veränderten den südamerikanischen Kontinent, Gebirge wurden aufgeworfen, Flüsse änderten ihre Richtung, Regenwälder wucherten, als die riesige Springflut des Atlantiks abgeflossen war. Versank damals Atlantis?

Als die Sonne wieder hervorkam, aufgewirbelter Schutt und Staub sich gelegt hatten, breitete sich schwüle Hitze über dem Amazonasbecken aus. Die indianischen Mythen sprechen von Kriegen der Götter, von riesigen Katastrophen, die den Wissenschaftlern bis heute Rätsel aufgeben und die Phantasie der Science-fiction-Autoren beflügeln. Überlebende eines Kriegs der Sterne, so liest man, kommen in fliegenden Diskusscheiben auf die geschundene Erde herab und gründen neue Hochkulturen, bevor sie weiterreisen. Wo sind die außerirdischen Supergehirne geblieben? Südamerika scheint bis heute eine bevorzugte Landebahn für Besucher aus dem All zu sein.

Doch Tatunca Nara machte keine Witze. Er berichtete haargenau von den Menschen in Akakor, von der Architektur, der aus riesigen Megali-

then erbauten Stadt, von Gold und Kämpfen mit feindlichen Stämmen im Dschungel. Er erwähnte auch die Kaschinava, denen Baker-Cresswell im Dschungel begegnete. Für die Kaschinava war Tatunca, obwohl er nicht von ihrem Stamm war, ein großer, bewundernswerter Häuptling. Er hatte langes, schwarzes Haar, das über seinen Rücken fiel, ein scharf modelliertes Gesicht mit wißbegierigen Augen, die sich in der Welt der »weißen Barbaren« zurechtfinden mußten. Denn Tatunca Nara hatte seinen Stamm 1968 verlassen und war in den hektischen Amazonashafen Manaus gekommen. Damals stürzte ein brasilianisches Flugzeug im Dschungel ab, in der Nähe von Akakor. Tatuncas Vater, der Sinkaia hieß, gab seinem Sohn den Befehl, die Überlebenden zu töten. Aber Tatunca brachte sie nach Manaus, es waren brasilianische Offiziere, die ihm dankbar waren. Seitdem lebte der Nachkomme der Inka als neugierig bestaunter Exote in Manaus, trieb sich in Bars und Cafés herum. Irgendwann, wenn Gras über den Streit mit seinem Vater gewachsen war, wollte Tatunca zum Stamm der Ugha Mongulala zurückkehren.

Auch Tatunca berichtete dem Deutschen Karl Brugger von Tunnels, die Akakor mit anderen Dschungelstädten verbanden, die heute zerfallen sind und unter einem dichten Lianendschungel verborgen liegen. Die Spitze der Pyramide von Salazere soll bis zu den höchsten Wipfeln der Urwaldriesen reichen, ein Bauwerk, das von Weißen noch nicht entdeckt wurde. Die Inka hatten nicht die technischen Mittel, um Tunnelsysteme zu bauen, wie sie in den alten Chroniken beschrieben werden. Wurden sie von den »weißen Göttern« konstruiert? Also von hochzivilisierten Besuchern aus der Alten Welt, aus Europa? Ein Tunnel soll bis Lima reichen. 1920 soll ein Stoßtrupp von Kriegern der Ugha Mongulala versucht haben, durch diesen Tunnel vorzudringen. Die Krieger wollten Rebellen, die altem Inka-Adel entstammten, aus dem Gefängnis befreien. Die 80 Krieger, ein Himmelfahrtskommando, waren drei Monate unterwegs, marschierten durch unterirdische Stollen und griffen das Polizeigefängnis an. Sie töteten 120 »weiße Barbaren«, wie Tatunca berichtete. Doch die Übermacht der peruanischen Polizei war zu groß, das Himmelfahrtskommando aus dem Dschungel wurde bis zum letzten Mann zusammengeschossen.

Keiner der Krieger kehrte nach Akakor zurück, wo sie noch immer als Widerstandskämpfer gegen das verhaßte Regime der weißen Unterdrücker gefeiert werden.

1932 griffen die Ugha Mongulala eine Siedlung der Weißen am Rio Santa Maria an und töteten viele Siedler, sie nahmem vier Frauen gefangen. Auf dem Rückweg nach Akakor starben drei Frauen, die vierte überlebte den zermürbenden Gang durch den Dschungel, eine deutsche

Missionsschwester namens Reinha. Sie wurde angeblich die Frau des Häuptlings Sinkaia, die beiden zeugten Tatunca Nara. Er muß also um die 40 Jahre alt gewesen sein, als er 1972 dem Deutschen Brugger in Manaus begegnete.

Brugger hat in Manaus Journalisten und Behörden befragt, um Tatuncas Informationen zu überprüfen. Er recherchierte im Pressearchiv von Rio de Janeiro und Manaus. Es stimmte: Ein hellhäutiger Indianerhäuptling hatte 1968 das abgestürzte Flugzeug gefunden und zwölf brasilianischen Offizieren das Leben gerettet. Tatunca Nara machte damals Schlagzeilen. Er sprach gebrochen deutsch, es könnte also stimmen, daß die deutsche Missionsschwester Reinha seine Mutter war. Sie kehrte nach Deutschland zurück, war brasilianische Botschafterin im Dritten Reich, nur für ein Jahr, dann kam sie mit drei Deutschen nach Akakor zurück, die einen Sonderauftrag hatten.

Hitler war an einem Stützpunkt in Brasilien interessiert. Die drei deutschen Spezialisten und die Ugha Mongulala verhandelten über die Verteilung des Landes, die nach dem Endsieg der Deutschen im Zweiten Weltkrieg vollzogen werden sollte. Die Nazis sollten die Küstenprovinzen bekommen, die Indianer sollten das uralte Land am Großen Fluß, dem Amazonas, zurückerhalten, das ihnen die »weißen Barbaren« genommen hatten. Auf der Nazca-Ebene in Peru ist eine rätselhafte Markierung zu sehen, der berühmte, dreiarmige Kerzenhalter, der »Kandelaber der Anden«. Ein Zeichen aus dem astronomischen Kalender der Inka? Als die spanischen Eroberer das Zeichen zum erstenmal sahen, hielten sie es für das christliche Symbol der Heiligen Dreifaltigkeit, das Gott offenbar in den Boden graviert hatte, um den Conquistadoren zur Eroberung des Landes seinen Segen zu geben.

Und nun, ein paar Jahrhunderte später, anno 1941, sahen die Verlierer, die in Akakor ihre letzte Zuflucht gefunden hatten, eine Chance, das Land ihrer Götter zurückzugewinnen. Eine bestechende Idee – und die Deutschen, Hitlers Nazis, sollten ihre Verbündeten sein? Eine groteske Vorstellung. Doch Tatunca Nara berichtete in allen Einzelheiten, wie es damals weiterging. 1941, als Frankreich besiegt war, starteten deutsche U-Boote von Marseille und brachten nach und nach kleine Trupps deutscher Elitesoldaten – SS-Freiwillige? – zur Amazonasmündung. Der Amazonas ist so breit, daß U-Boote bis Manaus und darüber hinaus fahren können. Die Deutschen marschierten den Rest der Strecke durch den Dschungel und erreichten Akakor. Am Ende der Aktion war eine Eliteeinheit von 2000 Mann in Akakor stationiert, sie trainierten die Indianer in moderner Kriegsführung – und zeugten wahrscheinlich auch dunkelhäutige Nazibabys, entfernte Blutsverwandte der Inka.

Wir biegen uns vor Lachen, als Jorge mit seiner Geschichte zu diesem Punkt kommt. Er wartet, bis unser Gelächter verstummt, und sagt: »Lacht ihr nur. Aber auch das ist Südamerika. Solche Storys findet ihr sonst nirgendwo.« Sagt es und starrt in den Dschungel der Llanganati, als würde er die Gespenster von Akakor sehen, von dem niemand genau weiß, wo es liegt. Die Stadt zählt zu den »Lost Cities«, den verschollenen Städten im Amazonasdschungel.

Die 2000 Deutschen warteten in Akakor auf Hitlers Endsieg. Die Amerikaner verhandelten mit Brasilien, um militärische Stützpunkte an der Nordküste einzurichten. Die brasilianische Regierung gab den Amerikanern die Erlaubnis. Hitler war wütend und befahl, die Brasilianer zu bestrafen. Deutsche U-Boote torpedierten brasilianische Frachter, und im August 1942 erklärte Brasilien dem Dritten Reich den Krieg. Die Deutschen in Akakor standen auf verlorenem Posten, als das Dritte Reich 1945 kapitulierte. Der Traum von einer brasilianischen Naziprovinz war ausgeträumt. Dabei hatte 1938 noch alles für eine Germanisierung am Amazonas gesprochen, es gab eine deutsche Kolonie in Manaus, und ein deutsches U-Boot kreuzte in den Gewässern der Amazonasmündung. Die Mannschaft hatte den Auftrag, das Gebiet geographisch zu erforschen und Karten anzufertigen. Ein Film wurde gedreht, der zu DDR-Zeiten in einem Ostberliner Archiv ruhte. Wo das Filmdokument nach dem Fall der Mauer geblieben ist, wer weiß! Die Spur verliert sich in den Wirren der Wiedervereinigung. Irgendwo unter den Aktenbergen unbewältigter deutscher Vergangenheit könnte ein Dokumentarfilm liegen, der Hitlers Interesse an Amazonien beweist. Tatunca Nara war davon überzeugt, er kannte Augenzeugen, die das deutsche U-Boot auf dem Amazonas gesehen hatten.

Als das Dritte Reich 1945 zusammenbrach und die Russen in Berlin den Führerbunker erreichten, fanden sie angeblich Hitlers verbrannte Leiche. Seine letzten Getreuen hatten nur halbe Arbeit geleistet, der Führer, der sich erschossen hatte, wurde in russischen Labors untersucht, angeblich wurde sein Gebiß identifiziert. Aber Hitler, so wird vermutet, hat sich in den Mund geschossen. Das heißt, sein zertrümmertes Gebiß konnte nicht mit letzter Sicherheit identifiziert werden. An diesem Punkt greift Tatunca Naras Bericht den Faden wieder auf: Hitler überlebte. Denn zwei deutsche U-Boote erreichten nach der Kapitulation des Dritten Reiches die argentinische Küste, es waren U-530 und U-977. An Bord der Rest der Naziführung, mit Hitler und Bormann. Eisenhower und Stalin hatten ihre Zweifel an der Behauptung, daß Hitler in Berlin geblieben war und sich zusammen mit Eva Braun im Führerbunker erschossen hatte.

Was geschah 1945 in Akakor? In Argentinien hielten sich hartnäckig Gerüchte, daß an Bord deutscher U-Boote, die argentinische Häfen anliefen und kapitulierten, Nazigrößen waren, darunter auch der KZ-Arzt Mengele, der medizinische Experimente mit Häftlingen durchführte. Eine haarsträubende Story, die in das Puzzle vom südamerikanischen Kontinent paßt, der angeblich von »weißen Göttern« in außerirdischen Raumschiffen angesteuert wurde. Und da sich die Spekulationen auf den unkontrollierbaren Amazonasdschungel konzentrieren, kommen die letzten überlebenden Dinosaurier auch noch dazu. Das Szenarium eines Science-fiction-Films aus Hollywood ist komplett.

Die Inka haben den Nazis sicher gefallen: Das straff organisierte Regime der Inka, der elitäre Führungsstil der Herrscher und der Priesterkaste, das war ganz nach dem Geschmack der Nazis, als überlegene Herrenrasse aufzutreten. So gesehen paßt Tatunca Naras Bericht in die Chronik vom Aufstieg und Fall der Inka. Ist sein Bericht Wahrheit oder Fälschung?

Die Argentinier übergaben die deutschen U-Boote den Amerikanern, die Kapitäne von U-530 und U-977 wurden verhört. Waren prominente Nazis an Bord? Hitler? Die Kapitäne lachten und erklärten, sie hätten keine hochrangigen Nazis über den Atlantik in Sicherheit gebracht, sie hätten nur ihre letzten Torpedos verschossen, der Krieg sei vorbei. Akakor? Davon wußten sie nichts.

Tatunca Nara ist verschwunden. Er ging nach Akakor zurück, müßte jetzt mehr als 60 Jahre alt sein und Häuptling der Ugha Mongulala. Von den 2000 Deutschen leben vielleicht noch ein paar vergreiste Nazis, und in den Gassen von Akakor laufen hellhäutige Mischlinge herum, Kinder, in deren Adern Blut von Inka und Nazis fließt. Der Journalist Karl Brugger nahm die Spur auf und wollte sich vor Ort vom Stand der Dinge überzeugen. Im September 1972 startete er in Manaus zu einer Expedition nach Akakor. Tatunca Nara und ein brasilianischer Fotograf begleiteten ihn. Sie fuhren in einem Motorboot den Amazonas hinauf, wollten den Rio Purus und den Rio Yaku hochfahren, um das Bergland von Akakor zu erreichen. Am 5. Oktober ließen sie das Motorboot bei Cachoeira Inglese zurück und stiegen in ein Kanu um, weil der Dschungel immer dichter wurde und das Motorboot die Hindernisse nicht mehr überwinden konnte.

Das Trio begegnete Goldwäschern, die von Indianern mit rotgefärbten Haaren und buntbemalten Gesichtern erzählten. Sie gingen mit Pfeil und Bogen auf die Jagd, äußerst treffsicher mit ihren Giftpfeilen, und die Köpfe ihrer getöteten Feinde verarbeiteten sie zu »shrunken heads«, zu Schrumpfköpfen. Tatunca Naras Spannung wuchs, als er sich seiner

alten Heimat näherte. Er hatte sie im Streit verlassen, weil er die brasilianischen Offiziere nach dem Flugzeugabsturz rettete. Er wußte nicht, ob die Ugha Mongulala ihm verziehen hatten, und wie sie den Heimkehrer aufnehmen würden. Er war nach dem Tod seines Vaters Sinkaia ihr rechtmäßiger Häuptling. Aber er hatte ein uraltes Gesetz verletzt – dem Befehl des Vaters zu gehorchen, der ihn ausschickte, die brasilianischen Offiziere zu töten. Tatunca Nara hatte genug gesehen von der Zivilisation der Weißen. Manaus war eine korrupte Hafenstadt, in der sich Schieber, Traumtänzer, Glücksritter, leichte Mädchen und Killer herumtrieben, die für ein paar Dollar einen Konkurrenten beseitigten. Der Amazonas verschlang die toten Verlierer, und die scharfzähnigen Pirañas fraßen den Abfall von Manaus.

Sie waren nur noch wenige Tage von Akakor entfernt, wie Tatunca sagte. Sie waren im Kanu den Rio Yaku hinaufgefahren, bis sie zu reißenden Wasserfällen kamen. Es wurde immer schwieriger, die Hindernisse zu überwinden. Tatunca spürte die Nähe seines Stammes, er begann, sein Gesicht mit den Farben der Ugha Mongulala zu bemalen, benutzte Pflanzensäfte für die Farben und band sein langes, schwarzes Haar im Nacken zusammen.

Am 13. Oktober verlor Brugger das Kanu und die gesamte Ausrüstung, einschließlich Kamera, an einem Wasserfall. Brugger und der brasilianische Fotograf beschlossen umzukehren. Doch Tatunca Nara weigerte sich. Er begann, einen Bogen zu schnitzen, stellte einen Köcher und Pfeile her; Brugger gab ihm ein Jagdmesser, dann verschwand Tatunca im Dschungel. Brugger hat nie wieder etwas von ihm gesehen oder gehört. Ein paar Jahre nach dem erfolglosen Versuch, Akakor zu finden, wurde Brugger von einem unbekannten Killer in Manaus erschossen. Ob der Mord mit seinem Wissen um Akakor zu tun hatte, ist bis heute nicht geklärt. Der Schweizer Erich von Däniken, der die wildesten Spekulationen über fliegende Götter, über die Rolle Südamerikas als Landepiste für außerirdische Raumschiffe in seinen Büchern verbreitete, gefiel Bruggers Story von Akakor. Von Däniken hatte einen gleichgesinnten Kollegen gefunden, der die brodelnden Spekulationen unterstützte und vermehrte.

Von Däniken ist als Lügner entlarvt worden. Er hatte Kontakt zu dem Argentinier Juan Moricz, der 1965 den Eingang zu einem Tunnelsystem in den ecuadorianischen Anden entdeckte, in der Nähe der Stadt Gualaquiza an einem Fluß namens Santiago, das Gebiet im Südosten Ecuadors heißt Morona-Santiago. Moricz fand in den Tunnels Kunstwerke aus der Zeit der Inka, Gegenstände aus Stein und Metall, in die rätselhafte Zeichen graviert waren. Aber von einem Goldschatz war nicht die Rede. Von Däniken behauptete 1973, Moricz habe ihm in einem der Tunnels einen Goldschatz gezeigt. Doch Moricz bestritt diese Aussage energisch, erklärte, daß er dem Schweizer nur das Tunnelsystem gezeigt habe. Wer von Dänikens wuchernde Spekulationen las, mußte vermuten, daß die Tunnels Zufluchtsstätten außerirdischer Flüchtlinge waren, die in einen interplanetarischen Krieg verwickelt waren. Tatunca Nara hat dieses Tunnelsystem in seinem Bericht erwähnt, es gab angeblich eine Verbindung zu Akakor. Aber Tatunca hat das Tunnelsystem nicht als Werk außerirdischer Besucher interpretiert. Brugger nannte sein Buch »Die Chronik von Akakor«.

Wo liegt Akakor? Es ist erwiesen, daß am 30. Dezember 1975 der Satellit Landsat II über dem Dschungel im Südosten von Peru Fotos von unbekannten Strukturen am Fuß einer Gebirgskette machte, die den Formen von Pyramiden gleichen. Acht bis zwölf Pyramiden, über die der Dschungel gewuchert ist, die aber das scharfe Satellitenauge in einem Gebiet namens Madre de Dios erspähte. Mehrere Expeditionen, die von Peru aus den Dschungel durchqueren wollten, um die Pyramiden zu finden, sind gescheitert. Sind diese Pyramiden die architektonischen Glanzleistungen von Akakor? Liegt dort die verschollene Stadt im Amazonasdschungel, in der noch die Nachkommen des deutschen Himmelfahrtskommandos leben? Von Hitlers Grab inmitten uralter Inka-Pyramiden ganz zu schweigen. Ist die Chronik von Akakor die Fälschung des Sensationsjournalisten Karl Brugger, der Tatunca Nara erfunden hat? Wer in einem schwülen Café in Manaus sitzt und ein paar Whisky on the rocks getrunken hat, der serviert der Weltpresse schon mal einen Tatunca Nara – aber schön verrückt war's doch, denkt man hinterher, wenn einen die graue Wirklichkeit wieder eingeholt hat.

Wenn man zerschunden, müde, ausgehungert und durstig aus der Wüste oder dem Dschungel zurückkommt, sagt unser amerikanischer Freund David Hatcher-Childress – Globetrotter auf den Spuren verschollener Inka-Städte im Dschungel, Liebhaber uralter Geheimnisse –, dann hat ein Mann zwei Wünsche: ein kühles Bier und eine zärtliche Frau. Das Bier ist leicht zu finden, die Zärtlichkeit muß man suchen. Findet man sie, sind die Strapazen vergessen, es gibt kein besseres Ruhekissen. Einem Goldschatz nachzujagen ist mühselig und manchmal grotesk, aber wenn am Ende eine faszinierende Frau in Lima oder Quito sagt »Bist du nicht manchmal ziemlich allein – unterwegs?« und die müden Schultern massiert, dann ist es manchmal gar nicht schlecht, mit leeren Händen zurückzukommen.

Einer, der nie mehr zurückkehrte, war Colonel Percy Fawcett, der britische Oberst, der von der Idee besessen war, im Amazonasdschungel

eine Ruinenstadt der Inka zu finden, mit Schatzkammern voller Gold. Er scheiterte 1925 im Gebirgsmassiv des Mato Grosso. Fawcett war Kolonialoffizier in Trincomalee auf Ceylon, bevor er seine Leidenschaft für prähistorische Geheimnisse und Städte entdeckte, die niemand mehr genau lokalisieren konnte. Er begegnete in Asien den ersten Rätseln aus grauer Vorzeit, begann, sich für vergangene Hochkulturen zu begeistern, und unternahm mehrere Expeditionen durch Südamerika. Zwischen 1906 und 1922 spezialisierte er sich auf Forschungen in Peru, Ecuador, Bolivien und Brasilien. Die noble »Royal Geographical Society« in London lud ihn 1911 zu einer wissenschaftlichen Vorlesung ein. Fawcett berichtete von Fußspuren überlebender Dinosaurier im Amazonasdschungel. Im Publikum klatschte einer begeistert Beifall: Es war Arthur Conan Doyle, der Erfinder des unsterblichen Detektivs Sherlock Holmes. Doyle ließ sich von Fawcetts abenteuerlichem Bericht inspirieren und schrieb ein Buch: »The Lost World: The Adventures of Professor Challenger«, Die verschollene Welt, Abenteuer des Professor Challenger, der Name des Professors bedeutet »Herausforderer«. Und so einer war Colonel Fawcett, er hatte das Blut der alten britischen Aben-

Der englische Oberst Percy Fawcett suchte 1925 im Bergdschungel Brasiliens, dem Mato Grosso, nach einer »Goldenen Stadt« und verschwand für immer in der grünen Hölle.

teurer und Weltreisenden in den Adern, der Männer vom Format eines Francis Drake, William Dampier oder James Cook. Fawcett glaubte, daß Brasilien einmal eine Provinz des versunkenen Kontinents Atlantis gewesen war.

Er lernte auf einer seiner Expeditionen im Amazonasdschungel einen Häuptling der Nafaqua-Indianer kennen, der ihm von einer geheimnisvollen Stadt zwischen den Flüssen Xingu und Tabatinga berichtete. In den Häusern dieser Stadt brennt »ein Licht, das niemals ausgeht«, sagte der Häuptling. Was für eine Lichtquelle war das? Fawcett hatte gehört, daß Indianerstämme leuchtende Pflanzen benutzten, um ihre Hütten zu erhellen. War es der Phosphor unbekannter, tropischer Pflanzen? Oder besaßen die Nachfahren der Inka das Wissen um Lichtquellen aus der Zeit untergegangener Zivilisationen? Eine mögliche Erklärung: Sie benutzten Quarzkristalle, die das Tageslicht absorbieren und nachts leuchten. Laternen aus Quarzkristall in den Gassen der »Lost Cities«, der verschollenen Dschungelstädte? Auf den Dächern der Tempel und Paläste, muß man sich vorstellen, waren Quarzkristalle montiert, die das Sonnenlicht wie Solarbatterien sammelten und die Straßen erhellten, ein Göttergeschenk im ansonsten stockdunklen Dschungel. Auch Azteken, Maya und Tibetaner kannten das Licht der Quarzkristalle. Und wo Quarz war, da war auch Gold. Denn die milchiggrünen Quarzadern binden Gold.

Fawcett suchte eine verschollene Stadt im Mato Grosso, in der das Licht nie ausging. Sein Ziel war ein Eldorado, eines von zahllosen Eldorados, deren Lage mal im Westen, mal im Osten des Amazonasdschungels vermutet wurde. Doch Eldorado erwies sich oft als ein trügerischer Traum, der sich in Luft auflöste, wenn das Ziel scheinbar zum Greifen nah war. Im Amazonasdschungel hat sich im Lauf der Jahrhunderte ein Totentanz abgespielt. Spanier, Portugiesen, Engländer, Deutsche, Italiener, sie alle haben für den Traum von Eldorado mit dem Leben bezahlt. Colonel Fawcett ist in der langen Reihe der Gescheiterten eine herausragende Gestalt, weil er ein großer Abenteurer, aber auch ein sorgfältig abwägender Forscher war. Am 29. Mai 1925 erreichte er eines seiner früheren Lager im Mato Grosso. Dort war 1920 sein Pferd gestorben, deshalb hatte er den Lagerplatz »Dead Horse Camp« genannt. Fawcett schrieb einen Brief an seine Frau Nina, in dem er ihr mitteilte: »Mach Dir keine Sorgen, es wird schon kein Mißerfolg …« Es war sein letzter Brief, den ein indianischer Bote nach Cuyaba brachte.

Monate vergingen, Suchtrupps fanden keine Spur von Fawcett, seinem Sohn Jack und dem Freund Raleigh Rimell. Dann kamen Gerüchte auf, Fawcett sei nicht tot, er lebe mit einem Indianerstamm zusammen.

Der Franzose Roger Courtville behauptete 1927, er sei tief im Dschungel einem alten, kranken Mann begegnet, der sich Fawcett nannte. 1930 verschwand ein Suchtrupp spurlos im Dschungel. Andere behaupteten, sie hätten Fawcett im Gebiet des Rio das Mortes gesehen. Angeblich lebte er mit Aruvudu-Indianern zusammen. Warum kehrte Fawcett nicht zurück?

Der einzige Fund, den die »Royal Geographic Society« 1933 Fawcetts Frau überreichen konnte, war ein Kompaß, der im Gebiet der Bacairy-Indianer gefunden wurde. Nina wollte nicht glauben, daß Fawcett freiwillig unter »Wilden« lebte. Aber vielleicht war er insgeheim ein zivilisationsmüder Europäer, der nicht nur Eldorado suchte, sondern auch eine Zuflucht in der »Lost City«, einer exotischen Zivilisation, weit entfernt von der profitsüchtigen Lebensart der westlichen Industriegesellschaft. Und so blieb es nicht aus, daß der verschollene Colonel Fawcett in den Ruf geriet, er habe eine Priesterin der Kalapalo-Indianer geheiratet. Sie war eine Schwester des Häuptlings Izarari, der Fawcett für immer an die Kalapalo binden wollte. Er fürchtete, Fawcett würde in die Zivilisation der »weißen Barbaren« zurückkehren und mit immer mehr Weißen die Welt der Dschungelindianer stören und verändern. Kontakt mit Weißen, das wußten Kalapalo, Aruvudu, Bacairy, Chavantes und Cayapo schon lange, bedeutete Unglück, todbringende Goldgier der Weißen. Deshalb schossen sie einen Hagel Giftpfeile ab, sobald sie einen Weißen erblickten. Die Unerbittlichsten waren die Cayapo, Kannibalen, die weiße Schrumpfköpfe herstellten.

Aber diesmal waren es nicht die Cayapo, sondern die Kalapalo, die Fawcetts Sohn Jack und Raleigh Rimell mit Pfeilen töteten und nur Colonel Fawcett als Geisel behielten. Häuptling Izarari soll 1951 ein Geständnis abgelegt haben, als er von einem brasilianischen Suchtrupp verhört wurde. Er sagte aus, daß auch Colonel Fawcett getötet wurde, erschlagen wie Jack und Raleigh Rimell. War das die Wahrheit? In den dreißiger Jahren trat ein Medium namens Geraldine Cummins auf und behauptete, sie habe übersinnlichen Kontakt mit dem lebenden Fawcett. Das Medium sagte aus: Colonel Fawcett war 1935, nach dem Tod seines Sohnes und Raleigh Rimells, noch immer von der Idee besessen, seine goldene Stadt zu suchen. Die Schwester des Häuptlings Izarari, der Fawcett zur Ehe mit der Priesterin gezwungen hatte, haßte den Engländer. Sie versprach ihm, ihn zu der »Lost City« zu führen, und lockte ihn tiefer in den Dschungel. Dann vergiftete sie ihn.

Suchtrupps behaupteten, daß das Fawcett-Team von den Kurikuro gefangengenommen wurde. Jack Fawcett wurde mehr oder weniger gezwungen, die Tochter des Häuptlings zu heiraten, was ihm nicht besonders schwerfiel, denn sie war hübsch. Rimell bekam Fieber und starb, der Colonel und Jack zogen Richtung Rio das Mortes weiter und wurden nie wieder gesehen. Im Dorf der Kurikuro wuchs ein hellhäutiges, blondes Kind auf, dessen Vater angeblich Jack Fawcett war. Doch der Junge war, wie man 1951 feststellte, ein Albino, der mit Jack nicht blutsverwandt war.

Haben die Indianer diese makabren Geschichten erfunden und verbreitet, um die Weißen abzuschrecken und ihr Eindringen in den Dschungel zu verhindern? Der Abschreckungseffekt hielt eine Zeitlang an, die Weißen mieden die grüne Hölle. Nur Selbstmörder und unverbesserliche Traumtänzer wagten sich in den Dschungel und kamen nie wieder. Fawcetts Traumstadt soll im Westen von Cuyaba liegen. Eine menschenleere Ruinenstadt, von Lianen überwuchert, die Quarzkristalle leuchten nur noch matt im Halbdunkel, und auf den Stufen eines Inka-Tempels sitzt das Skelett eines alten Mannes – Colonel Fawcett am Ziel seiner Wünsche. Das hätte seinem Freund Arthur Conan Doyle sicher gefallen.

Unser Lagerfeuer in den Llanganati ist fast erloschen. Es ist spät geworden, und die Glut unter der Asche wärmt uns nicht lange. Jorge hat uns mit seinen Storys vergessen lassen, daß unsere Knochen und Muskeln nach einer strapaziösen Tagestour schmerzen. Wir leben noch, und die anderen, von Tatunca Nara bis Colonel Fawcett, sie werden uns noch eine Zeitlang begleiten, die alten Gespenster. Wir kriechen in unsere Schlafsäcke, der Colonel stört unsere Nachtruhe nicht. Wir hören nur den kurzen Todesschrei einer Dschungelratte, die vielleicht von einer hochgiftigen Korallenschlange erbeutet wurde. Dann ist es still um unsere Zelte, morgen haben wir wieder einen harten Tag vor uns.

Wir lassen die beiden Wagen am Guapa stehen, unsere Köchin bleibt im Lager zurück. Wir gehen zum Yana Cocha. Am Westufer des Sees treffen wir drei junge Indios, die fischen. Sie haben von dem türkisblauen See gehört, der einen Durchmesser von 100 Metern haben soll. Dort, neben einem Wasserfall, soll der Socabón liegen, dessen Eingang die Form eines Kirchenportals hat und zum Inka-Schatz führt. Das Gelände ist sumpfig. Valverde beschreibt in seinem »Derrotero«, daß der glückliche Finder nur mit der Hand in den goldschimmernden Sumpf oder in die Fluten des Sees zu greifen braucht, und schon gleiten Goldkörner durch seine Finger.

»Dort hatten die Alten ihren Guayra«, sagen die Fischer. Der Schmelzofen der Inka stand also in einem unwegsamen Gebiet, wo sie reichste Goldminen besaßen. Die Fischer sind nicht älter als siebzehn.

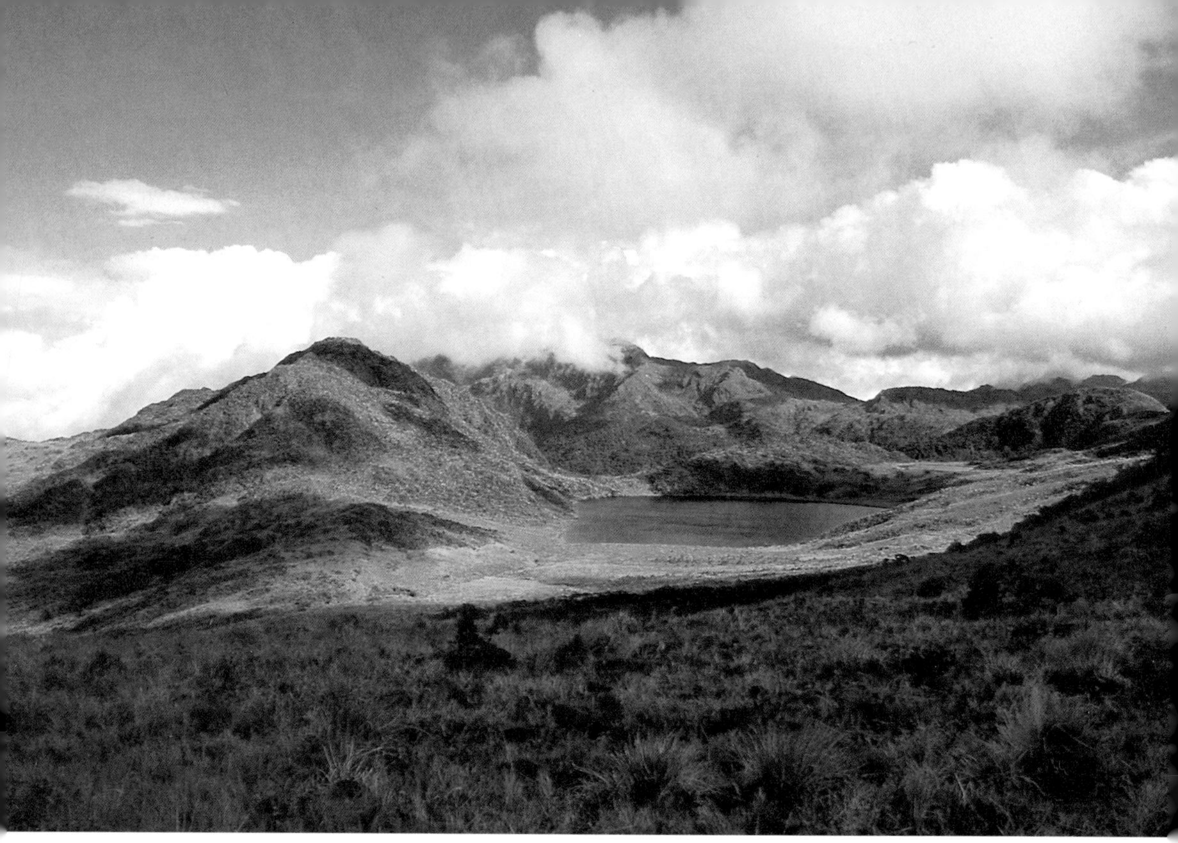

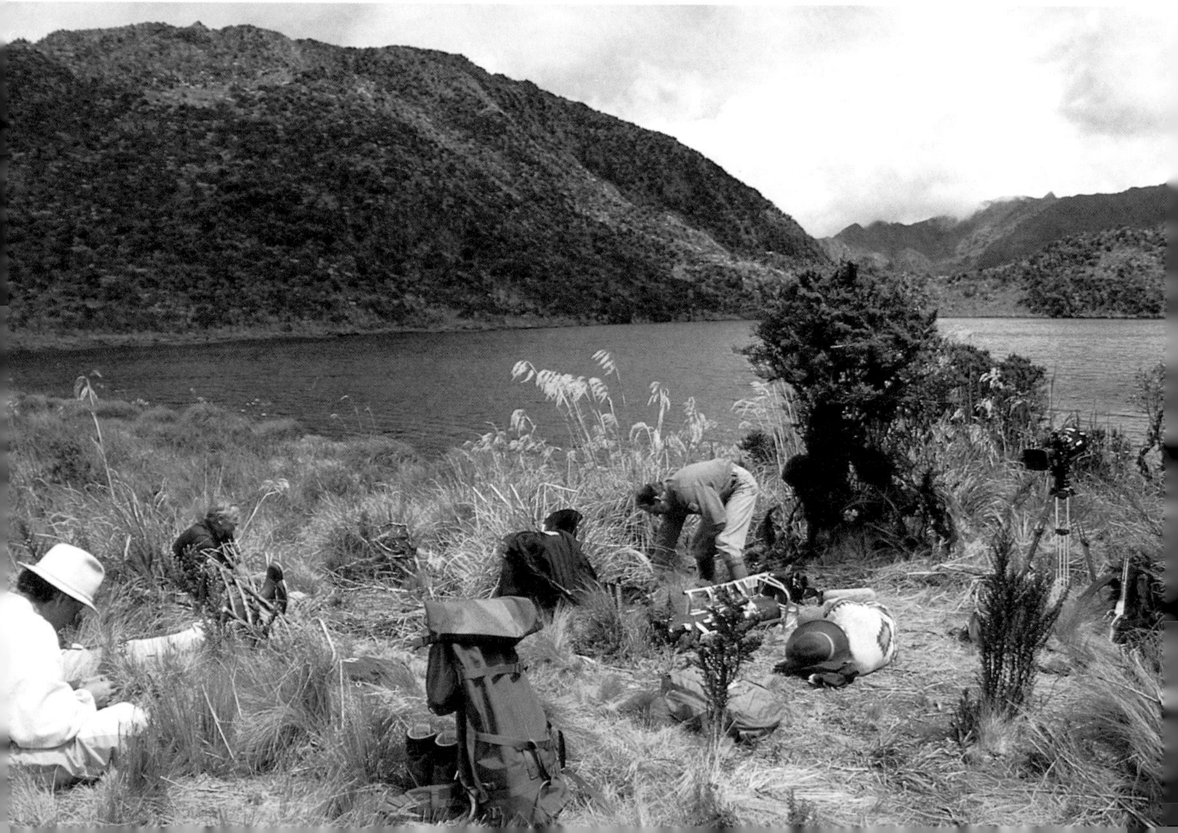

Sie haben von weitverzweigten Höhlen gehört, die keiner betreten kann, weil sie überflutet sind. Wenn dort Gold liegt, können es nur Taucher herausholen.

Aber noch haben die Fischer keine Gringos gesehen, die Sauerstoffflaschen durch den Dschungel schleppten, durch Schluchten und Sümpfe, wo ihnen drei Meter hohe Schilfrohre um die Ohren schlagen. Irgendwann werden sie kommen: Froschmänner gegen die unberechenbaren Inka-Götter. Werden die Computer siegen?

»Glaubt ihr, daß in den Llanganati ein Schatz liegt?«

Fischer: »Wir haben davon gehört. Leute haben Goldkörner gefunden, die sie verkaufen. Man sagt, daß es hier auch Minen gibt, aber es ist unmöglich, da etwas rauszuholen. Die sind überflutet, da sind riesige Schächte.«

»Was sagen die Alten im Dorf dazu, der Häuptling?«

Fischer: »Die erzählen alte Geschichten. An einigen Stellen soll viel Gold liegen. Aber die Alten sagen, das kann keiner rausholen. Früher sind sie hingegangen, um Gold zu holen. Da waren Höhlen voller Gold. Aber da kann man jetzt nicht mehr ran, die Höhlen wurden von Erdbeben verschüttet.«

»Habt ihr Männer gesehen, die auf Schatzsuche gegangen sind?«

Fischer: »Wir haben ein paar gesehen. Die kommen zu bestimmten Zeiten, am Jahresende. Manchmal kommen sie auch mitten im Jahr.«

»Habt ihr schon mal einen begleitet?«

Fischer: »Nein. Es heißt, sie suchen für ihre Gruppe spezielle Leute aus, nehmen Träger mit, um acht bis zehn Tage im Dschungel zu bleiben. Das hängt vom Wetter ab. Manchmal ziehen die Wolken ab. Erst müssen die Wolken weg sein, dann kann man da reingehen.«

Für die Fischer am Yana Cocha sind vorbeiziehende Schatzjäger Gestalten aus einer anderen Welt. Einer der Indios zeigt nach Osten, tief in das grüne Dunkel des Dschungels, das Land hinter dem schlafenden Riesen, dem Volcan de las Margasitas: »Da sind wir noch nie gewesen, nur die alten Gringos gehen da hin.«

Sie meinen die Weißen, die sich den Kopf zerbrechen, um den Weg zu jenem magischen Bergdreieck zu finden, wo Valverdes Goldgrotte liegt und der Salasaca-Fürst ihm Goldmasken, Pokale, Türkisketten, goldene Opfermesser, Diademe und Götterfiguren aus purem Gold zeigte. Valverde ließ seinen Goldschatz zu Barren schmelzen, als Kirchengut versiegeln und nach Spanien einschiffen. So täuschte er die königlichen Beamten, eine glatte Unterschlagung. Denn das Gold der Neuen Welt gehörte der spanischen Krone. Und wer seinen König betrog, mußte mit langjähriger Kerkerhaft rechnen. Der kleine Soldat Valverde hat also

Linke Seite oben:
Unser Ziel ist ein
See, an dessen Ufer
die Schatzhöhle des
Spaniers Juan de
Valverde liegen soll.

Linke Seite unten:
Wir erreichen einen
See, der aussieht wie
der gesuchte Schatz-
see. Aber die Suche
nach der Goldgrotte
bleibt erfolglos,
wir müssen weiter
durch den Berg-
dschungel der Sala-
saca-Indianer.

*Wir hangeln uns
am Seil über einen
reißenden Fluß, der
weit und breit keine
Brücke hat.*

schon damals ein Spiel gewagt, das uns ein paar Jahrhunderte später durch den Lianendschungel der Llanganati treibt.

Die Fischer verabschieden sich: »Wir müssen die Reusen leeren und Würmer besorgen. Vaya con dios. Morgen ist ein schwerer Tag.«

»Wie viele Forellen holt ihr aus dem Yana Cocha?«

»Morgen? Ach, nur hundert oder so.«

»Auch ein Schatz.«

»Na ja, Gold kann man nicht essen.«

Wir machen Tagestouren: Letzter Reaktionstest vor dem langen Trip in die grüne Falle, noch kehren wir abends zu Marias Küche zurück. Aber dann kommt die große Tour. Mit Hilfe von Guzmáns Karte gehen wir nach Osten, Richtung Rio Napo. Wir erreichen die Farm Tambo de Mama Rita, den letzten Außenposten der Zivilisation. Schweine wühlen im Boden. Der Jaguar hat sich lange nicht mehr sehen lassen. Er hat sich in den Amazonasdschungel zurückgezogen. In den Llanganati sind seit Jahrhunderten lästige Glücksritter unterwegs. Irgendwo zwischen dem Yana Cocha und Rio Napo ist um 1599 Padre Longo verschwunden, ein Mönch, der als landeskundiger Berater die erste spanische Expedition begleitete – ein Frühstück für den Jaguar?

*Die Schluchten der
Llanganati zwingen
uns immer wieder
zum Abseilen.*

Tage und Nächte vergehen, die Abenddämmerung kommt schnell, wir müssen rechtzeitig einen trockenen Platz für unsere Zelte finden. Weit weg am Guapa wartet Maria auf uns. Unsere indianische Köchin hat keine Angst vor der Einsamkeit. Falls wir einen Unfall haben, könnte uns der Hubschrauber rausholen – wenn er uns findet. Bleiben wir zu lange aus, wird Maria die Behörde alarmieren. Aber der Hubschrauber hat Probleme in der dünnen Höhenluft. Mehrere Hubschrauber sind bei Rettungsaktionen wie alte Blechschachteln, die im luftleeren Raum herumwirbeln, vom Himmel gefallen. Der alte Zauber, der Helikopter und alle diejenigen betäubt, die dem Gold der Götter zu nahe kommen?

Keiner von uns will an Magie glauben, wir sind zivilisierte Gringos, gut ausgerüstet, haben dünne Schaumgummimatten dabei, die man sich nachts im Zelt unters Kreuz schiebt. Wir ernähren uns von Kraftsuppen, Reis und Müsliriegeln. Die Winchester ruht, wir sparen Munition, denn das Wild ist scheu und flieht rechtzeitig vor uns Fleischfressern mit dem aufrechten Gang. Ein paar Affen geistern durch die Zweige, aber wir verzichten auf Affenragout. Das unheimliche Gefühl bleibt, daß da noch jemand ist, der darauf wartet, daß wir Fehler machen.

Es geht nicht weiter: eine Schlucht, nirgendwo eine Hängebrücke. Wir verlieren Stunden, wenn wir versuchen, die Schlucht zu umgehen. Also abseilen, 200 Meter tief. Alles geht gut, bis einer zwischen Himmel

Eine Indio-Frau wäscht goldhaltiges Flußgestein im Rio Napo.

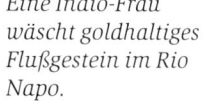

und Erde hängenbleibt, das Seil klemmt. Eine halbe Stunde hängt er am Seil, und unten, wo ein goldhaltiger Fluß rauscht, arbeiten seelenruhig ein Indio und seine Frau. Die Bergsonne strahlt, die Goldwäscher haben am Ufer ein Schilfdach gebaut, unter dem ihr Baby im schützenden Schatten liegt. So ist das in den Llanganati: Wenn das Seil klemmt, fließt unter dir wie in einem bösen, aber schönen Traum das Gold davon, hinter dem du her bist.

Valverdes türkisblauer See mit der goldenen Grotte, dem Gewölbe, wo vielleicht tausend Goldsonnen über goldenen Bäumen schimmern – das Ziel aller Wünsche. Der britische Commander George Dyott leitete 1926 die Expedition, die den vermißten Colonel Fawcett suchte. Dyott ging 1946 und 1947 wieder in die Llanganati. Aber die Götter schickten dem Commander in der Höhenluft ein lästiges Nasenbluten, peinigten ihn mit Magenkolik, brachen ihm das Bein, bis er sich vornahm: Nie wieder in diese verdammten Llanganati, in diesen Irrgarten.

Das hören die Isabela-Indianer am Cerro Hermoso gern. Sie gelten schon lange als die Erben und Hüter des Inka-Schatzes und sehen Schatzjäger am liebsten nur von weitem. Der Cerro Hermoso, ein Fünftausender, gehört zu jenen drei Bergriesen, die in Valverdes »Derrotero« als magisches Dreieck beschrieben sind. Aber in den Jahrhunderten nach Valverde haben sich die Llanganati verändert, Erosion und Erd-

Das Kind der Goldwäscher am Rio Napo vertreibt sich die Zeit im Einbaum seiner Eltern.

beben, Schlammfluten und wuchernder Dschungel haben die Spurensuche zu einem Abenteuer ohne Ende werden lassen.

Zwanzig Tage lang: Ein Leben mit Schluchten und Hängebrücken,
mit reißenden Flüssen, über die Braulio, ein erfahrener Indio, der immer
als erster geht und das Seil für uns spannt, damit wir einen Halt in der
Strömung haben. Die Ufersteine schimmern wie Goldklumpen, wenn
die Sonne auf das Geröll scheint – Irrlicht, Katzengold. Doch am Rio
Napo erleben wir einen mittleren Goldrausch, an den Ufern von Puerto
Misahuallí hocken abenteuerliche Gestalten mit ihren Blechschüsseln
und waschen Goldkörner aus dem Flußsand. Reich werden sie nicht,
aber ein paar Nuggets vergolden wenigstens hin und wieder die Stimmung am Rio Napo.

Am Ende von Valverdes Route finden wir den kleinen türkisblauen
See. Aber ist das noch der See, wie ihn Valverde gesehen hat? Nach einem Erdbeben kann er sich verschoben haben. Wir durchsuchen ein
paar Dutzend Cavernas, aber in den Höhlen liegen nur Tierknochen und
die Asche von längst erloschenen Feuern der Indios oder verblichener
Schatzjäger. Wir suchen den Höhleneingang, der wie ein Kirchenportal
aussehen soll – vergeblich. Vielleicht ist der Dschungel längst über das
Portal gewachsen.

Als wir den Guapa wieder erreichen, ist Maria froh, daß wir ausgehungert, versumpft, von Zecken zerbissen, von Schilfblättern aufgeschlitzt, aber glücklich aus unserem Dschungeltraum zurückkehren. In
Pillaro erwartet uns ein alter Guerillero aus dem Reich der Inka. Die Indios sind stolz auf den Inka-General Rumiñahui, der in Pillaro geboren
wurde. Sie haben ihm ein Denkmal gesetzt: Drohend reckt er die Faust
in den Himmel, als hätte er den weißen Ausbeutern Rache geschworen.
Er hat 1533 seine 12 000 Krieger in den Entscheidungskampf gegen die
Spanier geführt. Er verlor die Schlacht bei Quito und soll einen riesigen
Schatz in die Llanganati abtransportiert haben – zum Cerro Hermoso. In
Pillaro sagt uns eine alte Indio-Frau, daß sie vor Jahren einem Deutschen eine alte Schatzkarte geliehen hat. Er versprach, sie zurückzu-
bringen. Dann ging er in die Llanganati und kam nie wieder.

In Quito haben wir einen großen Liebhaber der indianischen Vergangenheit besucht, den gefeierten Maler Oswaldo Guayasamín. Seine
Kunst hat ihn reich gemacht, kein Bild geht unter 80 000 Dollar weg.
Don Oswaldos Luxusvilla an den Berghängen von Quito wirkt auf uns
nach zwanzig Tagen und Nächten im Dschungel wie das Ziel aller Wünsche. Guayasamín ist Mestize, sein indianisches Blut rebelliert, wenn er
an die Todsünden der spanischen Eroberer denkt: »Die Eroberung unseres Kontinents durch die Spanier war ein Völkermord. Als die Spanier

kamen, lebten auf diesem Kontinent etwa 100 Millionen Menschen. Ende des 17. Jahrhunderts waren es nur noch 30 Millionen. Sie wurden ausgerottet. Wer nicht im Kampf gefallen war, wurde zur Zwangsarbeit in die Minen geschickt, wie in Potosi. Dort sind beim Abbau des Silbers etwa 5 Millionen Indios umgekommen. Insgesamt wurden 70 Millionen getötet. Alles was unsere Erde besaß, Gold, Silber und Edelsteine, haben diese Barbaren mitgenommen. Das Gold haben sie eingeschmolzen, die Barren mit ihren Galeonen nach Spanien geschickt. Aber das war ihnen nicht genug. Sie schickten unsere Leute in die Minen. Von 100 Millionen Indios haben sie 70 Millionen vernichtet – mit Zwangsarbeit. Geblieben sind die Legenden von verschwundenen Schätzen. Ja, es gibt sie, es gibt das Gold, nach dem ihr sucht. Wir haben vieles gefunden und gerettet, aber wir können es nicht ausstellen, weil unsere Sicherheitseinrichtungen dafür nicht ausreichen.«

Guayasamín hatte eine künstlerische Phase, die er »Das Zeitalter des Zorns« nennt. Diese Bilder zeigen die Leiden und Ängste der südamerikanischen Indianer zur Zeit der spanischen Eroberung, der »Conquista«. Er malte auch fünf Bilder, die zeigen, daß die Gewalt der Mächtigen immer gegenwärtig ist. Guayasamín sagt: »Diese Bilder entstanden 1964, sie zeigen fünf Generäle. Der erste ist ein Deutscher, der Totenfinger hat. Der zweite ist ein Engländer mit einem verfaulten Gesicht wie ein Hund. Der dritte ist das, was wir einen ›Gorilla‹ nennen, ein General,

Das Denkmal des Inka-Generals Rumiñahui in Pillaro, der 1533 gegen die Spanier kämpfte. War er es, der einen riesigen Goldschatz in den Llanganati-Bergen versteckte?

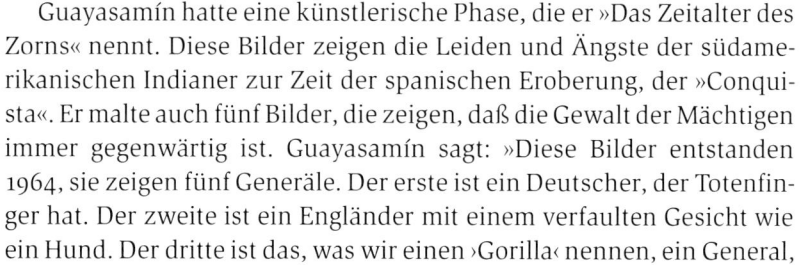

der alles niedertritt, das ist der Eisenharte. Dann kommt der Amerikaner, ein kleiner Dicker mit Pirañazähnen, in denen sich die Macht über Leben und Tod widerspiegelt. Der letzte ist ein Lateinamerikaner, einer dieser zahllosen Diktatoren auf diesem Kontinent, die kommen und gehen. Er hat immer eine Militärmütze auf dem Kopf.«

Guayasamín lächelt nachsichtig über unseren Versuch, das Gold der Götter zu finden: »Der große Schatz Ecuadors ist seine Vergangenheit. Dazu gehören die Götter – und die Barbaren auf meinen Bildern.«

Von Valverde bis zu Don Oswaldo – aus der Schatzhöhle eines spanischen Soldaten führt der lange Weg des Goldes bis in die Traumvilla Guayasamíns, auf dessen Bildern die Menschen meist nackt sind. »Ich habe den Menschen gern direkt«, sagt Guayasamín, »die Bekleidung spiegelt einen bestimmten historischen Moment wider, so wie sich die Leute zu dieser Zeit gekleidet haben. Das interessiert mich nicht. Mich interessiert der Mensch in seiner ursprünglichen Art, ohne die Fesseln der Zivilisation. Ich habe fast nie einen bekleideten Menschen gemalt. Höchstens mal bei einem Porträt. Mein Vater war erst Taxifahrer, dann fuhr er einen Traktor. Bei Erdarbeiten hat er das Skelett eines Riesenelefanten aus der Urwelt gefunden, ein Mastodon. Damals war ich neun. Sein Riesenelefant hat für viel Wirbel gesorgt. Es war zwar kein Gold, aber es war ein großer Schatz in unserer Erde.«

Valverdes türkisblauer See mit der goldenen Grotte, dem Labyrinth, in dem vielleicht goldene Gärten schimmern – ein Traum ohne Ende? Wir verlassen die Llanganati nicht mit leeren Händen. Wir haben das Land der Erdmutter Pachamama und des Sonnengottes Inti gefunden. Wenn der Nebel über den Gipfeln der Kordillere abzog, schimmerten die Flußsteine wie Gold. Auch wenn es nur Katzengold war, es war ein Geschenk der Llanganati.

Schatzjäger suchen in den Llanganti einen Felsen, der wie das Profil einer ruhenden Frau aussieht. Dort soll das Inka-Gold liegen. Es gibt eine alte Marschparole, die durch die Briefe und Tagebücher früherer Expeditionen geistert: »Finde die schlafende Frau, und alle Deine Sorgen haben ein Ende.«

OHM KRÜGERS
VERLORENE MILLIONEN

Ein geheimnisvoller Goldexpress
rollt zum Indischen Ozean

Rechte Seite oben:
Die Spur der ver-
steckten Buren-
schätze führt in die
Wildreservate von
Transvaal. Löwen
hüten Ohm Krügers
Gold.

Rechte Seite links
unten: Denkmal des
Burenpräsidenten
Ohm Krüger in Pre-
toria.

Rechte Seite rechts
unten: Denkmal der
Buren in Pretoria,
mit einem »Voor-
trekker«, wie die Bu-
ren hießen, die mit
Gewehr und Ochs-
senkarren durch
Südafrika zogen
und das Land der
Zulu eroberten.

Über Johannesburg hängen Gewitterwolken. Im Nordwesten, wo die Wildreservate Transvaals liegen, zucken Blitze. Dort leben die »Big Five«, die Großen Fünf: Löwe, Elefant, Nashorn, Büffel und Leopard.

Touristen träumen davon, den »Big Five« in freier Wildbahn zu begegnen. Manche haben auf der Kamerapirsch Glück: Die Wildhüter bringen die Besucher im offenen Geländewagen in die Wildnis. Über Funk wird gemeldet, in welchem Planquadrat sich die »Big Five« aufhalten. Wer sie gesehen hat, gehört zum »Big Five Club« und kann es zu Hause mit seinen Dias beweisen.

Mitten zwischen den Wolkenkratzern von Johannesburg sehne ich mich an diesem schwülen Tag nach dem afrikanischen Busch. Die Hitze muß draußen in der Wildnis erträglicher sein als in den Straßenschluchten dieser stolzen und reichen Stadt, die in den achtziger Jahren des vorigen Jahrhunderts noch ein verrufenes Goldgräbernest war. In Wellblechhütten und Whisky-Saloons begann die Karriere von Johannesburg. Leichte Mädchen zogen den Glücksrittern, die vom großen Goldklumpen träumten, die mühsam ausgebuddelten Nuggets aus der Tasche. Johannesburg war ein Sündenpfuhl.

Heute sitzt der Goldhändler Elias Levine in einem Wolkenkratzer und blickt gelassen in das aufziehende Gewitter. Er ist Präsident der noblen »South African Gold Coin Exchange«, die im Münzhandel eine führende Rolle spielt. Auf Mr. Levines Tisch liegt ein Haufen Goldmünzen. An der Wand hängt ein Spruch: »Ein Gewinner sagt: Ich versuch es, auch wenn es noch so schwierig ist. Ein Verlierer sagt: Kann sein, daß ich es schaffe, aber eigentlich ist es zu schwierig.« Das Motto des alten Herrn lautet offensichtlich: Ein Verlierer ist jemand, der immer Angst hat und nie ans Ziel seiner Wünsche kommt. Ein Gewinner aber glaubt immer fest an seine Chance und riskiert alles.

Die Sprüche an der Wand von Mr. Levines Büro erinnern an alte Goldgräberzeiten, als noch das Gesetz des Dschungels herrschte: Der Stärkere siegt immer. Wer nicht fest an seine Chance glaubt, geht am Ende leer aus. Der Goldhändler, mit Brille und weißem Vollbart, sieht aus wie ein Studienrat für Mathematik. Er ist ein kühler Rechner, seine grauen Zellen sind auf Gold programmiert. Seine Finger spielen mit den Goldmünzen auf dem Schreibtisch: »Das hier ist Paul-Krüger-Gold von 1892. Und das sind Sixpence, zwei Shilling, eine halbe Krone. Die kosten alle zwischen 2000 und 3000 Rand.« 1000 Krüger-Rand sind rund 600 Mark.

Levine hat uns das Stichwort gegeben: Paul Krüger. Wir sind hinter einem Mann her, der seit 1904 tot ist. Aber der große, alte Mann der Südafrikanischen Republik ist unvergessen. Er war Präsident der Burenrepublik und kämpfte bis zum bitteren Ende gegen die Engländer, in

Eine englische Karikatur, die Ohm Krüger als Löwen hinter Gittern zeigt: Wunschdenken der Engländer. Sie nannten ihren größten Feind den »Löwen von Transvaal«, aber sie konnten ihn nicht fangen.

einem Krieg, in dem es um das Gold und das Land Südafrikas ging. In Pretoria steht ein riesiges Bronzedenkmal, Tauben sitzen auf Krügers Haupt. Er ging gern im schwarzen Gehrock und trug einen Zylinder. Er sah aus wie ein gütiger Onkel, deshalb nannten ihn die Buren »Ohm Krüger«. Für die Engländer aber war er der gefürchtete »Löwe von Transvaal«. Er haßte die Briten, weil er ahnte, daß sie den Buren alles nehmen würden: Südafrika mit seinen unerschöpflichen Goldminen, die grünen Hügel Transvaals und letzten Endes auch die »Big Five«, abgeknallt von Großwildjägern, die später beim Fünf-Uhr-Tee in London von ihren Abenteuern erzählten. Ohm Krügers Traum vom Paradies in Afrika ist gescheitert. Heute zahlt ein »White Hunter«, ein weißer Killer, ohne weiteres 25000 Dollar für den Abschuß eines Löwen oder Elefanten. Die Farmer kassieren dafür Superpreise in ihren privaten Jagdrevieren.

Auf dem Flug nach Johannesburg saß so ein »Killer« im Jumbo. Er trug einen schnittigen Tarnanzug aus einem Safariladen, auf dem Kopf einen Hut mit einem Band aus Leopardenfell. Die Flinte ruhte im Frachtraum. Der Herr hatte wahrscheinlich den Abschuß eines Elefanten, Löwen oder Nashorns gebucht: eine dicke Brieftasche ist tödlich für Afrikas »Big Five«.

Mr. Levine ist überzeugt, daß Ohm Krüger die Goldreserven der Südafrikanischen Republik im Jahr 1900 von Sonderkommandos im afrikanischen Busch verstecken ließ: »Als Krüger Südafrika verließ, gab er den

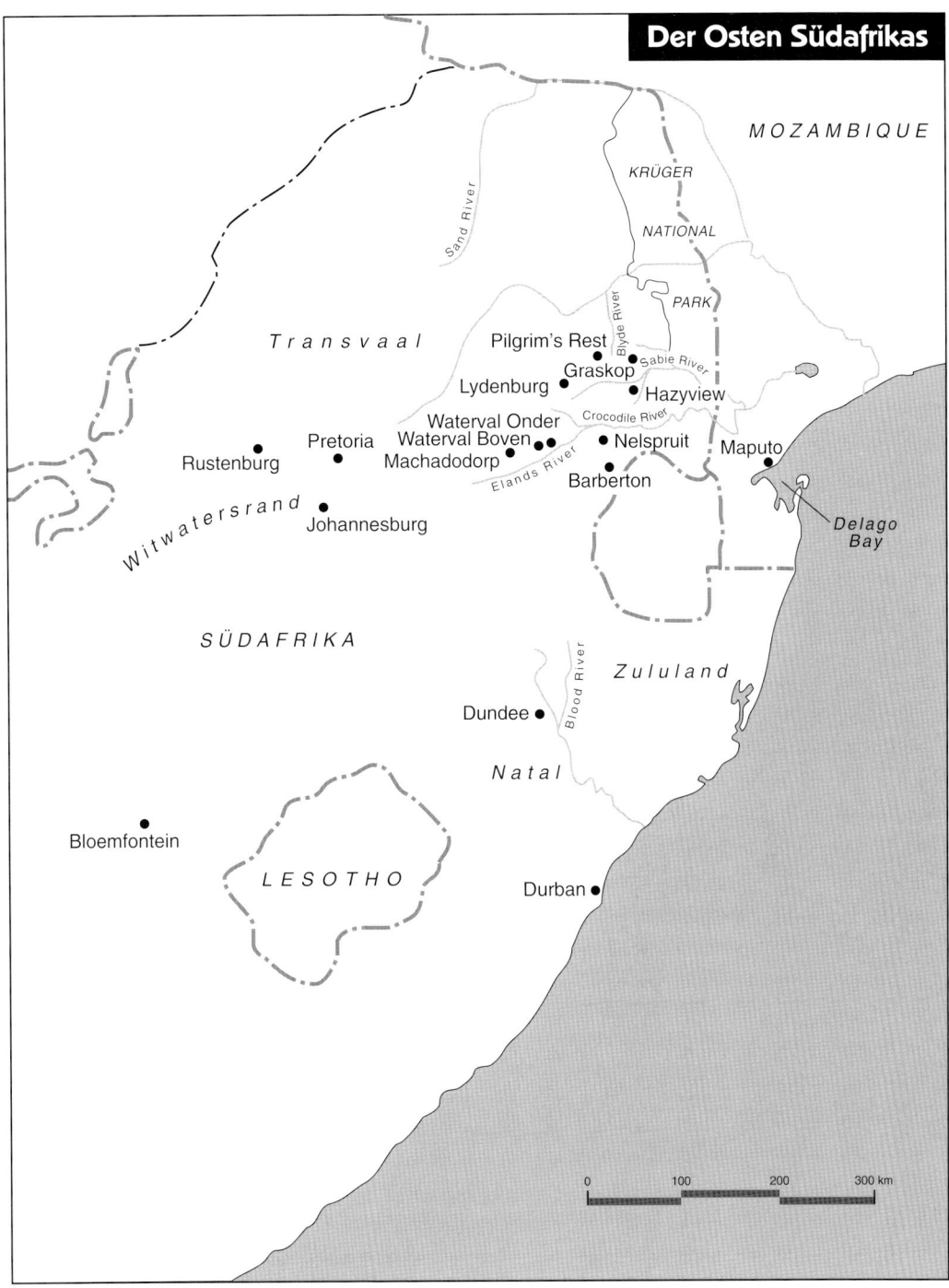

Der Osten Südafrikas

MOZAMBIQUE

KRÜGER

NATIONAL

Sand River

PARK

T r a n s v a a l

Blyde River

Pilgrim's Rest

Graskop

Sabie River

Lydenburg

Hazyview

Waterval Onder

Crocodile River

Waterval Boven

Pretoria

Nelspruit

Machadodorp

Rustenburg

Maputo

Elands River

Barberton

Delago
Bay

W i t w a t e r s r a n d

Johannesburg

S Ü D A F R I K A

Z u l u l a n d

Blood River

Dundee

N a t a l

Bloemfontein

L E S O T H O

Durban

0   100   200   300 km

Befehl, das Gold der Banken zu beschlagnahmen. Damals bestand das Geld aus Goldmünzen. Es gab Krüger-Pfund und Sovereigns. Es gab auch Papiergeld, aber man bezahlte meistens mit Gold. Krügers Leute holten das Gold aus den Banken. Das sind die Krüger-Millionen, ein riesiger Schatz, nach dem Glücksritter bis heute suchen. Meiner Meinung nach wurden die Krüger-Millionen in einen Sonderzug verladen, der mit Krüger Richtung Küste fuhr, zur Delagoa Bay am Indischen Ozean.« In Lourenço Marques, heute Maputo, dem Hafen der portugiesischen Kolonie Moçambique, endete seine Flucht. Auf See wartete der Kreuzer »Gelderland«, den ihm die holländische Königin Wilhelmina geschickt hatte. Die Buren stammten aus Holland, und die Königin fühlte sich dem unglücklichen Ohm Krüger und seinen Buren verbunden. Die »Gelderland« brachte Ohm Krüger nach Europa, aber sein Schatz war verschwunden – vergraben in Transvaal?

Wir mieteten einen Camper für die große Tour in die afrikanische Wildnis, ein Härtetest für Schatzjäger. Wir schlucken Malariatabletten. Viele Buren sind auf den Trecks, auf der Suche nach Neuland, an Malaria gestorben. Sie wußten nicht, daß der Stich der Anopheles-Mücke das tödliche Fieber auslöste. Die Überlebenden versammelten sich an einem Ort, der bis heute Lydenburg heißt. Mit ihren Ochsenkarren mußten sie Berge und Schluchten überwinden. Manchmal blieb ihnen nichts anderes übrig, als die Karren und Ochsen an Steilwänden abzuseilen, wenn es keinen anderen Weg in die Ebene gab, zu fruchtbarem Ackerboden. Wer eine Mahlzeit brauchte, mußte jagen. Als Paul Krüger 20 Jahre alt war, ging er eines Tages auf die Jagd, um eine Gazelle oder eine Antilope zu schießen. Aber die Kugel explodierte im Flintenlauf und zerfetzte seine Hand. Er war allein unterwegs und amputierte sich mit dem Jagdmesser den linken Daumen.

Bevor wir im Jagdrevier der Löwen und Leoparden auf Spurensuche gehen, fahren wir nach Pretoria. Dort hat Ohm Krüger in einem Haus gelebt, das heute ein Museum ist. An der Autobahn nach Pretoria steht das riesige Denkmal der »Voortrekker«, jener Pioniere, die mit ihren Ochsenwagen durch das Land der Zulu zogen. Die Zulu kämpften erbittert gegen die landhungrigen Weißen, aber ihre Speere hatten gegen die Flinten der Buren keine Chance. An den Ecken des steinernen Voortrekker-Denkmals wachen die eingemeißelten Buren über das eroberte Land. Sie sehen aus wie gottesfürchtige Männer, die im Auftrag Gottes Südafrika in Besitz genommen haben und es bis zum bitteren Ende verteidigen werden. Die Buren pilgern zum Voortrekker-Denkmal, um zu schwören, daß sie die Herren Südafrikas bleiben wollen. Aber der Traum vom Burenparadies in Südafrika ist ausgeträumt. Die Schwarzen fordern ihr verlorenes Afrika zurück. Der Rassismus geht zwar zurück, doch viele Buren äußern ihre Verbitterung über die Entwicklung: Die Politiker haben aus diesem Land, das wir uns erkämpft haben, einen Misthaufen gemacht. Wir werden unser verratenes Erbe nicht kampflos aufgeben!

Pretoria: Ohm Krügers letzte Residenz, bevor er am 29. Mai 1900 in den Sonderzug stieg und vor den anrückenden Briten an die Küste des Indischen Ozeans floh. Vor dem Krügerhaus ruhen zwei Marmorlöwen. In den Zimmern scheint die Zeit stehengeblieben zu sein: Da liegt Ohm Krügers Bibel. Er benutzte einen Spucknapf und besaß einen Tabaksbeutel aus Fischotterleder. In einer Vitrine liegen seine Jagdflinte und das Messer, mit dem er sich den Daumen amputierte. Auch den Klappstuhl, den er auf der Jagd benutzte, hat er hinterlassen. Alles sieht ein bißchen nach Gespensterkabinett aus, nach Totentanz.

Ohm Krüger war die große Vaterfigur der Buren. Der Alte war beliebt, er kniff seinen Leibwächtern im Vorbeigehen gern in den Oberschenkel, um ihnen seine väterliche Anerkennung zu demonstrieren. Er war zwar nur 1,75 m groß, doch mit seinen breiten Schultern und seiner Körper-

OHM KRÜGERS
VERLORENE MILLIONEN

115

Burenpräsident Ohm Krüger und seine Frau Gezina, die das bittere Ende seiner politischen Karriere in Pretoria miterlebte.

fülle wirkte er mächtig und respektgebietend. So beschreiben ihn die Zeitgenossen. Aber die Engländer haßten ihn. Ohm Krüger paßte nicht in die Weltmachtpolitik der Briten.

André Malan, Direktor des Krügermuseums in Pretoria, betont das religiöse Sendungsbewußtsein Krügers: »Wenn man die verlorenen Millionen Ohm Krügers suchen will, muß man eines wissen: Er war ein Mann Gottes, der sich durch Treue zu Gott, durch Mut und Härte auszeichnete.« In Südafrika hat er das Gelobte Land gesucht. Oft verglich er seine Buren mit den Kindern Israels. Er hat den Krieg gegen die Engländer verloren, es war die Niederlage seines Lebens. Danach war er ein gebrochener Mann, der in einem Geisterzug durch Transvaal fuhr. Es müssen gespenstische Tage und Nächte im September 1900 gewesen sein. In einem Spezialwaggon des Sonderzuges lag eine riesige Goldladung, und Ohm Krüger, über eine Landkarte von Transvaal gebeugt, suchte mit seinen engsten Mitarbeitern nach einem Versteck für die goldene Fracht.

Es wurde viel geschrieben über den Alten, der zum »Vater der Schlachten« gegen die Briten wurde. Aber Ohm Krüger bleibt widersprüchlich. Er brauchte das Gold aus den Minen Südafrikas für Kanonen, um gegen die Briten zu kämpfen. Doch gleichzeitig hielt er Gold für das Blendwerk des Teufels. Ohm Krüger ahnte, daß seine Burenrepublik scheitern würde, er verurteilte die Goldgier des Menschen, den Tanz um das Goldene Kalb. Er hat sich manchmal nach den stillen Tagen auf seiner Farm bei Rustenburg zurückgesehnt. Ab 1862 lebte er auf der Farm von Boekenhoutfontein, ein Mann in mittleren Jahren, der auf die Löwenjagd ging.

Auch das Farmhaus ist ein Museum. Im Korridor liegt das Fell eines Löwen, den Krüger geschossen hat. Da steht noch die niedrige Mauer, die Krüger von seinen schwarzen Arbeitern bauen ließ, um sich gegen die Wildnis abzugrenzen. Ein steiniger Pfad führt durch weites Grasland zu Krügers Farmhaus. Die Museumsführerin, die mit ihrer Familie in einem Nebenhaus wohnt, wirkt blaß und verhärmt, die Einsamkeit ist erdrückend. Ein Hund liegt träge im Schatten eines Baumes. Die Zimmer des Krüger-Hauses sind totenstill und kühl, draußen lähmende Hitze, drinnen die Überbleibsel aus Krügers Tagen: Kochgeräte, Fotos, Holztruhen, Krügers Messingbett, über dem in Deutsch ein gestickter Spruch hängt: »Träume sind Schäume, erwache und lache!«

Die Museumsführerin verlangte für den Rundgang mit Filmkamera rund 300 Mark, viel zuviel für das muffige Gespensterhaus in der Wildnis. Sie wurde wütend, als wir uns weigerten, diesen Preis zu zahlen. Sie jagte uns davon, schrie hinter uns her: »Der Teufel soll euch holen.«

Die Worte haben in Afrika mehr Bedeutung als bei uns in Europa. In Afrika spuken die guten und die bösen Geister noch überall herum. Es gibt in Transvaal eine wunderbare Aussicht, von einem Bergplateau hinab in das Tiefland, ein Blick wie in den Garten Eden. Die Stelle heißt »God's Window«, Gottes Fenster. Doch etwas weiter nördlich gibt es »Devil's Window«, Fenster des Teufels, ein Blick in den Abgrund. Als wir Krügers Farmhaus verlassen, hören wir das heisere Gebell des Wachhundes, Abkömmling eines deutschen Schäferhundes.

1846 ist Krügers erste Frau gestorben, auch sein erstes Kind starb. 1847 heiratete er Gezina Suzanna Frederika Wilhelmina Plessis. Sie blieb in Pretoria bis zuletzt an seiner Seite. Gezina war zu krank, um in den Sonderzug zu steigen. Sie starb 1901 in Pretoria. Der Präsident schickte ihr einen Abschiedsgruß aus Lourenço Marques, als er Afrika mit dem Kreuzer »Gelderland« verließ: »Gott segne dich. Vertraue ihm, der alles lenkt.« Gezina war seine große Liebe. Er zeugte mit ihr sieben Töchter und neun Söhne, ganz im Sinne eines bibeltreuen Pioniers: Wachset und mehret euch! Gezina hatte Angst vor Blitz und Donner – wenn über Pretoria ein Gewitter krachte, rief sie die Leibwache.

Wir sind Ohm Krügers Spuren durch seine Zimmer auf dem Land und in der Stadt gefolgt. Wir haben einen Mann gefunden, der unter den Fieberanfällen der Malaria litt, der aber in seinen besten Mannesjahren stark genug war, einen jungen Büffel an den Hörnern festzuhalten. Früh um fünf war er auf den Beinen. Dann las er seiner Familie aus der Bibel vor, auch die Leibwache mußte zuhören. Am Ende seines Lebens saß er in einem Sonderzug und hatte nur noch das eine Ziel: die Goldreserven Südafrikas zu verstecken, damit sie den verhaßten Engländern nicht in die Hände fielen.

Ein paar Tage stand unser Camper auf der Wiese von Freunden, bei denen wir uns für die Tour in den afrikanischen Busch stärkten. Das Landhaus von John Lavers liegt am Rand von Johannesburg. Er arbeitet mit Peter Hayward zusammen, der ein Gold-Lotto erfunden hat, ein Millionenspiel, das sich um Krügers verlorenes Gold dreht: Mit 6 Rand, rund 3,60 DM, ist man dabei. Die Teilnehmer, die in die Endrunde kommen, werden in die afrikanische Wildnis eingeladen, wo sie die Chance haben, einen Goldschatz auszubuddeln, den die Organisatoren des Gold-Lottos auf Ohm Krügers Fluchtstrecke in Transvaal vergraben haben. Die Fernsehwerbung für das Spiel ist eindrucksvoll. Zu den Klängen eines Schatzsucher-Songs wirbt ein Schauspieler mit angeklebtem Bart und schwarzem Gehrock, der aussieht wie Ohm Krüger: »Eine Million Rand in Gold, Leute! Irgendwo vergraben. Kommt und zieht euer großes Los! Ein Jahrhundert lang war der Schatz verschwunden, aber

Map Section 1

From Ohrigstad, Paul Kruger & his Voortrekker father, Casper, made many journeys into the Lowveld. A pass on one of these old routes bears his fathers name. Anything up to a million in gold could be hidden in the nek of this mountain pass.

Map Section 2

Paul Kruger's instructions were for a load of "ammunition" to be buried north of the old Pedi Trading Post where the wagon trails passed through Klaserie & "Where the squirrel stores it's food in a corner."

Map Section 3

At a cave where King Sobhuza fought a mighty battle, someone was seen coming out of these caverns carrying several clay pots covered with hide. Later, numerous rumours were received of gold buried deep inside the bowels of the earth, never to see the sunlight again.

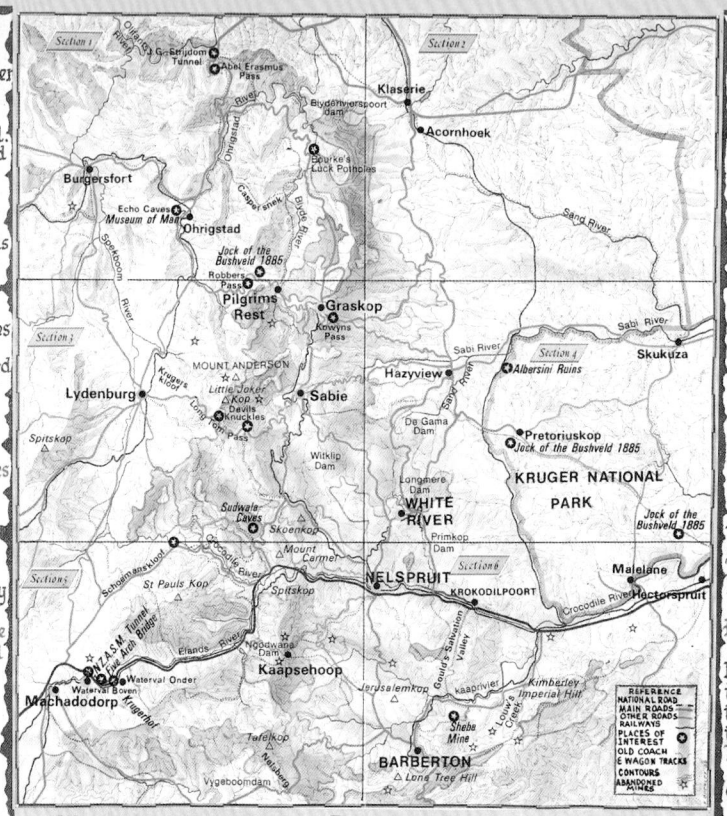

Map Section 4

On the "Journey of Death" wagon route to Delagoa Bay, features like koppies, river junctions & footpaths were used as landmarks. Kruger said "....where the fearful river forks, near to the area full of mist you must bury the boxes."

Map Section 5

En route from Pretoria to Waterval Onder, Kruger's train moved through the hole in the mountain where it spent an unusually long time. He knew that many people looking for this gold would be in the dark if they ever found it.

Map Section 6

H. C. Bredell, Kruger's secretary writes........ "We departed by rail to Krokodilpoort where we spent the night. At Hectorspruit where they spent a few hours, Kruger issued strange instructions : See to it tho the cargo is taken towards the hill where the Treasure Queen is referred to, & hide it at the foot of the Holy Mountain."

Win One Million Rand in Gold !
Enter the Argus / SPCA Treasure Hunt
Saturday Star, Sunday Tribune, Weekend Argus, Pretoria News

Every Entrant will Receive a Gift Voucher from the SPCA - Valued at over R100!

Closing Date Extended by Public Demand To: 1 April 1991

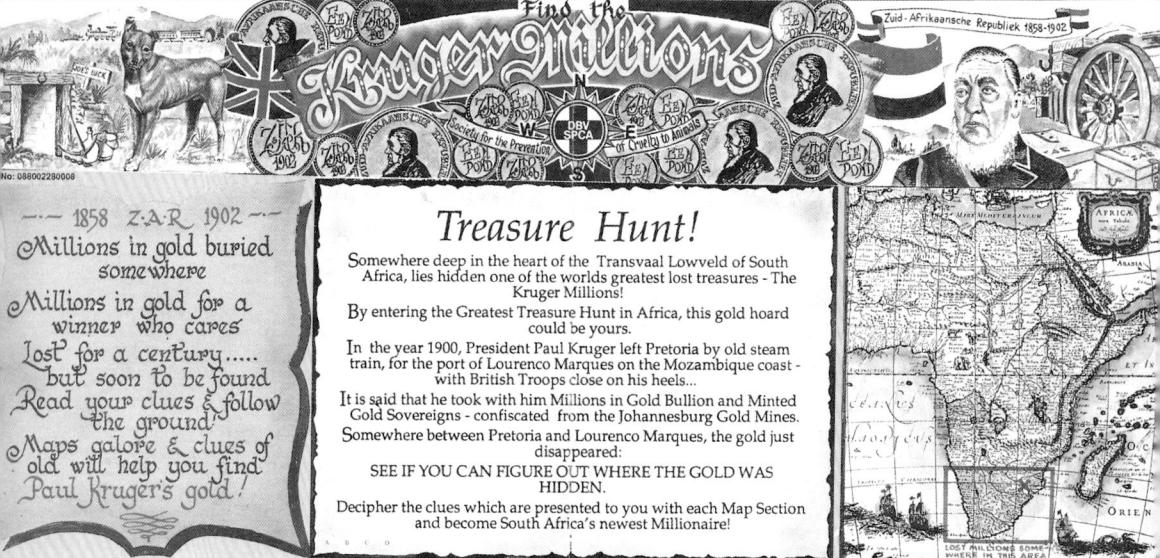

No: 088002280006

— 1858 Z.A.R. 1902 —

Millions in gold buried somewhere

Millions in gold for a winner who cares

Lost for a century.....
but soon to be found
Read your clues & follow the ground!

Maps galore & clues of old will help you find Paul Kruger's gold!

Treasure Hunt!

Somewhere deep in the heart of the Transvaal Lowveld of South Africa, lies hidden one of the worlds greatest lost treasures - The Kruger Millions!

By entering the Greatest Treasure Hunt in Africa, this gold hoard could be yours.

In the year 1900, President Paul Kruger left Pretoria by old steam train, for the port of Lourenco Marques on the Mozambique coast - with British Troops close on his heels...

It is said that he took with him Millions in Gold Bullion and Minted Gold Sovereigns - confiscated from the Johannesburg Gold Mines.

Somewhere between Pretoria and Lourenco Marques, the gold just disappeared:

SEE IF YOU CAN FIGURE OUT WHERE THE GOLD WAS HIDDEN.

Decipher the clues which are presented to you with each Map Section and become South Africa's newest Millionaire!

wir graben ihn aus. Eine Million für dich zum Verjubeln, wenn du mitmachst, mein Freund!« Eine stolze Summe, rund 600000 DM.

Teilnahmeformulare gibt es in den Zeitungen »Pretorian News«, »Sunday Tribune«, »Weekend Argus« und »Star«. Der Kartograph Buckley sitzt in Johannesburg und zeichnet Schatzkarten, die beim Millionenspiel durch das alte Goldland von Transvaal führen, in dem die reichsten Goldadern der Welt lagen. Ein Glücksspiel für die Weißen – die Schwarzen haben andere Sorgen. Für die Zulu war Ohm Krüger auch nur einer der vielen weißen Eroberer, die mit Bibel und Flinte Gottes Reich auf Erden gründen wollten – und Gott war selbstverständlich ein Weißer.

In Johns Landhaus legt ein schwarzer Diener Holz für das Grillfeuer in den Kamin auf der Terrasse. Sein nackter Oberkörper ist mit Narben bedeckt, Spuren von Messerstechereien, in die er auf nächtlichen Zechtouren geraten ist. Er ist leicht angetrunken, hält eine Bierdose in der Hand und stellt sich uns vor: »Ich heiße Noah. Nennt mich niemals Kaffer.« Er zeigt mit der Bierdose auf seine Narben, es waren die Messer der Weißen, die er angegriffen hat, weil sie ihn Kaffer genannt haben.

Die Suche nach einem Goldschatz ist das Glücksspiel der verrückten Weißen. Noah prostet uns zu und sagt: »Viel Glück!« Dabei hat er das geduldige Lächeln der Schwarzen im Gesicht, das wir überall in Afrika angetroffen haben, das alte Lächeln, mit dem sie die weißen Ausbeuter, Jäger, Abenteurer und Touristen schon immer ertragen haben. Oft hörten wir dieses »Yes, thank you«, mit dem sie ein Gespräch beendeten und weitergingen. Ich weiß nicht, wofür sie sich bedankten, es muß eine alte Gewohnheit aus Sklaventagen sein. Noahs narbenbedeckte Haut macht mir deutlich, daß auch wir weiße Glücksspieler sind, die dem Gold Afrikas nachjagen. Er überläßt uns das Geschäft und erledigt unbeeindruckt seine Aufgaben. John, sein weißer Herr, ist ein guter Boß. Er erlaubt ihm, sich in Haus und Garten frei zu bewegen. Noah ist kein Sklave mehr, aber wenn ihn jemand Kaffer nennt, wird er wild.

In der Nacht weckt mich ein Geräusch an der offenen Tür, das Moskitogitter ist vorgeschoben – ein Kratzen wie von einer Tierpfote. Verwilderte Hunde streunen nachts durch das Grasland, auf der Suche nach Beute, John hat mehrere Flinten im Haus, für den Fall, daß ein wilder Hund oder eine Mamba ins Haus eindringt. Ein Schlangenbiß wäre das Ende aller Goldträume. Johns Landhaus ist wie eine Festung bewaffnet – ich kenne seine Zweifel und Ängste nicht, er hat die Rassentrennung privat längst abgeschafft. Er hofft auf gute Zeiten für Südafrika, für Schwarz und Weiß.

Linke Seite oben: Das Hochland von Transvaal. Der Kartograph Buckley aus Johannesburg hat eine Schatzkarte gezeichnet, die den Teilnehmern des Millionenspiels um Ohm Krügers Gold weiterhelfen soll.

Linke Seite unten: »Schatzjagd« verkündet das Plakat des Johannesburger Gold-Lottos, das zum Spiel um Krügers verlorene Millionen einlädt. Ein Glücksspiel für Leute, die gern daran glauben, daß Ohm Krüger sein Gold in der Burenerde vergraben hat, als er 1900 Südafrika für immer verließ.

*Gold Reef City, eine
Märchenstadt bei
Johannesburg, wie
von Walt Disney er-
baut. Sie erinnert an
die goldenen Zeiten
des 19. Jahrhun-
derts, als in Spiel-
höllen und Whisky-
Saloons das Gold
mit vollen Händen
ausgegeben wurde.*

Am nächsten Tag besuchen wir Gold Reef City am Stadtrand von Johannesburg, um ein Gefühl für den Goldreichtum Südafrikas zu bekommen. Ein paar Kilometer von den heutigen Wolkenkratzern der Innen-
stadt entfernt lagen die großen Goldadern. In den dreißiger Jahren
wurde noch mit Wachskerzen und Karbidlampen in den Stollen gearbeitet. Acht Stunden pro Tag haben die Schwarzen unter der Erde geschuf-
tet. Heute schlendern Touristen durch die Stollen, ein Schwarzer sitzt
neben einer flackernden Kerze und demonstriert, wie damals gehäm-
mert und gegraben wurde, damit die Touristen ein bißchen schaudern.
Im Stollen der Crown Mines hängt ein altes Plakat, das die Grubenarbei-
ter vor der Unfallgefahr warnte – eine verstümmelte Hand, dazu der
Text: »Paß auf deine Finger auf, du kannst sie nicht wieder annähen.«

Gold Reef City sieht aus wie ein reiches Goldgräbernest aus den Ta-
gen der Jahrhundertwende. Eine Traumstadt mit altmodischen Läden,
Whiskybars, einer Bank, einem Postamt und mit romantischen kleinen
Hotels für Hochzeitsnächte. Schwarze Dienstmädchen mit weißen
Schürzen und Häubchen auf dem Kraushaar fegen das rote Ziegelstein-
pflaster. In der Druckerei sitzt der alte Doug Lawson an der museums-
reifen Setzmaschine vom »Star«. Er arbeitet für die Touristen, die ihren
Namen gedruckt sehen wollen; befriedigt nehmen sie den Bleisatz ihres
Namens mit. In der Goldgießerei steht Cornelius van Rensburg am

Schmelzofen und demonstriert den Leuten, wie man einen Goldbarren gießt. Die Touristen bringen viel Geld in die Kassen der Traumstadt. Vor ein paar Tagen gab es einen Überfall: Zwei schwarze Jugendliche bedrohten den Goldgießer van Rensburg mit einem Gewehr und erbeuteten Gold im Wert von 260000 Mark. Im Polizeibericht von Johannesburg hieß es knapp: »Die Räuber wurden zwei Tage später gefaßt, das Gold wurde sichergestellt.«

Über Gold Reef City wehen bunte Wimpel, eine Art Disneyland. Auf der Bühne wird ein Zulu-Tanz geboten, Schulklassen starren auf die schwarzen Tänzer, die Phantasiekostüme tragen. Auch das ist Afrika – ein Freilichtmuseum.

Es wird Zeit, Johannesburg zu verlassen. Wir haben genug von der scheinbar heilen Welt gesehen. Unser Camper rollt über Asphaltpisten, die das Grasland durchschneiden. Wir tauschen die Wolkenkratzer gern gegen den afrikanischen Busch, wo im Jagdrevier der Löwen Ohm Krügers Gold vergraben wurde. Hat der Alte das Goldversteck so angelegt, daß die wilden Tiere seine vergrabenen Millionen bis heute bewachen?

John sagte mir vor der Abreise in die Wildnis: »Hast du deine Malariatabletten geschluckt? Du wirst dich ziemlich ›dizzy‹ fühlen.« Aber das schwindelerregende Gefühl kann auch von der sengenden Hitze im afrikanischen Busch oder vom Anblick eines riesigen Büffels kommen, der in einem Wasserloch steht, um sich ein bißchen Abkühlung zu verschaffen. Man weiß nie, was in der nächsten Minute passiert, wenn man die Zivilisation verlassen hat.

Wir fahren nach Nordosten, in das Hochland von Transvaal. Krügers Sonderzug verließ im Mai 1900 Pretoria und fuhr Richtung Machadodorp am Elands River. Wer den Krüger-Schatz sucht, muß der Eisenbahnstrecke folgen, die zum Indischen Ozean führt, über Nelspruit nach Maputo an der Küste von Moçambique. Peter Hayward, der die Berge und Schluchten Transvaals kennt, begleitet uns. Unterwegs diskutiert er mit dem Kartographen Buckley, der seine Landkarten ausbreitet.

»Versetz dich einmal an Krügers Stelle. Wenn du drei Tonnen Gold verstecken solltest, wo würdest du den Schatz vergraben?«

»Jedenfalls nicht alles an einer Stelle«, antwortet Buckley.

Hayward erklärt: »Ich denke an die alten Farmen in dieser Gegend. Auf dieser Karte sind die Grundstücke der Farmen eingezeichnet. Die Farmer waren Krügers treue Gefolgsleute, seine besten Kämpfer. Es kann sein, daß ein Teil des Goldes immer noch in einer dieser Farmen versteckt liegt.«

»Ich glaube nicht, daß er alles an einer Stelle vergraben hat«, grübelt Buckley, und Hayword stimmt ihm zu.

»Auf keinen Fall. Das wäre zu riskant gewesen.«

»Ich denke, daß er das Gold an verschiedenen Stellen untergebracht hat«, erklärt der Kartograph. »Er hat auch Gold unter seine Leute verteilt, damit sie was zum Leben hatten, für den Fall, daß er nicht zurückkehrte. Aber das meiste Gold ließ er vergraben, um es vor den Briten in Sicherheit zu bringen. Bei seiner Rückkehr hätte er geheime Goldreserven gehabt, um seine weiteren Pläne zu finanzieren.«

»Es wäre ja zu dumm, das ganze Gold an einer einzigen Stelle zu vergraben. Wenn die Briten das Versteck gefunden hätten, wäre eine riesige Menge Gold in ihre Hände gefallen«, meint auch Hayward.

Buckleys Finger gleitet über die Landkarte: »Hier sind die Strecken und verschiedenen Stationen eingezeichnet, wo der Zug mit dem Goldschatz gehalten hat. Über die genaue Lage des Goldes wird bis heute eifrig spekuliert. Man kann nicht mit dem Finger drauf zeigen und sagen: Da liegt das Gold. Aber wir sind überzeugt, es liegt in dieser Gegend.«

Die Dampflok »Pride of Africa« rattert durch das Hochland von Transvaal. Der »Stolz von Afrika« zieht einen altmodischen Luxuszug, die Fahrgäste genießen die grünen Hügel Afrikas und reisen an Schlachtfeldern vorbei, über die längst Gras gewachsen ist. Von 1899 bis 1902 liefer-

Ohm Krügers geheimnisumwitterter Goldexpreß im Jahre 1900 auf einer Zwischenstation in Transvaal.

ten sich Buren und Briten erbitterte Kämpfe. Ohm Krüger brauchte Gold, um den Krieg zu finanzieren, und die Goldminen von Johannesburg, Barberton und Witwatersrand schienen unerschöpflich. Doch gegen die überlegene Kriegstechnik der Engländer standen die Buren nach Anfangserfolgen auf verlorenem Posten.

Der »Rovos Rail«, wie der Luxuszug heißt, ist in Pretoria abgefahren und bringt die Fahrgäste nach Graskop. Von dort fahren sie mit dem Bus in die Wildreservate, um den Nervenkitzel beim Anblick eines Löwenrudels zu genießen. Die Fahrgäste sind Weiße, die sich eine Reise in die Vergangenheit leisten können. Kellner servieren Hummer vom Indischen Ozean und Sekt vom Kap der Guten Hoffnung. Man kann auch die Hochzeitsnacht auf den Schienen verbringen.

Wer die Nostalgie-Reise nicht bezahlen kann, muß sich eben in die Büsche schlagen und nach Ohm Krügers Millionen buddeln. Er riskiert, daß ihn die Malaria erwischt oder im reißenden Crocodile River das Schlauchboot von einem wütenden Flußpferd zerknittert wird. Krokodile warten dann auf die Verlierer.

Wir stehen im Bergland von Waterval Boven. Der Elands River stürzt über eine mächtige Steilwand. Wir gehen durch den legendären Eisenbahntunnel, in dem Krügers Sonderzug damals ein paar Nächte lang gehalten hat.

Buckley sagt: »Das Gold war zuerst im Tunnel versteckt. Es gibt Dokumente, die das beweisen.«

Im Zug waren Krügers engste Berater, unter ihnen General Louis Botha und Bredell, Krügers Sekretär. Es war eine »Regierung auf Rädern«, wie Historiker sagen. Die Herren saßen in dem düsteren Tunnel und grübelten bei flackerndem Kerzenlicht über einer Landkarte. Sie suchten nach einem Versteck für die Goldladung. Die Schluchten und Höhlen Transvaals sind ein Labyrinth, in dem man Tonnen von Gold verstecken kann.

Der Tunnel ist tot, ein geheimnisvolles Loch im Gestein, durch das kein Zug mehr rollt. Die Strecke wurde verlegt. Die gewaltige Schlucht ist ein wüster Steinbruch, in dem Dschungel wuchert. An den Ufern des lehmbraunen Elands River tummeln sich Paviane und Giftschlangen. Wir schlagen mit Knüppeln auf das Dickicht, um die schwarze oder grüne Mamba zu vertreiben, die irgendwo im Zwielicht lauert. Peter Hayward warnt uns: »Die schwarze Mamba richtet sich plötzlich mannshoch auf und beißt in dein Gesicht. Dann kannst du deine Goldträume begraben.«

Auf der Spurensuche im Dschungel heitert er uns aber auch auf. Er erzählt die Geschichte von den drei weißen Kapitalisten, die zu einem

schwarzen Farmer kommen, der vor seiner Hütte sitzt. Der Schwarze besitzt zehn Kühe. Die Weißen wollen ihn das Prinzip des Kapitalismus lehren: Mach aus zehn Kühen 100. Arbeite und rechne von morgens bis abends. Wenn du tausend Kühe hast, verkaufe sie, und du bist reich. Dann brauchst du nicht mehr zu arbeiten, kannst dich vor deine Hütte setzen und das Leben genießen. – Der Schwarze blinzelt in die Sonne Afrikas und sagt: »Das ist doch genau das, was ich schon immer getan habe.«

Peter Hayward verfolgt mit seinem Schatz-Lotto auch eine tiefere Absicht. Er will, daß die Weißen begreifen: Mit ihrem finanziellen Einsatz unterstützen sie die Gesellschaft zum Schutz der Tiere Afrikas. Und er will ihnen klarmachen, daß auch die Wälder geschützt werden müssen. Ein Farmer, der Bäume fällt, und dem die nächste Regenflut das Land wegschwemmt, bekommt vom Staat eine Entschädigung. Ein Irrwitz. Manche Farmer holzen ab, um an der Katastrophe zu verdienen. Peter sagt: »Ihr sitzt in Europa vor euren Fernsehapparaten und seht nur die Filme, in denen schwarze Wilderer hinter Elfenbein her sind. Sie kommen aus Moçambique, dringen in den Krüger Nationalpark ein und massakrieren Elefanten. Aber ihr seht nie, wie weiße Schieber die Tiere Afrikas mit Höchstgewinn an weiße Killer verkaufen. Es laufen viele kleine Hemingways in Afrika herum, die einem Elefanten gern eine Kugel in den Schädel ballern, um sich wie ein Weltmeister zu fühlen.« Auf den Speisekarten mancher Luxuscamps im afrikanischen Busch steht Krokodilfleisch. Der von Feinschmeckern begehrte Schwanz der Echse wird auf dem Silbertablett serviert.

»Afrika hat viele Gesichter«, sagt Peter, lächelt melancholisch und führt uns die alte Eisenbahnstrecke entlang, über die Ohm Krügers Fluchtzug rollte. Da steht die berühmte Five Arch Bridge, die Steinbrücke, die damals für den Burenpräsidenten zur Brücke ohne Wiederkehr wurde. Auf einem vergilbten Foto, das ich im Museum sah, sitzt der Alte schwermütig hinter den Gardinen seines Salonwagens und starrt auf sein verlorenes Afrika.

In dieser Wildnis haben Sonderkommandos das Gold ausgeladen und auf Ochsenkarren abtransportiert, in Verstecke, die bisher weder die Engländer noch die zahllosen Schatzjäger gefunden haben, die Ohm Krügers Spuren gefolgt sind. Ein paar Kilometer unterhalb des Wasserfalls von Waterval Boven stehen wir auf dem kleinen, verwilderten Friedhof von Waterval Onder, wo Buren und Briten nebeneinander liegen. Hier war ein britisches Lazarett. Die Engländer ruhen in Reih und Glied unter Eisenkreuzen, auf denen steht: »For King and Empire«. Dazwischen das Grab eines unbekannten Soldaten mit der schlichten Inschrifts: »Here lies a British soldier.« Unvergessen ist in diesem Winkel Transvaals die Romanze zwischen dem verwundeten britischen Leutnant John Lawrence Lawlor von den Inniskilling Dragonern und seiner Nachtschwester. Unter einem Peppercornbaum küßten sie sich, bis eine Granate der Buren die Love Story jäh beendete. Nun liegt der Leutnant unter einem Grabstein, den seine Mutter meißeln ließ, Moos ist über seinen Namen gewachsen.

In dem Landgasthof, wo wir abends einen Whisky an der Bar trinken, frage ich die Wirtin nach dem Peppercornbaum der Liebenden und bekomme die ernüchternde Antwort: »Sorry, der Baum ist vor ein paar Jahren abgebrannt. Wahrscheinlich hat ihn der Blitz getroffen. Eines Morgens fanden wir nur noch die Asche.«

In der Nähe des Friedhofs steht der »Krügerhof«, in dem Ohm Krüger von Juli bis August 1900 Zwischenstation machte. Jetzt ist in dem Haus ein Museum. Selten kommt jemand vorbei, ab und zu Touristen oder eine lärmende Schulklasse. Seit Wochen sind wir die einzigen Besucher. Joseph Zulu, der alte schwarze Museumswärter, schließt die Türen auf. Die kleinen, halbdunklen Zimmer riechen muffig. Joseph Zulu zeigt uns die Galerie mit den vielen Fotos des unglücklichen Präsidenten, auf den Stationen seiner Flucht. Unter den Fotos ist auch eine britische Karikatur, die Ohm Krüger als Löwen in einem Käfig zeigt. Lord Salisbury und Chamberlain stehen vor dem Gitter und fürchten, der »Löwe von Transvaal« könnte ausbrechen. Lord Salisbury sagt: »Vorsichtig, reiz ihn nicht zu sehr, Joe.«

Wir fragen Joseph Zulu: »Wo hat Ohm Krüger das Gold versteckt?«

Der Museumswärter grübelt: »In den Bergen gibt es eine Höhle. Da hat König Sobhuza vor langer Zeit eine Schlacht geschlagen. Später hat einer meiner Ahnen gesehen, wie ein Weißer mit Gold aus einer Höhle kam.« Mehr kann oder will er uns nicht verraten. Es ist später Nachmittag, es regnet, der Schlamm auf den Wegen ist so dunkel wie die Haut von Joseph Zulu. Als er vor der Kamera steht, der letzte Wächter von Ohm Krügers Zufluchtsstätte, nimmt er ehrfürchtig seinen Hut ab. Aber dann will er nach Hause, heute kommt keiner mehr. Regenschauer treiben durch das Tal, Feierabend, die Familie wartet. Joseph Zulu muß in seinen Gummistiefeln noch bis Waterval Boven gehen. Wenn er Glück hat, nimmt ihn ein Auto mit. Sollen die Weißen sich doch die Hacken nach dem Gold ablaufen. Er schließt die Türen des Gespensterhauses und tippelt über die Landstraße davon.

Wir fahren nach Hazyview, einem kleinen Ort im Nordosten. An der Straße steht ein Verkehrsschild, auf dem ein Flußpferd einen Wildwechsel anzeigt. Auf uns Mitteleuropäer, die an springende Rehböcke auf

OHM KRÜGERS
VERLORENE MILLIONEN

126

Verkehrsschildern gewöhnt sind, wirkt dieser Koloß eher befremdlich. Wir übernachten in einem Bungalow des Wildreservates am Sand River. An den Wegen stehen Warnschilder: »Vorsicht, Lebensgefahr! Krokodile in den Tümpeln.« Vor zwei Wochen hat ein Krokodil ein kleines Zulu-Mädchen in die Tiefe gezerrt, das beim Spielen dem Ufer zu nahe kam.

Nachts klopft ein Schwarzer an unsere Tür, er benutzt die Zeichensprache. Will er uns eine Schatzhöhle zeigen? Er führt uns zu einem Hügel. Im tiefen Dunkel schalten wir unsere Taschenlampen ein – da grast ein ausgewachsenes Hippo. Es kümmert sich nicht um unsere Taschenlampen, frißt sich Schritt für Schritt durch das Gras. Ein alleinstehendes Flußpferd, das in einem der Tümpel wohnt und nachts zum Futtern herauskommt. Ein Vorbote am Rande der Wildnis.

Ob die anderen Wildtiere tief im Busch und der Savanne – Löwe und Nashorn, Büffel und Leopard – auch so friedlich bleiben, wenn wir in ihrem Revier nach dem Krüger-Gold suchen? Im Osten von Hazyview liegen die Wildreservate mit den noblen Touristencamps von Sabi Sabi, Londolozi und Mala Mala, wo ein Tag mit Vollpension und Pirsch im offenen Geländewagen sündhaft teuer ist.

Wir überlassen die Touristenpfade den Damen und Herren mit den Tropenhüten aus dem Safariladen. Unser Ziel sind Schluchten und Höhlen, die in keinem Reiseprospekt stehen. Ohm Krügers Sonderkommandos haben sicher keine Mühen gescheut, das Gold in die entlegensten Winkel zu transportieren. Am Crocodile River gibt es Höhlen und Felsspalten, wo Krügers Männer Goldbarren und Münzen versteckt haben könnten. Hier kommen wir nur mit dem Schlauchboot weiter. Der Fluß ist auch für Wildwasserspezialisten wie Peter Hayward ein Risiko.

Peter faltet die Landkarte auseinander und zeigt uns die Strecke: »Hier liegt Nelspruit, eine wichtige Station auf Krügers Flucht. Wir fahren den Crocodile River runter. Ein hartes Stück Arbeit. Wir werden dafür ein paar Tage brauchen. In der Schlucht folgen wir dann den alten Pfaden der Ochsenwagen, mit denen die Buren auf ihrer Landsuche unterwegs waren. Die Spuren der großen Trecks kann man noch immer sehen.«

Am Mac Mac River suchen wir nach einem alten Baum mit Wegzeichen aus der Zeit der Voortrekker. Wir kommen zu spät, die Kulturbeamten ließen den Baum vor einiger Zeit absägen. Jetzt steht er im Museum. Wir gehen zu Leslie Hibbert, einem Spezialisten für River Rafting, für Wildwasserfahrten im Schlauchboot. Leslie hat sein Büro in Hazyview, nahe beim Krüger Nationalpark. Seine Wildwassertouren sind bei

Rechte Seite oben:
»Vorsicht vor Fluß-
pferden« warnt ein
Verkehrsschild in
Transvaal.

Rechte Seite unten:
Wir starten zur
Wildwasserfahrt auf
dem Crocodile River,
um in den Höhlen
des Berglandes Ohm
Krügers Spuren zu
folgen.

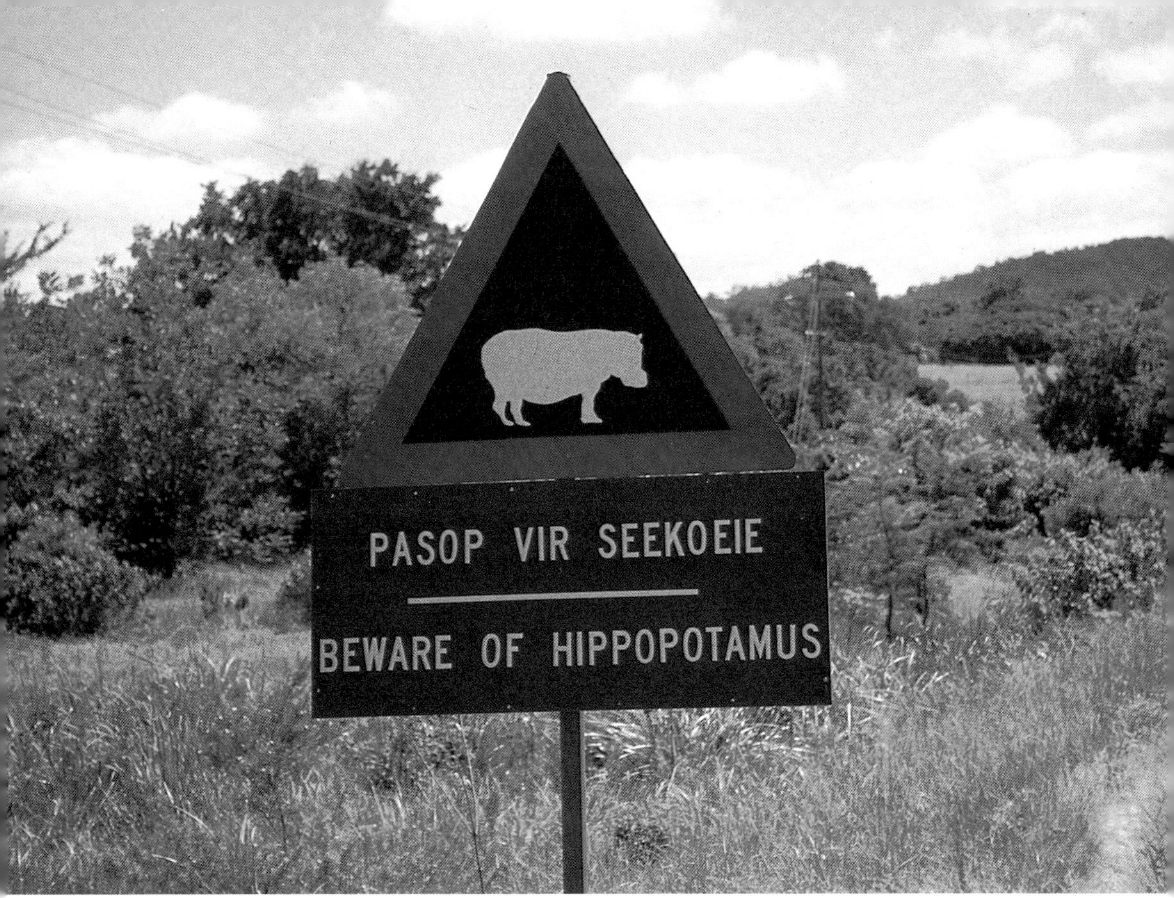
PASOP VIR SEEKOEIE
BEWARE OF HIPPOPOTAMUS

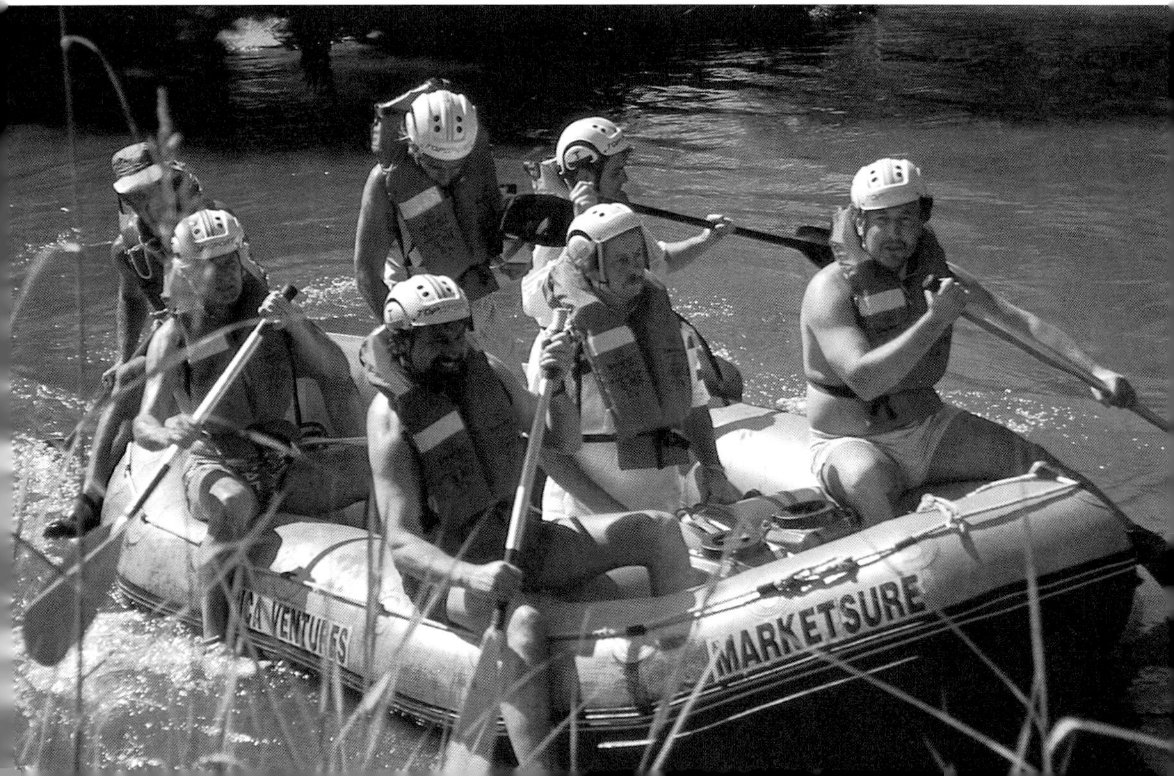
VENTURES
MARKETSURE

Abenteuerurlaubern beliebt. Ein Draufgänger Mitte Dreißig, der sich schon mit Flußpferden im Wasser herumgeschlagen hat. Leslie sagt, daß unter Afrikakennern ein wütendes Flußpferd das meistgefürchtete Tier ist, ein Koloß, der Schlauchboote mit einem Kopfstoß durch die Luft wirbelt. Leslie repariert gerade ein Boot, es ist an mehreren Stellen geflickt. Aufgeschlitzt von scharfkantigen Felsen oder den Hauern eines Hippos? Leslie grinst und sagt: »Das werdet ihr schon noch früh genug erfahren, wenn wir auf dem Fluß sind.«

Am nächsten Morgen stehen wir am Crocodile River, ziehen Schwimmwesten an und setzen rote Schutzhelme auf. Leslie gibt uns eine kurze Lektion über mannschaftliches Verhalten in einem reißenden Fluß. Er wird die Kommandos für unsere Paddel geben, unser Reaktionsvermögen ist gefordert. Leslie erklärt: »Also Jungs, Peter und ich sind schon auf dem Fluß gefahren, so wild ist er für uns nicht. Wir kennen seine Tücken. Aber wir gehen vor wie bei allen anderen Flüssen, wir müssen scharf aufpassen. In dieser Gegend gibt es eine Menge Tiere, die uns gefährlich werden können. Wir müssen besonders auf Flußpferde und Krokodile aufpassen. Also haltet unterwegs die Augen auf. Vor den Krokodilen müssen wir im Boot nicht soviel Angst haben. Es sei denn, ihr wollt euch abkühlen und schwimmen. Hat einer Lust auf ein Bad im Crocodile River?« Wir schweigen, Leslie lacht und blickt über den Fluß: »Aber die Hippos sind eine große Gefahr für das Schlauchboot. Also seid sehr vorsichtig. Auf dieser Strecke gibt es ein paar gefährliche Punkte. Ihr müßt euch genau an meine Kommandos halten. Auf uns warten verdammt gefährliche Stromschnellen.«

Wir gleiten über den Crocodile River, als gäbe es keine Probleme. Der Fluß ist anfangs träge und sanft. Am Ufer stehen Frauen und Kinder der Zulu. Sie lachen über die verrückten Weißen mit den Schutzhelmen und Schwimmwesten. Buckley richtet seine Kamera auf die Zulu, ein junges Mädchen, das mit nacktem Oberkörper im hohen Ufergras steht, legt schützend die Hände vor ihre Brüste. Das Laubdach wird immer dichter, je tiefer wir in das Zwielicht unter den Bäumen gleiten. Affen springen durch die Zweige. Ein Leguan, der sich gestört fühlt, zuckt zusammen und klatscht mit dem morschen Ast, auf dem er lag, ins Wasser. Ich kenne den Tod in Afrika nur aus Abenteuergeschichten, die ich als Kind gelesen habe. Ein weißer Löwe jagte mir damals Schauer über die Haut, er war ein Menschenfresser. Oder ein Elefant, ganz mit rotem Staub bedeckt, trampelte ein Safaricamp nieder, weil weiße Jäger seine Herde zusammengeschossen hatten – Kindergeschichten, jetzt ist alles anders. Ich blicke immer wieder in den Dschungel, der über dem Schlauchboot zusammengewachsen ist, wir paddeln, die Angst vor Giftschlangen auf den herabhängenden Ästen begleitet uns. Das Revier der grünen Mamba, gegen deren Biß kein Kraut gewachsen ist.

In einem stillen Uferwinkel stoppt Leslie das Boot. Er trägt eine Mütze mit einem Nackenschutz gegen die Sonne, so sieht er aus wie ein unrasierter Fremdenlegionär. Er zieht die Mütze ab und verschwindet unter Wasser. Er schaut sich nach untergetauchten Flußpferden oder Krokodilen um. Die Strecke ist frei. Aber dann verwandelt sich der träge Crocodile River in ein tückisches Wildwasser. Felsen schlagen gegen die Knie, wir holen uns blaue Flecken. Leslie schreit Kommandos in das Rauschen und Gurgeln, alle schreien und wiederholen die Kommandos, um den grauen Zellen den Ernst der Lage klarzumachen. Wir drehen uns im Kreis, schreien die Angst aus den Lungen, aber plötzlich steigt irgendwie eine irre Ruhe in der Panik auf. Eins weiß ich: In diesen Stromschnellen kann sich weder ein Krokodil noch ein Hippo aufhalten, die liegen lieber in stillen Winkeln. Wenn ich also mein Paddel richtig benutze und auch die anderen Leslies Kommandos befolgen, dann kommen wir aus dieser Falle wieder raus. Ich sehe in den Gesichtern eine Mischung aus Panik und Optimismus. Wir grinsen uns an und paddeln wie Besessene. Die Durchhalteparolen an der Bürowand des Goldhändlers Elias Levine in Johannesburg geistern durch meinen Kopf. Aber dieser Levine mit seinen Wandsprüchen kennt den Crocodile River nicht – wir verlieren die Kontrolle über das Boot. Scharfe Felskanten schlitzen die Luftkammern auf, wir sinken und steigen aus.

Als wir alle am sicheren Ufer stehen, schlagen wir uns dankbar auf die Schultern. Gegen den Fluß haben wir verloren, doch unsere Haut haben wir gerettet. Seitdem weiß ich, was eine triefende, nackte Haut wert ist, die unter der heißen Sonne trocknet. Leslie setzt sein nasses Käppi auf, sieht wieder aus wie ein entlaufener Fremdenlegionär und grinst: »Ein wunderbarer Tag – so was kann ich meinen Kunden vorher nicht versprechen. Steht in keinem Reiseprospekt.«

Ein schwarzer Boy, der für Leslie arbeitet, ist uns mit dem Camper auf der Bergstraße Richtung Nelspruit gefolgt, für den Fall, daß etwas schiefgeht. Er hat das Kentern des Bootes von einer Klippe aus gesehen und holt uns mit dem Wagen aus der Schlucht. Wir bringen Leslie und sein kaputtes Boot nach Hazyview zurück und fahren dann auf einer anderen Route zu den Höhlen, in denen wir das Krüger-Gold vermuten. Wenn man in dieses Labyrinth geht, muß man einen klaren Kopf haben. Ein falscher Schritt, und man liegt in einer Felsspalte – aus der Traum von Krügers Goldbarren. Peter Hayward warnt uns vor »Duwuwuseb«, dem bösen Zauberer, der schon viele Menschen unter die Erde lockte.

Sie wurden bei lebendigem Leibe von Geröll begraben oder ertranken in einem unterirdischen Fluß. »Duwu« heißt, von jemandem untergetaucht werden. Doch Peter beruhigt uns: Ein Hase verriet Heiseb, dem großen Gott, das Zaubermittel. Und Heiseb tötete den Zauberer, er warf ihn in ein tiefes Loch. Aber noch immer gibt es, wie die Schwarzen erzählen, böse Geister, die Schatzsucher in Erdspalten oder unterirdische Wasseradern stoßen.

Peter sagt: »Manchmal kommt dir ein fauchender Leopard aus den Höhlen entgegen, wenn du nach Gold suchst. Er liebt die kühlen Winkel, wenn draußen die Sonne brennt. Er ist der Todfeind der Paviane.« Peter weiß es von den Schwarzen: Paviane stellen einen Wächter auf, um sich vor der Großkatze zu schützen. Wenn der Wächter nicht aufpaßt und der Leopard einen Pavian erbeutet, bestraft der Pavianführer den Wächter – er tötet ihn.

Peter und die anderen seilen sich ab. Ich spreche mit unserem schwarzen Buschführer. Isaac erzählt mir, wie man einer Hyäne Honigwaben stiehlt, die sie ausgegraben hat: »Die Hyäne legt die Honigwaben übereinander. Dann geht sie zum Bienenloch und gräbt weiter. Wenn du dich jetzt an ihre erbeuteten Honigwaben heranschleichst und die oberste Wabe stiehlst, machst du einen tödlichen Fehler. Die Hyäne kommt zurück, sieht, daß die oberste Wabe fehlt, und nimmt deine Spur auf, um den Dieb zu stellen. Wenn sie dich einholt, tötet sie dich. Also was machst du, wenn du eine Hyäne überlisten willst? Du nimmst ihr die unterste Wabe weg. Das bemerkt sie nicht, und du kannst deine Beute ruhig in deine Hütte tragen.«

Isaac sagt auch, daß zuviele Paviane in den Höhlen leben. Ein Zeichen, daß es nur wenige Leoparden in der Gegend gibt. Früher haben viele Leoparden für ein natürliches Gleichgewicht unter den Pavianen gesorgt. Aber die »White Hunters«, die weißen Killer, haben fast alle abgeknallt, für die Pelzindustrie in Europa. »Die Damen wollen keine Hyänenmäntel tragen«, sagt Isaac scherzend, »dabei sieht eine gestreifte oder getüpfelte Hyäne gar nicht so übel aus. Aber die Damen wollen natürlich nicht aussehen wie Hyänen.«

Wir steigen den Berg hinauf. Isaac wirft Steine in das Dickicht, um die schwarze Mamba zu vertreiben, die irgendwo im Schatten der Felsen lauert. Früher lebten hier Buschmänner. In den Höhlen gibt es Tropfsteine. Die Buschmänner trommelten mit Stöcken darauf, um Nachrichten zu übermitteln. Später lebten hier die Sotho. Ihre schlimmsten Feinde waren die Swazi. Bei Angriffen flohen die Sotho in die Höhlen, und die Swazi legten Feuer, um die Sotho zu ersticken. Durch diese

Wildnis sind, wie Hayward und Buckley versichern, die Ochsenwagen der Buren gerollt. Ohm Krüger, der als Junge auf so einem Treck dabei war, kannte die alten Burenpfade. Nur über diese Pfade konnte das Gold in den afrikanischen Busch transportiert werden.

Wir gehen durch die Höhlen und finden im Schein der Taschenlampen Spuren aus grauer Vorzeit, Tonscherben und menschliche Knochen, Totenschädel. Weit weg lärmen Paviane, ihre Vorposten haben uns längst bemerkt, die Horde flieht in Winkel, in die wir nicht vordringen können.

Peter sagt: »Wir haben hier schon früher menschliche Skelette gefunden. In den Höhlen haben vor mehr als tausend Jahren Menschen gelebt. Und alle haben sie ihre Nachrichten über die Tropfsteine getrommelt. Man nennt diese Höhlen Echo Caves. Der ideale Platz, um Gold zu verstecken. Höhlen wie diese liegen in der Nähe der Wege, auf denen die Buren mit ihren Ochsenkarren zogen. Sie liegen im Burengebiet, wo Krüger die Macht hatte.«

»Hast du in so einer Höhle schon Krüger-Münzen gefunden?«

Peter steht im Schein einer Taschenlampe neben Felsmalereien, die Jäger und Antilopen darstellen. »Wir haben in mehreren Höhlen Goldmünzen gefunden. Aber je tiefer du hineingehst, um so gefährlicher wird es. Die Höhlen sind wie eine Falle. Manchmal ist die Luft so stickig, daß du umfällst. Geh nie allein in die Echo Caves. Du brichst dir das Bein, schreist um Hilfe, aber du hörst nur dein Echo.«

Isaac singt im Dunkel, es ist ein murmelnder Gesang: »We are marching in the light of God.« Er verläßt sich darauf, daß er in Gottes Licht wandelt und mit heiler Haut wieder nach draußen kommt – wir aber verlassen uns auf unsere Taschenlampen. Nach dieser Tour sind wir abends hundemüde. Peter sitzt am Steuer des Campers und schlägt vor, wir sollten mal wieder in weichen Betten übernachten, das hätte das Team verdient. Er kennt eine gute Adresse: Das »Farmhaus« von Henry Vincent in der Nähe von Hazyview. Henry kann uns vielleicht noch ein paar Tips für die weitere Strecke geben. Er hat sein Farmhaus in eine romantische Luxusherberge umgewandelt. Seine Ukuzwana Farm liegt in einem Tal, umgeben von dichtem Wald. Der Vollmond steht über dem Tal, als wir später mit Henry Vincent einen Whisky trinken und in Gartensesseln auf dem Rasen sitzen. Wir sind soviel Zivilisation gar nicht mehr gewöhnt. Letztes Mal, als wir in einem Bungalow zwischen Krokodilen und einem einsamen Flußpferd übernachteten, saßen zwei faustgroße Frösche im Bett. Wir fingen sie und brachten sie nach draußen. In Henry Vincents nobler Country Lodge wären Frösche im Bett ein Skandal.

Wir ruhen uns von den Strapazen der letzten Tage aus und genießen den Whisky on the rocks. Henry sieht aus wie ein Onkel von Clark Gable, der sich zur Ruhe gesetzt hat. Eine Stimmung wie in »Vom Winde verweht«, vorbei die Pionierzeiten, vorbei die Herrenjahre in Afrika. Eine Haushälterin im knöchellangen Kleid serviert die Drinks. Wenn das Glas leer ist, sagt sie: »You like another drink, Honey?«

Mrs. Vincent ist blond, schön und zerbrechlich, wie eine der vielen Puppen, die sie sammelt. Sie sitzen in der Puppenstube, einem Salon, in dem man afrikanische Souvenirs auswählen kann, und starren mit Glasaugen aus ihrer heilen Welt. Mitten zwischen ihnen fällt eine wunderschöne Puppe mit drei Gesichtern auf, die wie ein Rätsel dasitzt und die bewegten Zeiten der weißen Kolonialherren verkörpert, Vergangenheit und Gegenwart, eine Puppe zwischen den blutigen Schlachten von Buren und Zulu, den zerbrochenen Träumen der Buren und den Hoffnungen der Schwarzen heute.

Am nächsten Morgen fahren wir mit Henry Vincent durch sein Revier. Er sitzt am Steuer seines Jeeps und zeigt uns die alten Spuren der Burentrecks, Schneisen in seinem Wald, über die Gras gewachsen ist.

»Wenn ihr das Gold findet«, sagt Vincent, »kommt wieder vorbei, und wir machen eine große Party.«

»Kann man die Puppe mit den drei Gesichtern kaufen?« frage ich.

»Da mußt du meine Frau fragen«, sagt Vincent, »das ist ihre Lieblingspuppe. Viele wollten sie schon kaufen, aber sie kann sich nicht von ihr trennen. Wenn ihr Krügers Millionen findet – vielleicht kannst du den Preis dann zahlen.«

Beim Abschied stehen sie alle da, Vincent und seine Frau, die schwarzen Dienstmädchen und die Haushälterin Renée Heine, die sagte, sie sei vielleicht verwandt mit diesem Dichter, diesem Heinrich Heine aus Düsseldorf. Vielleicht sei mal ein Heine aus dem Rheinland nach Südafrika ausgewandert und mit den Buren herumgezogen. Wer weiß?

Mrs. Heine winkt und wünscht uns einen Sack voll Gold: »Dann feiern wir hier eine Party – für die neuen Millionäre. Good luck, Honey.«

Buckley sagt: »Auf so einer Tour fehlt einem nur das eine …«

»Gold«, sagt Hayward.

»Du unverbesserlicher Kapitalist«, sagt Buckley, »ich meine Frauen.«

Dann klopft er Peter kameradschaftlich auf die Schulter und sagt: »For you I kill a bull. But for your sister I kill you.« Buckley grinst in die Runde .. Für dich töte ich einen Bullen. Aber für deine Schwester töte ich dich.

Der Camper rollt, wir haben die noble Atmosphäre von Henry Vincents »Farmhaus« hinter uns gelassen und zur alten Goldgräberstimmung zurückgefunden. Ohne die verrückten Witze würde man auf so einer Tour nicht so leicht über die eine oder andere psychische Spannung im Team der Schatzjäger hinwegkommen. Wir fahren zum Londolozi Wildreservat. Ein Wildhüter hat uns einen Tip gegeben: In einem Dorf der Shangaan soll ein alter Mann leben, der uns etwas über das Geheimnis des Krüger-Schatzes sagen kann. Wir klopfen an die Tür seiner Hütte, aber Jackson Mbowana, über achtzig Jahre alt, will nichts verraten. Er muß erst den Zauberer seines Stammes fragen, der Knochen, Steine und Muscheln in den Sand wirft, um sich den Rat der Geister zu holen.

Die Shangaan stehen vor ihren Hütten und schauen dem Ritual zu, die Kinder halten sich an den Händen der Mütter fest. An der Wand einer Hütte steht: »This house may be small, but there is room for all friends.« Dieses Haus ist klein, doch es hat Platz für alle Freunde – auch für uns Weiße. Schon jetzt haben wir mehr als Gold gefunden, die Freundschaft der Shangaan. Die guten Geister erlauben Jackson Mbowana, über sein Geheimnis zu sprechen. Der Alte sagt: »In unserer Erde gibt es ein Grab mit einer Menge Gold. Aber da ist der Geist eines Hundes.«

»Kann man das Grab öffnen?«

»Das bringt Unglück«, sagt Jackson Mbowana. »Sie töteten einen Mann, ein Pferd und einen Hund und begruben sie zusammen mit dem Gold.«

»Wer hat das getan?«

Der Alte sagt nur: »Der Geist des Hundes bewacht jetzt das Gold.«

Mehr will er nicht verraten, weil er die bösen Geister fürchtet. Seine Aussage könnte auf einen Goldschatz hinweisen, der geraubt und vergraben wurde. Mehrere Buren und acht schwarze Helfer hatten von Krüger den Auftrag, das Gold von Machadodorp, das an der Eisenbahnstrecke nach Maputo liegt, abzutransportieren. Aber in der Gruppe kam es zum Streit um das Gold. Der Treckführer und seine Komplizen erschossen die Schwarzen. Später tötete der Treckführer auch seinen Freund, verscharrte ihn und das Gold unter einem Baobab-Baum, um den Schatz in nächster Zeit abzuholen. Er steckte die Ochsenkarren in Brand und verschwand. Ein Jäger fand die ausgebrannten Wagen und ein totes Pferd. Die Ochsen wurden eine Beute der Löwen.

Der Holländer van Nielkerk suchte mit Hilfe einer Schatzkarte nach dem Gold. Die Karte zeigte einen Baobab-Baum mit sieben Nägeln im Stamm. Van Nielkerk fand den Baum. Der Holländer stand abgekämpft vor einem grasüberwachsenen Loch, andere hatten das Gold schon ausgegraben. Die Johannesburger Presse berichtete am 31. August 1972 über diese Geschichte.

In einem Dorf der Shangaan grüßt in englisch ein Spruch an der Hauswand alle, die in Frieden kommen: »Dieses Haus mag klein sein, doch es hat viel Platz für alle Freunde und für Liebe«.

Jackson Mbowana würde uns nie zum Grab unter dem Baobab-Baum führen. Schwarze Grabräuber haben Goldmünzen ausgebuddelt, aber wahrscheinlich haben sie nicht alles Gold gefunden. Die Grabschänder sind längst unter der Erde. Jackson lebt noch, weil er auf die guten Geister gehört hat, sagen die Shangaan. Dann tanzen sie zum Rhythmus ihrer Trommeln und vertreiben die bösen Geister. Während sie tanzen, beneide ich diese Menschen um ihr Lachen, ihre Magie, die Black Power. Die Erde staubt unter ihren stampfenden Tanzschritten.

Wir fahren mit einem Wildhüter tiefer in den Busch. Er sitzt am Steuer des Jeeps und erzählt, daß Ohm Krüger nur eine Chance hatte, sich vor den britischen Verfolgern zu retten – die Küste am Indischen Ozean. Der Ranger sagt: »Lourenço Marques war der wichtigste Hafen an der Küste. Der ganze Handel lief über diesen Hafen in Moçambique. Wahrscheinlich brauchten die Ochsenkarren drei oder vier Wochen bis zur Küste. Man reiste in den Wintermonaten. Im Sommer war das Risiko, sich mit einer Tropenkrankheit anzustecken, zu groß. Die Malaria forderte viele Opfer. Es gab schreckliche Krankheiten wie die Rinderpest. Jeder wußte, was ihm bevorstand. Das war was für harte Männer. Diese Kerle brauchten ihre ganze Kraft, um sich hier durchzuschlagen. Die Winterstürme waren scheußlich. Wenn der Regen kam, blieben die Ochsenkarren im Morast stecken und brachen zusammen. Es war unmöglich, sie wieder aus dem Schlamm zu ziehen. Das Wetter im Winter hat die Buren oft zur Verzweiflung gebracht.«

»Glaubst du, daß hier eine alte Treckstraße durchführt?«

»Krüger hat in diesem Gebiet ein Naturreservat geschaffen. Er liebte die Wildnis. Er hatte diese großartige Vision von einer Wildnis, die der Mensch nicht zerstören darf. Wer weiß, vielleicht hat er hier irgendwo ein Vermögen versteckt.«

»Ist es gefährlich, in dieser Gegend nach Gold zu suchen?«

»Wenn ein Löwe das Gold bewacht, kriegst du Probleme.«

Der Ranger fährt den Jeep langsam an ein Wasserloch heran, in dem vier Büffel stehen, um sich etwas abzukühlen. Am nassen Brustfell, in dem sich Zecken und anderes Ungeziefer eingenistet haben, schnappen Wasserschildkröten nach Beute. Ein hinkendes Impala kommt vorbei. Der Ranger sagt, es wird nicht mehr lange leben, eine leichte Beute für Geparden. Über das Funkgerät kommt ein Anruf: drei Geparden an einem Wasserloch. Sie sind noch da, als wir mit dem Jeep ankommen. Ihre Bäuche sind prall; satte Katzen, die trinken. In einem Jeep sitzen weiße Ladys, sie tragen Tropenhüte und weiße Seidenblusen. Sie schauen durch Ferngläser, obwohl die Geparden nur zehn Meter entfernt sind. Der Wind weht über ihre Seidenblusen, die Kameras klicken. Die Gepar-

den kennen das Geräusch der Kamerajäger, lassen sich beim Trinken nicht stören.

Wir verlassen das Wasserloch und fahren in die Abenddämmerung, auf dem Boden sitzen »Nightjaws«, Nachtrachen, die kurz vor der Stoßstange des Jeeps hochfliegen. Vögel, die sich gern an die warme Erde schmiegen, bevor sie mit weit geöffnetem Rachen zur Insektenjagd starten. Die afrikanische Nacht riecht nach den Tieren, die unterwegs sind, sie riecht nach Dung, Herde und Blut, nach Leben und Tod. Die nächtlichen Geräusche sind ohrenbetäubend. Millionen von Insekten lärmen im Sumpf, suchen mit einer besessenen Melodie einen Partner oder verteidigen mit wilden Strophen ihr Revier. Wenn die Sonne aufgeht, wird es still – Bühne frei für die Jagd.

In der Nacht geht ein Gewitter über dem Londolozi Reservat nieder. Der afrikanische Donner ist anders als bei uns, das Grollen ist gewaltiger. Ein paar Meilen von Elefanten und Löwen entfernt sitzen wir in der Vorhalle eines komfortablen Buschcamps und sehen uns im Fernsehen die Nachrichten an. Die Tiere kommen nachts nahe an das Camp heran, Löwen und Hyänen streunen herum. Es herrscht eine ungeschriebene Ausgangssperre – wer jetzt nach draußen geht, flirtet mit dem Tod.

Am nächsten Morgen fahren wir in den Busch, frische Löwenspuren im feuchten Sand. Der Ranger Patrick Hagelthorn lädt seine Flinte durch, die für alle Fälle am Armaturenbrett des offenen Jeeps angebracht ist. Auf einem Hügel liegen zwei junge, fast ausgewachsene Löwen, die ziemlich mager und abgekämpft aussehen. Sie lassen uns bis auf wenige Meter mit dem Wagen herankommen, ohne zu reagieren. Sie liegen in der Hitze und atmen schwer. Ihre Bäuche sind flach und leer, zwei glücklose Jäger.

»Die brauchen Fleisch«, sagt Hayward zu dem Ranger, »denen müßt ihr helfen.«

»Wir geben ihnen niemals Fleisch«, sagt der Ranger. »Wenn sie nicht erfolgreich jagen können, müssen sie sterben. Das ist nun mal so. Wenn die nur noch für ein paar hübsche Safarifotos taugen, sind sie zu schwach für den Kampf ums Dasein. Von uns kriegen sie nicht einen Bissen. So sind die Spielregeln. Viel Glück, ihr beiden.«

Er wendet den Jeep und fährt an einem Haufen verwitterter Knochen vorbei. Ein Löwe hat hier vor einiger Zeit eine Giraffe gerissen. In einem Tümpel liegt der Kadaver einer Wasserantilope. Ein Leopard hat das tödlich verletzte Tier in das trübe Wasser getrieben, wo es ertrank. Jetzt sitzen Wasserschildkröten auf dem aufgeblähten Kadaver und fressen die Maden ab. Das wäre ein ziemlich übelriechendes Fotoobjekt für die weißen Ladys in den Seidenblusen. Aber das häßliche Gesicht des Todes

Rechte Seite: Ohm Krügers Goldexpreß verließ im Mai 1900 Pretoria und fuhr durch das Hochland von Transvaal. Wer den Krüger-Schatz sucht, muß der alten Eisenbahnstrecke folgen, die nach Maputo am Indischen Ozean führt.

Linke Seite oben:
Die Spur des Krüger-
Schatzes führt zu
den Höhlen aus
grauer Vorzeit, in de-
nen abwechselnd
Menschen, Paviane
und Leoparden hau-
sten. Liegt Krügers
Gold an den felsigen
Ufern des Crocodile
River?

Linke Seite unten:
Der legendäre Eisen-
bahntunnel von Wa-
terval Boven, in dem
Krügers Goldexpreß
ein paar Nächte
lang gehalten hat.
Im September 1900
suchten Ohm Krüger
und seine engsten
Berater ein geeigne-
tes Versteck für das

Gold der Buren-
republik, hinter
dem die Englän-
der her waren.

Rechte Seite: Im
Blyde River Can-
yon wurde 1870
Gold gefunden.
Vom Goldrausch
sind nur die
»Pot-holes«, die
topfartigen Lö-
cher, geblieben,
die der Fluß und
sein mahlendes
Geröll in Jahr-
millionen ge-
schaffen haben.

Linke Seite oben: Der Berg, in dem die Schwarzen vom Stamm der Swazi mit Dynamit und mit Preßluftbohrer arbeiten, heißt Makhonjwa. Das bedeutet in der Swazi-Sprache: »Hier liegt das Gold«.

Linke Seite unten: Bis in eine Tiefe von sechzehn Metern sind die Schatzgräber in den Berg vorgedrungen, davon überzeugt, daß sie da unten auf Krügers Goldversteck stoßen werden.

Rechte Seite oben: Die Kumpels aus dem Swazi-Land arbeiten für einen Hungerlohn, um für den weißen Boß in Barberton die Krüger-Millionen aus dem Berg zu holen.

Rechte Seite unten: Die Weißen haben Informationen, daß der Krüger-Schatz im Makhonjwa liegt. Und sie haben Mörtel gefunden, der offenbar zum Abdichten eines Verstecks benutzt wurde.

Folgende Doppelseite: Durch die Jagdreviere der großen Raubkatzen rollten etwa seit 1836 die Ochsenkarren der Burentrecks. Der Gepard ist ein Sprinter, der mit einem Tempo von 100 Stundenkilometern eine Antilope im Gras der Savanne jagt.

bleibt im Abseits, kein Funkgerät der Rangers gibt die Nachricht weiter. Die Gäste wollen die schönen Dinge des Lebens sehen, satte Großkatzen für den Dia-Abend zu Hause. Es wird Zeit, Abschied zu nehmen vom eingezäunten Afrika, vom Gehege für höchste Ansprüche. Der Garten Eden ist verdammt teuer geworden.

Patrick Hagelthorn ist seit mehr als zehn Jahren Wildhüter. Die Malaria hat ihn vor Jahren erwischt, aber die Fieberanfälle, die sich übers Jahr verteilen, kann er, ein stämmiger Ranger Ende Dreißig, ganz gut verkraften. Patrick hat eine eigene Ansicht zum Verbleib des Krüger-Goldes: »Auf der Flucht vor den Briten kamen Krügers Truppen durch diese Gegend. Der Präsident wollte nach Maputo auf ein Schiff. Seine Männer haben Schatzkisten voller Goldmünzen versteckt. Mehrere Millionen Krüger Rand. Man sagt, er hat den Untergang der Burenrepublik vorausgeahnt und den Krüger-Park gegründet, um dort sein Gold zu verstecken. Das Gold wird von den wilden Tieren beschützt. Das ist kein Witz. Krüger war schlau, er hat einen Pakt mit den Tieren geschlossen. Hier gab es schon immer Löwen und Leoparden. Es ist verdammt schwer, in ihrem Jagdrevier nach Gold zu suchen. Für Schatzsucher immer ein großes Risiko. Die Angst begleitet dich überall.«

Er gibt uns einen Tip für den Fall, daß plötzlich ein Löwe auf uns zukommt: Nicht weglaufen, keine Bewegung! Dann ist der Löwe verunsichert und greift vielleicht nicht an. Auf einem Spezialsitz neben der Kühlerhaube des Jeeps sitzt ein schwarzer Spurensucher und hält Ausschau nach Fährten im Sand oder nach Löwen, die im hohen Gras lauern könnten. Er hat Schmerzen. Seit Jahren sitzt er auf diesem ratternden Jeep und späht für Touristen nach den »Big Five«. Seine Nieren sind angeschlagen. Aber einen anderen Job gibt es nicht für ihn.

»Wenn er Gold findet, könnte er sich zur Ruhe setzen«, sagt Patrick. »Ich habe Goldmünzen gesehen, die Schwarze hier gefunden haben. Aber den Fundort wollten sie mir nicht verraten.«

Über Patricks Funkgerät wird ein Leopard gemeldet, den wir im angegebenen Planquadrat finden. Er hat Beute gemacht und liegt satt im Schatten eines Baumes. Patrick steuert den Jeep vorsichtig bis auf fünf, sechs Meter an den Leoparden heran, der uns gelassen beobachtet. Er kennt das Spiel mit den Besuchern, die kommen und gehen. Patrick sagt: »Das ist einer der Big Five, die das Krüger-Gold bewachen. Mit dem kannst du kein Geschäft machen.«

Am Abend entspannen wir uns auf dem Grillplatz des Londolozi Camps. Ein hohes Bambusgehege schützt die Gäste an der Freiluftbar und den gedeckten Tischen vor nächtlichen Besuchen von Leoparden und

Linke Seite: Die Zulu haben sich erbittert gegen das Vordringen der Buren gewehrt, die Neuland suchten und die Schwarzen verdrängten. Das schwarze Afrika ist stark und schön – wie eine Frau der Zulu.

Löwen. Vor einiger Zeit ging eine leichtsinnige englische Lady in der Dämmerung spazieren und wurde von einem jungen Löwen angefallen. »Wir konnten ihn gerade noch vertreiben«, erzählt Patrick. »Zum Glück hatte die Lady nur ein paar Kratzer.«

Wir verlassen Londolozi. In der Nähe von Hazyview, zwischen Sabie River und Sand River, liegt ein Flugplatz für Ultraleichtflugzeuge. Wir mieten einen Zweisitzer und starten zu einem Erkundungsflug über den Busch. Beim Überfliegen wird uns so richtig klar, welche Strapazen auf die Buren und ihre Ochsengespanne warteten, als sie Neuland suchten: Dickicht, Granitfelsen, Hügelketten, Schluchten und heiße Täler. Nachts stellten sie die Ochsenkarren zu einer Wagenburg zusammen, um sich vor den Angriffen der Zulu oder herumziehender Löwenrudel zu schützen. Die Schneisen der Burentrecks sind vom Ultraleichtflieger aus gut zu sehen. Sie wachsen nicht zu, weil Elefanten, Büffel, Löwen und die Jeeps der Rangers die alten Burenpfade benutzen.

Wir fahren mit dem Camper in das Hochland von Transvaal, wo die großen Goldadern lagen, rund um das alte Goldgräbernest Pilgrim's Rest. Wir wollen wissen, wie das Gold Schicksal gespielt und welche Spuren es in den Bergen hinterlassen hat. Der Ort liegt in einem idyllischen Tal am Blyde River, in dem Goldgräber einst Forellen angelten, um sie am Lagerfeuer zu grillen. Ein deutscher Lehrer namens Carl Mauch hat um 1868 in den Bergen nach Gold gesucht. Deutsche, Iren, Schotten und Engländer haben hier gebuddelt. Um 1873 begann der Goldrausch. William Trafford fand große Nuggets und rief in seinem Glück aus: »The pilgrim is at rest.« Der Pilger hat seine Ruhe gefunden. Und von den Bergen kam das Echo: »Pilgrim's rest …« So kam das Goldgräbercamp zu seinem Namen. Es war Treffpunkt von Glücksrittern, Dieben, Pistolenhelden und leichten Mädchen, die Liebe für Gold verkauften. Im Whisky-Saloon klimperte das Klavier die Begleitmusik, wenn es zum Pistolenduell um gestohlene Nuggets kam.

Die Goldgräberhotels und Whiskybars stehen noch wie vor hundert Jahren. Pilgrim's Rest hat den Charme einer Geisterstadt, in der die Revolverschüsse längst verhallt sind. Die Erde ist wie von einem Riesenmaulwurf aufgewühlt. Der Schrott der Goldgräberträume liegt überall herum. Die verrottete Mahlmaschine dient letzten Goldgräbern wie Luke Wilkins zum Zertrümmern des Gesteins. Reich wird keiner mehr, die Minen sind ausgebeutet. Hier haben sie alle auf einen »Kiss of Life« gewartet, wie Goldgräber sagen, auf einen Glückskuß des Lebens – den großen Goldklumpen. Wer in Pilgrim's Rest ankam, war am Ende seiner Reise. Er wurde entweder reich oder starb als armer Schlucker.

Michael Owens aus Wales, 86 Jahre alt, war Goldgräber und erinnert sich an die strengen Regeln zur Zeit des Goldrausches. Er zeigt uns »Robber's Grave«, das Räubergrab auf dem Bergfriedhof. Der Kerl, der hier verscharrt liegt, hatte einem Kumpel Gold gestohlen. Die Männer haben den Dieb kahlgeschoren, ihm den Bart abgeschnitten und gesagt, er soll für immer verschwinden. Sonntags wurde nicht gearbeitet. Sie haben ihn wieder auf den Claims erwischt und auf der Stelle erschossen. Das Grab liegt nicht in Reih und Glied mit den anderen. Owens lacht und sagt: »Na ja, Gentleman, jeder wird so gebettet, wie er es verdient. Wenn du mein Gold stiehlst, und ich knall dich ab, hol ich doch nicht den Priester, damit er erzählt, was für ein netter Kerl du warst. Ich grabe ein Loch, und dann sage ich dir: Gute Reise und auf Nimmerwiedersehn.«

Auf dem Bergfriedhof liegt auch Fred Sanders unter einem Grabstein, auf dem der Rassismus eingemeißelt ist: »1878 erschossen in einem Kampf mit Kaffern«. Und Israel Hitchins ruht hier, über den nur dasteht: »1876 tödlicher Unfall am Spitzkop«. Auf vielen Grabsteinen steht: »In Loving Memory of …«, in liebevoller Erinnerung an … Aber auf dem Grabstein des Golddiebes steht nicht einmal sein Name. Der Kerl hat alles verspielt.

Hier liegt der Böse, dort der Gute. Freunde haben Edwin Blacklow einen Grabstein gestiftet, auf dem sie ihm danken: Für seine Güte und Nächstenliebe in all den Jahren auf den Goldfeldern von Pilgrim's Rest. Eines haben sie alle bekommen, die am Ende leer ausgingen: eine Handvoll von diesem rotbraunen afrikanischen Staub, den der Wind über den Totenberg treibt – über Florence May Parker, Joseph Lord, Donald Sutherland, Martin Jones Wilson und wie sie alle hießen.

Luke Wilkins sieht aus wie der abgekämpfte Charles Bronson aus dem Hollywoodkino. Er streunt über die ausgebeuteten Goldfelder und gräbt hier und da nach Nuggets: »Die alte Mahlmaschine und die Waschanlage, wo das goldhaltige Gestein gewaschen wurde, funktionieren noch immer. Gold ist das schwerste Metall, das du finden kannst. Das zermahlene Gestein wird weggeschwemmt, und Gold bleibt an der Schleuse liegen. Ich mach es noch immer so. Nur so zum Spaß, um unterwegs zu sein. Wenn du ein paar Nuggets findest, reicht es vielleicht für eine Flasche Whisky.«

Wilkins sagt, wir sollten zu den Devil's Knuckles fahren, den Teufelsknöcheln, einem schroffen Bergmassiv, dort rieche es nach verstecktem Gold. Doch um sich in diesen wüsten Felsen zurechtzufinden, muß man einen Hund haben wie den legendären Jock of the Bushveld, jenen Bullterrier, der mit dem Transportreiter Percy FitzPatrick zur Zeit des Goldrausches in allen Winkeln Transvaals unterwegs war und seinen Herrn

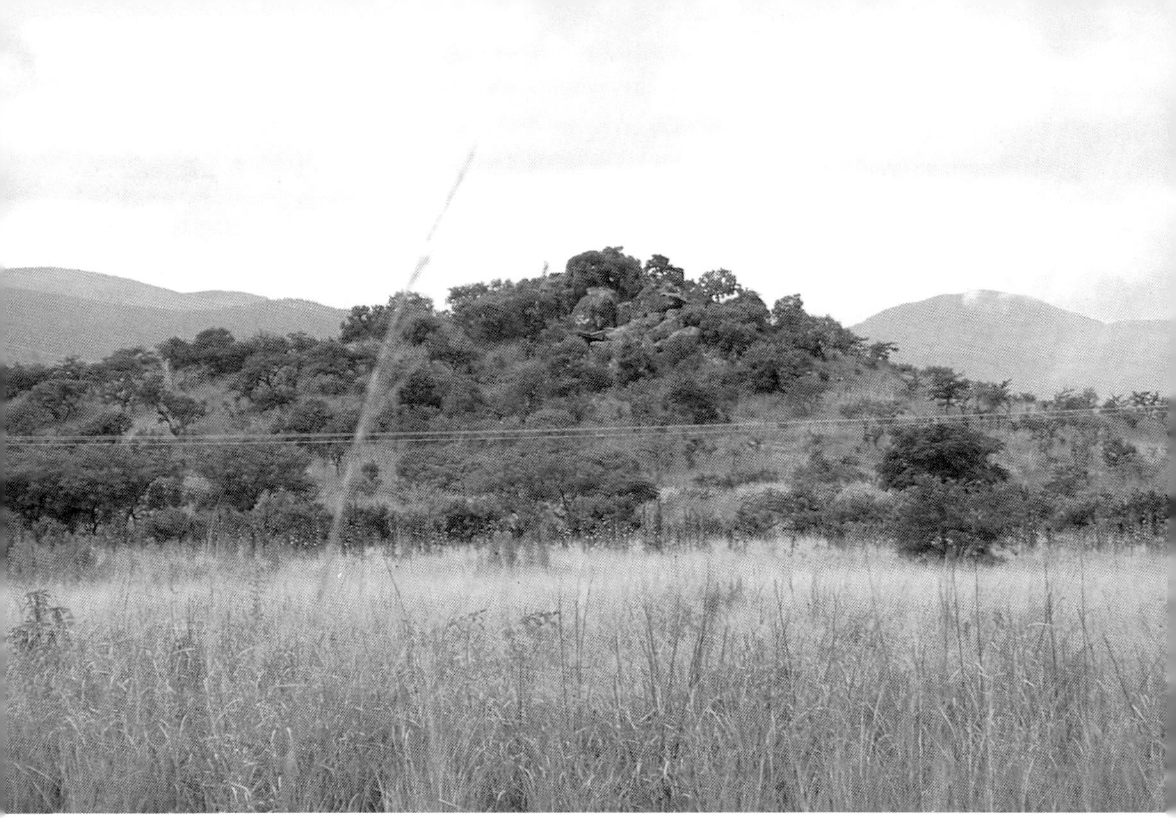

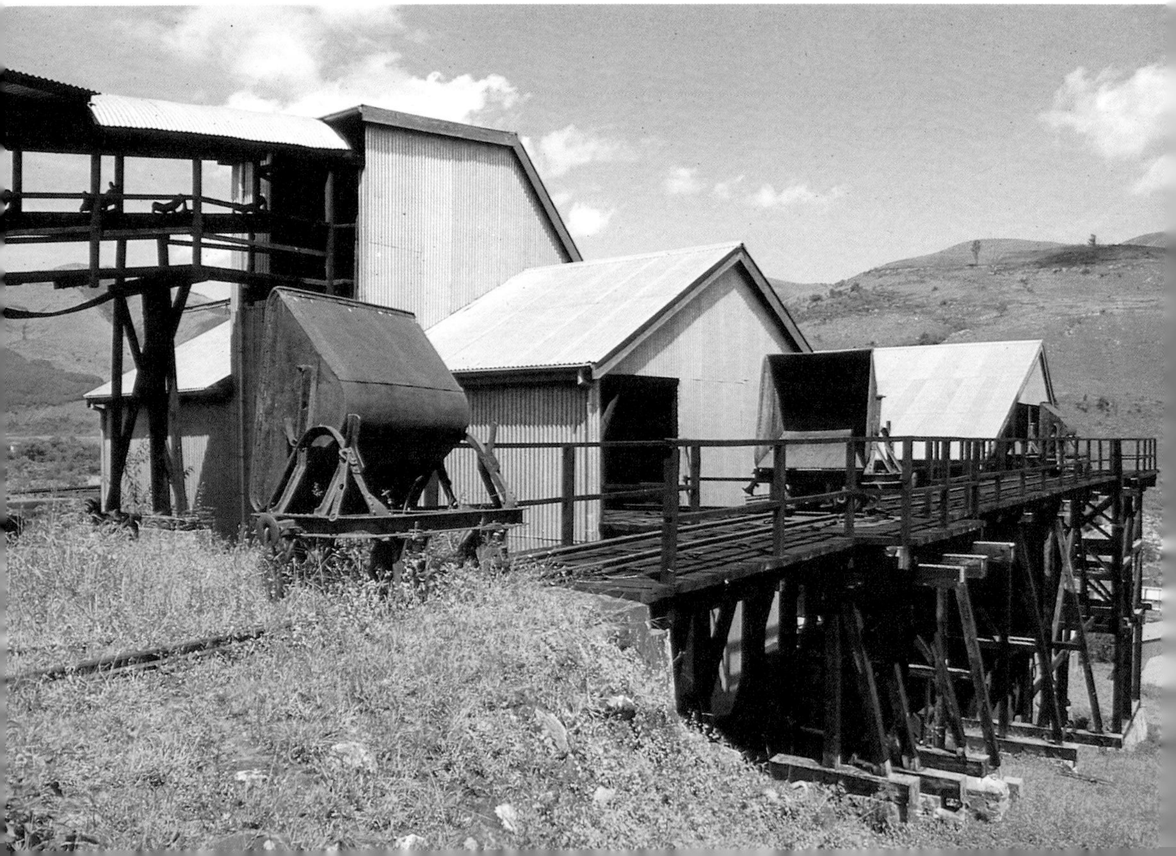

nie im Stich ließ. »Jock aus dem Busch« hatte die beste Spürnase. Er war und ist der berühmteste Hund von Transvaal. In der Goldgräberstadt Barberton haben die Leute ihm ein Denkmal gesetzt.

Gerüchte gehen um: Swartz, Krügers Kutscher, habe goldbeladene Planwagen zu einem Versteck gebracht. Der Kutscher fuhr jahrelang das noble Fahrzeug der Londoner Firma »Turrill and Sons«, Spezialisten für die Produktion von Staatskutschen. Dann mußte Swartz den letzten Befehl des Burenpräsidenten ausführen: Holzkisten, gefüllt mit Goldbarren, auf Ochsenwagen nach Lydenburg zu bringen. Dort hat Swartz seine goldene Fracht zum letztenmal gesehen, ein Sonderkommando übernahm den Schatz. Die Goldbarren verschwanden in Satteltaschen, und die Kommandanten des Unternehmens ritten in alle Himmelsrichtungen davon, um die Goldreserven an verschiedenen Stellen zu vergraben – für Ohm Krügers Rückkehr. Der Kutscher hat ausgesagt: »Ich kenne die Namen aller Kommandanten, die an der Aktion beteiligt waren.«

»Viel Glück«, sagt der alte Michael Owens zum Abschied. Er hofft, daß er seinen 90. Geburtstag erlebt, noch vier Jahre. Über das Geheimnis seines hohen Alters bemerkt er scherzend: »Ich war nie Soldat. Die Militärärzte fanden bei mir einen Herzfehler. Ich sagte mir: Vergiß es! Und ihr seht, Gentlemen, ich lebe noch.«

Luke Williams sagt: »Du warst mit den Gentlemen auf dem Friedhof. Hast du dich mit den Toten getroffen? Verdammte Knochen!«

Owens lacht: »Das sind alles meine Freunde. Hast du keinen Respekt vor den ehrenwerten Knochen unserer Vorgänger?«

Dann gehen die beiden davon, verschwinden zwischen den verrotteten Werksanlagen der Transvaal Gold Mining Company, zwei alte Freunde, die für immer in Pilgrim's Rest bleiben werden. Wir fahren weiter nach Barberton, im Süden des Crocodile River. Dort haben Mr. Forster und sein Sohn ihr Goldgräbercamp aufgeschlagen, am Fuß einer Bergkette, wo 1882 ein Goldrausch begann. Wir haben gehört, daß die Forsters weit und breit die einzigen sind, die vielleicht kurz vor dem Triumph stehen, Ohm Krügers Gold zu finden. Aus dem Transistor des Camps tönt uns der Goldsucher-Song entgegen, der seit einiger Zeit im Fernsehen und Radio für Peter Haywards Gold-Lotto wirbt: »Eine Million für dich zum Verjubeln, mein Freund. Mach mit und zieh das große Los. Wir graben ihn aus, den langgesuchten Schatz. Let's go!«

In den Zelten, die auf einem Berg über den Dächern von Barberton stehen, leben ein Dutzend schwarze Arbeiter, billige Arbeitskräfte aus dem Swaziland. Die Schwarzen nennen den Berg Makhonjwa, das heißt: Hier liegt das Gold. Von 1900 bis 1902 war hier Sperrgebiet, 200

Linke Seite oben: Makhonjwa, der Schatzberg von Barberton, in dem schwarze Arbeiter aus dem Swaziland für weiße Investoren buddeln und das Krüger-Gold suchen.

Linke Seite unten: Die Zeit ist stehengeblieben. Verfallene Werksanlagen der Goldmine von Pilgrim's Rest, wo mancher Pilger, der vom Gold träumte, hier in einem Grab seine letzte Ruhe fand, wie der Ortsname verkündet.

Burensoldaten haben unter dem Kommando eines Generals einen Sonderauftrag ausgeführt. Vieles spricht dafür, daß sie im Makhonjwa das Gold versteckt haben.

Forster junior sagt: »Der General hat mit einem Mann, den unsere Familie kannte, über die Aktion gesprochen. Das war viele Jahre danach. Der General starb, der Mann kam zu meinem Vater und sagte: Ich kenne das Versteck, habe aber nicht genug Geld für die Schatzsuche. Willst du das finanzieren? Wenn wir das Gold finden, machen wir halbe-halbe. Dann hat er uns die ganze Geschichte mit dem Versteck erzählt.«

»Wie lange arbeitet ihr schon im Berg?«

»Ein halbes Jahr.«

»Was sagen die Leute in Barberton ? Halten die euch für verrückt?«

»Die meisten denken so, 80 Prozent. Aber die alten Leute, die sich in der Burengeschichte auskennen, die sagen, daß wir an der richtigen Stelle graben.«

Die Forsters glauben, daß Ohm Krüger die Goldmillionen über mehrere Verstecke in Transvaal verteilt hat. In einer Tiefe von 16 Metern haben die Goldgräber Mörtel gefunden, wie man ihn zum Abdichten eines Verstecks benutzt. Mit Dynamit und Preßluftbohrern wühlen sie sich in den Berg. Die Swazi haben Angst vor dem Makhonjwa, aber ohne den Berg keine Arbeit, kein Lohn. So schuften sie Tag für Tag und hoffen auf eine Erfolgsprämie, wenn sie eines Tages auf das Gold stoßen.

»Was passiert an diesem Tag?«

»Die Schwarzen werden den Verstand verlieren«, sagt Forster junior. »Sie fürchten sich vor den bösen Geistern, vor Gespenstern, die da unten im Dunkel des Berges eingesperrt sind, wie sie glauben. Wenn die Swazi auf das Gold stoßen, werden sie davonlaufen. Aber wir – wir sind nicht verrückt. Wir haben viel Geld in den Berg investiert. Man kann 50 oder 100 Millionen rausholen.« Das Ganze ist alles andere als ein Goldrausch, es ist eine Wühlarbeit mit ungewissem Ende.

Wir wollten zur Delagoa Bay, wo Ohm Krüger mit dem Kreuzer »Gelderland« Afrika verließ. Aber der alte Owens in Pilgrim's Rest hat uns gewarnt: »Fahrt nicht nach Maputo. In Moçambique ist Bürgerkrieg. Ihr riskiert, daß sie euren Wagen durchlöchern. Sie töten euch und lassen euch im Straßengraben liegen, Gentlemen, für die Hyänen. Die Leute haben Hunger. Wilderer kommen über die Grenze in den Krüger-Park und schießen das Wild. Sie holen Fleisch, Elfenbein, Trophäen vom Nashorn. Das bringt alles Geld. Gute Reise, Gentlemen.«

Wir verlassen Barberton, biegen ab in die stillen Winkel der Magaliesberge, wo Pieter Krüger lebt, ein Großenkel des Burenpräsidenten. Pieter ist 65 Jahre alt und verbringt seinen Lebensabend in Schoemansville am Fuß der Magaliesberge. Pieter sieht aus wie Ohm Krüger, trägt einen weißen Vollbart und lebt mit Tieren zusammen. Er hat einen Kleinzoo mit Schlangen, Skorpionen und exotischen Fischen, eine Touristenattraktion. An den Wänden des Geheges hängen die aufgesperrten Gebisse kapitaler Haie aus dem Indischen Ozean. In einem Tümpel hält er sich zwei Krokodile, zehn und zwölf Jahre alt. Pieter angelt einen kleinen Fisch und wirft ihn in den Fischweiher zurück: »In meiner Familie weiß man schon lange, daß es den Krüger-Schatz gibt. Ich habe ihn gesucht, als ich noch ein junger Mann war. Aber den großen Fisch habe ich leider nicht an Land gezogen. Jetzt machen die alten Knochen die Strapazen einer Schatzsuche nicht mehr mit.«

»Wo sind die Krüger-Millionen versteckt?«

Pieter sagt: »In den Bergen. Oder im Busch. Ohm Krüger hat das Gold in alle Himmelsrichtungen verstreut.« Er erzählt von einem gewissen Lessing aus Parktown North, Johannesburg, der eine Schatzkarte in einer alten Bibel entdeckte. Er ging auf Schatzsuche und stieß beim Graben auf einer Farm bei Barberton auf Munitionskisten, die mit Goldmünzen gefüllt waren. Lessing war plötzlich reich, kaufte sich mehrere Autos und verjubelte den Rest des Schatzes. Was aus ihm wurde, weiß Pieter nicht. Ein deutscher Schatzgräber hat Spuren hinterlassen. Unter dem Namen Karl Ludwig von Veltheim trat er 1897 als Geheimagent in Ohm Krügers Dienste. Sein richtiger Name war Karl Friedrich Kurtze. Er

OHM KRÜGERS
VERLORENE MILLIONEN

151

Pieter Krüger, ein Großenkel des Burenpräsidenten, hat große Ähnlichkeit mit seinem weißbärtigen Vorfahren.

hatte einen Freund namens Woolf Joel, den er im Streit um das verborgene Krüger-Gold erschoß. Er wurde wegen Mordes verhaftet und mußte das Land verlassen. Joel besaß angeblich Unterlagen über ein Goldversteck. 1929 kehrte Veltheim zurück und suchte mit einem Partner namens Fialho nach einem Schatz, der unter einem Baobab-Baum liegen sollte. Veltheim erzählte Fialho, er habe seinen Freund Joel in Notwehr erschossen. Fialho traute dem Deutschen nicht mehr und verließ ihn. Später wurde Veltheim von der Polizei in einem Hotel an der Straße zwischen Johannesburg und Pretoria aufgegriffen und nach Deutschland abgeschoben – ein alter Mann, der das Spiel um Krügers Millionen verloren hatte.

Pieter Krüger sagt: »Ihr seht, ihr habt noch immer eine Chance, das Gold zu finden. Es liegt genug in Südafrikas Erde. Aber es ist wie eine Lotterie, die Kopf und Kragen kosten kann. Ich habe mein Glück gefunden.« Dann geht er zu seinen beiden Krokodilen und füttert sie mit Fleisch aus einem Plastikeimer. Ohm Krüger hatte eine Vision vom Paradies in Afrika, das seinen Buren gehören sollte. Sein Traum ist gescheitert. Krokodile sind Haustiere von Ohm Krügers Großenkel geworden. Wie hieß noch der deutsche Spruch auf dem Spitzendeckchen, das über Ohm Krügers Messingbett in seinem Farmhaus in Boekenhoutfontein hängt? »Träume sind Schäume, erwache und lache!«

Auch wenn wir wegen des Bürgerkriegs in Moçambique nicht nach Maputo fahren können, wollen wir bis zur Küste am Indischen Ozean, um Ohm Krügers Spur bis zur offenen See zu folgen. Wir parken unseren Camper in einer Lodge, einem Touristencamp mit steinernen Rundhütten, das von zwei bärtigen Buren geleitet wird. Die beiden sind Brüder, ihre Vorfahren waren Friesen von der holländischen Küste. Einer ihrer Ahnen endete als Pirat am Galgen.

Diese Buren sind verbittert über die Politiker, die angeblich das alte Burenland an die Schwarzen verraten. »Die Politiker haben aus uns Bettler gemacht«, sagt einer der Brüder. »Aber das letzte Wort ist noch nicht gesprochen, wir werden kämpfen.« Sie spendieren eine Runde Whisky – aber wie soll man mit verbitterten Kämpfern auf die Zukunft trinken?

Auf dem Weg zur Küste kommen wir über das Schlachtfeld bei Dundee in Natal, das den Buren heilig ist. Am 16. Dezember 1838 fand dort die Entscheidungsschlacht zwischen Buren und Zulu statt. Mehr als 3000 mit Speeren und Keulen bewaffnete Zulu fielen im Gewehrfeuer der Buren. Der Fluß auf dem Schlachtfeld färbte sich blutrot und heißt seitdem Blood River. Der Wind weht über die Savanne, im kniehohen Gras steht ein einzigartiges Denkmal: die Wagenburg der Buren, mehr als 60 Ochsenkarren, alle aus Bronze. Ein paar Zulu leben auf den

Hügeln am Blood River und betreiben Viehzucht. Das Personal des Freilichtmuseums ist schwarz, die Verlierer verkaufen Eintrittskarten an die Weißen.

In der Zulusprache sagen sie: »Sabonga.« Danke. Und sie sagen: »Tata.« Auf Wiedersehn.

Ein melancholischer Tag am Blood River. Die Savanne ist menschenleer, keine Touristen, nur wir, ein paar hergelaufene Schatzsucher. Meilenweit nur Gras und sanfte Hügel an einem Schlachtfeld. Der Tod, könnte man meinen, sucht sich für seine Massaker die schönsten Landschaften aus. Es wird Abend, im Dunkel erreichen wir Shaka's Rock an der Küste. Die Brandung des Indischen Ozeans rauscht gegen die Klippen. Die Felsen sind nach Shaka Zulu benannt, dem großen Führer der Zulu. Wir übernachten in einem Hotel, das auf den Felsen dicht am Ozean steht. Das Hotel wirbt mit dem Motto: »So close to the ocean you can feel the motion.« Frei übersetzt: So nah am Ozean fühlst du den Rhythmus des Lebens.

Am nächsten Morgen begegnen wir einem Mann, der mit einem Metalldetektor über den Strand geht. Zwischen den Felsen tastet er mit dem Gerät den Boden ab.

OHM KRÜGERS
VERLORENE MILLIONEN

153

Auf dem Schlachtfeld am Blood River, wo 1838 die Buren die Zulu besiegten, stehen bronzene Ochsenkarren, die an die Trecks der Buren erinnern.

»Guten Tag. Was machen Sie da?«

»Ich suche Goldmünzen. An dieser Küste sind viele Schiffe gestrandet, die wertvolle Fracht geladen hatten.«

Noch so einer, der von Schätzen träumt.

»Haben Sie schon was gefunden?«

»Das ist mein Revier. Ich habe im Lauf der Jahre Goldmünzen im Wert von 40000 Dollar gefunden.«

Er ist ein »Winner«, ein Sieger im Millionenspiel. Ich gehe über den Strand, weiß nicht mehr, wie lange, wie weit. Ich stehe irgendwann zwischen Klippen, wo eine dicke Zulu-Frau, die nur einen Rock und einen verwaschenen BH trägt, während der Ebbe mit einem Messer nach Muscheln und Austern stochert, um sie an Hotels zu verkaufen.

Wo ist das Gold geblieben? Als Ohm Krüger in der Delagoa Bay an Bord des Kreuzers »Gelderland« ging, schleppten seine Männer »Schatzkisten« auf das Schiff. Geschichtsschreiber behaupten, Ohm Krüger habe einen Goldschatz nach Europa mitgenommen, in die Schweiz, wo er am 14. Juli 1904 an einer Lungenentzündung starb. Die letzten zwei Tage war er ohne Bewußtsein und äußerte keinen Wunsch mehr. Er wurde 79 Jahre alt.

Die Schatzgräber in Südafrika bestreiten leidenschaftlich die These, daß Ohm Krüger einen Goldschatz nach Europa gebracht habe. In ihren Augen war er kein Dieb, der Afrikas Gold nach Europa überführte. Peter Hayward und Buckley sagen, in den Kisten lagen nur Steine und Stroh – ein Täuschungsmanöver, um von der Spur der vergrabenen Millionen abzulenken.

Die Zulu-Frau am Strand sammelt Austern und Muscheln in ihrer Schürze. Sie geht langsam von Klippe zu Klippe und stochert mit dem Messer nach Beute. Am Horizont gleitet ein Tanker vorbei, nach Norden, auf dem Kurs des großen Verlierers Ohm Krüger, der in Afrika das Paradies auf Erden suchte.

LASSETERS TRAUM

Der Mann, der für zehn Meilen Gold sein Leben aufs Spiel setzt

Bob Lasseter sieht aus wie ein alter Trapper mit weißem Vollbart, der am Flughafen von Alice Springs steht und mit der Zivilisation nicht viel anzufangen weiß. Bob ist 67, trägt Stiefel, einen grauen Schlapphut und ein Khakihemd. Er ist schon reisefertig für die Tour ins Outback Zentralaustraliens, in das heiße Buschland und die wüstenartige Einsamkeit der Petermann Ranges, einer Gebirgskette im Südwesten von Alice Springs. Dort hat sich das Drama von Bob Lasseters Vater abgespielt.

Bob ist mit dem Jet aus Sydney gelandet, wir holen ihn mit dem Jeep am Airport ab. Es ist nicht das erste Mal, daß er den Spuren seines berühmten, tragisch gescheiterten Vaters folgt. Ein gutes dutzendmal hat er bisher versucht, eine Antwort auf die Tragödie seines Vaters zu finden. Aber zu viele Fragen sind offengeblieben. Am Ende aller Nachforschungen stand immer der leidenschaftliche Traum des Harold Lasseter: Er wollte seine zehn Meilen lange Goldader wiederfinden, die er als 17jähriger Abenteurer in den Petermann Ranges entdeckt hatte. 1930 hatte Bobs Vater, inzwischen 50 Jahre alt, von Alice Springs aus eine Expedition unternommen, die ihn das Leben kostete.

Bob Lasseter geht es wie den Aborigines, den Ureinwohnern der australischen Wildnis: Nach dem Tod eines Stammesmitglieds verlassen sie für eine gewisse Zeit den Ort des Schicksals, kehren später zurück, um dem Platz, wo Leben und Tod sich kreuzten, einen letzten Respekt zu erweisen – um einen Schlußstrich zu ziehen. So folgt Bob immer wieder den längst verwehten Spuren seines Vaters, um das Rätsel dieser Expedition, ein Drama voller Widersprüche und menschlicher Spannungen, zu lösen. Denn nach der gescheiterten Expedition kamen Fragen auf: War Lasseters Goldriff nur ein Hirngespinst? Der Traum eines Mannes, der irgendwann anfing, an seine eigene Lüge zu glauben? Ein leerer Wahn, vergoldet von einer alten Legende, die sich Goldsucher am Lagerfeuer erzählen? Und nach Harold Lasseters Tod munkelte man, sein aufgefundenes Tagebuch sei gefälscht, um die Story vom meilenlangen Goldriff zu stützen, das gar nicht existierte.

Fest steht: Lasseter hat kein leichtsinniges Spiel getrieben, er war kein Hochstapler. Sein Tagebuch ist nicht gefälscht, es trägt zweifellos seine Handschrift. Er hatte, laut Tagebuch, das Gold zwischen einem See, Lake Christopher, und den Petermann Ranges wiedergefunden:

»Ich habe das Riff mit Pfählen markiert und fotografiert ... Aber in der Nähe ist ein heiliger Ort der Schwarzen, sie werden sicher die Markierungen zerstören.«

Und später, als er im Sterben lag, ausgezehrt von Hunger und Durst, fast blind von Sand und Sonne, schrieb er:

»Was sind die Millionen eines Goldriffs schon wert? Ich würde sie alle für einen Laib Brot hergeben. Es ist meine Strafe, mit meinem Leben zu zahlen. Möge es anderen eine Lehre sein.«

Das Tagebuch liegt in der Mitchell Bibliothek in Sydney. Das Papier ist teilweise von Ameisen zerfressen und von der glühenden Sonne versengt.

Ein heißer Tag im November, als wir an Lasseters Grab auf dem Friedhof von Alice Springs stehen. Eine Sandsteinfigur erinnert an Harold Bell Lasseter: Ein steinerner Goldsucher mit Hut und langem Bart hockt am Grab, den Blick im Schatten der Hutkrempe in die Ferne gerichtet. Aber das ist nicht Harold Lasseter. Das ist »der« australische Abenteurer, der auf den Goldfeldern von Kalgoorlie und Coolgardie zu Beginn des 20. Jahrhunderts schuftete und vom Goldklumpen träumte. Vom plötzlichen Reichtum träumte auch der Einzelgänger Lasseter, und so steht der steinerne Goldsucher für alle die Träume, die mit dem Gold Australiens verbunden sind. Lasseter sah ganz anders aus als dieser Steinkoloß: Er war klein gewachsen, bartlos, trug Krawatte, weißes Hemd und Hut, wie ihn ein Expeditionsfoto von 1930 zeigt. Er war zäh und mißtrauisch. Auf seiner letzten Tour war er mit mehreren Revolvern und Flinten ausgerüstet. Ein Besessener, der während der Expedition immer mehr in die Isolation geriet. Die anderen hielten ihn, je tiefer das Team in die Wildnis vordrang und vergeblich nach Spuren eines Goldriffs suchte, für einen Traumtänzer oder gar einen Lügner. War er nur ein kleiner Familienvater aus Sydney, der eine selbstmörderische Show veranstaltete, um in die Geschichte der Goldsuche Australiens einzugehen?

Bob sagt, daß er die Ehre seines Vaters verteidigt. Er hofft, daß die Goldader eines Tages in dem gottverlassenen Winkel der Petermann Ranges gefunden wird, wo sein Vater laut Tagebuch das Riff wiederentdeckte. Dann wäre bewiesen, daß Harold Bell Lasseter kein Lügner war. Wahrheit oder Lüge? Um das herauszufinden, werden wir den Spuren der Expedition von 1930 folgen.

Es ist Ende November, als wir von Alice Springs mit dem Flugzeug zur Spurensuche starten. Im Dezember beginnt der australische Sommer, dann steigen die Temperaturen über 50 Grad. Wir haben also die gleichen klimatischen Bedingungen wie Harold Lasseter, als er im Alleingang sein Goldriff erreichte und den Rückweg nicht mehr schaffte. In Alice Springs, einem Ort mit 23 000 Einwohnern in der australischen Wildnis, pflegen die Bürger die Erinnerung an Lasseter auf besondere Art: Das Spielcasino trägt seinen Namen.

Wir fliegen über die Nordroute, auf der sich Lasseters Expedition in den ersten Wochen fortbewegte. Bob steuert die Maschine Richtung

Ilbilla, auch Ilbilba geschrieben, einem Dorf der Aborigines, wo das Basislager der Expedition war. Auf dem Flug über die MacDonnell Ranges haben wir Zeit, über Lasseters Schicksal nachzudenken: Im März 1930 betrat der 50jährige Harold Lasseter das Büro von John Bailey, dem Präsidenten der »Australian Workers Union«, der australischen Arbeiter-Gewerkschaft. Lasseter berichtete Bailey von einem Goldriff, das er als junger Mann 1897 entdeckt hatte. Damals, erzählte Lasseter, war er in den MacDonnell Ranges, westlich von Alice Springs, auf der Suche nach Rubinen. Aber es gab dort keine Rubine, nur Granatsteine, die keiner wollte. Die Minenarbeiter waren enttäuscht weitergezogen, und Lasseter stand vor dem Nichts. Er ritt auf seinem Pferd weiter, um die Westküste zu erreichen. Er wußte nicht, wie weit die Küste entfernt war. Er war mitten in der australischen Wüste. Rote Sandhügel bis zum Horizont, ausgetrocknete Wasserlöcher, glühende Sonne. Als alles schon vor seinen Augen flimmerte, sah er plötzlich am Boden das milchiggrüne Quarzriff, in dem die Goldkörner glitzerten. Er folgte dem Quarzgestein, das immer wieder im Boden verschwand und wieder auftauchte. Er schätzte es auf eine Länge von zehn Meilen, voller Goldkörner, eine riesige Goldader mitten in der trostlosen Wüste.

Lasseter sammelte Gesteinsproben in seinem Ledersack, um später, wenn er lebend nach Alice Springs zurückkommen sollte, Beweise vorlegen zu können. Sein Pferd brach erschöpft zusammen und starb. Lasseter schleppte sich weiter, blieb todmüde liegen und wurde von einem Kamelreiter gefunden, der ihn in das Lager des Landvermessers Harding brachte. Drei Jahre später ging Lasseter mit Harding in die Petermann Ranges zurück, die beiden fanden das Riff wieder. Aber nach der Rückkehr ins Lager stellten sie fest, daß ihre Uhren um 1 Stunde und 15 Minuten falsch gingen. Die Berechnungen mit dem Sextanten waren wertlos, das Goldriff erneut verschwunden. Lasseter war enttäuscht und abgekämpft. Harding starb kurze Zeit später. Lasseter wartete bis 1930, und als die Wirtschaftskrise kam, träumte er davon, mit seiner Goldader Australien aus dem wirtschaftlichen Tief zu holen. Bailey, der hellhörige Boß der Arbeitergewerkschaft, witterte eine Chance, ließ seine Beziehungen spielen und gründete die CAGE, die »Central Australian Gold Exploration«. Eine Gesellschaft, an der sich Aktionäre auch mit kleinen Summen beteiligen konnten, jeder nur mit einer Aktie. Das Interesse war groß. Mitten in der Wirtschaftskrise kam ein patriotischer Goldrausch auf: Die Herren vom Syndikat waren entschlossen, das Abenteuer zu finanzieren und die australische Wirtschaft mit Lasseters Gold anzukurbeln. Schon bald kam ein Startkapital von 5000 Pfund zusammen.

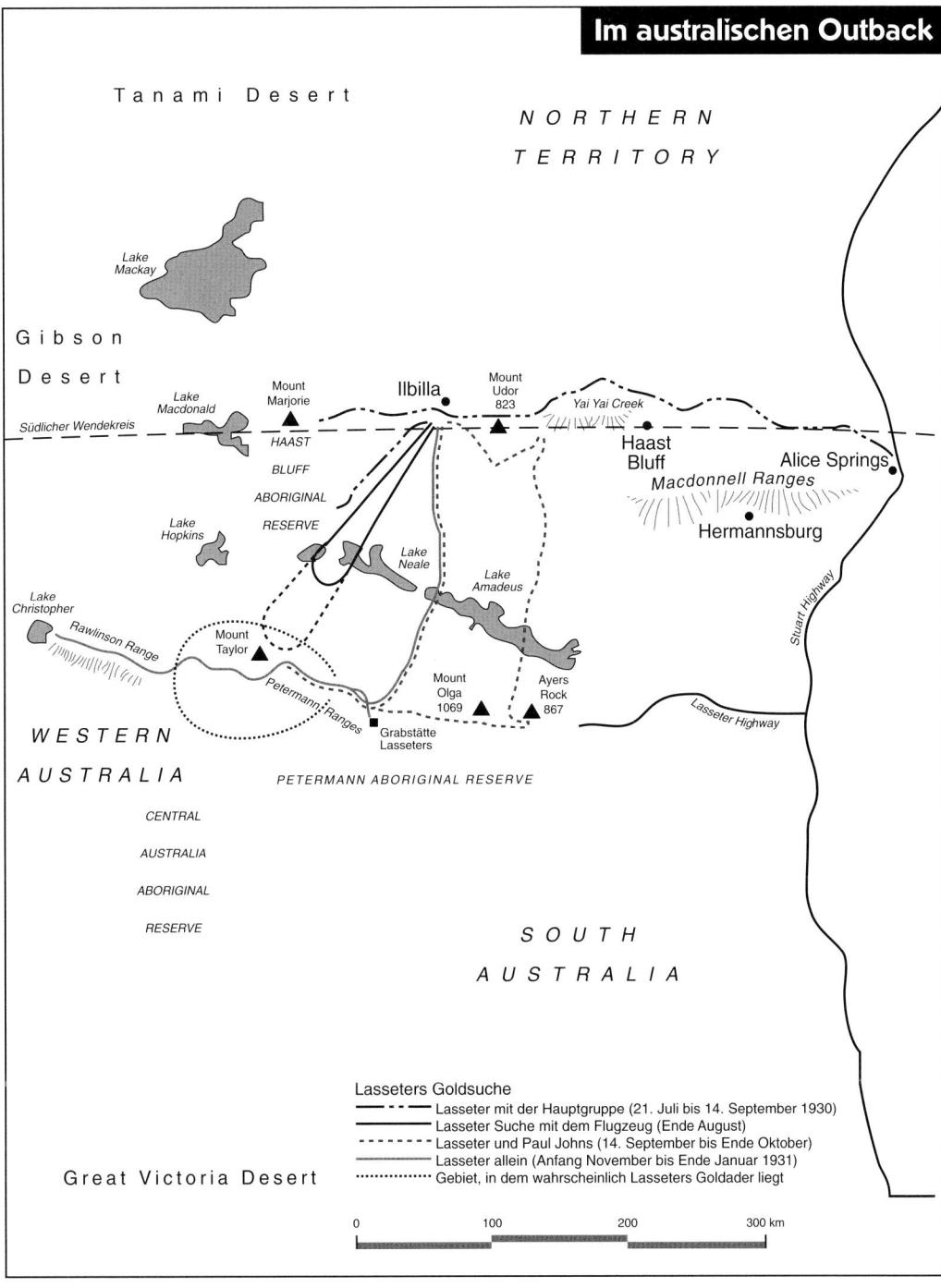

Im australischen Outback

Tanami Desert

NORTHERN

TERRITORY

Lake
Mackay

G i b s o n

D e s e r t

Lake
Macdonald

Mount
Marjorie

Ilbilla

Mount
Udor
823

Yai Yai Creek

Südlicher Wendekreis

HAAST

BLUFF

ABORIGINAL

RESERVE

Haast
Bluff

Alice Springs

Macdonnell Ranges

Lake
Hopkins

Hermannsburg

Lake
Christopher

Rawlinson Range

Lake
Neale

Lake
Amadeus

Mount
Taylor

Petermann Ranges

Stuart Highway

W E S T E R N

Mount
Olga
1069

Ayers
Rock
867

A U S T R A L I A

Grabstätte
Lasseters

Lasseter Highway

PETERMANN ABORIGINAL RESERVE

CENTRAL

AUSTRALIA

ABORIGINAL

RESERVE

S O U T H

A U S T R A L I A

Great Victoria Desert

Lasseters Goldsuche
—·–·— Lasseter mit der Hauptgruppe (21. Juli bis 14. September 1930)
———— Lasseter Suche mit dem Flugzeug (Ende August)
-------- Lasseter und Paul Johns (14. September bis Ende Oktober)
———— Lasseter allein (Anfang November bis Ende Januar 1931)
·············· Gebiet, in dem wahrscheinlich Lasseters Goldader liegt

0   100   200   300 km

Eine Aktie der Finanzgruppe in Sydney, die 1930 die Lasseter-Expedition unterstützte und ihren Aktionären Riesengewinne versprach. Das Erwachen aus dem Goldrausch war eine bittere Enttäuschung.

Bekannte Firmen unterstützten die Expedition: Thornycroft Motors stellte einen sechsrädrigen Geländewagen zur Verfügung. Die Atlantic Oil Company spendete Benzin und Öl für den Wagen, und das Expeditionsflugzeug vom Typ De Havilland, eine Gipsy Moth, wurde auf den Namen »Golden Quest«, Goldsuche, getauft. Pilot war der 32jährige Errol Coote, der mit der Maschine noch böse Überraschungen erleben sollte.

Leiter der Expedition war der 48jährige Fred Blakeley, ein erfahrener Geologe und Buschkenner, der sich nicht nur für das Goldriff interessierte, sondern auch für Land und Leute. Er ahnte, daß die Zivilisation die Aborigines immer mehr zu Außenseitern machen würde; Steinzeitmenschen, deren Kultur von Autos überrollt und von den Betonpisten der Flugzeuge zugepflastert werden würde. Blakeleys Herz schlug manchmal mehr für den sonderbaren, grenzenlosen Kontinent Australien als für Lasseters Gold. Ihn faszinierte die Schönheit des Landes und die Begegnung mit rätselhaften Steinzeitmenschen. Lasseter aber war der kleine Mann, der einen Traum wahr machen wollte: Ihm ging es um ein besseres Leben seiner Familie. Mit seinem Goldanteil wollte er zum Beispiel das Studium seines Sohnes bezahlen, Bob sollte Ingenieur werden. Bob hat es auch ohne das Gold seines Vaters geschafft, er hat das Ingenieursdiplom und den Flugschein. Nun sitzt er am Steuerknüppel

Certificate No.

572

No. of

25

Central Australian Gold Exploration Company Limited

REGISTERED UNDER THE COMPANIES ACTS, 1899-1918.
REGISTERED OFFICE: BULL'S CHAMBERS, 28 MARTIN PLACE, SYDNEY.

CAPITAL: £20,000 in 20,000 Shares of £1 each

This is to Certify that MRS. LOUISE IRENE LASSETER

of Harrene, Orient Road, Kogarah is the registered holder of TWENTYFIVE shar one pound each, numbered as in margin, in CENTRAL AUSTRALIAN GOLD EXPLORAT. COMPANY LIMITED, issued subject to the Memorandum and Articles of Association of the Company, that upon each of the said shares the sum of ONE POUND has been pai

Given under the Common Seal of the Company this Sixteenth

day of October one thousand nine hundred and thirtyone.

The Common Seal of the Company was affixed hereto by the authority of the Board in the presence of

Progressive Number of Shares.		
From	To	No. Shares
6371	6395	25

Secretary

und fliegt über Busch und Wüste. Da unten im roten Sand haben Lasseter, Fred Blakeley, Errol Coote, George Sutherland, Fred Colson und Philip Taylor am Lagerfeuer gesessen und haben sich von Känguruhfleisch ernährt, wenn ihnen die Konserven nicht mehr schmeckten.

Am 21. Juli 1930 hatte die Expedition Alice Springs verlassen. Das Problem war: Lasseter und Blakeley paßten nicht zusammen. In den roten Sandhügeln, über die wir fliegen, begann der psychologische Kampf der beiden gegensätzlichen Männer, der Streit um das Goldriff. Lasseter wollte um jeden Preis beweisen, daß es existierte. Manchmal ging er allein in den Busch, stieg in der Hitze auf rote Sandhügel, um eine in der Ferne aufragende Bergkette zu beobachten. Er suchte nach Felsformationen und Orientierungspunkten, die er seit seinen beiden ersten Touren in Erinnerung und zum Teil skizziert hatte. Blakeley ließ ihn schwitzen und wartete auf Ergebnisse; er blieb im Lager und beschäftigte sich mit einem aggressiven Insekt, das schon mancher Expedition die Lust an der Goldsuche verleidet hat: einer Hornisse. Für Goldjäger ist es ein ironischer Zufall, daß dieses Insekt Golden Hornet heißt, Goldhornisse. Die Golden Hornet kreiste auch durch unser Lager. Ich habe noch nie so ein respekteinflößendes Insekt gesehen, das zugleich mörderisch und hochintelligent aussieht. Ein Meisterwerk der Natur: Der Körper der Goldhornisse ist zwischen sechs und sieben Zentimeter lang, Flügelspannweite ca. zwanzig Zentimeter, Beine wie Stelzen, mehr als fünf Zentimeter lang. Wenn Hunde das Dröhnen der Hornisse hören, klemmen sie den Schwanz ein und rennen davon, als sei der Teufel hinter ihnen her. Der Stich kann für einen Hund tödlich sein, aber auch für einen Menschen, wenn er empfindlich ist. Die Goldhornisse kann äußerst schnelle Flugmanöver durchführen. Deshalb ist sie so unberechenbar: Man schlägt ins Leere, wenn man sie vertreiben will. Das Verrückte dabei ist: Goldsucher schätzen ihre Anwesenheit, wenn das Lagerleben zu einsam wird. Sie bringt Schwung unter die müden Männer, und sie verschont das Expeditionsteam, wenn man ihr eine Beute serviert. Die schwarzen und goldenen Ringelstreifen um ihren Körper sind ein leuchtendes Alarmsignal in der Luft, dann muß man sich einen Waffenstillstand ausdenken. Wenn Golden Hornets keine Geschenke bekommen, werden sie zu unversöhnlichen Angreifern, mit denen nicht zu spaßen ist.

Blakeley genoß also ihr Erscheinen und vergaß den verbissenen Lasseter auf den roten Sandhills. Er suchte fette Maden, die er an die Goldhornisse verfütterte, um sie friedlich zu stimmen und ihr Verhalten studieren zu können. Er legte die Made in den Sand und wartete. Blakeley hat sich vielleicht deshalb so fasziniert mit der Golden Hornet befaßt,

weil ihre Zielstrebigkeit etwas Menschliches hat, das ihn an den Beute-
trieb der Expedition erinnerte. Die Goldhornisse landete und umkreiste
lange und vorsichtig die Made, beobachtete sie aus allen Himmelsrichtungen. Dann schleuderte sie mit ihren starken Hinterbeinen Sand über
den Köder und unternahm Scheinangriffe auf die Beute. Wenn Blakeley
sich bewegte, flog die Golden Hornet sofort auf und inspizierte ihn. Sie
umkreiste Blakeley, bereit, ihn bei der nächsten falschen Bewegung an-
zugreifen. Verhielt er sich ruhig, packte sie nach einigen Minuten den
Köder und flog davon. Wenn Blakeley und die anderen unterwegs waren, und das Gelände erforschten, sammelten sie in einer Konservendose Köder für die Goldhornissen.

Er testete auch ihr Gedächtnis und ihre Fähigkeit zu zählen: Er legte
drei Insekten derselben Art in eine Konservendose und bot sie der Hornisse an. Sie flog mit einem Köder davon, würde aber sicher zurückkehren, um sich die beiden anderen Insekten zu holen. In der Zwischenzeit
nahm Blakeley die beiden Insekten aus der Dose, und als die Goldhornisse landete, begann sie zu suchen. Sie umkreiste die Konservendose,
sah unter dem Blech nach, wälzte Sand beiseite. Wenn Blakeley drei Köder auslegte, kam sie dreimal zurück, aber kein viertes Mal. Sie reckte
den Kopf, als würde sie zählen. Diese konzentrierte Kopfhaltung hat das
Killerinsekt mit dem weißen Hai gemeinsam, der an Australiens Küsten
seine Jagdreviere hat. Wenn der weiße Hai ein Boot sieht, reckt er seinen
Kopf aus dem Meer, als würde er die Passagiere an Deck zählen. Das ist
seine Methode festzustellen, wie viele Robben, seine Lieblingsspeise,
auf einem Felsen liegen. Der weiße Hai ist der einzige, der seinen Kopf
derart aus dem Wasser streckt, um die Beute auszuwählen. Die Australier nennen diese Methode »counting heads«, Köpfe zählen.

Blakeley fand heraus, daß die Goldhornissen das Lager scharf wie
Wachhunde bewachten. Sie schonten alle, die ihnen Futter gaben. Wenn
aber ein Fremder ins Lager kam, griffen sie ihn an. Auf Goldfeldern, die
im Gebiet der Golden Hornet liegen, untersuchen Goldgräber ihren Lagerplatz unter einem Baum. Sie schlagen mit der Schaufel gegen den
Baum, um zu prüfen, ob dort ein Hornissennest ist. Wenn ja, schütten
sie Benzin aus, zünden es an, und im Nu lodert der Baum wie eine Fak-
kel. Doch es gibt auch Goldgräber, die darauf verzichten und lieber ihren verrückten Spaß mit diesen seltsamen Insekten haben. Wer im Lager
großzügig Geschenke an sie verteilt, dem sind sie dankbar.

In seinen Erinnerungen beschreibt Blakeley, daß die Golden Hornets
fürsorgliche Eltern sind. Sie bringen lebende Insekten, Maden oder
Spinnen ins Nest, das aus getrocknetem Schlamm besteht. Sie legen ihre
Eier auf den Haufen erbeuteter Insekten, bedecken die Eier mit einer

Schicht lebender Beute, die von dem Hornissengift nur gelähmt ist. Das Nest wird versiegelt, und wenn die jungen Hornissen schlüpfen, ernähren sie sich von der paralysierten Beute. Wenn sie stark genug sind, brechen sie das Nest auf und suchen sich spendable Goldsucher, die den Trick mit den Golden Hornets kennen. – Am besten, wir spendieren ihnen ab und zu eine fette Made, dann kommen wir mit heiler Haut davon.

Wenn Lasseter erschöpft von der Suche nach seinen »landmarks«, seinen Orientierungspunkten, ins Lager zurückkam und Blakeley bei Spielereien mit riesigen Hornissen bemerkte, mußte er seine wütende Enttäuschung unterdrücken. Er spürte, daß ihm keiner den Rücken stärkte. Er versuchte, mit Tricks die Stimmung zu verbessern. Die Mannschaft suchte in der Gegend von Oonah Springs nach einem Wasserloch, um die Kanister zu füllen. Lasseter trottete voraus und blieb vor einer Höhle stehen. Er behauptete, auf seiner ersten Tour habe er dort sein Lager aufgeschlagen. Aber Blakeley zweifelte an dieser Aussage, er vermutete, daß Lasseter anfing zu lügen, um aufkommende Zweifel im Team zu vertreiben. Aber dann machte Lasseter einen Fehler, der Buschspezialisten wie Blakeley und Colson sofort auffiel. Lasseter ging auf zwei Bäume zu, tätschelte sie freundlich und sagte: »Diese Stelle erkenne ich wieder, da habe ich damals meine Hängematte aufgehängt.« Er marschierte hektisch weiter, als sei das Ziel zum Greifen nah. Als er weit genug weg war, sagte Fred Colson zu Coote: »Lasseter spinnt. Schau dir die Bäume an, sie können nicht älter als zwanzig Jahre sein. Aber seine erste Tour war vor dreißig Jahren.« Auch Blakeley schätzte die Bäume auf höchstens siebzehn bis zwanzig Jahre. Im Team keimten sofort alle verdrängten Zweifel an der Existenz von Lasseters Goldriff wieder auf.

Schlaflose Nächte quälten Blakeley, weil höchste Regierungsstellen einen Erfolg der Expedition erhofften. Ganz Australien, von der Wirtschaftskrise erschüttert, blickte auf die Expedition. In England warteten viele, die nach Australien auswandern wollten, auf den Aufschwung durch Lasseters Goldriff. Australien würde bei einem Erfolg der Expedition nicht länger ein Kontinent für gescheiterte Existenzen sein, das Land brauchte neue Menschen, junge Einwanderer, die bereit waren, für ein australisches Wirtschaftswunder die Ärmel hochzukrempeln. Arthur Blakeley, der Bruder des Expeditionsleiters, war Minister für wirtschaftliche und soziale Angelegenheiten Zentralaustraliens. Er hatte die Sache ins Rollen gebracht. Er lenkte das Interesse höchster Stellen auf Lasseters Goldriff und brachte seinen Bruder Fred als Buschspezialisten ins Spiel. Fred Blakeley kannte sich in Flora und Fauna aus, er hatte einen sechsten Sinn bei der Suche nach Wasserlöchern, die für

die Expedition lebensnotwendig waren. Es heißt, daß er ein bestimmtes Insekt kannte, das ihm bei Sonnenuntergang durch seine Flugbewegungen anzeigte, wo Wasser zu finden war. Blakeley verstand es auch, die Rauchzeichen der Eingeborenen zu deuten, er konnte zwischen friedlichen und feindlichen Rauchsignalen unterscheiden. Blakeleys exzellenter Ruf als Buschkenner war ernsthaft gefährdet, wenn die Expedition scheiterte.

Er trug sehr schwer an der Last der Verantwortung. Vielleicht war er deshalb so ein strenger Boß, der Lasseter die Benutzung des Funkgerätes verbot. Lasseter protestierte: »Wenn Sie auf einem Hügel stehen, lauf ich doch nicht bis oben, um zu fragen, ob ich das Funkgerät benutzen darf.« Das Gerät war oft defekt, war »dead«, tot, und sollte einmal für die Reparatur in Alice Springs eingepackt werden. Lasseter ignorierte die Anweisung. Am nächsten Tag nahm Blakeley eine Axt und drohte, das Funkgerät zu zertrümmern. Lasseter gehorchte und versorgte das Gerät. Aber er blieb ein Querkopf, der es sich selber schwermachte. Er gab Captain Blakiston-Houston Briefe mit, als der Captain nach Alice Springs zurückkehrte. Die Briefe waren für die Auftraggeber des Syndikats in Sydney bestimmt und enthielten vertrauliche Informationen über den Verlauf der Expedition. Das war ein Verstoß gegen die Regel, die Blakeley zu Beginn der Tour formuliert hatte: Alle Briefe sollten ihm zur Einsicht vorgelegt werden, um Widersprüche zu vermeiden, die in Sydney Verunsicherung und Spekulationen über die Expedition auslösen könnten.

Eines Tages suchten Lasseter und Blakeley gemeinsam nach Orientierungspunkten. Lasseter machte Skizzen und schrieb Notizen in sein Tagebuch. Am Abend, als die beiden wieder im Lager waren, fragte Lasseter, ob Blakeley sich an landschaftliche Merkmale erinnern könnte. Blakeley sagte: »Harry, Sie haben doch Skizzen gezeichnet und alles in Ihr Buch eingetragen. Warum fragen Sie mich?« Lasseter hatte ein wichtiges Blatt verloren, und die Arbeit eines Tages war umsonst. Am nächsten Tag ging Lasseter mit Phil Taylor und dem Eingeborenen Mickey los, der als Pfadfinder diente, um die Tour zu wiederholen.

Blakeleys Zweifel schlugen in Verachtung für den hergelaufenen Traumtänzer um. Blakeley hatte im Outback Erfahrungen beim Überlebenstraining gesammelt, hatte logisches Denken und Handeln gelernt. 1908 hatte er mit zwei Freunden, Dick und Jim O'Neill, eine abenteuerliche Radtour durch Niemandsland unternommen. Danach schrieb er sein erstes Buch »Hard Liberty«, schwierige Freiheit. Damals war er 26 Jahre alt. Und nun, 22 Jahre später, mußte er erleben, daß die Expedition seines Lebens lächerlich zu werden drohte.

Phil Taylor begleitete Lasseter nur in den Busch, um seine neue Jagd-flinte auszuprobieren. Ein paar Tauben, am Lagerfeuer gegrillt, waren ein geschätzter Braten. Sie verspeisten auch Känguruhfleisch, aber es war voller Sehnen, die Männer kauten darauf herum, als sei es Kaugummi. George Sutherland sagte ironisch: »Laßt euch doch von diesen Sehnen nicht den Appetit verderben. Die Biester brauchen sie, um damit ihre Hopser zu machen.« Den anderen blieb der Bissen fast im Hals stecken. Sie waren sich einig: Kein Wunder, daß Känguruhs so weite Sprünge machen können – wer solche Sehnen hat, könnte über den Mond springen, wie Australier sagen. In den Nächten stand der Mond hell schimmernd über dem Buschland. Es war totenstill. Die Einsamkeit der »Outbacks« hüllte die Männer ein, bedrückte sie. Plötzlich ein Ge-heul in der Ferne, Phil Taylor griff nach seiner Flinte. Es waren Dingos. Sutherland, der Spötter, verstärkte die nächtlichen Ängste. Er behaup-tete, Dingos würden das Lager angreifen. Seit Tagen beobachte er ihre Spuren. Mit bedrohlichem Unterton sagte er: »Sie folgen uns.« Die ande-ren lachten, nur Taylor wußte nicht, was er glauben sollte.

Zu später Stunde lag Lasseter schon in der Kabine des Geländewa-gens und hatte die Tür zugesperrt. In der Kabine wurde die gesamte Mu-nition des Teams aufbewahrt. Im Falle eines Angriffs der Eingeborenen hätten die Männer keinen Schuß abfeuern können. Lasseter schloß sich in der Kabine ein, weil er den »Blacks«, den Schwarzen, nicht traute. Als Blakeley einmal fortging, um ein Wasserloch zu suchen, sagte Lasseter: »Haben Sie Ihren Revolver dabei?« Blakeley versicherte ihm, daß alle Rauchsignale der Eingeborenen bisher nur harmlose Nachrichten von Lager zu Lager gewesen waren, um die Position und die Richtung der Weißen zu melden. Außer Lasseter und dem ängstlichen schwarzen Pfadfinder Mickey rechnete keiner ernsthaft mit einem Angriff der Blacks.

Blakeley wußte, daß die Ureinwohner sich vor Weißen fürchteten. Sie sahen, daß die Weißen zwei Köpfe hatten, einen konnten sie abneh-men. Aus der Sicht der Aborigines war ein Hut ein Körperteil des weißen Mannes. Als sie lernten, daß der Hut eine Kopfbedeckung war, änderte das nichts an ihrer Furcht. Denn nach ihrem Glauben bedeckten nur die bösen Geister ihren Körper. Wer nackt ging, hatte nichts zu verbergen. Und die Schwarzen, denen die Expedition begegnete, waren vollkom-men nackt.

Manchmal sah das Team morgens Spuren rund um das Lager. Ein paar Späher hatten die schlafenden Weißen im Sand beobachtet und wa-ren wieder im Dunkel der Nacht verschwunden. Mickey, der Eingebo-rene, der unter Weißen aufgewachsen war, hatte die größte Angst vor

den Blacks. Deshalb bat er Blakeley, unter dem Thornycroft schlafen zu dürfen, zwischen den schützenden Rädern. Mickey hatte eine abgrundtiefe Angst vor der Wildnis, in der seine Ahnen gelebt hatten. Er starrte, mit Fliegen in den Augenwinkeln, auf die täglichen Rauchsignale und fürchtete, die »Blacks« könnten ihn eines Nachts zurückholen. So gut er konnte, spielte er den Pfadfinder und interpretierte Rauchsignale. Lasseter wollte von ihm wissen, ob in der Gegend, durch die sie kamen, »bad blackfellows« lebten, schwarze Halunken. Doch Blakeley hatte Mickey befohlen, Lasseters Fragen nicht zu beantworten. Deshalb sagte Mickey in seinem schönsten englischen Kauderwelsch zu Lasseter: »Talk alonga boss«. Frag den Boß!

Wenn Mickey gefragt wurde, was das eine oder andere Rauchsignal bedeutete, war die Antwort immer die gleiche: »Der eine sagt dem anderen, daß Rauch bedeutet, weiße Männer gehen in diese Richtung.« Wenn abends rundherum, aber weit entfernt, letzte Rauchzeichen aufstiegen, verkroch er sich ängstlich unter dem Thornycroft. Lasseter in der zugesperrten Kabine duldete Mickey unter dem Wagen. Vielleicht hielt er Mickey für einen guten Wachhund, der nachts vor Angst kaum ein Auge zumachte.

Es war Winterzeit in Australien, das heißt, die Tage im Juli waren noch nicht brütend heiß, die Nächte noch kalt. Im Dezember, wenn der australische Sommer beginnt, steigen die Tagestemperaturen zu mörderischer Hitze an. Bis dahin mußte Blakeley längst in Alice Springs oder Sydney zurück sein. Nur Verrückte suchten in der Glut des australischen Sommers nach Gold.

Noch hofften alle auf ihren Millionenanteil, obwohl Lasseter sich in Widersprüche, Tricks und Lügen verwickelt hatte. Er gab zu, ein paarmal getrickst zu haben, um die Männer bei guter Laune zu halten. Blakeley gewährte ihm Schonzeit. Einmal half er Lasseter beim Abstieg in felsigem Gelände. Lasseter bedankte sich, was er so gut wie nie tat, der alte Querkopf. Die beiden kamen sich menschlich etwas näher, Lasseter spürte Blakeleys Bemühen und sagte: »Ich werde alles tun, damit Sie am Ende nicht verlieren.«

Die anderen wunderten sich über die seltsame Veränderung der beiden. Sie benahmen sich mitten in der Wildnis wie zwei Gentlemen, die sich ein »fair game«, ein faires Spiel, versprochen haben. Mit neuem Schwung drangen sie weiter in die endlosen Sandhügel vor. Blakeley studierte die Vegetation der Sandhills und war begeistert. Vor kurzem hatte es geregnet, in der Ferne leuchteten Blumen wie Schnee, und als Blakeley näher kam, konnte er sie auch wie Schneebälle in die Hand nehmen. Aus allen Himmelsrichtungen kamen Tausende von Vögeln zu den Wasserlöchern. Er sah weiße Kraniche und den schönsten aller Kraniche, den Brolga. Der Brolga schien immer einen Grund für einen Tanz zu suchen. »Sweet music« nannte Blakeley das Trompeten der Kraniche, die er in dieser sandigen Einöde nicht erwartet hatte. Doch der Regen hatte die ausgedörrten Sandhills in einen Zaubergarten verwandelt. Blakeley fand, daß der Brolga einen Tanz entwickelt hatte, dessen Charme den eines Walzers oder Tangos übertraf. Er kam zu dem Schluß, die Menschen sollten »Brolga« tanzen.

In den Zeiten der Dürre sind die Sandhills eine Hölle, in der ein Mensch ohne Wasser innerhalb von sechs Stunden stirbt. Aber gerade dann zaubert die Natur Luftspiegelungen, blaue Seen, grüne Wiesen, die Schwärme der Brolgas – alles ein tödlicher Traum. Was hat Lasseter in seinen letzten Stunden gesehen? Wir versuchen, es herauszufinden.

Nicht weit von Ilbilla lag eine Rollbahn für Cootes Flugzeug, das sie am Aiai Creek stehengelassen hatten. Coote wollte die »Golden Quest« abholen und zur Piste bei Ilbilla fliegen, wo Blakeley das Basislager errichtet hatte. Dort entspannten sich die Männer von den ersten Strapazen, träumten vom »big thing«, vom großen Ding. Jeder fragte den anderen: »Was wirst du mit deinen Millionen machen?« Sie pfiffen oder sangen damals bekannte Schlager wie »The girl I left behind me«, das Mädchen, das ich sitzen ließ. Wenn einer dem anderen mit seinem ständig wiederholten Schlager auf die Nerven ging, warf er ihm einen Stiefel ins Kreuz. Colson machte sich über Taylor lustig, der nach der Expedition heiraten wollte – mit den Millionen, versteht sich.

Dann kam der große Schock für das Team. Coote und Colson fuhren im Geländewagen Richtung Taylor's Creek, einer Gegend, in der auch der Aiai Creek liegt. Das Flugzeug stand etwa 100 Meilen (1 Meile gleich 1,6 Kilometer) vom Basislager Ilbilla entfernt. Ein seltsamer Vogel mitten im Gebiet der Aborigines. Hatten sie ihn in der Zwischenzeit vielleicht mit ihren Speeren und Bumerangs zerstört, um das Eindringen der Weißen zu verhindern?

Bob Lasseter fliegt uns zum Aiai Creek, die Maschine sinkt, gleitet über das Buschland, weit und breit keine Chance zu landen. Das Sportflugzeug würde über knorrige, bizarre Holzstümpfe kippen und im Dickicht zerschellen. Es gab immer gutes, starkes Holz für ein Lagerfeuer von Lasseters Team. Dieses Gerümpel abgestorbener Bäume und Büsche und die unberechenbaren Luftströmungen über dem heißen Sand sind Coote zum Verhängnis geworden. Die Australier nennen derart feindseliges Land »dead heart«, totes Herz. Aber Blakeley hatte fasziniert zugesehen, wie es sich nach dem großen Regen in ein regelrechtes Paradies verwandelte.

Bobs Sportflugzeug fliegt diesmal über »dead heart«, die Gegend wirkt ausgedörrt und leblos. »Es ist lange kein Regen gefallen«, sagt Bob. Das war auch damals so, als Coote und Colson mit dem zweiten Geländewagen zum Aiai Creek fuhren. Bob erzählt, wie es war – die drei schlimmsten Tage für Blakeley. Er gab Coote drei Tage Zeit. Wenn Coote bis dahin nicht mit der »Golden Quest« gelandet war, mußte etwas schiefgegangen sein. Colson sollte mit dem Wagen nach Alice Springs fahren, Post abliefern und mit Vorräten zum Basislager zurückkehren. Wenn Coote notlanden mußte, hatte er kaum eine Überlebenschance. Ohne Wasser würde er spätestens nach einem Tag verdursten. Drei Tage verstrichen, es waren Höllenqualen für Blakeley. Wenn er das Dröhnen einer Goldhornisse hörte, glaubte er, es sei Cootes Maschine in der Ferne. Lasseter lief nervös durch das Lager, er befürchtete das vorzeitige Ende der Expedition. Was war geschehen?

Kaum waren Coote und Colson mit dem Geländewagen gestartet, begannen die Probleme. Der Wagen war zu leicht, weil er nichts geladen hatte, und kam oft ins Schleudern, sie füllten die leeren Wassertanks und kamen besser voran. Doch ein scharfer Wind trieb ihnen Sand in die Augen. Die Fenster konnten sie nicht schließen, weil die Luft im Wagen erstickend heiß war. Der Busch wurde so dicht, daß ihnen Zweige ins Gesicht schlugen. Dann schleuderte der Wagen wieder, und sie prallten gegen einen Busch. Der Wagen blieb stehen, die Kabine war mit Ästen und Zweigen verstopft, der Kühler beschädigt, Wasser tropfte in den Sand. Die Reparatur zog sich hin, die Nacht kam. Es war der zweite Abend nach ihrem Start vom Basislager. Dingos heulten, Eulen umkreisten das Lager der beiden. Colson sang »Off to Bonny Scotland«, aber es klang etwas unsicher. Wenn sie morgen mit einem Motorschaden im Sand liegenblieben, war das wie ein Todesurteil. Doch der Wagen, dessen Blech von den Schlägen der Steine und Mulga-Büsche gezeichnet war, hielt bis zum Aiai Creek durch. Dort stand noch immer die schwarz und rot bemalte »Golden Quest«, rund um das Flugzeug waren die Fußspuren der Aborigines im Sand.

Zum Glück hatten sie in der Nähe der Maschine kein Lagerfeuer gemacht, die »Golden Quest« war empfindlich wie eine Motte, die Feuer fängt, wenn sie den Funken zu nahe kommt. Coote bemerkte ein Loch im Flügel, jemand hatte ihn eingeschlagen, um etwas Brauchbares herauszuholen. Coote amüsierte sich über den neugierigen Wilden, der vermutlich mehr erschrocken als erstaunt war, als seine Finger im Flügel verschwanden und ins Leere griffen.

Coote wollte sich beeilen, weil er die mit Blakeley vereinbarte Frist von drei Tagen einhalten wollte. In der Abenddämmerung des dritten

Tages, so rechnete er sich aus, könnte er im Basislager landen. Er löste die Seile, mit denen die Maschine am Boden befestigt war, stieg ins Cockpit und testete den Motor – er hörte sich gut an. Coote checkte die Instrumente durch, er war zufrieden. Und doch – irgendwie fühlte er sich unsicher. Es war heiß, der Schweiß lief ihm über das Gesicht, und er spürte, wie der Wind ständig wechselte. Die heiße Luft hatte ihre Tükken. Wie würde sich die Maschine in Turbulenzen verhalten, wie sie hier, über dem heißen, flimmernden Sand, vorkamen? Am Ende der Rollbahn war ein riesiger, uralter Gummibaum umgestürzt. Colson wollte ein paar Äste entfernen, die bedrohlich in den Himmel ragten. Aber Coote hatte es eilig, versicherte, er würde mit dem Gummibaum keine Probleme haben. Er machte die Maschine startklar. Colson ging zum Wagen, um von dort den Start zu beobachten. Die »Golden Quest« hob brav ihren Schwanz, stieg mit der gewohnten Leichtigkeit auf – doch ebenso leicht glitt sie wieder abwärts, als würde sie von einer Geisterhand nach unten gedrückt, für Coote unerklärlich.

Die Maschine flog auf den umgestürzten Gummibaum zu. Coote riß sie noch einmal wie ein Rennpferd hoch, das über die Hürde muß oder sich das Genick bricht. Ein toter Ast des Gummibaums streifte den rechten Flügel, es hörte sich an wie ein Pistolenschuß, als der Flügel brach. Coote kam gerade noch über den toten Baumriesen hinweg, aber dann kippte die Maschine. Coote schlug die Arme über den Augen zusammen, um seinen Kopf zu schützen, und duckte sich. Die Maschine bohrte sich mit der Nase in den Sand. Sein Kopf schlug gegen die Instrumente, die Glasscherben des Tachometers flogen ihm ins Gesicht, schnitten in die Haut, Blut lief in seine Augen. Der Geruch von ausströmendem Benzin stieg in seine Nase. Coote fürchtete, die Maschine würde in der nächsten Sekunde explodieren.

Er saß eingeklemmt im Cockpit. Colson rannte herbei und versuchte Coote unter dem abgebrochenen Flügel hervorzuziehen, vergeblich. Er rannte zum Wagen zurück und holte eine Axt. Cootes Körper zitterte unter dem Schock, der Pilot spürte eine eisige Kälte, Schüttelfrost, die Sonne schwankte vor seinen Augen. Colson befreite ihn mit der Axt und zog ihn aus dem Cockpit, er untersuchte seine Wunden, vor allem die Schnittverletzungen im Gesicht. Gegen die möglichen inneren Verletzungen war er machtlos. Er hatte gesehen, wie beim Aufprall Cootes Kopf so gegen seine Brust gequetscht wurde, daß Colson dachte: Der bricht sich das Genick. Er mußte ihn auf dem schnellsten Weg nach Alice Springs in die Klinik bringen.

Unterwegs sang Colson sämtliche Schlager, die ihm einfielen, um den Schrecken der letzten Stunden zu vertreiben. Er brauchte 22 Stunden bis Alice Springs. Coote hatte Glück im Unglück, außer Schnittwunden und Prellungen hatte er nur ein paar gebrochene Rippen.In der Zwischenzeit wartete Blakeley verzweifelt auf das Flugzeug. Als die Frist von drei Tagen verstrichen war, stieg er mit Phil Taylor und George Sutherland in den Geländewagen, um Coote zu suchen. Lasseter und Mickey blieben im Lager zurück. Die Fahrt durch den nächtlichen Busch wurde zu einer Höllentour. Der schwere Wagen prallte oft gegen Hindernisse, die Männer waren von blutigen Schrammen und Prellungen gezeichnet, als sie am Aiai Creek ankamen. Blakeley war entsetzt, als er sah, wie die »Golden Quest« mit der Nase schräg im Boden steckte, die Flügel gebrochen, nur noch ein Schrotthaufen. Im Cockpit sahen sie die dunklen Flecken getrockneten Blutes von Coote. Die Maschine hatte sich in einen großen, alten Kaninchenbau gebohrt. Hier hatten die Aborigines Löcher gebuddelt, um Kaninchen zu fangen. Eine Falle für das Flugzeug. Vielleicht hätte Coote es geschafft, die Maschine zu landen, wenn sie nicht über den Kaninchenbau gestolpert wäre.

Blakeley war erleichtert, als er eine Notiz fand, mit der ihn Colson informierte, daß er mit dem verwundeten Coote nach Alice Springs gefahren war. Keine lebensgefährlichen Verletzungen, schrieb Colson, ein tiefer Schnitt im Schenkel, Coote kommt durch.

Für Blakeley war die Bruchlandung ein schlechtes Vorzeichen. Jederzeit konnte eine andere Katastrophe passieren, ein Unfall mit dem Geländewagen zum Beispiel. Der Zwischenfall am Aiza Creek hatte das Selbstvertrauen des Teams erschüttert. Plötzlich waren die alten Zweifel wieder da: Existiert die Goldader überhaupt? Jagen wir nicht einem Phantom nach? Wäre es nicht besser, jetzt umzukehren, bevor es dafür zu spät ist?

Lasseter spürte, wie sich das Blatt wendete. Blakeleys Mißtrauen gegen ihn erwachte wieder. Als Lasseter eines Tages unterwegs war, um Skizzen zu zeichnen und seine früheren Wegweiser wiederzufinden, schnüffelte Blakeley in Lasseters Papieren, die in einer Blechkiste lagen. Die Kiste stand in der Kabine des Geländewagens und enthielt auch einige Gesteinsproben mit Gold. Blakeley fand sieben Gesteinsproben. Er markierte die Steine unauffällig, so daß er sie jederzeit wiedererkennen konnte, falls Lasseter eines Tages mit neuen »Beweisen« für die Existenz seines Goldriffs ankommen würde; ein letzter Trick, um das Team noch einmal zu begeistern und voranzutreiben. Dann konnte Blakeley beweisen, daß Lasseter ein Falschspieler war. Er würde ihm dann kaltblütig sagen: »Aber, Harry, alter Junge, das sind doch die alten Brocken aus Ihrer Blechkiste!« Blakeley schreibt in seinen Memoiren, daß er sich schämte, als er in Lasseters Habseligkeiten herumschnüffelte. Doch er

hatte sich vorgenommen, Lasseter zu kontrollieren und gegebenenfalls bloßzustellen. Die Blechkiste war meistens verschlossen, deshalb wunderte sich Blakeley, warum Lasseter diesmal die Kiste nicht verschlossen hatte. War es ein Trick, um herauszufinden, ob man ihm nachspionierte?

Lasseter und Blakeley zeigten inzwischen schon Symptome eines tragikomischen Verfolgungswahns. Es wurde vollends grotesk, als Blakeley in den Papieren blätterte – beim Lesen wurde er von einer aggressiven Goldhornisse gestört. Sie würde nicht eher Ruhe geben, bis er ihr eine fette Made spendierte. Deshalb legte er die Papiere und Gesteinsproben sorgfältig in die Blechkiste zurück und ging auf Madenjagd. Die Golden Hornet folgte ihm und lenkte Blakeley von seinen trüben Gedanken ab.

Bob Lasseter fliegt eine Schleife über dem Aiai Creek, dreht dann nach Westen ab, Richtung Ilbilla. Dort unten begegnete Blakeley Aborigines, eine willkommene Gelegenheit für ihn, sich mit den »old people«, den Ureinwohnern, zu beschäftigen. Ich hatte beim Lesen von Blakeleys Memoiren den Eindruck, daß er sich von solchen »Begegnungen der menschlichen Art« hinreißen ließ. Das macht ihn, den mißtrauischen Besserwisser, trotz aller autoritären Charaktermerkmale wieder sympathisch. Er vereinigte die Neugier des Entdeckers mit der Behutsamkeit des Forschers. Eines Tages kam aus dem Busch eine nackte, dunkelhäutige Gestalt wie aus einer anderen Zeit. Der Mann sagte »Ningie, ningie!«, das bedeutete: Gebt mir etwas zu essen. Und Streichhölzer. Er zeichnete Spuren von Dingos in den Sand und deutete nach Süden, um den Weißen zu zeigen, wo die Dingos lebten. Er hielt die Weißen für Doggers, für Dingojäger. Seine Augen waren von Fliegen bedeckt, aber er bemühte sich nicht, sie wegzuwischen. Er war einer der Ärmsten seiner Rasse, schmutzig, lehmverkrustet. Zwei verkrüppelte Kinder und eine hübsche, junge Frau, vielleicht achtzehn Jahre alt, begleiteten ihn. Blakeley notierte sich das »gewinnende Lächeln« der Frau. In der Nähe hatten sie ihr Lager, Rauch stieg über dem Busch auf. Blakeley stieg auf einen Hügel, um nach anderen Schwarzen Ausschau zu halten. Aber da war nur diese Familie. Der Mann wirkte, als hätte ihn sein Stamm ausgestoßen. Er lebte im Niemandsland, wo er keine feindseligen Nachbarn fürchten mußte. Deshalb verhielt er sich so sorglos. Blakeley schloß daraus, daß sie nicht mit weiteren Aborigines rechnen mußten. Er vergaß nie seine Vorsicht, auch wenn er die Blacks nicht für ebenbürtige Gegner hielt. Mit ihren Speeren und Bumerangs hätten sie gegen Blakeleys Revolver keine Chance gehabt.

Lasseter nahm die Nachricht von Cootes Absturz gelassen auf. Blakeley sagte ihm, daß er kein neues Flugzeug bestellen wollte, und Lasseter stimmte ihm zu. Ein Flugzeug sei zwar ganz brauchbar, sagte er bissig, aber Coote sei der falsche Pilot gewesen. Er hoffe, Coote würde nicht zurückkehren. Aber Coote kam zurück, zuletzt war er der einzige, zu dem Lasseter noch Vertrauen hatte. Auch das gehörte mit zu den Überraschungen dieser Expedition.

Blakeley stand noch eine besonders unangenehme Überraschung bevor. Es war ein klarer Tag mit einer außergewöhnlichen Fernsicht. Blakeley konnte die Petermann Ranges im Süden sehen. Im Westen lag der Lake MacDonald. Die Salzkrusten des ausgetrockneten Sees schimmerten wie Schnee. Blakeley hatte sich vorgenommen, mit dem schweren Geländewagen niemals in die Nähe eines Salzsees zu fahren, weil er fürchtete, der Wagen könnte plötzlich auf einer Salzkruste einbrechen und versinken. Im Nordosten des Lake MacDonald erhob sich ein Bergriese, der Mount Marjorie. Blakeley schaute grübelnd in die Ferne und bemerkte Lasseters Schatten nicht. Lasseter trat dicht an ihn heran – in diesem Moment wurde das Schicksal der Expedition entschieden – und sagte: »Ich bin davon ausgegangen, daß meine Orientierungspunkte in der Gegend des Lake MacDonald liegen. Deshalb habe ich darauf bestanden, daß wir so weit nach Westen gehen – bis hierher.«

»Und jetzt?« fragte Blakeley beunruhigt.

»Ich habe mich davon überzeugt, daß das Goldriff nicht hier liegen kann.«

»Und wo ist es?«

Lasseter antwortete ohne Anzeichen von Nervosität: »150 Meilen weiter südlich.«

Das übertraf Blakeleys schlimmste Erwartungen, er war zuerst sprachlos. Dann sagte er grenzenlos enttäuscht: »Alter Junge, da müssen Sie in die Petermann Ranges rein. Sind Sie lebensmüde? Das ist Wahnsinn, alle geologischen Untersuchungen haben bisher ergeben, daß es in dieser verdammten Gegend kein goldhaltiges Gestein gibt. Es sieht so aus, Harry, als wären Sie damals im Kreis herumgelaufen.«

Lasseter reagierte auf die sarkastische Bemerkung nicht, er starrte nach Süden, entschlossen, die Nordroute endgültig aufzugeben. Blakeley sagte tief enttäuscht: »Wir werden Ihr Goldriff niemals finden. In den Petermann Ranges laufen seit 1908 nur Verrückte herum, die nicht mal ein Goldkorn finden. Aber ich kenne ernsthafte Prospektoren, die 200 Meilen im Norden eine Goldader entdeckt haben. Sie zieht sich von den westlichen Goldfeldern bis Chillagoe. Aber im Süden ist das blanke Nichts, Harry.« Blakeley erklärte, auch die unerschütterlichen Kamele

würden diese höllische Strecke nicht freiwillig gehen. Doch für Lasseter war die Stunde der Wahrheit gekommen. Ohne sichtbare Erregung sagte er: »Ich habe gewußt, daß Sie an meiner Story schon immer gezweifelt haben. Ich habe auf ein faires Spiel gehofft. Und ich will mich jetzt nicht beklagen. Wir hatten unsere Probleme miteinander, Blakeley, aber im Grunde sind Sie wie ich. Sie wollen alles perfekt machen, aber dann kommt es manchmal ganz anders. Es wäre schlimm, wenn ich damals im Kreis herumgelaufen wäre.«

Lasseter lachte nervös wie jemand, der ahnt, daß er bald allein weitergehen muß. Doch er bat Blakeley, ihm noch eine Chance zu geben. Doch der sagte nur: »Es wird Zeit, zum Wagen zurückzugehen.« Lasseter ging voraus, und Blakeley folgte etwas später. Als Lasseter weit genug entfernt war, kritzelte Blakeley eine Botschaft auf einen Zettel, legte ihn in eine Blechdose und steckte die Dose in eine Felsspalte – für den Fall, daß zwei andere Verrückte eines Tages an der Stelle vorbeikommen sollten, auf der Suche nach einem fabelhaften Goldriff. Dann, so schreibt Blakeley in seinen Memoiren, werden sie wenigstens eine von Lasseters Spuren finden. Was Blakeley auf dem Zettel notierte, erzählt er nicht in seinem Buch.

Aber es muß eine Mischung aus Fluch und Warnung gewesen sein. – Und es war sein Abschied von Lasseters Traum.

Bob Lasseters Sportflugzeug gleitet dicht über den weißen Salzkrusten des Lake MacDonald dahin. Wenn die Maschine plötzlich in eine der heißen Luftströmungen gerät und nicht mehr zu kontrollieren ist, wie das bei Cootes Bruchlandung am Aiai Creek der Fall war, dann wird der Salzsee zum viel zu großen Grab für so eine kleine Maschine. Bob sitzt grinsend hinter dem Steuer, als ahne er unsere ängstlichen Gedanken. Er amüsiert sich über unsere heimlichen Zweifel an seiner Flugkunst. Er hat die Maschine anscheinend bestens im Griff, ein paar Turbulenzen läßt sie vogelleicht hinter sich, schwingt sich schräg über die Salzkrusten, um zu demonstrieren, daß der alte MacDonald seinen Schrecken verloren hat. »Glaubt das bloß nicht«, sagt Bob, »ab und zu schnappt er sich so einen teuren Vogel. Und hinterher weiß keiner, wie es passiert ist. Du hockst unter der Salzkruste in deinem Cockpit, da holt dich keiner mehr raus.« Und dann wird er ein wenig vom Pathos übermannt, als er an das Wagnis seines Vaters denkt, an seine Besessenheit und seinen unerschütterlichen Suchtrieb. Während des Tiefflugs zitiert er einen amerikanischen Präsidenten vom Anfang dieses Jahrhunderts, Theodore Roosevelt: »Nicht die Kritik an einem Mann zählt – wie ein Mann stolperte und zu Fall kam. Oder wie ein Mann der Tat es hätte besser machen können. Das alles zählt nicht. Der Ruhm gehört dem Mann, der mitten in der Arena steht und die Leidenschaft kennt. Wenn er scheitert, dann letzten Endes, weil er Großes gewagt hat. Er gehört nicht zu den kalten, zaghaften Seelen, die weder Sieg noch Niederlage kennen.«

Das, so findet Bob, gilt natürlich besonders für seinen Vater. Für Blakeley kann Bob keine Sympathie empfinden. Der habe seinen Vater immer nur als Lügner und Scharlatan entlarven wollen. Blakeley hielt sich für einen der besten Buschkenner. In seinen Memoiren schreibt er, daß man viele Jahre braucht, um ein Buschspezialist zu werden, Jahre, in denen man abenteuerliche und bittere Erfahrungen sammelt. In Blakeleys Augen war Lasseter ein hergelaufener Großstädter aus Sydney, der sich aufführte, als hätte er langjährige Buscherfahrung. Eines Tages, als die Expedition das Gebiet der grenzenlosen Sandhills durchquerte, versuchte Lasseter mit seinen Buschkenntnissen zu glänzen. Er behauptete, er habe den Dung von wilden Truthühnern gesehen. Blakeley glaubte ihm nicht und sagte: »Das nächste Mal, Harry, wenn Sie sehen, wo die Truthühner scheißen, zeigen Sie mir die Stelle.« Lasseter merkte, daß Blakeley ihn prüfen wollte. Er zeigte Blakeley die angebliche Spur der Truthühner, aber Blakeley sah auf den ersten Blick, daß es der Dung einer Känguruhratte war. »Sie sind ja eine besondere Sorte Buschmann, Harry«, spöttelte Blakeley. »Warum sehen Sie nicht genau hin und finden heraus, welches Tier für diese Scheiße verantwortlich ist?«

In den Sandhills war Blakeley glücklich. Dort konnte er die Reibereien und Strapazen der Expedition vergessen. Er streifte durch die Wildnis und dachte darüber nach, warum die Ketten der Sandhills immer von Osten nach Westen verliefen und niemals von Norden nach Süden. Er war unterwegs, um sogenannte »Breaks« zu finden, »Passagen, durch die der Geländewagen fahren konnte. Wenn Blakeley eine Passage gefunden hatte, bedeutete das nicht, daß sie sich in der nächsten Hügelkette fortsetzte. Manchmal stand der Wagen dann wieder vor einer geschlossenen Hügelkette, die er nicht überwinden konnte. Blakeley fand keine Antwort auf die Frage, wie diese »Breaks« entstanden waren.

Die Farben der Sandhills, die wir vom Flugzeug aus betrachten, wechseln ab. Meistens sind die Hügel rot wie der Belag von Tennisplätzen. Manche sind dunkler oder schimmern in einem bleichen Rot oder einem rötlichen Gelb. Der Gummibaum wächst in dieser Geisterlandschaft, der »ghost gum«. Es ist ein gespenstischer Baum mit einer hellen, bleichen Rinde, in die man mit dem Messer Botschaften ritzen kann, die noch Jahre später lesbar sind. Dieser Baum steht immer allein, ein ein-

sames Baumgespenst. Blakeley hat auf Tausenden von Meilen, die er in vielen Jahren gewandert war, nie eine Gruppe von ihnen gesehen. Sie erinnern an die toten Seelen gescheiterter Goldsucher. Mancher von ihnen ist mehr als 300 Jahre alt.

Die unregelmäßig verteilten Passagen in den Sandhills ließen Blakeley keine Ruhe. Später hat er Geologen befragt, die ihm erklärten, der Wind habe die »Breaks« geschaffen. Doch Blakeley war diese Antwort zu simpel. Die Magie der Sandhills ließ ihn nicht mehr los. Es gab nichts, was ihren Charme und ihr Geheimnis übertraf; sie blieben ein Rätsel der Natur.

Der lehmverkrustete Rip Van Winkle, wie sie den Eingeborenen getauft hatten, erschien ab und zu, um sich Nahrung und Streichhölzer zu holen. Die junge Frau und die beiden verkrüppelten Kinder begleiteten ihn immer. Eines Tages riefen die Kinder einen Namen ins Gebüsch, und dann erschien ein riesiger, kahlköpfiger Mann, der aussah wie ein Krieger, aber keine Waffen trug. Rip Van Winkle wollte ein Geschäft mit Blakeley machen und bot ihm deshalb die junge Frau zu einem kurzen Vergnügen an – für ein paar Fleischkonserven und Streichhölzer. Aber Blakeley lehnte höflich ab. Er überreichte den Kindern und der jungen Frau Geschenke. Die beiden Männer starrten düster und verärgert in den Sand, denn in ihrem Stamm war es die Regel, daß die Männer zuerst bekamen, was sie haben wollten. Blakeley gab den Männern schließlich Konserven und Streichhölzer, damit es keinen Streit zwischen Mann und Frau gab. In den Sandhills, dachte Blakeley, ist es nicht viel anders als in der Zivilisation der Weißen. Der Mann bestimmt die Regeln der Horde oder der Gesellschaft. Viel habe sich nicht geändert, bemerkte er ironisch zu seinen Teamkameraden.

Rip und der kahlköpfige Riese schauten sich mißtrauisch um, als witterten sie eine Gefahr. Blakeley fragte seinen Pfadfinder, was los sei, und Mickey erklärte: »Sie sind nicht allein. Da kommen noch andere.« In der Ferne stiegen Rauchsignale von den Lagerfeuern der Aborigines auf. Sie meldeten, daß man Geschäfte mit Weißen machen konnte, wenn man schlau genug war.

Dann erschien im Dickicht ein kraushaariger, dunkler Kopf, und als Blakeley seine leere, waffenlose Hand zum Gruß hob, kam der Schwarze auf ihn zu. Das war das erste, was Blakeley als Buschmann gelernt hatte: Zeig ihnen, daß du keine Waffe in der Hand hast. Wenn zwei Männer sich die Hand schütteln, können sie nicht kämpfen. Das ist ein zivilisierter Gruß, der aus der Wildnis kommt. Blakeley verstand kein Wort von dem, was der Mann sagte, der nach Westen und Südwesten zeigte. Dann begriff Blakeley: Dort hinten lebte sein Stamm. Sie setzten sich und zeichneten Fragen und Antworten in den Sand. Lasseter hatte sich zurückgezogen und saß in der Kabine des Geländewagens, er traute dem Frieden nicht. Er hielt Blakeley für einen sentimentalen Menschenfreund, der vergaß, daß die Blacks den Weißen gelegentlich eine Keule über den Kopf schlugen.

Blakeley hatte sich darauf verlassen, daß das Goldriff im Norden lag. Der Süden war für ihn ein Alptraum, mörderisch heiß, trostlos, unerforscht – die Petermann Ranges. Blakeleys Hoffnung keimte noch einmal auf, als er mit George Sutherland in der Gegend zwischen Lake Mac-Donald und Mount Marjorie Quarz entdeckte. Wo Quarz war, da war auch Gold. Blakeley hoffte, der kleine, verbissene Lasseter könnte trotz aller Ungereimtheiten, die die Expedition begleiteten, am Ende doch recht behalten. Da waren Dutzende von Quarzadern. Abends saßen die Männer am Lagerfeuer und sprachen über den Abbau des Goldes, als wäre es greifbar nah. Doch zu diesem Zeitpunkt war Lasseter bereits davon überzeugt, daß die Nordroute der falsche Weg war.

Sobald das Team am Morgen startete, stiegen die Rauchsignale der Aborigines in die Luft. Es gab lange Rauchsäulen und kurze Rauchzeichen, eine Art Morsesystem. Wunderbare Nächte im Outback entschädigten für die täglichen Strapazen. Manchmal war es nachts völlig windstill. Die Männer saßen am Feuer und spielten Karten. Phil Taylor und George Sutherland sangen gern; noch nie hatte jemand in den Sandhills Lieder gesungen wie »Off to Bonny Scotland, riding down the Clyde«. Da erinnerten sie sich an ihre Herkunft, ihre Vorfahren, an das Gemisch aus Kolonialbeamten, Offizieren, Sträflingen und Abenteurern des britischen Empire, die das Schicksal wie Strandgut auf den australischen Kontinent geworfen hatte.

Sie erinnerten sich an den Entdecker James Cook, der die Küste von Australien, Neuseeland und Tasmanien erreichte. 1779 hatten ihn Eingeborene auf Hawaii in einem Gefecht mit Speeren getötet. Der britische Pirat William Dampier landete an der Westküste Australiens, segelte dann in die Südsee. Er kam in die größten Schwierigkeiten, als das Schiff von Kapitän Swan auf der See trieb und kein Land in Sicht kam. Wasser und Proviant wurden knapp. Irgendwann fanden sie doch noch eine Insel, und Dampier notierte in seinen Erinnerungen: »Kapitän Swan war heilfroh, daß wir die Insel sahen, ehe wir unsere Lebensmittel, deren Reste noch für drei Tage ausreichten, gänzlich verzehrt hatten. Ich habe nämlich hinterher erfahren, daß schon der Beschluß gefaßt worden war, wenn alles aufgezehrt gewesen wäre, zuerst den Kapitän zu erschlagen und zu essen und danach alle anderen, die zu dieser Reise geraten hat-

ten. Aus diesem Grunde sagte Swan einst zu mir auf der Insel Guam: »Ei, Dampier, an Euch hätten sie wenig Gutes gefunden!« Und damit hatte er durchaus recht, denn so rund und fleischig er selber war, so mager und beindürr war ich.«

Das Expeditionsteam hatte zum Glück genug zu essen: wilde Tauben, Truthühner oder mal ein Känguruh, wenn es keine bessere Beute gab. Es bestand also keine Gefahr für Lasseter, obwohl Blakeley ihn »zum Fressen gern hatte«. Das waren die schönsten Nächte im Outback, wenn die Männer spürten, daß sie nicht viel anders waren als die alten Entdecker Cook, Dampier, Kapitän Swan oder der goldhungrige Henry Morgan, ein britischer Freibeuter und später Gouverneur von Jamaica, nachdem er 1671 die Stadt Panama auf dem Landweg überfallen und geplündert hatte. Auch die Männer um Lasseter träumten vom großen Coup, um sich mit Millionen das süße Leben leisten zu können. Früher benutzten die Abenteurer Segelschiffe, um ans Ziel zu kommen, jetzt rollten sie in einem Geländewagen durch endlosen Sand.

Nach dem Abendessen stieg Lasseter in die Kabine des Geländewagens und schloß sich ein. Einmal ging Blakeley zu ihm und sagte: »Sie schließen sich immer ein, Harry. Mit unserer gesamten Munition. Wenn die Blacks mal über uns herfallen, können wir nicht schießen. Also lassen Sie wenigstens die Tür offen.«

Doch Lasseter antwortete ungerührt: »Das ist Ihre Sache, wenn Sie und die anderen draußen im Sand schlafen. Ich hab was dagegen, daß die Blacks mich nachts überrumpeln und in ihr Lager schleppen.« Hatte er Angst, in einem ihrer Fleischtöpfe zu landen? Blakeley konnte Lasseters Vorurteile gegenüber den Eingeborenen nicht verstehen. Er, Blakeley, wünschte sich freundschaftliche Begegnungen mit ihnen. Vielleicht war er ein bißchen zivilisationsmüde und sehnte sich nach einem freien Leben, wie er es einst in seinem ersten Buch »Hard Liberty« beschrieben hatte. Die Aktionäre in Sydney, das wußte er, waren nicht seine Freunde. Sie wollten Gold sehen, für seine Betrachtungen von Mensch und Natur hatten sie nichts übrig.

Eingeborene näherten sich dem Lager. Sie sahen anders aus als der schmutzige Rip Van Winkle. Sie waren hellhäutig, hatten gut modellierte Muskeln und reinigten sich wohl regelmäßig an Wasserlöchern. An ihren Körpern klebte kein Lehm wie bei Rip. Zwei Männer waren über vierzig Jahre alt, einer hatte schon ein paar graue Haarsträhnen, aber er wirkte gelassen und leichtfüßig. Sie interessierten sich für den Ingenieur Phil Taylor, der von der Sonne so gebräunt war, daß seine Haut fast so dunkel war wie die der Aborigines. Phil trug Shorts und hatte eine Menge schwarzer Haare auf den Beinen, worüber sich die glatthäutigen Blacks amüsierten. Die beiden Männer wurden von zwei Jungen begleitet, vier und neun Jahre alt. Der Kleine war anfangs sehr scheu, der Ältere mit dem wißbegierigen Blick wagte sich weiter vor. Blakeley gab den Kindern Bonbons. Die Männer freuten sich anscheinend über den Genuß ihrer Kinder, aber sie selbst nahmen keinen »Lolly« an.

Lasseter saß wie immer im Geländewagen oder auf irgendeinem Hügel und notierte seine Eindrücke im Tagebuch. Über Begegnungen mit den Blacks, über Blakeleys Bemühungen, sich mit ihnen zu verständigen, hat er sich nicht geäußert – abgesehen von dem Alten, der Lasseter in seinen letzten Stunden half. Lasseters Gedanken waren stets beim Goldriff, er hatte keine Zeit für Steinzeitmenschen. Die Blacks schielten nach dem kleinen Mann im Hintergrund, als wollten sie fragen: Was für ein komischer Weißer ist das denn, der so allein dasitzt? Warum läuft der Tag für Tag über die Sandhügel? Blakeley konnte es ihnen nicht erklären, dafür reichte die Zeichensprache nicht aus.

Phil Taylor zeigte den Eingeborenen, was für ein mächtiges Feuer die Weißen machen können. Er schüttete Benzin aus, tat so, als wäre er ein Zauberer, machte magische Handbewegungen über dem benzingetränkten Sand. Blakeley fand das hochmütig und nennt Taylor in seinen Memoiren einen »Narren«. Taylor warf ein brennendes Streichholz auf

Links: Ein Tag im Lager der Aborigines: Der Vater zeigt seinem Sohn, wie man einen Bumerang schnitzt.

Rechts: Im weiten australischen Buschland hat sich mancher Goldsucher verirrt und sein Leben verloren.

das Benzin, Flammen loderten auf. Doch die Blacks waren nicht verwundert, starrten nur düster auf den Zauber der Weißen. Blakeley spürte, daß die Weißen mit ihrer Angeberei zu weit gegangen waren, und löschte die Flammen mit Sand. Der Anführer der Aborigines umkreiste die Stelle, von der Benzindämpfe aufstiegen. Er prüfte den Sand, der gebrannt hatte, rieb ihn zwischen seinen Fingern. Er schnüffelte an den Abgasen in der Luft, seine Nüstern weit offen – das Aroma der Zivilisation schien ihm nicht zu gefallen.

Das Team nannte den kleinen Jungen Bubbles, den großen Charlie. Als sie den Kindern einen Spiegel vorhielten, um ihre Reaktion auf ihre Spiegelbilder zu testen, zog einer der Männer seinen Sohn mißvergnügt beiseite. Die Experimente der Weißen gingen ihm zu weit. Blakeley wollte die psychologischen Fehler wiedergutmachen und lud die Schwarzen zum Essen ein. Aber sie hatten noch nie ein Sandwich gesehen und wußten nicht, wie sie damit umgehen sollten. Blakeley nahm das Sandwich des Anführers und biß hinein. Und im Nu begriffen alle, wie man in ein Sandwich beißt. Blakeley zeigte ihnen Reis und machte ihnen klar, daß er Reis kochen wollte. Er stellte einen Topf Reis auf das Feuer. Als sie merkten, daß es eine richtige Mahlzeit gab, machten sie ein großes Feuer, obwohl die Sonne schon für genug Hitze im Lager sorgte. Sie machten aber das Feuer im Schatten, der Anführer erklärte mit Zeichensprache, daß der Rauch die Fliegenschwärme vertreiben würde. Sie wollten eine ungestörte Mahlzeit bei den Weißen genießen. Blakeley war in dieser Situation natürlich glücklich, er liebte die kleinen Entdeckungen im menschlichen Bereich. Das Wasser kochte auf dem Feuer, und einer der jungen Männer aus der Gruppe steckte neugierig seinen Finger in das kochende Wasser. Der Schmerz schockte ihn. Offenbar hielt er diesen »Zauber« für einen bösen Trick der Weißen. Blakeley beeilte sich, die Situation zu retten. Er steckte seinen eigenen Finger kurz in das heiße, dann in kaltes Wasser, und das mehrere Male, er verbiß seinen Schmerz und lächelte, alles den guten Beziehungen zwischen »Black and White« zuliebe. Er hatte Erfolg. Der Eingeborene tauchte seinen verbrühten Finger ins kalte Wasser und lächelte erleichtert, schnatterte erlöst und deutete abwechselnd auf das heiße und kalte Wasser – er hatte seine Lektion gelernt und schien sogar ein bißchen stolz darauf zu sein.

Blakeley fand ihre Methode, Fliegen mit dem Rauch eines großen Feuers zu vertreiben, um ungestört essen zu können, intelligent und zivilisiert. Sein Team hatte mit Tausenden von Fliegen zu kämpfen. So lernten die Weißen von den Schwarzen einen guten Trick. Blakeleys Reisgericht war fertig. Aber was nun? Sie hatten nicht genügend Löffel.

Die Löffel, die das Team benutzte, wollte Blakeley seinen Gästen nicht geben. Sie hätten die Löffel sicher für Geschenke gehalten und sich geweigert, sie zurückzugeben. Taylor, ein Handwerker mit vielen guten Ideen unterwegs, formte aus dem Blech leerer Konservendosen, die er zurechtschnitt und glattschliff, sieben Löffel. Jeder bekam eine Konservendose voll Reis, und dann demonstrierte Blakeley, wie man mit Löffeln speist. Die beiden Jungen, Bubbles und Charlie, begriffen es schneller als die Alten. Dann saßen alle im Sand und löffelten den Reis wie alte Bekannte. Das ferne Geheul einer Meute Dingos störte sie nicht, das war australische Tafelmusik mitten in der endlosen Weite.

Die Aborigines waren die ersten, die den Fremden in der Ferne sahen, sie hoben die Köpfe und blickten in die Richtung des Wasserlochs. Es war ein Weißer, mit zwei Eingeborenen und fünf Kamelen. Er hatte am Wasserloch die vielen Spuren nackter Füße gesehen, aber auch die Schuhabdrücke von Weißen, und wollte wissen, wer unterwegs war. Es war der Deutsche Paul Johns, ein Dingojäger, der seit Monaten durch den Busch streunte. Er lieferte die Felle erlegter Dingos bei Schaffarmern ab und kassierte dafür Prämien. Johns hatte lange nichts Gutes mehr gegessen. Er verschlang einen Laib Brot, Reis, Konservenfleisch und stopfte sich auch mit Kuchen voll. Einer seiner dunkelhäutigen Begleiter, die Pfadfinder waren, konnte englisch und deutsch sprechen und schreiben. Er war in der deutschen Missionsstation von Hermannsburg aufgewachsen.

Lasseter stieg in die Kabine des Geländewagens und kramte in seinen Sachen. Er ahnte nicht, daß mit dem 22jährigen Deutschen eine neue Figur in das Drama eingetreten war.

»Wer ist der kleine Dicke?« fragte Johns.

»Harold Lasseter aus Sydney«, antwortete Blakeley.

Der Geländewagen, mit dem die Lasseter-Expedition 1930 auf der Nordroute von Ilbilla aus unterwegs war. Der Thornycroft erreichte nie sein Ziel.

»Oh, der Held der Nation«, sagte Johns, »ich hab gehört, daß ihr hinter einem Goldriff her seid. Aber Sie sehen nicht so aus, als wären Sie nah dran.«

Blakeley war es peinlich, zugeben zu müssen, wie der Stand der Dinge war. Er wich den Fragen von Johns aus und äußerte nur, er könnte ein paar gute Kamele gebrauchen, Cootes Maschine sei wie eine lahme Taube am Aiai Creek vom Himmel gefallen. In der Abenddämmerung saßen alle am Feuer, die Weißen und die Aborigines. Blakeley konnte es nicht lassen, über den Unterschied zwischen den Ureinwohnern und den Weißen nachzugrübeln. Die einen, fand er, lebten in Freiheit und Frieden in tiefster Wildnis. Und die Vertreter der Zivilisation? Wer war glücklicher, war besser dran? Da saßen auch die beiden schwarzen Pfadfinder, trugen Hemd und Hose wie Weiße. Und was hatten sie gewonnen? Nichts. Verloren hatten sie das uralte Glück ihrer Rasse, in der harten, aber unbegrenzten Freiheit zu leben, mit ihren Göttern und Geistern. Die beiden waren Mitläufer der weißen Rasse geworden, Sklaven, die von den Vergnügungen und Privilegien der Weißen ausgeschlossen waren. Die Evolution, so dachte Blakeley an diesem Abend im Lager bei Ilbilla, hatte den Ureinwohnern der Sandhills ihre Unschuld genommen. Sie waren dazu verurteilt, in der Zivilisation Menschen zweiter Klasse zu sein.

Doch an diesem Abend waren sie alle gleich. Die Aborigines aus der Missionsstation Hermannsburg begannen zu singen. Dann mischte sich eine fremdartige, sanfte Stimme mit einem Lied ein, dessen Worte niemand verstand – es war Charlies Gesang. Charlie, der Junge aus den Sandhills, sang vielleicht von seinen Göttern oder von seinem Alltag im fernen Lager, von der Jagd auf Leguane, wer weiß – Blakeley hatte noch nie so eine faszinierende Melodie gehört. Die Weißen lauschten, versuchten mitzusingen. Charlies Solo war vermutlich auch ein Dank an die Weißen. Johns hatte eine gute, kräftige Stimme. Er hatte ein paar Wörter von den Ureinwohnern gelernt, als er auf der Dingojagd durch ihre Stammesgebiete gekommen war.

Blakeley hatte beschlossen, die Expedition abzubrechen, nachdem Lasseter erklärt hatte, der Weg führe nach Süden, 150 Meilen weit, zu den Petermann Ranges, die einer Mondlandschaft glichen – ein Platz zum Sterben. Und so wurde dieser Gesang auch zum Abschiedsständchen für Lasseter.

Errol Coote kehrte nach seiner Genesung in Alice Springs mit der Ersatzmaschine »Golden Quest II« zum Team zurück. Er war aber noch nicht fähig, die Maschine zu fliegen, Ersatzpilot Pat Hall saß am Steuer. Im

Lager wunderte sich Coote, woher alle diese Aborigines kamen. Da ging es zu wie auf einer Versöhnungsparty zwischen Schwarz und Weiß.

»Was ist denn hier los?« fragte Coote in einem ironisch-vorwurfsvollen Ton. »Habt ihr alle einen Sonnenstich? Sieht nicht so aus, als würde hier hart gearbeitet. Habt ihr das Goldriff vergessen? Was sagt denn der alte Lasseter zu so einem disziplinlosen Haufen?«

Blakeley klärte ihn über den neuesten Stand der Dinge auf. Er hatte vor, Lasseter nach Süden gehen zu lassen, aber nicht allein, das wäre eine Tour für einen Selbstmörder. Dieser Dogger, der deutsche Dingojäger, paßte in Blakeleys Rückzugspläne. Die Öffentlichkeit würde es ihm nicht verzeihen, wenn er Lasseter einfach so in sein Verderben laufen ließ. Deshalb wollte er ihm diesen Dogger mitgeben, der ausreichend Buscherfahrung hatte. Gegen entsprechende Bezahlung würde Johns sicher mitmachen. Dann konnte niemand Blakeley Vorwürfe machen; er hatte, jedenfalls nach außen hin, alles getan, um Lasseter ein »faires Spiel« zu geben. Daß es zwischen den beiden tatsächlich ganz anders zuging, blieb der Öffentlichkeit verborgen.

Lasseter suchte in jenen Tagen, als die Expedition auseinanderfiel, verzweifelt nach einem Halt. Er schätzte den Piloten Coote nicht besonders, ein Versager in Lasseters Augen. Aber offenbar war Coote kein Klatschmaul wie Sutherland, der alles, was Lasseter sagte, Blakeley weitererzählte. Lasseter hielt Sutherland für einen Spitzel.

»Es interessiert die Gentlemen in Sydney nicht, was für Probleme Sie hier draußen haben, Harry«, sagte Coote zu dem erregten Lasseter während einer Aussprache unter vier Augen. Und Coote fügte hinzu: »Ich habe eine Menge Leute dazu gebracht, Geld in die Show zu stecken. Die wollen alle, daß Sie das Ding finden. Wenn nicht, stehe ich ziemlich blamiert vor meinen Leuten da. Also jammern Sie nicht über Blakeleys Führungsstil. Sagen Sie mir, wo das Ding liegt, und wir fliegen hin.«

Das wäre die Lösung gewesen. Ein Geheimflug, Coote und Lasseter finden das Ding – was wäre geschehen? Wie hätten sie das Goldriff später ausgebeutet, ohne den Verdacht zu erregen, Blakeley, das Team und die Aktionäre in Sydney reingelegt zu haben ? Einen Augenblick lang liebäugelten die beiden vielleicht mit der Idee eines Geheimflugs, aber dann erklärte Lasseter, ein Flugzeug könnte in dieser Gegend, wo sein Goldriff lag, nur mit größtem Risiko landen.

Aber zumindest hatte Lasseter in Cootes Seele geschaut und dort einen heimlichen Verbündeten gefunden. Er suchte öfter das Gespräch mit Coote, wurde vertraulich, und Coote hörte dem »alten, verrückten Harry« aufmerksam zu, wie in Cootes Memoiren zu lesen ist. Hatte der Pilot die Absicht, Lasseter auszuhorchen, um später allein zum Goldriff

zu fliegen und, trotz allem, einen Landeplatz zu finden? Was wagt man nicht alles für einen Millionengewinn! Als Harold Lasseter Cootes Interesse spürte, während die anderen schon an den Rückweg und ein kühles Bier in Alice Springs dachten, faßte er noch einmal Mut. Pat Hall flog mit der »Golden Quest II« die Post nach Alice Springs. Lasseter überreichte Blakeley, der die abgehende Post kontrollierte, ein Telegramm. Es kam durch die Zensur, denn es war eine Aufmunterung Lasseters an seine Frau. Er betonte noch einmal, er werde das Goldriff finden.

Blakeley bezweifelte, daß Lasseter jemals mit einem Pferd die tödliche Weite durchquert hatte, wie er bei seinen ersten Aussagen in Sydney behauptet hatte. Er erklärte ihm, er habe sich in Sydney für seine Story interessiert, weil sie so auffallend anders war als die zahlreichen Storys über ein sagenhaftes Goldriff. Lasseters Story hatte einen sehr persönlichen Charakter, der Blakeley reizte, nach der Wahrheit zu suchen. Nun waren sie am Ende ihres gemeinsamen Weges angekommen, standen auf dem Hügel, und Blakeley sagte: »Das war's, alter Junge. Sie haben sich genauso verrannt wie die zwanzig anderen Expeditionen und die zahllosen Verrückten, die allein oder zu zweit nach dem ›big thing‹ gesucht haben. Wir sind am toten Punkt, Harry. Geben Sie auf!«

Lasseter merkte, daß Blakeley ihm eine Falle stellte. Wenn er aufgegeben hätte, wäre es für Blakeley leicht gewesen, ihn zum Sündenbock zu machen. Daß der »alte Junge« bereit war, weiterzuziehen und sein Leben aufs Spiel zu setzen, muß Blakeley tief beunruhigt haben – Lasseter war in diesem bizarren Männerspiel der moralische Sieger. Er wußte, daß er nicht aufgeben konnte. Es ging um seine Ehre, und die wollte ihm dieser Blakeley auch noch nehmen.

Blakeley erklärte: »Die heißen Tage kommen. Keine Expedition zieht im australischen Sommer durch diese Hölle. Sie haben nur eine Chance – vielleicht geht dieser Deutsche mit Ihnen, dieser Dogger Johns. Die Gesellschaft bezahlt ihn und seine fünf Kamele.«

Johns akzeptierte den Job für 5 Pfund die Wochen. Blakeley atmete erleichtert auf, als Lasseter und Johns das Lager verlassen hatten. Er wandte sich den Aborigines zu, die zu Besuch kamen. Mit den Jungen spielte er Fußball, um auf andere Gedanken zu kommen. Er stellte Stöcke auf, um die Tore zu markieren. Die Väter standen am Rand des Spielfelds und sahen dem ballverliebten Weißen zu, der den Blacks das Fußballspiel beibrachte. Sie ahnten nicht, daß dieses Spiel für Blakeley eine Art Therapie war, um die größte Enttäuschung seines Lebens zu verdrängen.

Schließlich verließ das zusammengeschrumpfte Expeditionsteam das Lager bei Ilbilla. Die Rückfahrt nach Alice Springs verlief ohne besondere Vorkommnisse. Ein Blick auf den Tachometer des Geländewagens zeigte: Seit der Abreise von Alice Springs hatte die Expedition 1700 Meilen zurückgelegt, das sind über 2700 Kilometer. Auf der Ladefläche des Geländewagens war das Wrack von Cootes »Golden Quest« untergebracht, Symbol für die endgültige Niederlage der Expedition. Blakeley schickte ein entsprechendes Telegramm an die Geldgeber in Sydney. In Alice Springs tranken die Männer ein kühles Bier, dann stiegen sie in den Zug nach Sydney. Vor ihnen lagen etwas mehr als 2200 Meilen Bahnfahrt. Und der Empfang in Sydney, wo Aktionäre und Presse auf Erklärungen warteten, war äußerst kühl.

Die beiden Piloten Errol Coote und Pat Hall waren schon früher mit der »Golden Quest II« nach Alice Springs abgeflogen. Das Wetter war gut. Pat steuerte die Maschine zum Mount Udor, dann weiter Richtung Haast Bluff. Sie flogen über die roten Felsen der MacDonnell Ranges. Pat Hall war nicht mehr sicher, ob die Richtung stimmte. Er fürchtete, das Benzin könnte ausgehen. Coote hatte eine Menge Probleme hinter sich und ließ sich von der Aussicht einer Notlandung in den MacDonnells nicht erschüttern. Er genoß das wundervolle Panorama wie einer, der aus einem Alptraum erwacht war und in die Wirklichkeit zurückkehrte.

Von Alice Springs flogen sie weiter nach Adelaide. Coote fragte Pat Hall nach Lasseters seltsamer Reaktion, die Hall während eines Erkundungsflugs bemerkt hatte. Lasseter war aufgesprungen, als wollte er aus dem Cockpit springen. Er deutete erregt nach draußen, als hätte er sein Goldriff wiederentdeckt.

»Er hat gesagt, daß es 150 Meilen weiter südlich liegt«, meinte Coote zweifelnd. »Bist du sicher, daß die Maschine zu diesem Zeitpunkt über den Petermann Ranges flog?«

»Er war wirklich verdammt aufgeregt«, sagte Hall. »Weiß der Teufel, was der alte Knabe gesehen hat!«

»Irgendwie hatte sein Wahn Methode«, grübelte Coote.

Im September übernahm Coote die Maschine und flog nach Marree, über Port Augusta. Während des Fluges wurde ihm schwindlig von den Dämpfen auslaufenden Benzins, die Maschine hatte ein Leck. Halb betäubt landete er in Marree. Nach der Reparatur flog er nach Oodnadatta, eine stürmische Landung. Der Sturm dauerte drei Tage, blies Sand und Staub durch die Straßen. Coote telegraphierte nach Alice Springs und Sydney, um letzte Nachrichten über die Expedition zu erfahren. Fred Colson telegraphierte zurück: Es ist aus. Expedition kehrt zurück. Alles Weitere in Sydney.

Dann kam ein Telegramm vom Syndikat, das Coote mitteilte: Lasseter zieht ohne das Team weiter. Coote sollte mit der »Golden Quest II« los-

fliegen und Kontakt mit Lasseter aufnehmen. Coote war wütend auf das Team und empfand Sympathie für den einsamen Lasseter: Was fiel Blakeley und den anderen ein, einen Mann allein zu lassen, dessen Goldriff das Unternehmen überhaupt in Gang gebracht hatte?

Coote flog nach Alice Springs und wartete dort auf weitere Anweisungen. Phil Taylor sollte ihn bei der Suche nach Lasseter unterstützen. Coote beschloß, zum Ayers Rock zu fliegen und dort ein Basislager zu errichten. Am Ayers Rock gab es gutes, sauberes Wasser. Schon die Mackay Expedition hatte herausgefunden, daß es am Ayers Rock das beste Trinkwasser in Zentralaustralien gab. Der heilige Berg der Aborigines liegt 140 Meilen südlich von Ilbilla, an der Grenze des Gebietes, durch das Lasseter auf seinem Weg nach Süden zog. Coote wollte von Charlotte Waters einfliegen, das ist die direkte Verbindung zum Ayers Rock. Taylor sollte auf dem Landweg mit Kamelen Proviant und Benzin zum Lager transportieren.

Coote und Taylor bereiteten sich in Alice Springs auf ihre Tour ins Ungewisse vor. Ein Wirbelwind kippte die »Golden Quest II« auf die

Nase, obwohl sie befestigt war. Wieder Schäden an der Maschine. »Diese verdammten Wirbelwinde scheinen besonders hinter Flugzeugen her zu sein«, sagte Taylor, als handelte es sich um die Rache der einheimischen Götter an den fliegenden Kisten der Weißen.

Das war die Lage vor dem dramatischen Finale: Blakeley kam mit dem Rest der Expedition nach Alice Springs zurück. Er begrüßte Coote nur kühl, die Verlierer hatten sich nicht viel zu sagen. Lasseter und der Dogger Paul Johns waren auf dem Weg zu den Petermann Ranges. Es war September geworden, die Temperaturen stiegen, sengende Hitze. Irgendwo draußen in der Einsamkeit des Outbacks kam der alte Lasseter auch mit dem jungen Paul Johns nicht zurecht. Johns wollte, wie alle anderen, möglichst bald Gold sehen. Auch er begann irgendwann zu zweifeln.

Bob Lasseter fliegt über die MacDonnell Ranges zurück nach Alice Springs. Wir kennen jetzt die Nordroute. Doch was erwartet uns im Süden, auf dem Weg zu Lasseters erstem Grab unter einem schattigen Strauch? Wir werden vom Flugzeug in den Jeep umsteigen. Bob erzählt: »1957 wurden die Gebeine meines Vaters in den Petermann Ranges von einem Filmteam ausgegraben, das seinen Spuren folgte. Er hatte dort 27 Jahre lang geruht, keiner wußte bis dahin, wo das Grab war. Die Gebeine wurden auf die Polizeistation von Alice Springs gebracht, wo sie neun Monate lang herumlagen. Die Ermittlungen ergaben, daß er nicht eines gewaltsamen Todes gestorben war. Von Mord konnte keine Rede sein, wie damals gemunkelt wurde. Wer sollte ihn ermordet haben? Und warum? Für die Aborigines war er ein sterbender, alter Mann, der nur noch ein paar Habseligkeiten besaß, für die Schwarzen genauso wertlos wie für die Aktionäre in Sydney. Die Behörden schlossen die Akte, und die Gebeine wurden auf dem Friedhof von Alice Springs bestattet. Jahre später hat ihm die Filmgesellschaft, die seine Gebeine ausgraben ließ, das Denkmal aus rotem Sandstein errichtet. Ein Dank der Australier für den, dem sie eine große Story und den Traum vom Goldriff verdanken.«

Das Sportflugzeug fliegt mit Rückenwind, der aus Lasseters Norden bläst. Die Frage bleibt: Wäre die Lasseter-Expedition erfolgreich gewesen, wenn einer dem anderen Mut gemacht hätte, statt an ihm zu zweifeln? Es fehlte der gegenseitige Respekt, das Team glich einer Truppe von Glücksrittern ohne ausreichende Moral für eine derart zermürbende Tour. Vielleicht haben sich Blakeley, Taylor, Colson und Sutherland überschätzt, und der Bruchpilot Coote hat dem Ganzen die tragikomische Note gegeben. Aber das Seelenduell zwischen Lasseter und Blakeley war das Schlimmste, was der Expedition passieren konnte.

Linke Seite: Am Ayers Rock, dem heiligen Berg der Aborigines, mußte Errol Coote, der Pilot der Lasseter-Expedition, 1930 notlanden. Verzweifelt wartete er in einer Höhle, die ihn vor der sengenden Sonne schützte, auf Rettung.

Die Spannungen und Sticheleien im Team verschärften sich von Tag zu Tag, jeder wartete auf den nächsten Fehler des anderen, um ihm Versagen vorzuwerfen. Die Moral bröckelte, als der Erfolg ausblieb. Die Banalitäten, die zu Streiteren führten, gingen so weit, daß Lasseter sich beklagte, andere würden am Lagerfeuer seinen »pint-pot«, seinen Napf benutzen.

Mit dem Beobachten wilder Pferde vertrieb Blakeley sich die Zeit. Er hielt das Flugzeug des Piloten Coote für nutzlos, eine Blechkiste, die vom Himmel fiel, wenn eine Schraube locker war. Durchtrainierte, zuverlässige Kamele wären Blakeley als Unterstützung für die strapaziöse Tour lieber gewesen. Blakeley hielt auch nicht viel von Coote, weil der immer in gewichsten Pilotenstiefeln herumlief, wie Mädchen, die in Reitshows auftraten – wie Blakeley in seinen Erinnerungen schreibt. Am meisten ging Blakeley auf die Nerven, daß Lasseter im Lager herumging und auf monotone Art religiöse Lieder sang. Die Hitze, Lasseters Gesang, das Geheul der Dingos in der Abenddämmerung, das kaputte Funkgerät, der ständig reparaturbedürftige Geländewagen, der oft im Sand steckenblieb – das alles zermürbte Blakeleys Nerven. Er war eitel und wollte gern als Führer einer erfolgreichen Expedition nach Sydney zurückkehren. Aber danach sah es längst nicht mehr aus.

Lasseter schrieb verstimmt in einem Brief an einen Freund in Sydney: »Blakely hat ein aufbrausendes Temperament. Er kritisiert alle, nur sich selber nicht, wenn Fehler passieren.«

So entschied Blakeley, nach Ilbilla zurückzukehren, nachdem ihm Lasseter erklärt hatte, sie müßten den Kurs ändern – nach Süden.

Bob fliegt eine große Schleife östlich vom Lake Hopkins. Eine traumhafte Wüste liegt unter uns, eine leere, grenzenlose Mondlandschaft, deren Farben zwischen dem Rot der Sandhills, der gleichförmig ausgestreckten Sandformationen, der Asche von Buschfeuern und dem Grün an Wasserlöchern wechseln. Über der endlosen Einsamkeit steht am späten Nachmittag ein riesiger, rotglühender Sonnenball, der die Bergketten in sein Feuer taucht. In der Maschine sagt keiner ein Wort, die Magie der Farben macht uns schweigsam. Bob grinst über die Schulter: »Eines Tages sagte dieser verdammte Blakeley: Ich lege keinen Wert darauf, meine Knochen in der Wüste bleichen zu lassen, nicht für alles Gold Australiens.«

Blakeley war entschlossen, die Tour zu beenden. Doch Lasseter war nicht aufzuhalten. Er kam von einem Erkundungsflug mit der Ersatzmaschine »Golden Quest II« zurück. Pat Hall flog die Maschine, weil Errol Coote noch unter den Folgen seiner Bruchlandung am Aiai Creek litt.

Lasseter stieg aus der Maschine und erklärte nur: »Wir sind 150 Meilen zu weit im Norden.«

Wir erinnern uns: Nach Halls Aussage sprang Lasseter vor Erregung fast aus dem Flugzeug. Er mußte etwas Außergewöhnliches gesehen haben – seine Markierungen am Goldriff? Lasseter sagte zu Hall, er sollte sofort nach Ilbilla zurückfliegen. Er hat ihm aber nicht gesagt, was er gesehen hatte. Lasseters merkwürdiges Verhalten sprach sich im Basislager herum. Warum hat Blakeley Lasseter nicht ausgefragt? Hatte Lasseter tatsächlich seine Markierungen wiedergefunden? Oder hatte er dem Piloten Hall nur etwas vorgespielt, damit Hall herumerzählte: Die Markierungen sind 150 Meilen südlich? Wenn es ein Trick war, dann wollte Lasseter damit erreichen, daß der Zweifler Blakeley sich entschloß, den Kurs zu ändern und Richtung Petermann Ranges zu gehen. Doch Blakeley reagierte auf Lasseters Taktik nicht. Er sagte bei einer Besprechung nur mit unterdrückter Erregung: »Das Hin und Her geht mir auf die Nerven. Wir müssen einen Weg aus diesem verdammten Sandloch finden.«

Seine Stimmung war nun auf einem Tiefpunkt. Er sah nur noch endlose Sandhügel – und irgendwo dahinter sollte das Goldriff liegen? Warum sagte dieser verdammte Lasseter nicht: Ich habe beim Überfliegen aus 50 Metern Höhe das Goldriff ganz klar gesehen? Er hätte sagen sollen: Das ist so sicher wie das Evangelium – »That's absolute gospel«, wie australische Goldsucher sagen, wenn sie ihrer Sache sicher sind.

Lasseter, der einen Verbündeten suchte, zog Coote auf die Seite. »Ich werde Ihnen sagen, wo die Markierungen sind. Aber kein Wort darüber zu Blakeley.« Dann zeichnete Lasseter mit einem Stock die Lage des Goldriffs in den Sand – am Lake Christopher im Süden, in der Nähe dreier charakteristischer Hügel, die Lasseter »Three Sisters« nannte, Drei Schwestern. Als Blakeley dazukam und sich in das Gespräch einmischte, log Coote ihn an: »Wir sprachen gerade über flugtechnische Dinge.«

Blakeley sympathisierte mit den Steinzeitmenschen wie ein zivilisationsmüder Vertreter des 20. Jahrhunderts. Er zeigte ihnen, wie man mit Streichhölzern umgeht. Aber sie lehnten den Zaubertrick des weißen Mannes ab, als er ihnen die Streichholzschachtel schenken wollte. Blakeley gab den Kindern der Aborigines einen Spiegel und war fasziniert von ihrem Staunen und ihrer Angst vor dem eigenen Spiegelbild. Er versuchte, mit Zeichen im Sand und Handzeichen zu ermitteln, welchem Stamm sie angehörten, woher sie kamen. Blakeleys Zärtlichkeit für ihre untergehende Welt war nicht gespielt, das spürten sie. Als ihm ein Aborigine das Alter seiner Frau mitteilen wollte, die irgendwo in ei-

nem Lager auf die Rückkehr der Männer wartete, zog er ein graues Haar aus seinem Bart und legte es auf das Sandzeichen für seine Frau – das hieß, sie ist so alt wie ich und hat auch schon graue Haare.

In diesen Momenten waren Blakeley die Aktionäre in Sydney egal, er vergaß seinen Auftrag, das Gold. Er träumte von einem Land, in dem das Leben der Aborigines nicht von der Zivilisation des weißen Mannes zerstört werden dürfte. Blakeley hatte Menschen gefunden, die nackt unter der heißen australischen Sonne gingen, ihre Brust mit Kohle und Asche gezeichnet. Er hörte ihren Stimmen zu, ihren Liedern, und wurde in diesen Stunden ein Freund ihrer Welt, jenseits aller Geschäfte. Er kritisierte, daß der Pilot Pat Hall so dicht über die Köpfe der Steinzeitmenschen flog, daß sie vor dem Blechvogel erschraken und weite Sprünge machten. Er begann, die Samen der Wüstengräser zu sammeln. Für ihn war der Tanz um das Gold zu Ende.

Jetzt suchte er die Entscheidung. Er ging zu Lasseter und erklärte: In den letzten 35 Jahren waren 22 Expeditionen unterwegs, die alle nach einem mysteriösen Goldriff im Nirgendwo gesucht haben. Im Juli 1930 waren noch zwei andere Teams unterwegs, die Gruppe von Michael Terry, und von Westaustralien näherte sich eine andere Gruppe dem Suchgebiet, den Bergketten der Rawlinson Ranges und Petermann Ranges.

Sorgfältig wird der neue Bumerang bearbeitet. Für die Aborigines eine ideale Jagdwaffe, die sich seit Urzeiten nicht verändert hat.

Blakeley war überzeugt, daß Lasseter irgendwann anfing, die Rolle des Helden zu spielen, der das Golfriff gefunden hat. Lasseter habe sich diese Rolle so lange eingeredet, bis er zwischen Traum und Wirklichkeit nicht mehr unterscheiden konnte und sich für den Entdecker des Goldriffs hielt. Nach Blakeleys Urteil also ein Fall für den Seelendoktor. Blakeley hat in seinem Buch »Lasseter's Dream of Millions« (Lasseters Millionentraum) diese schockierende Schlußbilanz gezogen. Er starb 1962. Das Buch lag lange in seinem Nachlaß, erschien erst 1972 und erregte die Gemüter. Es hieß, Lasseters Ehre sei von Blakeleys Enthüllungen in den Dreck der gescheiterten Expedition gezogen worden. Blakeley hat lange mit der Niederschrift gezögert, um die Gefühle von Lasseters Witwe nicht zu verletzen, wie er behauptete.

Bob steuert die Maschine tiefer, der Schatten des Flugzeugs gleitet über den roten Sand. Dingos fliehen in die Büsche, warten ab, bis sich das Dröhnen des Motors entfernt. Bob sagt: »Blakeley hatte nicht die Geduld für so eine Tour. Er wollte den schnellen Erfolg. Aber seht euch das da unten an. Ein Land ohne Ende. Da mußt du weite Wege gehen. Das bedeutete damals monatelange Touren. Und heute fliegen wir in ein paar Stunden darüber hinweg. Aber wenn du unten bist, nur mit einem Reitkamel und einem Kamel für Ausrüstung und Proviant unterwegs, dann können es wieder Wochen und Monate werden – manchmal mit einem tödlichen Ende.« Bob zieht die Maschine hoch: »Jetzt kennt ihr die Nordroute. Es war der Anfang eines langsamen moralischen Zerfalls der Expedition. Mein Vater spürte, daß er keine Rückendeckung mehr hatte. Die Jungs wollten mal schnell zum Goldriff, abkassieren und sich in Sydney feiern lassen. Jedes Känguruh weiß, daß so eine Rechnung nicht aufgeht.«

Damals zweifelte Blakeley immer wieder Lasseters Fähigkeit an, sich in Busch oder Wüste zurechtzufinden. »Damals, während der Tour mit dem Landvermesser Harding, sind angeblich eure Uhren falsch gegangen«, sagte Blakeley. »Doch jeder, der mit seinem Sextanten umgehen kann, ist fähig, zu jeder Stunde seine Position zu kontrollieren. So kann er falsche Berechnungen erkennen und korrigieren.« Blakeley erklärte mit verletzender Ironie, er wundere sich, warum niemand von den Herren des Syndikats in Sydney diesen Widerspruch in Lasseters Story erkannt habe. Aber auch Blakeley hatte bei den Gesprächen geschwiegen, so daß er sein Argument jetzt reichlich spät an den Mann brachte. Doch damals, als alle vom Goldriff träumten, wollte keiner mit peinlichen Fragen die Stimmung verderben.

Als Blakeley dabei war, reinen Tisch zu machen, sagte er Lasseter auch, daß er ihm die Geschichte vom jungen Mann, der mit 17 Jahren die Wüste durchquerte, nicht glaubte. »Ein Siebzehnjähriger hätte die Strecken, die Sie angeblich zurückgelegt haben, niemals geschafft. So ein Milchgesicht wäre nicht weit gekommen. Wer da draußen keine Erfahrung hat, den fressen die Ameisen. Und die sind in diesem Land groß und hungrig. Nach ein paar Tagen ist ein Mann verspeist, alter Freund«, spöttelte Blakeley. »Außerdem sage ich Ihnen als Geologe, hier ist weit und breit nur milchweißer Quarz. Aus diesem Material können Sie höchstens Porzellantassen produzieren.«

Mit der Geste eines Gentleman trennte sich Blakeley von Lasseter: Er gab ihm seinen Revolver, die Spezialuhr des Goldsyndikats und seinen Kompaß mit auf den Weg. Im Lager warteten alle auf den Dingojäger Johns, der sich zurückgezogen hatte, um über den Auftrag nachzudenken. Dann kam er in das Lager zurück, auf leisen Sohlen, ein durchtrainierter Jäger, der plötzlich hinter den Männern stand und mit scharfer Stimme sagte: »Hände hoch.« Sie blickten in seinen Revolver. Johns wollte nur einen Scherz machen. Aber Blakeley war zu dieser Zeit nicht zum Spaßen, er wies den Dogger scharf zurecht.

Beim Abschied sagte Lasseter zu Blakeley: »Ich werde Ihnen beweisen, daß es keine bloßen Hirngespinste sind. Ich werde das Goldriff wiederfinden.«

Blakeley sagte ironisch: »Dann sind Sie von den Männern der 22 Expeditionen, die sich die Hacken abgelaufen haben, für mich der Größte. Good luck.«

Die beiden Erzfeinde schüttelten sich die Hände, dann ging Lasseter. Das letzte Mal, daß Blakeley ihn sah. Lasseter und Johns waren froh, aus dem Lager in Ilbilla zu verschwinden und die Spannungen der letzten Tage hinter sich zu lassen. Als Blakeley den beiden Männern mit den fünf Kamelen nachsah, sagte er zu Coote, Taylor, Colson und Sutherland ironisch: »Das ist das Ende meiner Millionen.« Laut Vertrag hätte ihm von dem zehn Meilen langen Goldriff ein Anteil von 17 Millionen Pfund zugestanden.

Coote hatte seine Notlandung am Aiai Creek gut überstanden, die Verletzungen waren auskuriert. Bald würde er wieder in die Maschine steigen und zu einem Flug starten, der für ihn am Ayers Rock zum Alptraum werden sollte.

Bob Lasseter landet die Maschine sanft auf der Rollbahn von Alice Springs. Am Abend sitzen wir an der Bar von »Lasseter's Casino« und besprechen den zweiten Teil der Tour, die Südroute, die Bobs Vater zum

Rechte Seite: In der grenzenlosen Weite des Outback, wie die Australier das mörderisch heiße, feindselige, aber auch faszinierende Landesinnere nennen, erwarten uns erstarrte Salzseen, rote Sandhügel und wüstenartiges Gebirge.

Linke Seite: Bob
Lasseter sucht nach
den »Three Sisters«,
drei Bergen, die
aussehen wie drei
Schwestern: Weg-
weiser zum Goldriff
seines Vaters.

Rechte Seite oben:
Die Höhle bei Win-
ters Glen, in der der
zu Tode erschöpfte
Lasseter Schutz
suchte.

Rechte Seite unten:
Der alte Kamel-
farmer (rechts) gibt
Bob Lasseter und
Sylvio Heufelder
gute Ratschläge mit
auf den Weg.

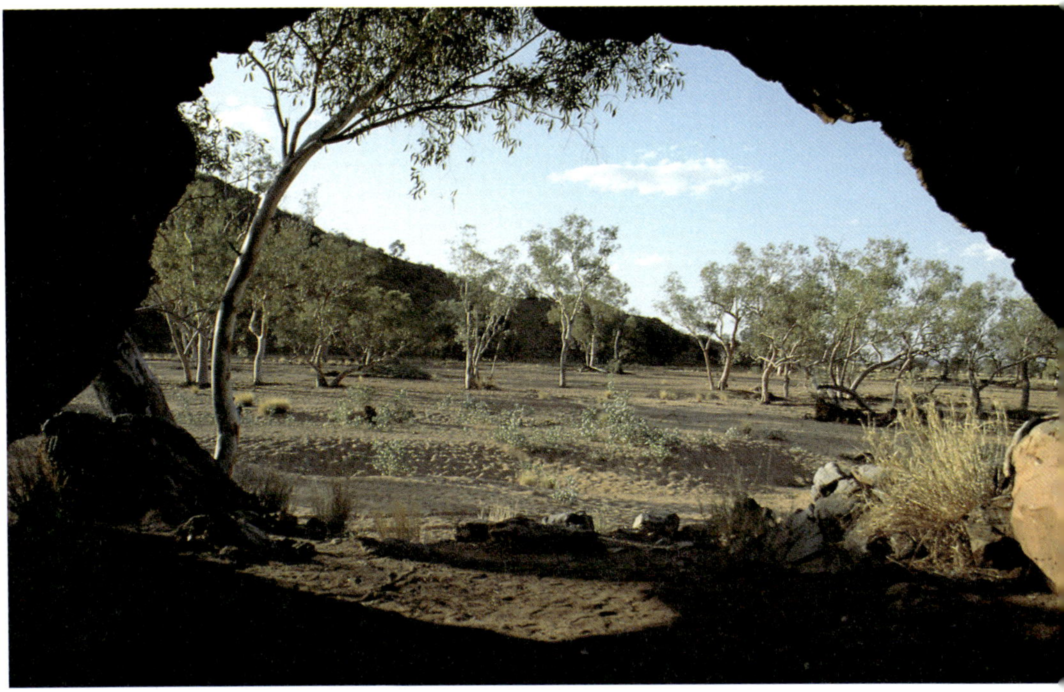

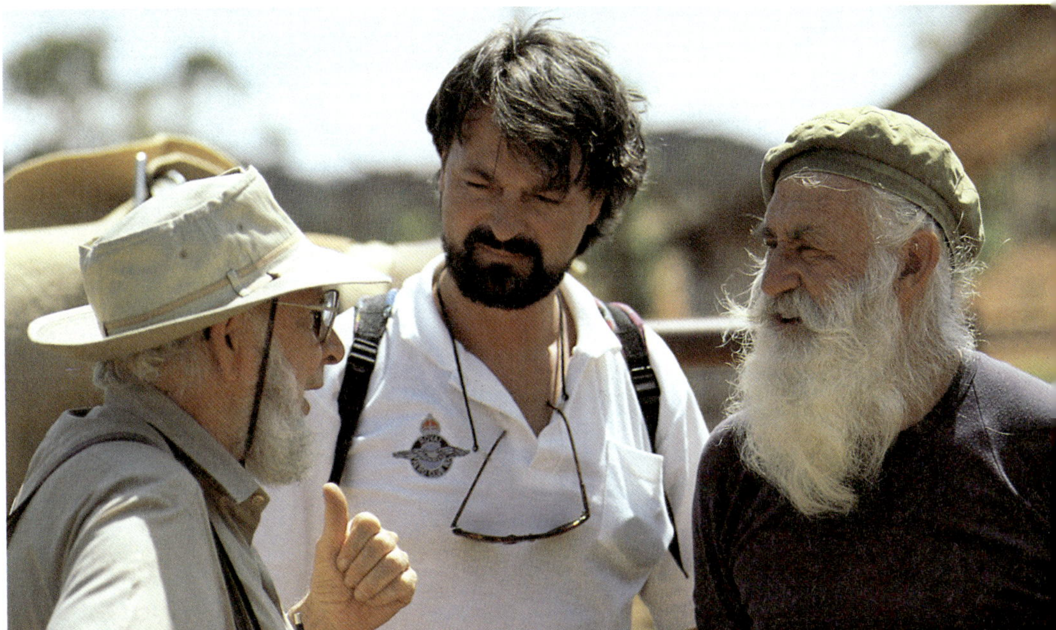

Oben: Mount Olga.

Linke Seite links:
Eine Gesteins-
ader, die aussieht
wie Gold – eine
Laune der Natur.

Linke Seite
rechts: Tod in der
Wüste.

Rechte Seite:
Kamele sind im
australischen
Busch immer
noch zuverlässi-
ger als Jeeps.

Linke Seite oben:
Im Lager der
Aborigines erin-
nern sich die
Alten an die Tra-
gödie des weißen
Mannes, der
Lasseter hieß.

Linke Seite
unten: Der alte
Hank war ein
junger Bursche,
als Lasseter im
Lager der Abori-
gines lebte. Die
Frauen brachten
dem Schatz-
sucher Essen,
Wurzeln, gegrillte
Kröten und
Leguane.

Rechte Seite oben:
Ein Jäger berei-
tet sich mit sei-
nem Bumerang
auf die Jagd vor.

Rechte Seite
unten: »Kokadi«
nennen die
Aborigines ihren
gegrillten Le-
guan. Der Über-
lebenskampf im
australischen
Busch ist hart,
und Fleisch kann
man nicht ein-
fach im Laden
kaufen. Der näch-
ste Supermarkt
ist ein paar hun-
dert Meilen von
ihrem Lager
entfernt.

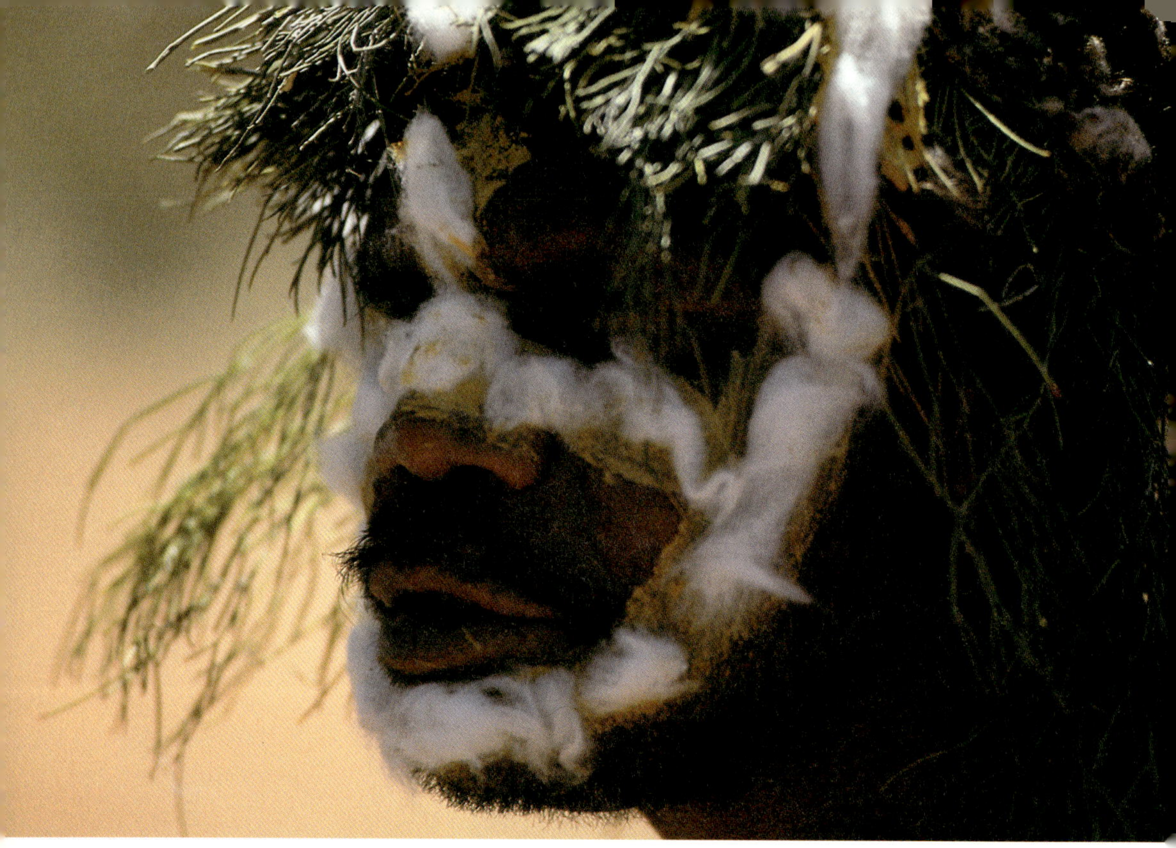

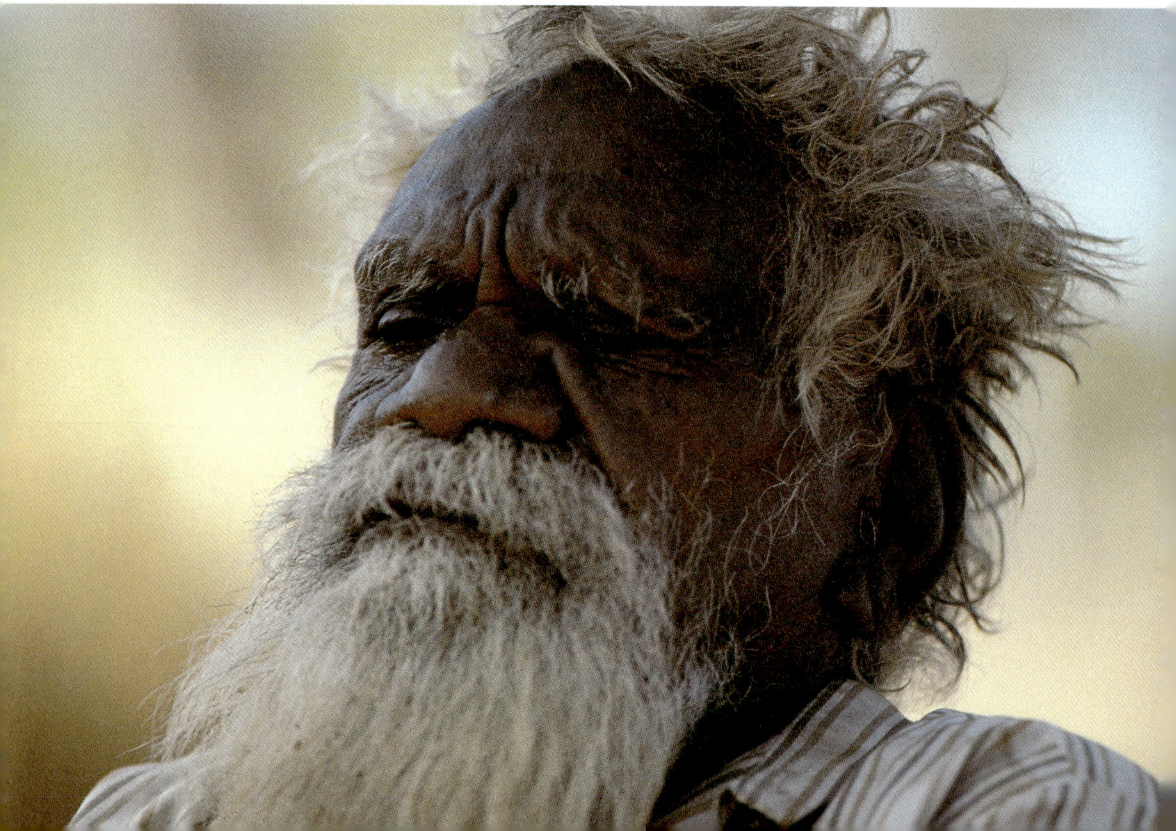

Verhängnis wurde. Am nächsten Morgen starten wir mit dem Jeep Richtung Ayers Rock. Die Aborigines nennen ihren heiligen Berg Uluru, er ist 3 Kilometer lang und 348 Meter hoch, ein Felsklotz wie ein schlafender Riese, der aus dem flachen Buschland aufragt. Die Asphaltpiste von Alice Spings zum Ayers Rock erinnert den Autofahrer an den einsamen Goldsucher: Wir fahren über den »Lasseter Highway«. Westlich vom Ayers Rock liegt die Bergwüste, in der Lasseter laut Tagebuch zum drittenmal sein Goldriff fand. Im Westen liegen die Petermann Ranges und die Rawlinson Ranges, sonnendurchglühte Bergketten, fremd wie Mondlandschaften.

Am 14. September 1930 hatten Lasseter und Johns Ilbilla verlassen. Sie zogen nach Süden, um in der Sandwüste hinter dem Salzsee zu den Petermanns abzubiegen. Die Hitze war mörderisch, und dann kam dieser Salzsee, Lake Amadeus. Ein Umweg hätte zuviel Zeit gekostet. Sie wagten die Überquerung der Salzkruste, eine Tour auf Leben und Tod. Denn unter der Salzschicht liegt ein Sumpf, schwarzer Schlamm, der die beiden und ihre Kamele verschlungen hätte, wäre die Salzkruste zerbrochen. Unter dem Salz ruhen die Skelette von Mensch und Tier. Eine tote, salzverkrustete Ebene, hinter der das Felsmassiv des Mount Olga aufragt, eine Gruppe Felsen, kleiner als Ayers Rock, die man gewöhnlich »die Olgas« nennt. Sie waren Lasseters Zwischenziel, doch auf der Salzkruste witterten die Kamele den Abgrund, gerieten in Panik und zerrten an den Leinen. Die schwerbeladenen Kamele brachen ein. Lasseter und Johns suchten verzweifelt nach einem sicheren Weg durch das Salz und schafften es mit viel Glück.

Am 26. September erreichten sie die Wasserlöcher am Mount Olga, zogen weiter nach Westen, aber Lasseter fand die Markierungen seines Goldriffs nicht. Johns begann an der Existenz der zehn goldenen Meilen zu zweifeln. Die Spannungen zwischen den beiden wuchsen, es kam zum Streit. Johns zog seinen Revolver, aber Lasseter schlug ihm die Waffe aus der Hand. Auch Johns hielt nun den abgekämpften Lasseter, den alle verlassen hatten, für einen Traumtänzer. Am 29. Oktober kehrten sie ins Basislager Ilbilla zurück. Dort trennten sie sich. Johns versprach, frische Kamele und Proviant aus Alice Springs zu holen. Aber zu diesem Zeitpunkt ahnte Lasseter, daß er nicht mehr mit Unterstützung rechnen konnte. Er entschloß sich zum Alleingang. Mit zwei Kamelen zog er wieder nach Süden und erreichte die Petermann Ranges. Im Dezember war er am Lake Christopher, kehrte um, zog nach Osten und fand sein Goldriff. Doch am ausgetrockneten Docker River liefen ihm die Kamele davon – Lasseters Tage waren gezählt. Ausgehungert und dem Verdursten nahe schleppte er sich weiter.

Linke Seite oben:
Ein Jäger muß »cho-
kochoko« besorgen,
was soviel heißt wie
»gutes Essen«.
Wenn er Glück hat,
wird er Kaninchen
oder Leguane erbeu-
ten. Wenn nicht,
müssen die Frauen
Kröten ausbuddeln.

Linke Seite unten:
Hank weiß noch,
wie die Aborigines
aus allen Himmels-
richtungen kamen,
um sich das Sterben
des weißen Mannes
anzusehen. Sie
kannten die Weißen
nur als Eroberer
und Sieger. Aber
damals sahen sie
einen Verlierer und
bestaunten das selt-
same Schauspiel.

Das Syndikat in Sydney machte sich Sorgen. Lasseter war seit zwei Monaten spurlos verschwunden. Die Suchaktion begann zögernd, Zeit ging verloren. Und dann ging es zu wie in einem Alptraum. Bruchpilot Errol Coote mußte mit der »Golden Quest II« am Ayers Rock notlanden, weil das Benzin für den Rückflug zur Missionsstation Hermannsburg nicht mehr reichte. Bei der Notlandung wurde der Propeller von einem Ast gestreift und beschädigt.

Für Coote wurden die Tage am Ayers Rock zur Hölle, er nannte den Landeplatz unter der glühenden Sonne »Hell's Airport«, Flughafen der Hölle. Er hatte Angst vor den Aborigines; überall waren ihre Fußspuren im Sand. Damals war es für Weiße noch ein Risiko, sich dem heiligen Berg zu nähern. Würden sie den Piloten mit ihren Speeren töten? Errol Coote hat über seine Zeit am Ayers Rock, über Angst, Einsamkeit und Verzweiflung ein Buch mit dem Titel »Hell's Airport« geschrieben, das 1934 erschien.

Wir spüren den Schauder, den Coote in jenen Tagen empfunden hat, als er ein Wasserloch suchte, durch die Höhlen von Ayers Rock streifte, vor den rätselhaften Felszeichnungen der Aborigines stand und auf ihren Angriff wartete. Der Landeplatz war etwa fünf Meilen vom Berg entfernt. Die Gluthitze machte den Gang zum nächsten Wasserloch im Schatten des Ayers Rock zur Qual. Manchmal saß Coote in einer kühlen Höhle. Einmal kam eine große, schwarze Echse herein, die hungrig war und sich von seinen Steinwürfen nicht vertreiben ließ. Er hatte Angst, sie könnte giftig sein, und tötete sie mit einem Kopfschuß. Er warf die Echse aus der Höhle in den heißen Sand. Plötzlich fielen Riesenameisen über den Kadaver her. Coote hörte das Geräusch ihrer Freßwerkzeuge, nach zwei Stunden waren nur noch Knochen übrig. Er wußte, was ihm bevorstand, wenn Taylor nicht rechtzeitig vorbeikam. Taylor war mit Kamelen von Alice Springs losgezogen, er wollte sich mit Coote am Ayers Rock treffen. Blakeley hat in seinem Buch geschrieben, daß die beiden in Wahrheit gar nicht den vermißten Lasseter gesucht, sondern ihre eigene Expedition gestartet hätten, um das Goldriff zu finden.

Coote schlief mit dem Kopf unter dem Heck der Maschine. Er hatte gehört, daß Aborigines einen Trick benutzten, wenn sie einen Weißen im Schlaf überfielen. Sie klopften auf den Boden, der Weiße schreckte hoch, dann schlugen sie ihm den Bumerang auf den Kopf.

Bob Lasseter steht im Schatten des Ayers Rock, wischt sich den Schweiß von der Stirn und lacht über die Ängste, die Coote damals plagten: »Coote hatte wohl am meisten Angst vor den Churingas, den Totems der Aborigines in den Höhlen. Wo die Churingas waren, magische Zeichen

Linke Seite links oben: Auch Errol Coote, der Pilot der Lasseter-Expedition, war ein guter Erzähler. Seine Schwester überreicht ihm die Schreibmaschine, mit der er seine packenden Abenteuer festhielt.

Linke Seite unten und rechts oben: Unser Jeep rollt durch den australischen Outback, wo gestern wie heute Weiße und Aborigines nach Schätzen suchen: Die Weißen wollen Lasseters Goldriff finden. Der Schatz der Aborigines ist ihre Jagdbeute, der Leguan. Am Lagerfeuer erzählen sie dann ihre uralten Geschichten.

aus Stein und Holz, mußte man mit dem Schlimmsten rechnen. Aber vielleicht hatten die Schwarzen mehr Angst vor dem Blechvogel, der nicht mehr wegfliegen wollte.« Sie ließen Coote in Ruhe. Sie wußten, der Felsen, ihr heiliger Berg, würde ihn über kurz oder lang töten.

Bob erinnert sich, daß Blakeley den eleganten Coote in seinen Pilotenstiefeln für einen Angeber hielt, genauso überflüssig wie sein Flugzeug. Blakeley hielt Kamele für nützlicher als die »Golden Quest«. Ironisch schrieb er über Coote: »Ein fliegender Journalist. Wenn der einen Dingo sah, beschrieb er wie ein Sensationsreporter das Zähnefletschen des Dingos.« Nun saß Coote im Wüstensand, Blakeley hatte als Expeditionsleiter abgedankt, Lasseter schleppte sich durch die fernen Petermann Ranges. Coote vertrieb sich die Zeit mit dem Studium der Vögel. Hunderte schwirrten um die Wasserlöcher, zeterten ohrenbetäubend, wenn er mitten unter ihnen saß. Pfiff er laut, stoppten alle ihr Zwitschern, wie empört über seine Unverschämtheit, dann war es sekundenlang totenstill, und das Gezeter ging wieder los. Das uralte Spiel von Leben und Tod, am Ayers Rock wie auf einer Bühne zu sehen, erschreckte und faszinierte Coote. Er hatte noch nie eine große Fliege gesehen, die kleinere Fliegen in der Luft angriff und mit der Beute davonflog. Für einen Piloten wie Coote ein einzigartiges Flugschauspiel, das in der Höhle stattfand. Sein Geruch zog die kleinen Fliegen an, und die große, schwarze Todesfliege hatte leichtes Spiel. Coote kam sich vor wie ein lebender Leichnam, über dem die Fliegen kreisten.

Da war auch ein Glockenvogel, der kurz vor der Abenddämmerung die Zeit verkündete, seine Stimme klang wie ein Läuten. An anderen Tagen packte Coote die Panik, die Wasserstellen verdunsteten bei Temperaturen zwischen 50 und 60 Grad. Er kroch in seine kühle Höhle. Dann und wann schoß er die Pistole ab, für den Fall, daß Taylor oder ein Dingojäger vorbeikam. Er dachte an Lasseter. Lief der alte Traumtänzer vielleicht irgendwo in den Petermann Ranges im Kreis herum? Oder umarmte er gerade sein wiedergefundenes Goldriff? Es gab Momente, da mußte Coote lachen, auch wenn er Lasseter verwünschte, das verdammte Gold, den hochnäsigen Blakeley, das Syndikat in Sydney, die Spekulanten und vor allem diesen unheimlichen Felsklotz Ayers Rock, der sich über Cootes Höhle wölbte wie ein riesiger Grabstein.

In einer klaren Mondnacht glaubte Coote, die Geräusche von Aborigines zu hören. Er spannte seinen Revolver und ging los, um sich im Busch Gewißheit zu verschaffen. Er sah ein Lagerfeuer, an dem ein Mann saß – es war Taylor, der Automechaniker, der während der Expedition auf der Nordroute manches technische Problem an dem Geländewagen gemeistert hatte. Auch diesmal schaffte Taylor ein Kunststück: Er reparierte den Propeller. Die Kamele hatten ein paar Kanister Sprit mitgebracht, und Coote konnte nach Alice Springs zurückfliegen.

Aber die Direktoren in Sydney hatten genug von dem Bruchpiloten Coote, er wurde entlassen. Doch auch Pittendrigh, der neue Pilot, hatte kein Glück. Er mußte mit der »Golden Quest II« in den MacDonnell Ranges notlanden und wurde erst nach längerer Suche gefunden. Inzwischen war es Dezember geworden, glühend heiß, und Lasseter wartete sterbensmüde in den Petermann Ranges auf Hilfe, auf Kamelreiter, Dingojäger oder ein Suchflugzeug. Aber nach den Pleiten mit der »Golden Quest« scheuten die Geldgeber vor kostspieligen Suchaktionen mit Flugzeugen zurück. Bisher war das »Unternehmen Goldriff« ein Verlustgeschäft gewesen. Die Aktionäre wurden ungeduldig. Und Lasseter blieb verschwunden. Silvester 1930/31 war für ihn eine schauerlich einsame Party, mit dem Geheul der Dingos in seinen Ohren. Er hatte noch etwa 30 Tage zu leben. Er notierte in seinem Tagebuch:

»Fliegen und Ameisen zerfressen mein Gesicht ... Bin ausgehungert, zu Tode erschöpft, das könnte mich dazu bringen, mich zu erschießen.«

Lasseter war mit Louise Irene Lillywhite verheiratet, sie hatten drei Kinder, zwei Töchter und den Sohn Bob.

»Lebwohl, Rene, Darling! Sei nicht allzu traurig. Denk daran, meine Liebe, Du mußt jetzt für die Kinder leben. In meiner letzten Stunde bete

ich zu Gott, er möge mir, einem Sünder, gnädig sein und sich derer erbarmen, die ich nun verlassen muß.«

Er wollte für sie zehn Meilen Gold erobern. Jetzt war er nicht einmal mehr in der Lage, sie Bob zu zeigen. Rauchsignale der Aborigines schwebten in der Luft. Sie bedeuteten: »Weißer Mann muß sterben.«

In seiner Jugend war Lasseter Matrose gewesen. Er verließ das Schiff, suchte Rubine, fand ein Goldriff. Er ließ es ruhen, wartete auf eine günstige Gelegenheit, auf Geldgeber, die eine Expedition finanzierten. Er war in den USA, machte dort 1909 ein Diplom als Landvermesser, um sich später in der australischen Wildnis, auf der Suche nach seinem Goldriff, besser zurechtzufinden. Er kehrte nach Australien zurück, transportierte Vieh auf einem eigenen Schiff nach Sydney. Er handelte mit Rindern und Pferden und kämpfte als Soldat der australischen Infanterie im Ersten Weltkrieg in Frankreich gegen die Deutschen. Er heiratete mehrmals, ohne Scheidungsformalitäten, denn in den USA hatte er, wie es heißt, den Glauben der Mormonen angenommen. Diese Religion erlaubt einem Mann mehrere Frauen. Erst bei Louise Irene Lillywhite scheint er Halt gefunden zu haben, aber von seiner letzten Tour zum Goldriff konnte auch sie ihn nicht zurückhalten.

Blakeley hatte inzwischen den Herren des Goldsyndikats in Sydney Bericht erstattet. Der Empfang war kühl gewesen, sie schwiegen zu seinen Informationen. Er spürte, daß sie seinen kritischen Bemerkungen über Lasseter nicht glaubten. Sie hielten an ihrem Goldjäger da draußen in der glühenden Hitze der Petermann Ranges fest. Lasseter war der brave Held, der für das Syndikat durch die Hölle ging – und Blakeley stand vor ihnen wie ein Spielverderber, ein »Dreamkiller«, der ihren Traum von den goldenen Meilen zerstörte. Sie waren taub für seine Kritik und pflegten ihren Goldrausch weiter. Als es höchste Zeit wurde, etwas für die Rettung Lasseters zu tun, schickten sie ihm Bob Buck hinterher, einen erfahrenen Trapper, der mit seinen Kamelen loszog.

Bob Lasseter wird mit uns tief in die Petermann Ranges fahren, bis zu der Stelle, wo der Trapper den toten Lasseter fand. Als wir Ayers Rock verlassen und zum Jeep zurückgehen, kommen wir an einem Wasserloch vorbei. Dort sitzen Aborigines, Männer, Frauen und Kinder.

Die Männer haben einen großen Leguan erbeutet, der tot neben dem Lagerfeuer liegt. Von dem Leguan werden nicht alle satt. Deshalb fangen sie auch Frösche und Schlangen, das war schon immer so. Sie haben nicht viel zum Leben, ein Schwarzer ist in Lasseters Goldland noch nie reich geworden.

»Steigt ein«, drängt Bob, »wir haben noch eine verdammt harte Strecke vor uns.«

Der Geländewagen hatte damals schwer mit der Hitze zu kämpfen. Taylor mußte ihn oft in den Schatten der Bäume fahren, um den Motor abzukühlen. In einer Woche schafften sie in den roten Sandhügeln auf der Nordroute nur knapp 100 Meilen. Aber die Petermann Ranges sind eine Bergkette, in der die Steine glühend heiß werden. Nachts kühlt die Wüste im Dezember so angenehm ab, daß man die lauen Nächte als Wohltat empfindet. In den Sandhügeln hinter dem Mount Olga schlagen wir unsere Zelte auf. Bob hat sein eigenes Zelt mitgebracht. Als es steht, umkreist er das Zelt und besprüht mit einer Spraydose den Sand rundherum, um Ameisen abzuhalten. Sie kommen in Scharen, ziehen sich aber vor der unangenehmen Geruchsgrenze zurück.

»Vielleicht hilft das Zeug auch gegen Schlangen«, sagt Bob. »Coote hatte am Ayers Rock immer das Gefühl, daß er von den Geistern der Alten Welt umgeben war, die Alcheringa heißt. Von dort kommen die Urväter der Aborigines. Wenn die Geister gegen euch sind, schicken sie euch Schlangen, Fliegen und Ameisen.« Er gibt uns seine Spraydose, und wir sprühen einen »magischen« Kreis um unser Zelt.

Ich kann nicht einschlafen, weil mir Blakeley, dieser Spielverderber, durch den Kopf geht. An jeder Ecke eines Sandhügels oder hinter einem Felsen scheint er zu stehen und zu sagen: Wo wollt ihr hin? Ins Nichts – wie wir damals? Lauft doch nicht diesem Traumtänzer hinterher, auf den wir alle reingefallen sind. Ich denke über Blakeleys Geschichte nach, die er in seinem Buch erzählt. Blakeley arbeitete 1899 als Goldgräber in der westaustralischen Mine von Broken Hill. Eines Tages traf er in Fremantle zwei Goldgräber, die ihm die Geschichte von einem Skelett erzählten, das ein gewisser Harding, ein Landvermesser, angeblich gefunden hatte. Neben dem Skelett lag ein Ledersack mit Gesteinsproben voller Gold. Harding suchte vergeblich nach der Goldader. Lasseter kam in dieser Geschichte gar nicht vor, als hätte es ihn nie gegeben. Und so vermutete Blakeley, Lasseter habe sich in diese Geschichte eingeschlichen und seine Rolle als Partner von Harding erfunden. Der Traum eines kleinen Mannes, der einmal im Rampenlicht des Ruhms stehen wollte, oder eine Lüge, um Spekulanten das Geld aus der Tasche zu ziehen? Die beiden Goldgräber, die Blakeley die Story erzählten, verließen Fremantle und suchten die Goldmine. Die beiden sind verdurstet, sie lagen Seite an Seite im Schatten eines Baums, als sie gefunden wurden. Harding suchte noch eine Zeitlang weiter nach der Goldader, bis er ein alter Mann war, ausgezehrt von seinem jahrelangen Goldfieber, das ihn am Ende tötete.

So entstand »a dead man's tale«, die Geschichte eines toten Mannes, die mit dem Skelett begann und über Harding Lasseter erreichte. Die Story hat viele angelockt, und wer zu weit ging, hat für seinen Traum mit dem Leben bezahlt. Auf Lasseter ruhten damals die Hoffnungen der Wirtschaftsbosse, er stand im Rampenlicht, die Presse feierte ihn als Patrioten und Helden. Die anderen, die vor ihm das legendäre Goldriff suchten und dabei ihr Leben verloren, haben keine Schlagzeilen gemacht.

Ich hatte beim Lesen von Blakeleys Buch den Eindruck, daß er neidisch war auf das Rampenlicht, in dem Lasseter sich zweifellos gefiel. Blakeley, der kühle Denker, hat versucht, mit seinem Buch nachträglich die Aufmerksamkeit auf sich zu ziehen, und sich im aufflackernden Interesse zu sonnen. Aber er blieb der moralische Verlierer.

Am Ende seiner Bilanz gibt er einen ironischen Tip: »Wenn du jemals hörst, daß irgendso ein Kerl sagt, er kennt ein Goldriff, zehn Meilen lang, dann sag ihm gerade heraus, daß er ein Lügner ist.«

Diese Nacht in den Sandhügeln am Fuß der Petermann Ranges hätte vielleicht auch Blakeleys angespannte Nerven besänftigt. In der Ferne bellen Dingos. Das Zelt riecht zwar ein bißchen nach Bobs Anti-Ameisenspray, aber der Sand unter dem Schlafsack ist eine wunderbare Matratze für die durchgeschüttelte Wirbelsäule.

Ich weiß nicht, warum Lasseter Angst hatte und sich nachts, wenn er in der Kabine des Geländewagens schlief, mit einer Waffensammlung umgab. Coote und Sutherland fanden das ziemlich verrückt. Gegen wen schützte sich Lasseter? Traute er dem Team nicht? Hatte er Angst vor Aborigines, die ans Kabinenfenster klopfen könnten, um ihm den Schädel einzuschlagen? Damals zeichnete sich schon die Tragikomik ab, mit der Lasseter in das bittere Ende trottete. Nur ihm konnte es passieren, daß ihm die beiden Kamele davonliefen. Blakeley muß gelacht haben, als er von diesem Zwischenfall hörte.

Am nächsten Tag fahren wir durch die Petermann Ranges bis zum Docker River und stehen mitten auf der Bühne von Lasseters Finale. Rote, steinige Erde, Geröll, Felsen – wie stumme Geister der Aborigines. »Ein Land hart wie Nägel«, heißt es in den Memoiren des Piloten Coote, ein Schauplatz, wo immer um das Überleben gekämpft wird – eine Tierwelt. Wenn der Mensch dahin zurückkehrt, kann es sein, daß er wie ein Tier stirbt. Das ist hier nichts Besonderes.

Bob wirkte seltsam erregt, als er an der Endstation seines Vaters angekommen ist. Er steigt auf das Dach des Jeeps, schaut lange durch das Fernglas, als könnte er sich auf dem Blechdach einen besseren Überblick verschaffen. Er schweigt, und wir stellen keine Fragen, lassen ihn mit seinen Erinnerungen allein.

Und so sah Lasseters letzte Etappe aus. In den ersten Dezembertagen hatte er den Lake Christopher erreicht. Er war dort mit einem Goldgräber namens Johannsen verabredet, wie Coote schreibt, aber Johannsen kam nicht. Er wurde später von einer Polizeistreife gefunden, Aborigines hatten ihn mit Speeren getötet. Lasseter ging nach Osten. Sein Tagebuch spricht dafür, daß er 30 Meilen vom Docker River das Goldriff wiederfand.

Dann liefen ihm die Kamele davon. Er wollte zum Basislager Ilbilla zurück, aber ohne Kamele war er verloren. Er schleppte sich bis zu einer Höhle, die in der Nähe eines Lagers der Aborigines lag, bei Winters Glen. Er wartete 60 Tage in der Höhle und hoffte, ein Suchtrupp würde vorbeikommen. Ein paar Eingeborene kümmerten sich um Lasseter, der vom Tod gezeichnet war. Sie gaben ihm zu trinken und zu essen, hatten aber

Wie geht es weiter zum Goldriff? Bob Lasseter sucht für den Geländewagen einen Weg durch Sand, Geröll und Busch des Outback.

selber kaum genug, um satt zu werden. In Cootes Aufzeichnungen heißt es, daß es Aborigines vom Stamm der Eumos waren. Nach anderen Berichten waren es Pitjantjatjara. Lasseter notierte in seinem Tagebuch:

»Einsam und unter Todesschauern zu sterben ist furchtbar, aber nicht zu wissen, warum, das ist das Schlimmste.«

Er wußte, warum. Aber bis zuletzt hielt er an seinem Traum fest, ein Gewinner zu sein – auch mit leeren Händen. Neben ihm lagen ein nicht geladener Revolver, eine defekte Kamera und lose Tagebuchblätter. Er schrieb:

»Mein Gott, warum kommt keine Hilfe?«

Die Frage hätten die Herren des Goldsyndikats beantworten können, denen man vorwerfen muß, daß sie die Rettungsaktion nicht rechtzeitig und energisch genug organisiert haben. Vielleicht hatten sie ihren Helden schon aufgegeben, man investierte nicht länger in ein Unternehmen, das gescheitert war.

Lasseter raffte sich noch einmal auf und verließ die Höhle. Ein alter Aborigine begleitete ihn auf den letzten 30 Meilen bis zum ausgetrockneten Shaws Creek, wo Lasseter Ende Januar 1931 starb. In seinem Tagebuch beschreibt er den Alten, der ihn begleitete: Er hatte eine große Warze oder einen komischen Hautlappen, der ihm hinten herunterhing. Lasseter bat darum, den Alten, der den Sterbenden in den Schatten legte, gut zu behandeln. Der Alte bedeckte den Toten mit Zweigen. Im März kam der Trapper Bob Buck bis zum Shaws Creek. Ein paar Aborigines führten ihn zu dem Toten. Buck schaufelte ein Grab für Lasseter.

Wir sind in Lasseters Höhle angekommen, vor dem Eingang steht ein alter, stark gekrümmter Baum, seine Rinde ist hell und glatt, Ameisen kriechen auf und ab. Bob scharrt mit dem Fuß im Sand, als könnte er noch Papierfetzen finden, ein paar Tagebuchzeilen, die die Ameisen übriggelassen haben. Bob hat seinen Metalldetektor mitgebracht, tastet den Höhlenboden und den Sand vor dem Eingang ab, wo Gesteinsproben mit Goldspuren liegen könnten, die Lasseter gesammelt hatte. Die Suche mit dem Metalldetektor ist zum Ritual geworden, mit dem der Sohn den Spuren des Vaters folgt.

Die Spur führt zum Shaws Creek, dort steht ein Gedenkstein an der Stelle, wo Lasseter zuerst begraben lag. Aborigines vom Stamm der Pitjantjatjara haben Bob 1971 zu diesem Grab geführt, das er schon 1966 vergeblich gesucht hatte. 1975 halfen ihm die Aborigines, den Gedenkstein aufzustellen. Wir treffen zwei alte Männer vom Stamm der Pitjantjatjara, die Bob von seinen früheren Expeditionen kennt. Hank und Jim waren junge Burschen, als Harold Lasseter sich zu Tode erschöpft durch das Land der Pitjantjatjara schleppte. Ihre Eltern haben Lasseter Nahrung und Wasser gegeben.

Bob spricht englisch mit den Alten: »Erzähl mal, Hank, wie es war, als mein Vater in der Höhle lebte.«

Hank sagt in seinem Kauderwelsch: »Wir junge Kerle waren, hatten keine Kleider, waren nackt. Weißer Mann sehr müde.«

Bob ergänzt: »Seine Kamele waren ihm davongelaufen. Ja, das war die Zeit, in der ihr beide zu jungen Männern geweiht worden seid.«

»Jim und ich«, sagt Hank. »Unsere Eltern gut zu dem weißen Mann, brachten ihm Chokochoko, gutes Essen. Frauen gaben ihm Fleisch von Kaninchen, auch Wurzeln, Eidechse und Kröte. Chokochoko gut, macht stark. Aber weißer Mann nicht mehr lange leben.«

Aus allen Himmelsrichtungen, so erzählen die beiden Alten, kamen die Schwarzen an den Ort, wo sich ein weißer Mann verirrt hatte. Sie wollten das Schauspiel sehen, wie ein Weißer endete. 500 waren es manchmal, die wie ein Theaterpublikum auf Lasseters Todeskampf starrten. Sie kannten die Weißen nur als Eroberer und Gewinner. Aber Lasseter war zäh, es dauerte Tage, und als die Aborigines keine Wurzeln und Kröten mehr fanden, zogen sie hungrig weiter, um Nahrung zu suchen. Nur die Eltern von Hank und Jim blieben und kümmerten sich um Lasseter.

Am Ende seiner Kräfte verkroch sich Lasseter in der Höhle von Winters Glen. Er hoffte, ein Suchtrupp würde ihn finden, doch er wartete vergeblich.

Wir kommen im Lager der Pitjantjatjara an. Eine Frau sitzt auf dem Boden, gräbt ein Loch und schiebt den roten Sand beiseite. Sucht sie vielleicht nach Nuggets? Manchmal finden sie Goldkörner. Die Frau hebt den »Schatz« aus dem Loch – eine kleine, verdreckte Kröte. Fleisch, auch wenn die Portion noch so klein ist, garantiert das Überleben.

Jäger der Pitjantjatjara kommen von der Pirsch zurück. Sie haben Leguane erbeutet, die in der heißen Asche des Lagerfeuers geschmort werden. Bob meint, daß sie die Beute »Nintaka« nennen. Aber eine Frau, die ein Bündel toter Echsen an den Schwänzen hält, sagt uns, daß sie »Kokadi« heißen. Sie wollen uns einen Teil der Beute verkaufen, aber wir bleiben lieber bei unseren Konserven. Sie lachen, weil wir erklären, daß wir Kokadi nicht essen. Für sie hat sich nichts geändert, seit Harold Lasseter durch ihr Reservat kam. Der nächste Supermarkt in Alice Springs ist Hunderte von Meilen entfernt. Lasseter glaubte damals, die Aborigines würden das Wasserloch vergiften, aus dem er trank. Sie vergifteten manchmal Wasserlöcher, um Dingos zu töten, ihre Nahrungskonkurrenten, die auch Kaninchen und Leguane jagten. Der alte Kamelfarmer Fred Spencer, dem wir unterwegs begegnen, sagt respektvoll: »Lasseter hat gute Arbeit geleistet. Irgendwo da draußen liegt das Milliardending. Männer wie Lasseter sterben nicht in der Wüste für nichts und wieder nichts. Aber die Wüste verändert im Lauf der Jahre ihr Gesicht. So ein Riesending taucht auf und verschwindet wieder. Der Wind hat das Goldriff wahrscheinlich längst unter Sand begraben.«

Eine Aktiengesellschaft in Sydney hat von den Aborigines, deren Reservat für Minenarbeit bisher tabu war, die Schürfrechte erworben. Die Eingeborenen sind mit lächerlichen 5 Prozent netto am Gewinn beteiligt, wenn das Goldriff gefunden wird. John Merrity, der Vorsitzende der AG, betont, daß es der erste Vertrag ist, den die Aborigines dieses Reservates unterzeichnet haben, damit Gold abgebaut werden kann. Merrity mußte 15 Monate lang verhandeln, versprach ihnen Arbeitsplätze und Supermärkte. Das Einsatzgebiet hat einen Durchmesser von 50 Meilen, genau der Kreis um den Docker River, in dem Lasseters letzter Kamelritt endete. Dort stehen die drei Felsen, Lasseters Wegweiser: Die steinernen Frauen mit den Sonnenhüten warten auf die Bulldozer. Wenn Merritys Schürfkolonnen das Goldriff finden, wäre Lasseters Ehre gerettet.

Geologen streiten bis heute, ob es im Gebiet der Petermann Ranges Gold gibt. Spuren von Kupfer und Silber wurden nachgewiesen. Aber an den Bars von Alice Springs kann man hören, daß Aborigines manchmal mit Nuggets aus dem Busch kommen und damit einkaufen. Woher sie die Nuggets haben? Die Schwarzen schweigen, und die Weißen gönnen ihnen die paar Goldkörner. Es reicht für Cola und Streichhölzer.

1950 war eine Expedition in den Petermann Ranges, um nach Überbleibseln aus Lasseters letzten Tagen zu suchen. Das Team erreichte die Höhle bei Winters Glen, aber die Suche im Sandboden der Höhle war vergeblich. Der Trapper Bob Buck hatte in der Nähe des Höhleneingangs in der Rinde eines Baums den von Lasseter eingeritzten Hinweis entdeckt: »Dig floor top end attacked.« Eine Aufforderung, im Höhlenboden zu graben. Buck hatte im hinteren Teil der Höhle das Tagebuch gefunden. Aber wo waren die drei Filme in den Konservendosen geblieben, die Lasseter im Tagebuch erwähnte? Max Cartwright war einer der Spurensucher von 1950, er schrieb eine Bilanz der Suchaktion: Sie gruben die Filme aus, die zeigen sollten, daß Lasseter sein Goldriff wiedergefunden und fotografiert hatte. Aber nach 20 Jahren waren Konservendosen und Filme verrottet.

Nach einem anderen Bericht von Austin Stapleton haben die Frauen der Aborigines Lasseters Filme als Schmuckbänder um ihre Hüften geschlungen. Lasseter lag todmüde im Sand und mußte zusehen, wie seine Beweise wertlos wurden. Er hatte nicht einmal mehr die Kraft, sich gegen die Fliegenschwärme und Ameisen zu wehren. Er hatte die letzte Patrone aus seinem Revolver abgefeuert, in der Hoffnung, ein Suchtrupp oder ein vorbeiziehender Dingojäger würde ihn hören.

Blakeley ging in seiner Bilanz sogar so weit, Bob Bucks Bericht, er habe den toten Lasseter gefunden und begraben, anzuzweifeln. Fest steht: Lasseters Tod ist von der Polizei nicht untersucht worden. Blakeleys Mutmaßungen haben mit zur Legendenbildung beigetragen. Es hieß, Lasseter sei nach Amerika verschwunden, zurück zu den Mormonen. Die Leiche im Busch sei gar nicht Lasseter gewesen. Da geht Blakeley in seiner Abrechnung zu weit, verirrt sich im Gestrüpp seiner Zweifel, Enttäuschungen und Spekulationen. Das Goldsyndikat hätte die Möglichkeit gehabt, die Suche nach Lasseter besser zu organisieren. Es gab mehrere Buschspezialisten, die den Auftrag sicher angenommen und sich zu einem Suchtrupp zusammengeschlossen hätten. Es waren erfahrene, abgehärtete Männer wie Stan O'Grady, Alan Brumby, Billy Liddle, Ben Nicker oder Billy MacNamara. Hätte das Syndikat einen Fotoreporter des »Sydney Morning Herald« mit einem Suchtrupp losgeschickt, gäbe es sicher Fotos von Lasseters Leiche.

Blakeley zitiert diese Zeitung mit einer Meldung vom 8. Juli 1936: »Eine weitere Theorie von Lasseters Goldriff löste sich heute in Luft auf, als der Minister für Minenangelegenheiten, Mr. Munsie, ein Telegramm des staatlichen Geologen Mr. N. A. Ellis erhielt, das mitteilte, es existiere kein Goldriff in dem Gebiet, in dem die Border Gold Reefs Company, Sydney, Untersuchungen durchführte. Das Ergebnis: Das Gebiet be-

steht aus Sandstein, keine Spuren von Edelmetall. Die Reservierung dieses Gebietes, die der Company bis zum 30. Juni wissenschaftliche Untersuchungen gestattete und verlängert wurde, bis Mr. Ellis seinen Schlußbericht vorlegte, ist damit abgelaufen.«

Für Blakeley war das eine Genugtuung. So konnte er Lasseters Goldriff in das Reich der Träume verlegen. Er verdrängte die Tatsache, daß Lasseter sein Leben riskierte und verspielte, um letzten Endes auch Blakeley die Existenz des Goldriffs zu beweisen. Doch Blakeley flirtete in seinem Buch bis zum Schluß mit den »lovely people of the sandhills«, den zauberhaften Wilden der Sandhügel. Dabei vergaß er, daß sie sich erbittert gegen das Eindringen des weißen Mannes wehrten, bereit waren, ihn mit ihren Speeren zu töten, wenn er sich zu weit in das uralte Land ihrer Stämme vorwagte.

Sie haben Lasseter geschont, weil er vom Tod gezeichnet war. Sie fütterten ihn nicht länger, als seine Versprechen sich nicht erfüllten, ein Flugzeug würde kommen, Geschenke bringen und ihn abholen. Sie blickten erwartungsvoll in den Himmel, aber der Blechvogel kam nicht. Lasseters Traum ist eigentlich filmreif, aber wer soll dieses Drama bezahlen? Es wäre bestes Abenteuer-Kino.

Wir sind zurück aus den Petermann Ranges, sitzen in »Lasseter's Casino« und entspannen uns bei einem Drink. Wir kommen mit einem Ingenieur ins Gespräch, der plötzlich behauptet, sein Team habe in aller Stille das Goldriff gefunden, genau dort, wo Lasseter es markiert hatte. Bob Lasseter wird blaß. Das wäre das Ende von Lasseters Traum, und Australien wäre um ein Geheimnis ärmer. Der Ingenieur hat ein paar Whisky getrunken, macht aber einen klaren Eindruck. Der Mann redet sachlich, kennt sich da draußen in den Petermann Ranges aus. Aber was heißt das schon? Vielleicht ist er der nächste, der in Lasseters Rolle schlüpft und nicht mehr zwischen Traum und Wirklichkeit unterscheiden kann.

Ich klopfe Bob tröstend auf die Schulter und sage: »Er lügt.«

Bob beruhigt sich, ich sage zu ihm: »Mach dir nichts aus seiner Story. Er sieht aus wie Blakeley. Und das war auch ein Spielverderber.«

Wir sind gerade mit heiler Haut aus Lasseters Eldorado zurückgekommen. An diesem Abend stehen wir auf Bobs Seite und sind überzeugt, daß irgendwo da draußen zehn Meilen Gold liegen. Da stört uns irgendein Aufschneider in Alice Springs nicht, der behauptet: Das Spiel ist aus. Niemand hat bis heute klipp und klar bewiesen, daß Lasseters Goldriff nicht existiert. Ein Mann rennt sich nicht die Seele aus dem Leib, mitten durch Australien, nur um einen staubigen toten Helden aus sich zu machen. Lasseter hat unermüdlich Tagebuch geführt, ein

Rechte Seite links oben: Seit die Geschichte vom großen Goldriff den australischen Glücksrittern keine Ruhe läßt, ziehen sie mit ihrem Kamel durch Busch und Wüste.

Rechte Seite rechts oben: Dieser alte Aborigine war Lasseters letzter Begleiter. Er sah den weißen Mann sterben und bedeckte den Toten mit Zweigen.

Rechte Seite unten: Ein Gedenkstein an der Stelle, wo Lasseter starb.

HAROLD B. LASSETER
DIED
WAS BURIED HERE

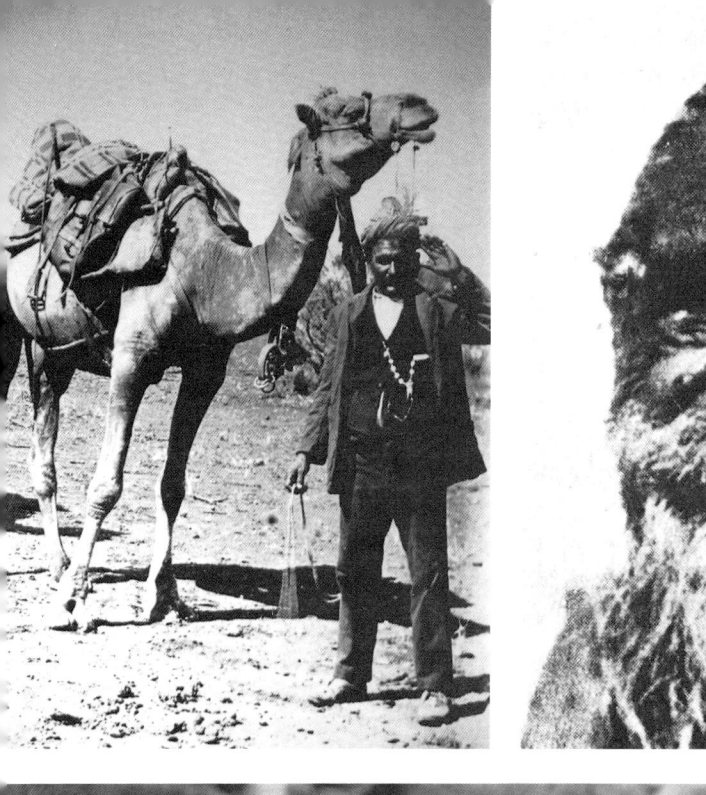

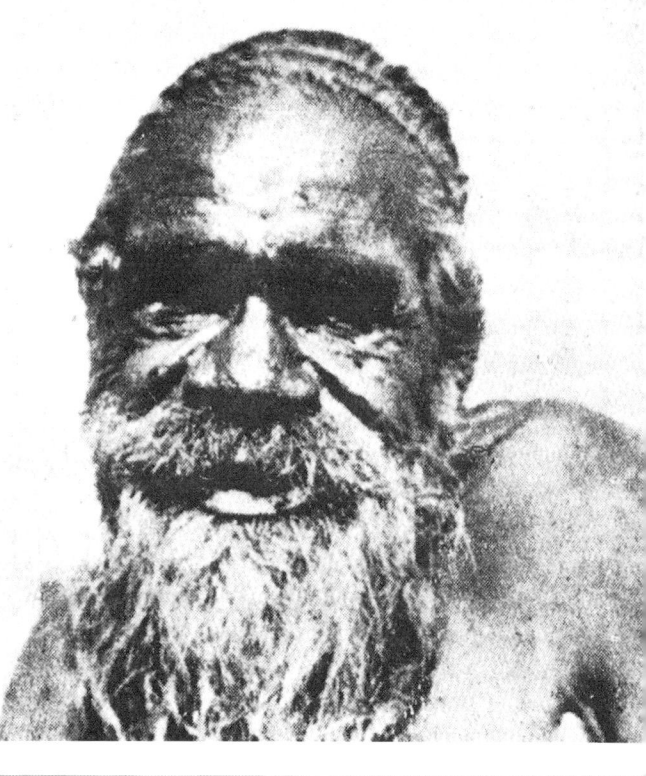

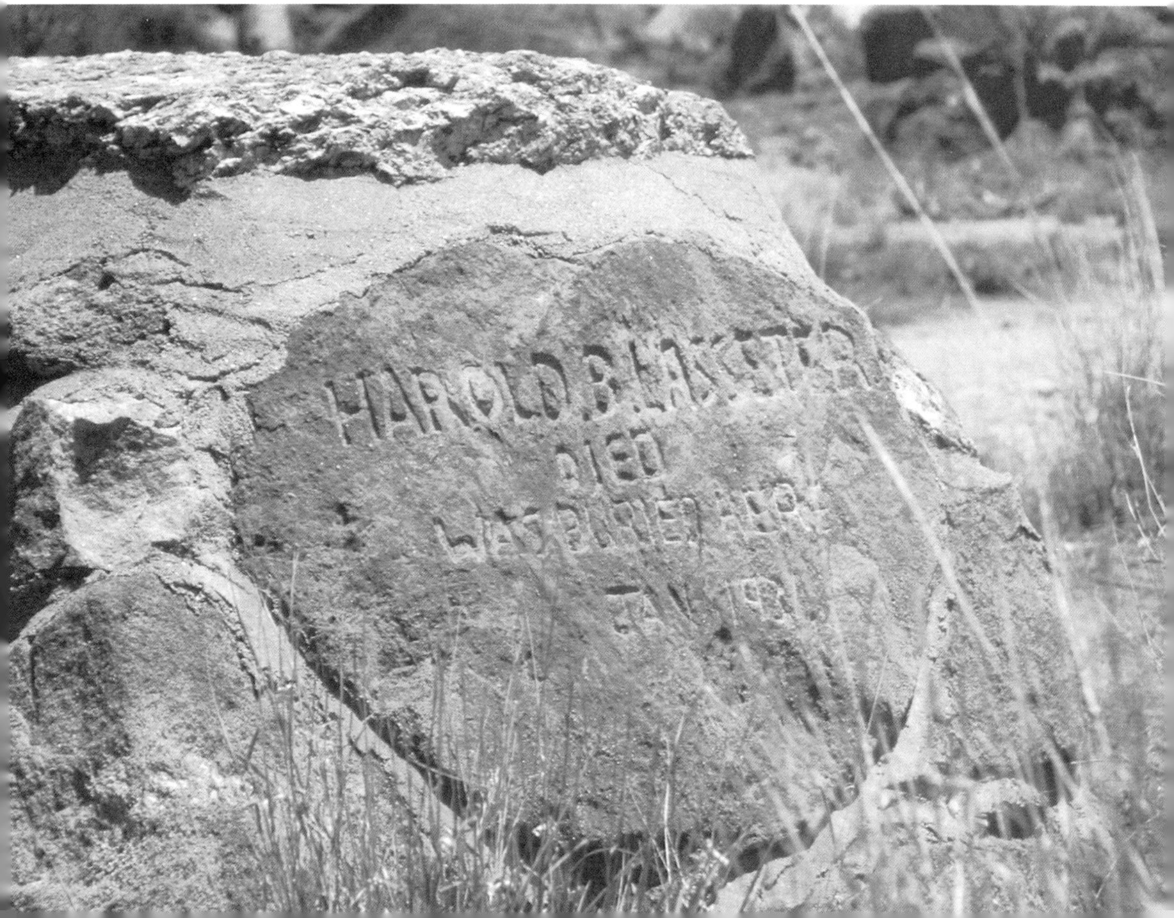

genauer Beobachter. So schreibt kein Spinner. Das hat auch Coote, der Bruchpilot, so gesehen, dem Lasseter als einzigem anvertraute, wo er das Goldriff markierte: Östlich vom Lake Christopher, bei den Drei Schwestern, »Three Sisters«, wie Lasseter die Hügel am nordwestlichen Ende des Goldriffs nannte. Diese Hügel sehen aus wie Frauen, die mit Sonnenhüten dasitzen und plaudern.

»Ein Flugzeug könnte dort vielleicht landen«, hatte Lasseter zu Coote gesagt. »Das Problem ist nur: Nahe beim Goldriff ist dichter Busch.« Coote hätte ein Meisterstück der Flugkunst vollbringen müssen.

»Sind Sie jetzt zufrieden?« fragte Lasseter, nachdem er eine genaue Ortsbeschreibung gegeben hatte.

»Nun ja, das ist schon etwas … damit könnte man etwas anfangen«, meinte Coote zurückhaltend. Dann hüllte er sich in Schweigen. Hatte er vielleicht vor hinzufliegen, wie Blakeley vermutete? Verhinderte die Notlandung am Ayers Rock diesen Plan? Es muß eine große Versuchung für Coote gewesen sein, eines Tages das Meisterstück zu wagen. Warum ist er nie zum Goldriff geflogen? Sein Buch schweigt sich darüber aus. Aber mit Respekt verabschiedete er sich von dem Toten. Der Pilot urteilte über Harold Lasseter: »Er war nicht der Mann, der sich für einen leeren Traum opferte.« Und so denken viele von Alice Springs bis Sydney. Lasseters Traum lebt.

MEUTEREI AUF DEN KORALLENINSELN

Legendäre Schiffsgräber
an den Küsten Australiens

An diesem wolkenlosen Novembertag flutet der Indische Ozean sanft gegen das Korallenriff von Batavia's Graveyard, einer Insel an der Westküste Australiens, die seit einer der schaurigsten Schiffskatastrophen der christlichen Seefahrt Batavias Friedhof genannt wird. Offiziell heißt die Insel auf den Landkarten Beacon Island. Seit den Junitagen des Jahres 1629 liegen noch immer Gebeine jener Unglücklichen unter dem weißen Korallensand, die von der meuternden Besatzung des holländischen Handelsschiffs »Batavia« in einer Orgie der Gewalt abgeschlachtet wurden.

Hugh Edwards, ein Taucher aus Perth, gehörte zum Taucherteam, das im Juli 1963 das Wrack der »Batavia« untersuchte, dessen genaue Lage bis zu diesem Zeitpunkt niemand gekannt hatte. Fest stand nur, daß der Dreimaster mit 316 Passagieren, Matrosen und Soldaten sowie 12 Schatzkisten voller Silbermünzen an einem Korallenriff der Abrolhos Islands gestrandet war. Die Abrolhos liegen wie ein riesiges Haifischgebiß vor der australischen Westküste, messerscharfe Korallenklippen, ein Archipel von mehr als 100 kleinen und größeren Inseln, manche nicht größer als ein Fußballfeld oder ein Tennisplatz. Wehe dem Schiff, das von den mächtigen Wellen des Indischen Ozeans auf die Abrolhos zugetrieben wurde. Die Koralleninseln liegen 300 Kilometer nordwestlich von Perth und 60 Kilometer westlich von Geraldton.

Edwards begleitet uns, als wir mit dem Jeep von Perth nach Geraldton fahren. Von dort steuern wir mit der Yacht »Top Gun« die Abrolhos an. Auch Max Cramer ist an Bord. Er war der erste, der zum Wrack der »Batavia« tauchte, als das Schatzsucherteam 1963 mit der Arbeit begann. Um 1877 war der Küstenstrich um Geraldton ein Umschlagplatz für den Handel zwischen Europa und dem Fernen Osten und hieß Champion Bay. In den Whiskybars erholten sich die Schiffsbesatzungen von der strapaziösen Seereise. Doch immer hatten die Seemänner den Alptraum von der »Batavia« vor Augen, die in einer milden Juninacht zwei Stunden vor Morgengrauen auf ein Korallenriff krachte. Kapitän Ariaen Jacobsz war für die Navigation verantwortlich, die Berechnungen waren falsch, die »Batavia« nach Süden abgetrieben. Ihr Ziel war die holländische Kolonie Batavia, das heutige Jakarta auf der Insel Java.

Hugh Edwards war 30 Jahre alt, als er 1963 die Trümmer der »Batavia« in sechs Meter Tiefe zum erstenmal sah. Er empfand ein Glücksgefühl, das ihm die Tränen in die Augen trieb, als er eine der 28 Kanonen der »Batavia« fand, die zur Verteidigung gegen Piraten an Bord standen. Für Taucher ist ein legendäres, altes Wrack ein Traumziel, wie es für Edmund Hillary der Mount Everest war. Hugh blickt mit seinen 59 Jahren auf ein bewegtes Taucherleben zurück, in dem die »Batavia« das Ziel seiner Wünsche war. Denn kein anderes Wrack, kein anderes Schiffs-drama hat die Phantasie australischer Taucher so fasziniert wie dieses unglückselige Schiff der Holländischen Ostindien-Kompanie. Austra-liens Küsten sind von West nach Ost reich an versunkenen Schiffen. Im Osten, südlich von Melbourne, liegt der Schiffsfriedhof von King Island, den wir später noch ansteuern werden. Aber nur die Abrolhos sind mit jenen Inseln der griechischen Antike zu vergleichen, auf denen die Sire-nen so wunderbar sangen, daß Odysseus sich an den Mastbaum fesseln ließ, um dem lockenden Gesang zu widerstehen.

Korallen haben in Jahrtausenden die Abrolhos aufgestockt, bis sie über den Ozean hinausragten und Inseln mit türkisblauen Lagunen bil-deten. Seevögel haben Pflanzensamen, der an ihren Füßen klebte, auf den Korallenstrand getragen. Struppige Büsche breiteten sich aus, die dem Wind vom Indischen Ozean standhielten. In den Korallengärten schwimmen die bunten Fische der Südsee. In den tieferen Gewässern ziehen Buckelwale und Riesenrochen vorbei, die Mantas. Im Zwielicht der steil abfallenden Korallenriffe patrouillieren Tigerhaie, immer auf der Jagd nach leichtsinnigen Fischen, die den schützenden Schwarm verlassen. Hammerhaie schlängeln sich träge durch Korallenschluch-ten. Tigerhai und Hammerhai können Tauchern gefährlich werden.

Im Schiffahrtsmu-seum von Fremantle steht eine unvoll-ständige Rekon-struktion der »Bata-via«, noch immer liegen Wrackteile auf dem Meeres-grund.

Aber am meisten gefürchtet ist der »White Death«, der Weiße Tod, wie Taucher den Carcharodon nennen, den weißen Hai. Er ist der einzige Hai, wie Hugh Edwards uns erklärt, der keine Furcht kennt und ohne Zögern Menschen angreift: »Die weißen Haie sind perfekte Geschöpfe der Natur, die wie Computer funktionieren, Ziel sichten und angreifen. Wenn du Blickkontakt hast, ist deine Überlebenschance gleich Null. Dieses Auge, noch zwei, drei Meter von dir entfernt, hat nur den einen Befehl, dich präzise in das Gebiß dieses Bastards zu befördern. Aber du kannst es ihm nicht übelnehmen. Du hast dich in eine Unterwasserwelt vorgewagt, die nicht für Menschen bestimmt ist. Wenn du dort mit deiner Taucherbrille und deiner Luftflasche runtergehst, mußt du wissen, daß du nur ein Besucher bist, der immer wieder auf seine Spezialuhr am Handgelenk schauen muß, um zu kontrollieren, wie lange der Sauerstoff noch reicht. Der Carcharodon ist ein kaltblütiger Killer, er holt sich Bissen für Bissen von deinem Körper und spuckt die Technik wie Zivilisationsmüll aus. Willst du ihn kennenlernen?«

»Gehirn und Nervenzentrum eines Hais liegen zwischen Nase und Augen«, erklärt Edwards. »Wenn du diesen Punkt mit der Harpune triffst, kannst du seinen Angriff blitzartig stoppen. Wenn du danebenschießt, wird der verwundete Hai zum verrückten Killer. Einen Hai zu schießen, ist genauso riskant wie der Abschuß eines Elefanten. Du mußt bis zum letzten Moment warten, um den richtigen Punkt zu treffen. Jetzt haben wir Harpunen mit Patronen, die im Kopf oder Körper des Hais explodieren. Das macht das alte Duell zwischen Taucher und Hai leichter.« Edwards grinst amüsiert: »Aber ich finde das ziemlich unfair – falls man gegenüber einem Hai, der einen töten will, überhaupt unfair sein kann.«

Es geht darum, den Tauchgang zur »Batavia« zu überleben. Und dazu muß man wissen, daß der Hai meistens von unten angreift, nach dem Bein schnappt und die Schlagader des Unterschenkels durchbeißt. Der betroffene Taucher ist vom Schock und Blutverlust wie gelähmt, eine leichte Beute für den Hai. »In den Gewässern der Abrolhos kannst du einen Schnellkurs im Umgang mit Haien machen«, sagt Edwards. Er erzählt uns deshalb so ausführlich von seinen Erfahrungen unter Wasser, weil er uns klarmachen will, daß die Gespenster der »Batavia« nicht ganz so gefährlich sind wie Haie. Die Abrolhos waren die Bühne für ein filmreifes Schiffsdrama, das die Dramatik der Meuterei auf Captain Blighs »Bounty« bei weitem übersteigt. Die Phantasie klassischer Abenteuer-Erzähler, wie Daniel Defoe, Autor des »Robinson Crusoe«, oder Robert Louis Stevenson, Autor der »Schatzinsel«, hätte kaum ausgereicht, ein Schauerdrama wie das der »Batavia« auszudenken. Die Kata-

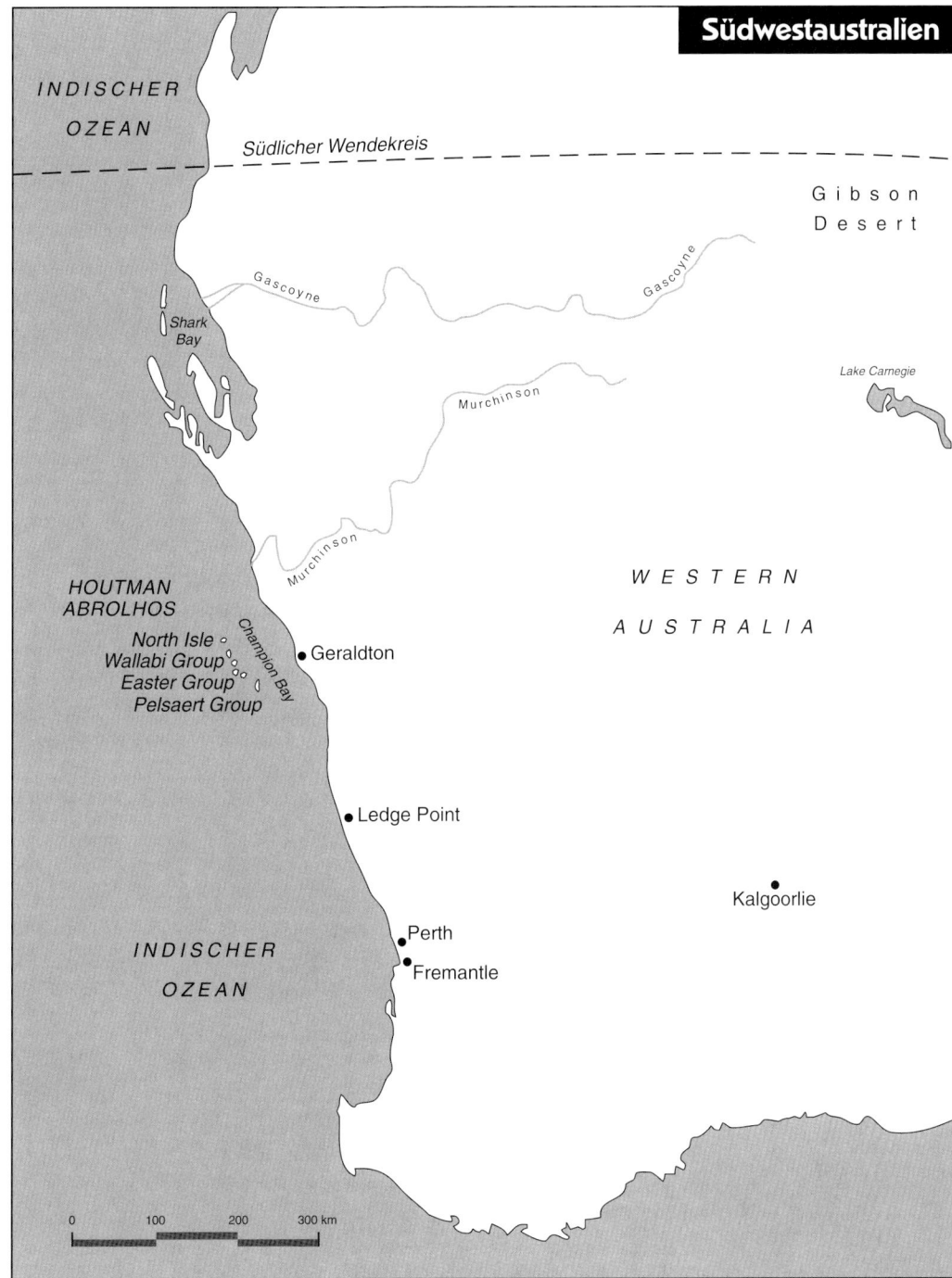

Südwestaustralien

INDISCHER
OZEAN

Südlicher Wendekreis

Gibson
Desert

Gascoyne

Gascoyne

Shark
Bay

Lake Carnegie

Murchinson

Murchinson

HOUTMAN
ABROLHOS

WESTERN

AUSTRALIA

North Isle
Wallabi Group
Easter Group
Pelsaert Group

Champion Bay

● Geraldton

● Ledge Point

● Kalgoorlie

INDISCHER

OZEAN

● Perth
● Fremantle

0   100   200   300 km

strophe dieses Schiffs erlaubt uns, in den Abgründen der menschlichen Seele zu lesen.

Wir stehen auf den vom Wind verwehten Gräbern von Batavia's Graveyard und denken an das unglückselige Schiff, das am 27. Oktober 1628 den Hafen von Amsterdam verließ. Es war die Jungfernfahrt der »Batavia«, des funkelnagelneuen Flaggschiffs der Flotte der VOC, der Holländischen »Vereenigde Oostindische Compagnie«. Die Direktoren der VOC waren Manager des Handels mit dem Fernen Osten, sie kauften Gewürze, Edelhölzer, Seide, Elfenbein, indische Juwelen, Perlen von malayischen Tauchern und chinesisches Porzellan. Die »Batavia« war der Stolz der Handelsflotte, ein Schiff von etwa 50 Metern Länge, aus baltischer Eiche, dreimal so groß wie das Flaggschiff »Santa Maria« von Columbus und doppelt so groß wie die »Bounty« des hartherzigen Menschenschinders Captain Bligh oder die »Endeavour« des britischen Entdeckers James Cook, der im 18. Jahrhundert in die Südsee reiste. Die »Batavia« war seinerzeit eines der besten Schiffe.

Hummerfänger haben in den Gewässern der Abrolhos Islands ihre Stützpunkte.

Wo einst die Zelte der Schiffbrüchigen auf Koralleninseln standen, Fetzen aus den Segeln der »Batavia«, stehen heute die Bungalows der Hummerfänger. Die Hummer der Abrolhos sind die größten an den Küsten Australiens. Man kann ein Vermögen mit Lobster verdienen, wenn man bereit ist, weit abseits der Zivilisation hart zu arbeiten. Die Fangsaison dauert von März bis Juni. Etwas mehr als 190 Hummerfänger haben eine Lizenz. Die Lobster werden vor allem nach Japan und in die USA exportiert, wo Feinschmecker jede Menge Dollars für die Riesenhummer der Abrolhos hinblättern.

Aber was geschah in der Nacht des 4. Juni 1629? Hugh Edwards kneift die Augen zusammen: »Gefährlicher als Haie sind die riesigen Flutwellen, die plötzlich am Horizont auftauchen. Du hältst sie anfangs für ein Schiff, dann rollen sie heran, zwei, drei gigantische Wellen, zehn Meter hoch. Weiß der Teufel, woher sie kommen. Es ist windstill, alles friedlich, und dann kommen diese Brecher. Vielleicht kommen sie von einem Orkan mitten im Indischen Ozean. Wenn sie am Korallenriff aufprallen, hast du ein höllisches Krachen in den Ohren, das du nie vergißt. Wenn du als Taucher solchen Monsterwellen nicht rechtzeitig entkommst, werfen sie dich auf die messerscharfen Korallenklippen.«

Vielleicht wurde die »Batavia« von einer langen Dünung auf die Abrolhos getragen. Es war Nacht, in der Ferne schimmerte der Schaum des Ozeans um die Korallenklippen – noch eine knappe Stunde bis zum Aufprall. Niemand an Bord ahnte die Gefahr. Im Gegenteil: Unter Deck saßen Verschwörer zusammen, die mit den zwölf Schatzkisten davonsegeln wollten, um sich irgendwo unter Palmen zur Ruhe zu setzen und das süße Leben zu genießen. Mit den Silbertalern könnten sie sich Frauen und Whisky bis an das Ende ihrer Tage kaufen, träumten die Meuterer und tranken sich mit Rotwein Mut an.

Die Reise hatte schon mit menschlichen Spannungen begonnen. Die »Batavia« segelte von Amsterdam nach Kapstadt und ankerte in der Table Bay, um Trinkwasser und Proviant aufzunehmen für die monatelange Reise nach Java. Francisco Pelsaert, 35 Jahre alt, war »Kommandeur« des Schiffs, ein damals üblicher Titel, den die Holländische Ostindien-Kompanie ihren besten Offizieren verlieh. Dieser Titel gab Pelsaert den Oberbefehl über das Schiff, dem auch Kapitän Ariaen Jacobsz unterstellt war. Pelsaert und Jacobsz waren gegensätzliche Persönlichkeiten in Charakter und Temperament. Der Kommandeur war ein kultivierter, eleganter, geistreicher Mann, dessen Schwäche vielleicht darin bestand, daß er die Spannungen auf dem Schiff und später die Lage der Schiffbrüchigen auf den Abrolhos nicht richtig einschätzte. Er verlor die Kontrolle über Schiff, Besatzung und Passagiere. Pelsaert hatte sich in Indien eine Krankheit geholt, wahrscheinlich Malaria, bevor er das Kommando auf der »Batavia« übernahm. Das Fieber warf ihn während der Reise mehrmals auf sein Bett, und die Meuterer konnten sich ungestört versammeln und planen.

Skipper Jacobsz war ein rauhbeiniger Seemann, ein Säufer, der Hafenkneipen demolierte, wenn er zuviel getrunken hatte. Er verachtete die feinen Manieren Pelsaerts, der seinen Charme bei den Damen spielen ließ. Pelsaert flirtete mit der schönsten Frau an Bord, Lucretia van der Mijlen, die zu ihrem Ehemann reiste, der in Batavia gute Geschäfte machte. Lucretia hatte die aufdringlichen Annäherungsversuche des Kapitäns zurückgewiesen, Pelsaert verwarnte den Skipper. Eifersucht und Haß trübten die Stimmung an Bord der »Batavia«.

Der Skipper hatte einen teuflischen Verbündeten, Jeronimus Cornelisz. Ein ehemaliger Apotheker aus Haarlem, der als Kaufmann in den Dienst der Kompanie eingetreten war. Er hatte ein besonderes Motiv, aus Haarlem zu verschwinden. Dort hatte der bewunderte Maler Torrentius van der Beecks nächtliche Orgien gefeiert und die Nackten auf Leinen gemalt. Er verbreitete die Lehre, es gebe nichts Böses auf Erden, alles sei gut, weil es von Gott komme. Aus seiner Lehre leitete Torrentius die Lust an Orgien und Gesetzlosigkeit ab. Ein Skandal für das gutbürgerliche Haarlem. Torrentius wurde verhaftet, seine satanische Lehre verboten. Aber Jeronimus Cornelisz blieb ein heimlicher Anhänger dieser Lehre – die Faszination des Bösen sollte auf der »Batavia« und auf den Abrolhos verhängnisvolle Folgen haben.

Kapitän Jacobsz und Cornelisz planten, die Lage an Bord mit einem Attentat auf die schöne Lucretia zu erschüttern und Kommandeur Pelsaert seelisch zu zermürben. Oberbootsmann Jan Evertsz organisierte den Überfall: Im Dunkel der Nacht fiel eine Gruppe Meuterer über Lucretia her, die an Deck spazierenging. Sie rissen ihr die Kleider vom Leib, bis sie nackt war, bestrichen ihr Gesicht und ihren Körper mit Pech und ließen das schreiende Opfer an Deck liegen. Die Brutalität des Überfalls traf Pelsaert, den Verehrer der schönen Lucretia, tief. Die Mannschaft schwieg, als er nach den Schuldigen suchte. Dieses Schweigen machte ihm klar, daß er auf der »Batavia« die Kontrolle verloren hatte.

Seit acht Monaten war das Schiff unterwegs. Eine derart lange Schiffsreise war alles andere als ein Vergnügen. Das Trinkwasser wurde knapp, das eingesalzene Fleisch schmeckte nicht mehr, die Passagiere wurden schwach und krank, litten an Skorbut. In den Nahrungsvorräten wimmelten Maden, und Ratten holten sich ihren Anteil.

Das Dienstmädchen Zwaantie Hendrix tröstete Lucretia, aber das war pure Heuchelei, denn Zwaantie steckte mit dem Kapitän unter einer Decke, sie war seine Geliebte. Er versprach ihr das süße Leben auf einer Palmeninsel, für den Fall, daß die Meuterei und der Griff nach den zwölf Schatzkisten gelingen würden. So war die »Batavia« schon zum Schiff der Verdammten geworden, bevor sie am Korallenriff der Abrolhos zerschellte. Der verzweifelte Kommandeur Pelsaert, ein gottesfürchtiger Mann, notierte später in seinem Tagebuch, der Zorn Gottes habe das sündige Schiff auf das Korallenriff getrieben. Aber das ist ein frommes Märchen. In Wirklichkeit war dieses Schiff von Gott und allen guten Geistern verlassen. Auf seinen Planken spielte sich ein ausweglöses Seelendrama ab, das Schlimmste, was den geschäftstüchtigen holländischen Direktoren der Ostindischen Kompanie passieren konnte.

Noch wenige Minuten bis zum Aufprall auf das Korallenriff. Kapitän Jacobsz drehte eine Runde auf dem nächtlichen Deck, der Mond leuchtete friedlich auf den Planken, zwei Stunden vor Morgengrauen. Die Nachtwache hatte ein Kanonier übernommen, von dem nur der Vorname Hans überliefert ist. Hans beobachtete versunken das Auf und Ab der Dünung, auf der das Schiff schaukelte. Jacobsz glaubte, ein Wirbeln und Schäumen auf den Wellen zu sehen, ein paar hundert Meter vor dem Bug der »Batavia«. Der Skipper konnte sich dieses seltsame Schimmern und Glitzern des Ozeans nicht erklären. Die Nacht war sanft, Wolken trieben am Mond vorbei.

»Was ist das – da vorn?« fragte Jacobsz.

»Der Mondschein auf den Wellen«, antwortete der Kanonier verträumt. »Eine wunderbare Nacht. Ich denke, wir werden bald unter Palmen spazierengehen. Ich habe schon den Duft der Tropen in der Nase, Skipper.«

Meuterer der »Batavia« metzelten die Schiffbrüchigen nieder, die auf einer Koralleninsel der Abrolhos ein Zeltlager errichtet hatten.

»Aber jetzt zieht eine Wolke am Mond vorbei, und es schimmert immer noch wie Brandung«, bemerkte Jacobsz beunruhigt.

»Brandung?« sagte der Kanonier unsicher. »Ist doch nur der Mondschein, Skipper.« Aber seine Stimme klang so, als zweifelte er plötzlich an seinem tropischen Traum.

Im nächsten Moment krachte die »Batavia« auf das Korallenriff, Skipper und Kanonier wurden über das Deck geschleudert.

Den Verlust des Flaggschiffs der Handelsflotte würden die Direktoren in Amsterdam Pelsaert nie verzeihen.

Er war verzweifelt, das Wrack lag eingeklemmt zwischen Korallenklippen. Wann es in der Brandung auseinanderbrechen und versinken würde, war nur eine Frage der Zeit. Im Morgengrauen sahen die Schiffbrüchigen, daß sie zwischen flachen Koralleninseln gestrandet waren. Zuerst dankten sie Gott für das nahegelegene Land, bevor sie mit Entsetzen erkannten, daß diese Inseln eine grausame Menschenfalle waren.

Einige der Schiffbrüchigen setzten in Booten auf die Abrolhos über. Die Meuterer blieben auf dem Wrack, öffneten die Weinfässer und feierten den Schiffbruch, der ihnen die reiche Fracht ausgeliefert hatte. Sie waren sicher, daß die zwölf Schatzkisten jetzt ihnen gehörten. Die Meuterer rechneten damit, daß Pelsaert versuchen würde, Batavia mit einem Boot zu erreichen und mit einem Rettungsschiff zurückzukehren. Sie planten, das Rettungsschiff zu kapern und mit dem Silberschatz in ein neues Leben zu segeln.

Das Problem für die Meuterer war nur: Es gab zu viele Schiffbrüchige, die nicht in den Plan paßten. Männer, Frauen und Kinder, die darauf hofften, in ein zivilisiertes Leben zurückzukehren. Für die Meuterer waren sie nur lästige Opfer einer Katastrophe. Zeugen, die man besser zum Schweigen brachte.

Pelsaert und Jacobsz segelten mit ein paar Freiwilligen in einem Boot los, um in Batavia Hilfe zu holen. In der Zwischenzeit begann auf den Abrolhos die Schreckensherrschaft des Jeronimus Cornelisz, der sich an die teuflische Lehre des Malers Torrentius erinnerte: Alles, was du tust, kommt von Gott, auch wenn es nach menschlichen Regeln böse ist. Dein Wille ist Gesetz.

Die Meuterer berauschten sich mit Wein und feierten ihren plötzlichen Reichtum. Der französische Soldat Jean Thiriou brach eine der zwölf Schatzkisten auf und wühlte in den Silbermünzen, bevor das Schiff in der Brandung zerbrach und versank. 8000 Silbermünzen aus der aufgebrochenen Kiste wurden über das Korallenriff verstreut. Elf Schatzkisten sanken auf den Grund des Meeres, das an dieser Stelle nur sechs Meter tief ist.

Die Schiffbrüchigen waren auf verschiedene Inseln verteilt, die alle dicht zusammenlagen: Sie machten aus den Segeln der »Batavia« Zelte, die auf den Inseln Batavia's Graveyard, Seal's Island und Traitor's Island standen. Die Koralleninsel Traitor's Island, Verräterinsel, wurde von den Schiffbrüchigen so genannt, weil sie geglaubt hatten, Pelsaerts Boot würde nur zu einer Erkundungsfahrt auslaufen und dann zurückkehren. Aber er segelte Richtung Batavia und überließ die Schiffbrüchigen ahnungslos dem Terror des Jeronimus Cornelisz. Richter des Seegerichts haben Pelsaert später vorgeworfen, er hätte die Inseln und das Wrack nicht verlassen dürfen, er hätte als Kommandeur auf den Inseln bleiben müssen, um für Ordnung und Disziplin zu sorgen, dann wäre das Massaker vermieden worden.

Cornelisz hatte die Macht über Leben und Tod auf den Abrolhos: Er ließ 125 Schiffbrüchige töten. Seine Killer hieben mit Schwertern Männer, Frauen und Kinder nieder. Wer dann noch nicht tot war, dem wurde die Kehle durchgeschnitten. Es war ein Blutrausch, die Lust am Töten, die Cornelisz mit der Irrlehre des Haarlemer Sektenführers Torrentius auslöste. Er verschonte Lucretia van der Mijlen, weil er hoffte, sie würde irgendwann ihren Widerstand aufgeben und sich seinem Liebeswerben unterwerfen. Aber Lucretia saß in ihrem Zelt und wies ihn standhaft zurück. Er wagte es nicht, Lucretia Gewalt anzutun. Auch andere Halunken verehrten Lucretia und hätten aus Eifersucht Cornelisz die Kehle durchgeschnitten. Er war schlau und wartete auf seine Chance.

Der Held in diesem Drama war der Soldat Weibbe Hayes. Er organisierte auf West Wallabi Island, einer größeren Insel, den Widerstand gegen die Meuterer. Auf Wallabi Island fand die Gruppe um Hayes Regenwasser in Felslöchern, es gab Vogeleier und Fleisch, die Soldaten fingen kleine Känguruhs, die Wallabies, die sie zuerst für wilde Katzen hielten. Die Männer hatten ihre Waffen auf den Inseln zurückgelassen, weil sie auf Wallabi Island nur nach Trinkwasser und Nahrung suchen wollten. Ein Matrose stahl den Meuterern ein Boot und ruderte nach Wallabi Island, um Hayes zu warnen. Auf Batavia's Graveyard und den anderen Inseln hatte das Morden begonnen.

Etwa fünfzig Schiffbrüchige – Soldaten und Passagiere – waren um Hayes versammelt. Aus Kalksteinplatten bauten sie Stellungen, um die Angriffe der Meuterer abzuwehren. Aus Treibholz und Eisenteilen des Wracks machten sie Waffen: Spieße und mit Nägeln gespickte Morgensterne, Keulen und abenteuerliche Schwerter. Nach einem ersten kleinen Gefecht zogen sich die Meuterer auf ihre Hauptinsel zurück, Batavia's Graveyard, um über das weitere Vorgehen zu beraten. Cornelisz wollte mit einem Großangriff die Stellungen von Hayes überrennen. Er

*Auf Seal's Island
wurden die Meute-
rer gehängt.*

ließ die Meuterer am 20. August 1629 einen Eid schwören: Treue bis in den Tod. Es waren 36 Mann, die das Dokument unterzeichneten, darunter waren Soldaten, Seekadetten, auch der Prediger Gijsbert Bastiaensz, der später zu den Verteidigern überlief, als er merkte, daß Cornelisz die schlechteren Karten im Kampf ums Überleben hatte. Cornelisz ging in eine Falle und wurde von Hayes gefangengenommen.

In der Zwischenzeit hatte Kommandeur Pelsaert mit seinem Boot Batavia erreicht. Er kehrte mit dem Rettungsschiff »Sardam« zu den Abrolhos zurück, um die Schiffbrüchigen und die zwölf Schatzkisten an Bord zu holen. Pelsaert hatte keine Ahnung vom Massaker auf den Koralleninseln. Die Meuterer warteten darauf, daß die »Sardam« in ihre Falle segelte, sie wollten das Schiff entern. Am 17. September gelang es Hayes, in einem Boot zur »Sardam« zu rudern, die vor den beiden Wallabi Islands ankerte, und Pelsaert zu warnen. So fand das Gemetzel endlich ein Ende: Die Meuterer erkannten die Ausweglosigkeit ihrer Lage und kapitulierten. Es folgten Verhöre und Folter, um Geständnisse zu erzwingen. Das Urteil für Jeronimus Cornelisz und seine grausamsten Mordgehilfen: Abhacken der Hände und Tod am Galgen.

Auf Seal's Island standen die Galgen für acht Todeskandidaten. Der Schiffszimmermann hatte die Galgen aus dem Treibholz der »Batavia«

gebaut. Cornelisz hielt bis zuletzt an seiner Lehre fest und rief: »Gott ist mein Zeuge. Ich habe seine Befehle ausgeführt, und in Gott ist nichts Böses, also auch nicht in seinem Willen und den Werken, die er von uns verlangt.«

Die Überlebenden lachten und schrien ihm ins Gesicht: »Rache! Rache für das Blut, das an deinen Händen klebt.«

Dann hackte ihm der Henker die Hände ab und legte ihm die Schlinge um den Hals. Jan Hendricx aus Bremen und zwei anderen wurde nur die rechte Hand abgehackt, bevor sie gehängt wurden. Auch der 18jährige Kabinenpage Jan Pelgrom de Bye und der Soldat Wouter Looes sollten gehängt werden. Doch Pelsaert begnadigte die beiden: Als die »Sardam« nach Batavia zurücksegelte, wurden sie am 16. November 1629 auf dem australischen Festland ausgesetzt. Man gab ihnen Wasser und Proviant, dann segelte die »Sardam« davon. Jan Pelgrom de Bye und Wouter Looes wurden nie wieder gesehen. Zwei Männer, die vielleicht die ersten Weißen waren, die mit freundlichen Eingeborenen am Murchison River Kontakt aufnahmen, zwei Jahrhunderte vor den ersten weißen Siedlern, die nach Westaustralien kamen.

Hugh Edwards steht im weißen Korallensand und grübelt über das Schicksal der beiden Meuterer nach: »Wer weiß, wie oft sie sich nach den Windmühlen in Holland gesehnt haben. Vielleicht haben sie schwarze Frauen der Aborigines gefunden, die sie getröstet haben. Vielleicht haben sie kaffeebraune Kinder bekommen. Kommandeur Pelsaert war jedenfalls kein glücklicher Sieger.«

Pelsaert notierte über den Terror auf den Inseln in seinem Tagebuch: »Mir ist klar geworden, wie unser Leben gelegentlich in die Hände von zwei, drei verderbenbringenden Menschen fallen kann.« Das Drama der »Batavia« ist ein Abbild menschlicher Verirrungen, wie sie sich im großen Stil wiederholen, wenn Macht zum Wahn wird. Deshalb hat diese Schiffskatastrophe so einen beklemmenden Eindruck auf die Nachwelt hinterlassen – das Gleichnis vom Scheitern des Menschen, das Leben als Reise in den Wahn. Kommandeur Pelsaert hat diesen Alptraum nicht lange überlebt.

Pelsaert hatte auf der »Sardam« malayische Perlentaucher mitgebracht, die für die Taucharbeit besonders geeignet waren. Sie holten zehn Kisten mit Silbermünzen aus dem Wrack, das in sechs Meter Tiefe wie eine geplatzte Holzschachtel lag. Verstreute Kanonen, Silbermünzen, mehrere Anker, Geschirr, Weinkrüge, ein chaotisches Schiffsgrab, in dem sich buntgestreifte Korallenfische tummelten. An den Abhängen des Korallenriffs zogen die Schwärme der Thunfische und Makrelen vorbei. Im

*An der Westküste
Australiens stehen
diese uralten Kalk-
steinsäulen, die
»Pinnacles«,
stumme Zeugen
der Schiffahrts-
katastrophen, die
sich dort im Lauf
der Jahrhunderte
ereigneten.*

Zwielicht unterhalb der Fischschwärme lauerten Haie. Ein traumhaft
schönes, gefährliches Unterwasserparadies, in dem die malayischen
Perlentaucher hart arbeiteten. In den zwölf Kisten lagen insgesamt
259788 Silbermünzen, holländische Reichstaler und deutsche Taler,
wie alte Dokumente der Amsterdamer Direktoren der Kompanie beweisen. Zwei Kisten mit mehr als 40000 Silbertalern konnten von den
Perlentauchern nicht geborgen werden. Pelsaert erwähnt in seinem Tagebuch, daß die Bergung einer Kiste zu schwierig war, die zweite erwähnt er nicht, weil sie wahrscheinlich auseinandergebrochen war – die
Kiste, die der französische Soldat Thiriou aufgebrochen hatte. Australische Taucher haben 10000 verstreute Silbertaler gefunden. Aber wo ist
die Kiste geblieben, in der 8000 Silbertaler liegen sollen? Hugh Edwards
und Max Cramer sind überzeugt, daß sie noch immer unter Sand und
Korallen begraben liegt.

Am 5. Dezember 1679 erreichte Pelsaert mit der »Sardam« Batavia
und lieferte zehn Schatzkisten ab. Doch die Direktoren hatten den Kommandeur schon verurteilt, in ihren Augen war er ein Versager. Die restlichen Meuterer, die Pelsaert nach Batavia mitgebracht hatte, wurden vor
den Toren der Festung gehängt oder mit gebrochenen Knochen aufs Rad
geflochten. Ein Schauspiel für die eleganten Damen und Herren der holländischen Kolonialmacht. Dumpfe Trommelwirbel begleiteten die Exe-
kutionen. Gouverneur Specx war mit dem »gesellschaftlichen Ereignis«

und dem perfekten Ende der Meuterei sehr zufrieden. Doch Pelsaert war ein seelisch gebrochener Mann. Seine Karriere war am Ende. Er starb im September 1630. Sein Gegenspieler, Kapitän Ariaen Jacobsz, wurde wegen des Verdachts, die Meuterei angestiftet zu haben, verhört und gefoltert. Aber er schwieg verbissen. Sein Ende ist unbekannt. Nach zweijähriger Untersuchungshaft in der fieberschwülen Tropenfestung Batavia, in der Malaria und Typhus die Häftlinge auszehrte, verlor sich seine Spur im Dunkel der Geschichte. Lucretia van der Mijlens Ehemann war inzwischen in Batavia gestorben. Die Dame hatte den Alptraum auf den Abrolhos offenbar gut überstanden, sie heiratete im September 1630 wieder.

Hugh Edwards erinnert sich an das Taucherteam von 1963, das die Ehre und das Glück hatte, das Wrack der »Batavia« nach langer Suche zu finden: »Wir wußten, daß wir über blutgetränkte Inseln gingen. Nachts hatten wir Alpträume. Die Taucher sprachen laut und verwirrt im Schlaf, als würden sie von den zornigen Gespenstern der Abrolhos heimgesucht. Manchmal saß ich schweißgebadet und steil aufgerichtet in meinem Schlafsack, wenn ich plötzlich aus einem bösen Traum erwachte.«

Auf Batavia's Graveyard – Kerkhof, wie die holländischen Passagiere die Mordinsel nannten – zeigt Edwards uns die Stelle im Korallengestein, wo sie das Skelett des Andries de Vries fanden, den die Meuterer vor die Wahl stellten: Du mußt für uns töten oder selber sterben. Andries war 20 Jahre alt, hatte Todesangst und mordete im Auftrag von Cornelisz, bis er einen Fehler machte: Er war in Lucretias Zelt gesehen worden. Er hatte ihr gestanden, daß er zum Mörder geworden war. Cornelisz traute ihm nicht mehr. Er schickte seine Henker aus, Andries lief um sein Leben, bis zum Strand, da war nur noch der Ozean – von hinten trafen ihn Schwerthiebe, dann schnitten sie ihm die Kehle durch.

Das Skelett des Andries de Vries liegt jetzt in einem Kalksteinsarg im Western Australian Maritime Museum von Fremantle, in der Nähe von Perth. Dort sind aus den Wrackteilen Heck und Mittelschiff der »Batavia« rekonstruiert worden. Wie das düstere Gespenst der mörderischen Ereignisse von 1629 steht das Wrack in der Halle.

Edwards erzählt: »Wir haben am Schädel des Andries de Vries die Spuren der Schwerthiebe gesehen. Auch am Skelett waren Kerben von Schwerthieben. Sie haben ihn gehetzt und von hinten zusammengeschlagen. Menschenjagd war ihr täglicher Sport.«

Der Hummerfänger Dave Johnson gab Max Cramer den entscheidenden Hinweis: Johnson hatte bei seiner Arbeit die Sandsteinblöcke eines Portals am Meeresgrund gesehen. Sie gehörten zu einem Portal, das für

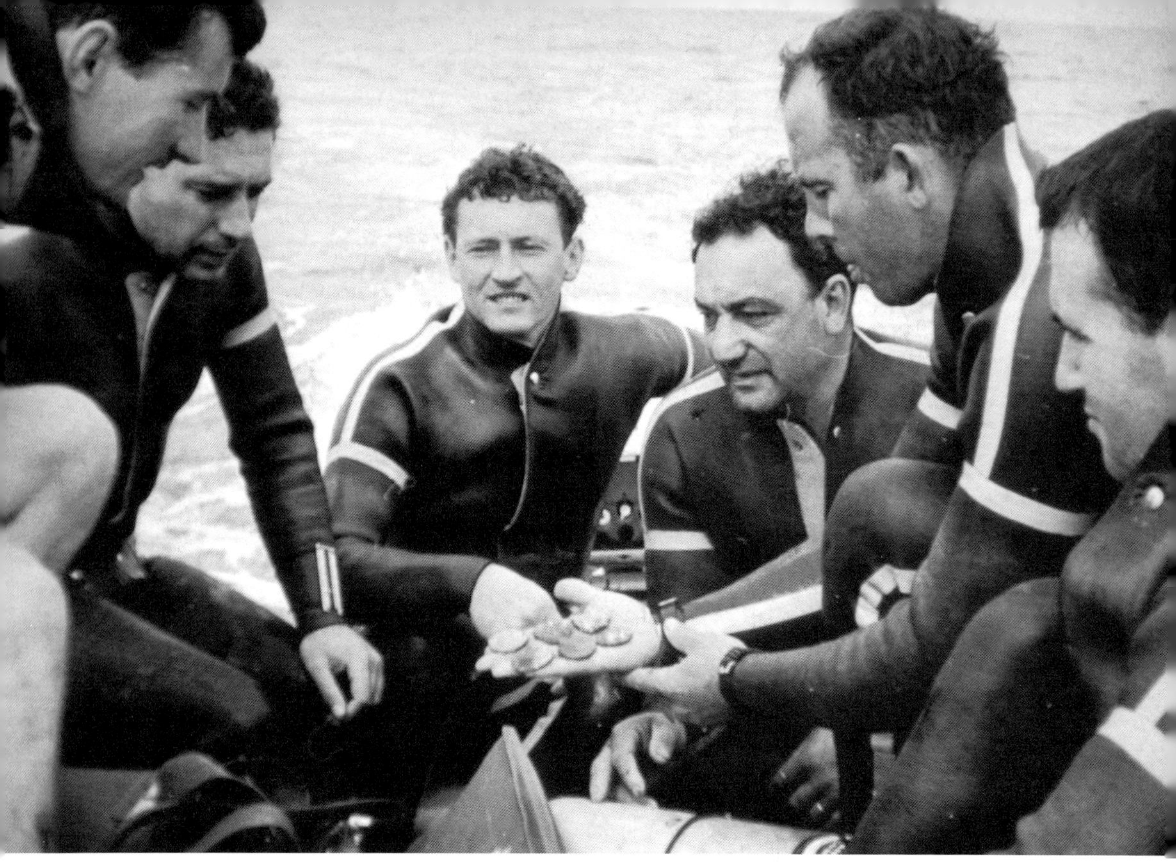

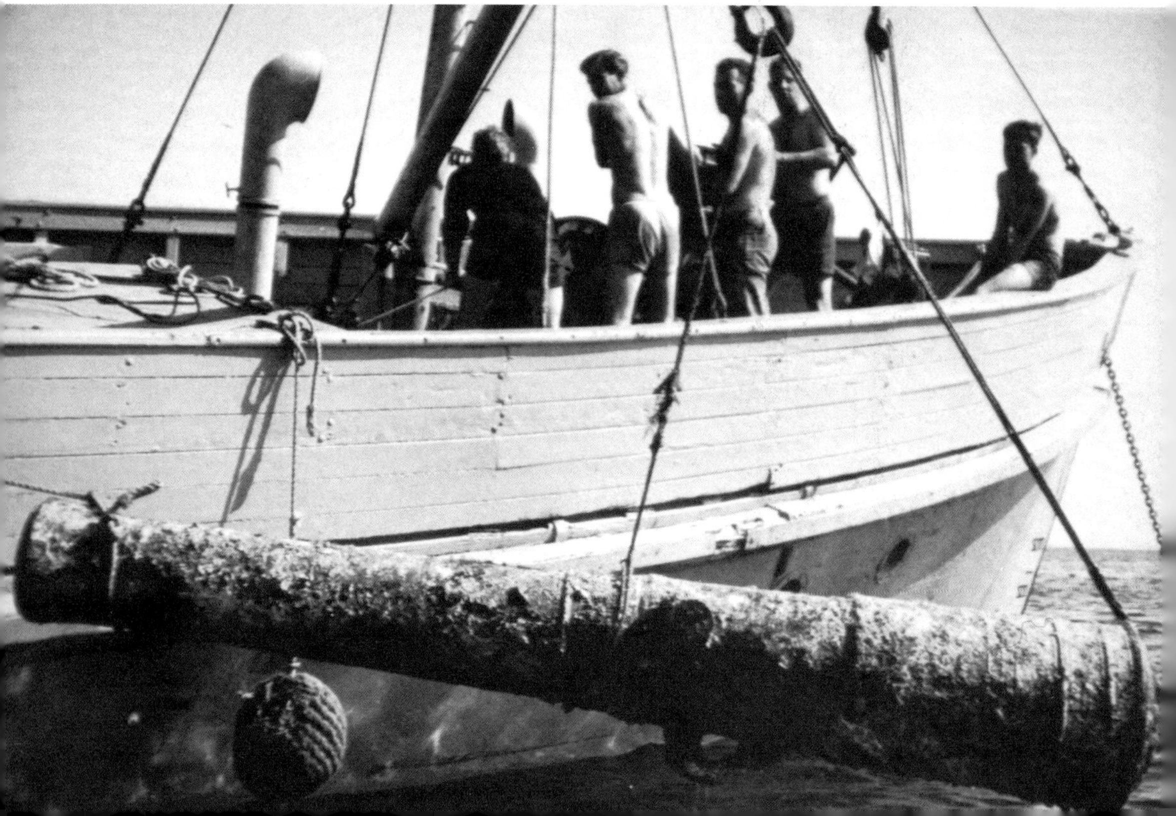

die Festung Batavia bestimmt war. Die Sandsteinblöcke waren aber auch als Ballast für die »Batavia« verladen worden, damit das Schiff gut ausbalanciert im Wasser lag. Dave Johnson hatte das Schiffsgrab gefunden. Die »Batavia« war am Morning Reef zerschellt, einer langgestreckten Kette kleiner Koralleninseln. Edwards und Cramer gruben auf Batavia's Graveyard nach Überbleibseln aus den Tagen des Terrors. Sie fanden menschliche Knochen, verrostete Pistolenteile, Scherben von Trinkgläsern und Krügen.

Die Dünung am Morning Reef ist an diesem Tag zu stark, um in das Schiffsgrab zu tauchen. Cramer warnt Sylvio: »Du kannst heute nicht runter. Selbst unter Wasser ist der Sog so stark, daß er dich mitreißt. Es kann dir passieren, daß die scharfen Korallenbänke dir die Hände aufreißen, wenn du dich in so einem Sog an ihnen festhalten willst. Du mußt in jedem Fall ein Paar gute Handschuhe tragen. Wir müssen bis morgen warten.«

»Time, the old enemy«, sagt Edwards, die Zeit, unser alter Feind. »Sie vergeht, und du mußt auf deinen Erfolg warten und warten. Schau dir den Seeadler in tausend Meter Höhe an. Seine erste Regel ist: Wenn die See heute nicht ruhig ist für eine gute Jagd, warte bis morgen oder übermorgen. Die Regel gilt auch für Taucher. Vielleicht sind die Abrolhos erst in ein paar Tagen so ruhig, daß ein Taucher sich in diese fremde Unterwasserwelt wagen darf. Das ist das Gesetz der Abrolhos. Du mußt Geduld mit ihnen haben, sonst wirst du bestraft.« Und Max Cramer fügt hinzu: »In so einem unruhigen Wasser siehst du die Haie schlecht. Da bist du total mit deinen Problemen beschäftigt – und dann kommt dein Hai. Das ist zuviel für einen einzigen Mann.«

Die Abrolhos liegen unter einem tiefblauen Himmel. Wo einst die Galgen für die Meuterer standen, ist jetzt das Jagdrevier der Hummerfänger. Sie haben sich in Bungalows komfortabel eingerichtet. Während der Saison von März bis Juni leben sie auf den Inseln. Langgestreckte Bootsstege führen zum Rand der Korallenriffe. Die Hummerfänger haben auch Fernsehen auf den Inseln. Aber sie beachten den Wetterbericht auf der Mattscheibe nicht. Sie wissen: Wenn der Empfang gut ist, haben sie am nächsten Tag auch gutes Fangwetter. Ist die Mattscheibe gestört, müssen sie mit einem Wetterwechsel rechnen. Dann ist es besser, nicht mit dem Boot hinauszufahren. Die gefürchteten Brecher rollen aus den Weiten des Indischen Ozeans heran, und die Abrolhos werden bösartig.

1840 segelte ein Schiff zu den Abrolhos, das anders als die »Batavia« Geschichte gemacht hat. Es war die »Beagle«, auf der Darwin 1835 die Galapagos besucht und dort den Stoff für seine Abstammungslehre ge-

Linke Seite: Hugh Edwards (Mitte) und sein Team, das die ersten Silbertaler aus dem Wrack bergen konnte. Die Mannschaft holte 1963 mehrere Kanonen der »Batavia« aus dem Schiffsgrab.

sammelt hatte. Aber diesmal war Darwin nicht an Bord. Edwards lacht: »Schade, daß Darwin sich die Abrolhos entgehen ließ. Er hätte hier eine Menge Arbeit gefunden.« Die Mannschaft der »Beagle« fand Wrackteile auf den menschenleeren Koralleninseln, eine Kupfermünze von 1620 und Keramikscherben. Leutnant Crawford Pascoe schrieb in sein Tagebuch, es könnte sich um Überbleibsel der »Batavia« handeln. Sie fanden auch eine Kanone, die sie an Bord der »Beagle« brachten, für das Britische Marine-Museum in London, wo sie bis heute ausgestellt ist.

Aber das Wrack der »Batavia« blieb für alle Schiffsmannschaften, die im Lauf der Zeit über die Abrolhos streunten, ein Rätsel. Die Suche nach dem Wrack war vergeblich. Nur Weiße erreichten die Inseln, die Aborigines auf dem australischen Festland besaßen keine seetüchtigen Boote. Jahrhundertelang hüteten die Abrolhos das Wrack. Auch der britische Pirat und Reiseschriftsteller William Dampier reiste 1691 an der Westküste Australiens entlang. Er war seinerzeit Kapitän, bekam aber wegen seiner harten Führungsmethoden Probleme mit der Mannschaft, stand kurz vor einer Meuterei und mußte die Weiterreise nach Neuguinea abbrechen. Später schloß sich Dampier den Piraten um Kapitän Woodes Rogers an, die den ausgesetzten schottischen Seemann Alexander Selkirk von der Insel Juan Fernandez retteten. Selkirk wurde das Vorbild für Daniel Defoes Buchklassiker »Robinson Crusoe«. Dampier kehrte nach einem reichen Piratenleben abgekämpft nach London zurück, starb 1715 mit 63 Jahren, ein alter Pirat, der seine Beute verjubelt hatte. Dampiers Glanz erlosch, als er für immer an Land ging und in Londoner Salons als Damenschreck und alter Haudegen verkehrte.

»Zu Dampiers Zeiten wäre ich gern auf die Abrolhos gekommen«, sagt Edwards. »Da lag alles, was die ›Batavia‹ und das Morddrama hinterlassen hatten, noch da wie auf einer Bühne. Um 1690, als Dampier segelte, hätte man vielleicht noch die Balken der Galgen im Korallensand gefunden. Aber Generationen von Schiffsmannschaften und Fischern haben die Spuren niedergetrampelt.«

Geblieben sind auf Seal's Island die Kalksteinplatten, aus denen die Kerker für die zum Tod verurteilten Meuterer gebaut wurden. Die Zellen sind verrottet, gleichen eher Trümmerhaufen als Kerkern. Aber man kann noch erkennen, wie die Rächer Stein auf Stein geschichtet haben, um Jeronimus Cornelisz und seine Mordgesellen einzusperren. Cornelisz wartete in einer Einzelzelle auf den Galgen.

Edwards stellt sich zwischen die Kalksteinplatten und zitiert Cornelisz, der bis zuletzt seiner Irrlehre treu blieb; er schrie durch die Ritzen des Korallengesteins: »Gott wird nicht dulden, daß ich einen so schändlichen Tod erleiden soll.« Er hörte das Hämmern des Zimmermanns am

Galgen. Wenn die Flut gegen die Korallenriffe schlägt, das Meer rauscht und der Wind bläst, könnte man meinen, die Stimmen der Toten zu hören, die Flüche der Mörder, die Schreie der Opfer. Edwards nennt die Abrolhos »Islands of angry ghosts«, Inseln der zornigen Geister, die den Lebenden keine Ruhe lassen.

Am nächsten Morgen sind wir mit dem Boot am Morning Reef, am Grab der »Batavia«. Der Ozean ist friedlich, Sylvio und Edwards machen sich für den Tauchgang fertig. Dies ist kein völlig leeres Schiffsgrab: Für Taucher noch immer ein magischer Ort, wo man mit Glück und einem guten Auge noch eine der verstreuten Silbermünzen finden kann, die der Korallenkalk eingeschlossen hat. Und da muß ja irgendwo in einer Korallenspalte auch noch die Kiste mit den 8000 Silbertalern liegen, die Pelsaerts malaysche Perlentaucher nicht bergen konnten. Auf dem Meeresgrund wurde das Siegel des Predigers Gijsbert Bastiaensz gefunden, ein Siegel mit Elfenbeingriff. Edwards hat 1963 eine Kanone gefunden. Er kratzte an einer Stelle mit seinem Tauchermesser den Kalk herunter und sah die Inschrift »Rotterdam« und die Jahreszahl 1616. Eine Kanone mit zwei Handgriffen, in Form von Delphinen. Im Kanonenrohr hauste ein Fisch, in anderen Kanonenrohren wohnten auch Fische derselben Art. Die Taucher nennen die Mieter ›Jack Johnson‹. Edwards beobachtete die Bergung einer Kanone und sah, wie Jack Johnson verwirrt sein Kanonenrohr verließ, in dem er so lange ungestört gewohnt hatte. Der Fisch sah seine Wohnung an einer Kette verschwinden, anderen ging es genauso, und alle Johnsons blickten mit dem gleichen komisch-verzweifelten Blick den entschwebenden Kanonenrohren so untröstlich nach, daß die Taucher lachen mußten. Generationen von Johnsons haben sich in den Kanonenrohren der »Batavia« wohlgefühlt. Vierzig Menschen sind kurz nach dem Schiffbruch beim Versuch ertrunken, vom Schiff wegzuschwimmen. Gebeine hat man unter Wasser nie gefunden, Meeresbakterien lösten die Skelette langsam auf. Und die Johnsons schauten aus allen Kanonenrohren, während Jahrhunderte vergingen.

Vor dem Tauchgang gibt Edwards Sylvio gute Ratschläge für den Fall, daß aus der dunklen Tiefe unterhalb des Korallenriffs ein Hai auftaucht und angreift: »Beweg dich nicht. Mach dich so groß, wie du kannst. Du kannst auch knurren wie ein Monster, um dir Mut zu machen. Und dann schwimm frontal auf den Hai zu, als wolltest du ihn fressen. Er wird dich nervös umkreisen und überlegen, ob du vielleicht ein gefährliches Tier bist, das er noch nicht kennt. Er bekommt Angst und schwimmt weiter. Das ist der einzige Trick, der dich retten kann, wenn ein Hai angreift. Aber ich habe ja auch die Harpune und kann dir helfen.«

»Wenn er kommt«, sagt Sylvio, »schiebe ich ihm die Kamera zwischen die Zähne.«

»Könnte eine gute Aufnahme werden, wenn du es überlebst«, scherzt Max Cramer.

Dann gehen Edwards und Sylvio von Bord, verschwinden in den türkisblauen Fluten des Korallenriffs. Sie tauchen hinab in eine Grube, der man die vielen Taucherarbeiten vergangener Jahrzehnte ansieht. Ein weites, ausgeräumtes Schiffsgrab, das einem Unterwassermuseum gleicht. Das Western Australian Maritime Museum in Fremantle ist zuständig für das Schiffsgrab, das gesetzlich geschützt ist. Es wurde beschlossen, 14 Kanonen aus Bronze, Eisen und Kupfer unten liegenzulassen, damit Taucher den Nervenkitzel genießen können, zwischen den Kanonen der »Batavia« herumzuschwimmen – am Ziel ihrer Träume. Auch mehrere Anker ruhen im Sand. In dieser unheimlichen Grube, in der das Wrack im Lauf der Zeit von Sand und Korallen bedeckt wurde, legten Cramer und Edward bei ihren Arbeiten in den sechziger Jahren Navigationsinstrumente frei, Bronzekanonen, Planken und Balken des Wracks, Schiffsholz, das behutsam geborgen und im Museum konserviert werden mußte. Das Holz der »Batavia« war nach mehr als 300 Jahren so verrottet, daß es in den Händen der Taucher zu zerfallen drohte. Aber die Australier liebten dieses tragische Gespenst und brachten es dem Wissen erfahrener Meeresarchäologen Stück für Stück in die Geborgenheit des Museums von Fremantle.

Die ersten Haie schwimmen auf Sylvios Kamera zu. Wir haben keine Haikäfige mitgebracht, aus denen man einigermaßen gemütlich in die Rachen der Killer blicken kann. Sylvio hält sich an die Regel, die Edwards ihm erklärt hat: Stehenbleiben, frontal dem Hai in die Augen blicken. Kurz vor der Kamera dreht er ab, weil soviel Stehvermögen der angepeilten Beute nicht in sein Angriffsschema paßt. Wer die stärksten Nerven hat, gewinnt – so ist das Spiel. Sylvio riskiert Kopf und Kragen, um die Fotos zu schießen, die er haben will. Er hält die Kamera hoch, und die Haie, die Rachen voller Appetit geöffnet, halten sich im letzten Moment an die Regel und kurven an der Kamera vorbei.

Noch immer wohnen die kleinen, dunkelgefärbten Johnsons in den zurückgelassenen Kanonenrohren. Wenn die Taucherhand sie streicheln will, ziehen sie sich in die Tiefe des Kanonenrohres zurück. Die »Batavia« war mit Kanonen bestückt, die älter waren als das Schiff. Vielleicht hatte man sie von Schiffen geholt, die sich im Indischen Ozean mit Piraten herumgeschlagen hatten und nicht mehr seetüchtig waren. Romantisch wie im Kino sind diese Seegefechte nie gewesen. Die Schiffe wurden zusammengeschossen, das herumfliegende Schiffsholz durchbohrte manchen Seemann. Wenn die Hölle los war, stand hinter den Kanonieren ein Offizier mit gezogener Pistole für den Fall, daß Kanoniere die Nerven verloren und ihren Posten verlassen wollten. Solche Gedanken gehen Tauchern durch den Kopf, wenn sie die verkalkten Kanonenrohre respektvoll streicheln.

1963 war ein Erfolgsjahr für die australischen Taucher. Edwards und Cramer machten Schlagzeilen in der Presse. Aber dann änderte sich das Wetter. Sie spähten immer wieder auf den Ozean hinaus und erwarteten die gefürchteten Riesenwellen, die Boot und Taucher in höchste Gefahr bringen. Es blieb ihnen noch soviel Zeit, einen Teil des Korallenriffs zu sprengen, um das Wrack freizulegen. Die Taucher stritten sich über das Für und Wider der Sprengung. Man mußte den Tod vieler Fische einkalkulieren, auch die Beschädigung des Korallenriffs. Aber sie mußten diesen Preis für die Bergung des Wracks zahlen.

Wenn Männer lange abseits der Zivilisation ein gemeinsames Ziel verfolgen und dabei auf engstem Raum zusammenleben, kommt es manchmal zu Spannungen. Oft sind es Banalitäten, die den Streit auslösen. Edwards lacht, als er sich an den Wissenschaftler erinnert, der eines Tages mit einem Hackmesser auf den Koch losging, weil der ihm statt hartgekochter Eier weiche serviert hatte. »Es ist Gott sei Dank nicht uns passiert. Es war in einem Camp«, erzählt er, »der Mann kriegte den Lagerkoller. Wir Taucher haben mehr Abwechslung. Das Wrack der ›Batavia‹ hat unseren Nerven in kritischen Situationen geholfen. Für uns war es der gute Geist in dieser verdammten Geschichte.«

Aber dann rollten diese Riesenwellen heran, und sie mußten die Arbeit am Wrack beenden. Damals empfand Edwards die vergehende Zeit als Feind. Und wann immer ihn dieses Gefühl beschleicht, denkt er: »Time, the old enemy.« Er geht auf die Sechzig zu, aber er taucht noch immer wie in seinen besten Jahren: »Vielleicht holt das Meer eines Tages einen von uns. Damit muß ein Taucher immer rechnen. Im Lauf der Zeit wirst du ein Teil des Meeres, es bestimmt deinen Lebensrhythmus, es gibt und nimmt.«

Wir stehen auf dem Deck der »Top Gun«, die auf den Wellen der Galgeninsel Seal's Island schaukelt. Es gibt zwei Arten von Tauchern, die alten und die verwegenen. Edwards sagt lachend: »There are old divers and bold divers. But no old-bold divers.« Es gibt alte und kühne Taucher, aber keine alten, kühnen Taucher. Die Kleinigkeiten töten, die banalen Fehler. Nach zehn Jahren, die er erfolgreich unter Haien verbrachte, hätte es ihn 1963 beinahe erwischt. Bis dahin war er einigen hundert Haien begegnet und hatte ein halbes Dutzend vier bis fünf Meter lange Exemplare mit der Harpune getötet.

Edwards atmet tief durch, blickt in die Tiefe des Korallenriffs und erinnert sich, daß er damals ein paar Fische fürs Abendessen harpunieren wollte. Das Meer unter dem Riff hatte zu dieser späten Stunde eine fahle, abweisende Farbe. Die Sonne versank am Horizont. Das unheimliche Zwielicht im Meer war eine Warnung, aber Edwards hatte noch keinen Braten für die Pfanne. Er schwamm tiefer, bis auf 30 Meter, er schwamm in »evil water« hinein, böses Wasser, wie Edwards sagt. Und dann kam aus der dunklen Tiefe am Steilhang des Korallenriffs der Hai. Ein vier Meter langer Killer. Der Hai griff ohne Warnung an, er war die Ausnahme unter den vielen hundert Haien, die Edwards in den letzten zehn Jahren kennengelernt hatte. Er hatte ihr Verhalten studiert, hielt sich für bestens trainiert, was Haie anging. Aber dann kommt der Hai, der versucht, das Selbstbewußtsein eines Tauchers in Grund und Boden zu torpedieren.

Das war so einer, ein »man-eater«, ein Menschenfresser, der wahrscheinlich das eine oder andere Duell gegen einen Taucher gewonnen hatte und durch keinen Trick mehr aufzuhalten war. Edwards versuchte die übliche Abwehrmethode mit Drohstellung, um den Hai nervös zu machen. Der Hai stand auf der Stelle, zwei, drei Meter vor Edwards, musterte ihn, nahm Maß mit gelben Augen. Edwards schwamm langsam nach oben, und der Hai schoß auf die Schwimmflossen los – nur noch Sekunden bis zum tödlichen Biß in die Beinarterie. Edwards zielte mit der Harpune in die Flanke des Hais, zog ab. Die Muskulatur des Hais bebte, sein Körper flatterte, kurvte. Aber er kam nicht zum nächsten Angriff zurück. Er sank mit einer Blutfahne über dem Rücken in die düstere Tiefe, schüttelte den Schädel, als würde das Licht in seinem Gehirn flackern und verlöschen.

»Schwimm niemals in so einem fahlen, tiefen Wasser, wenn die Sonne untergeht. Du siehst den Hai erst, wenn es zu spät ist«, sagt Edwards. »Es war mein Fehler. Ich wollte nur ein paar Fische für die Bratpfanne holen.«

Am nächsten Tag sind wir mit dem Boot wieder am Morning Reef. Sylvio taucht allein in das Schiffsgrab. Jeder Taucher glaubt, daß er eines Tages der glückliche Finder der letzten Kiste mit den 8000 Silbertalern sein könnte. Sylvio vergißt auf der Suche in den Korallenspalten die Zeit, und als er auf seine Taucheruhr schaut, zeigt sie an, daß sein Luftvorrat in der Flasche fast verbraucht ist. Dann hört er dieses Knallen, als würde irgendwas an seiner Taucherausrüstung nicht mehr richtig funktionieren, vielleicht die Technik der Luftzufuhr. Wieder dieses Knallen. Er schwimmt höher, langsam, damit das Blut nicht in den Adern platzt. Er muß den Druckausgleich beim Auftauchen streng einhalten, eine Frage der Zeit und der Nerven. Er sieht den Bootskörper der »Top Gun« nirgendwo an der Wasseroberfläche, kann nicht wissen, daß wir nach ihm suchen, weil seine Tauchzeit fast abgelaufen ist und am Horizont ein Brecher auftaucht. Edwards schießt mit einer Pistole Leuchtraketen ab. Das ist das Knallen, das Sylvio unter Wasser hört. Die Regel bestätigt sich: Die kleinen banalen Irrtümer unter Wasser können tödlich sein. Man verliert die Nerven, und dann geht alles schief.

Sylvio taucht auf, hört unsere Schreie an Bord, begreift, daß er sich beeilen soll, weiß aber nicht, warum wir ihm wie verrückt Zeichen geben. Die »Top Gun« kurvt auf ihn zu, wir ziehen ihn an Bord. Im nächsten Moment sieht er das Problem. Eine riesige Welle, fünf, sechs Meter hoch, kommt aus der weiten, sonst ruhigen See heran, um das Boot backbord zu packen und auf das Riff zu schmettern. Es ist zu spät zum Abdrehen. Der Skipper hat nur eine Chance. Er rast mit vollem Energieschub auf die Woge zu, muß über sie hinweg, sonst gibt es eine Katastrophe. Wir halten uns an der Reling fest und erwarten den Brecher. Das Boot macht einen irren Sprung und hat Glück, es rast über den Brecher hinweg, bevor er runterkommt und die »Top Gun« zerschmettern würde. Das Boot erreicht ruhiges Wasser, während der Brecher auf das Korallenriff kracht. Sylvio liegt noch wie erschlagen an Deck, wir starren dem Brecher nach, der uns fast umgebracht hätte. Dann gehen wir auf den Skipper zu und klopfen ihm dankbar auf die Schulter.

Nach dem Schock brauchen wir einen Whisky. Cramer sagt zu Sylvio: »Das nächste Mal hast du vielleicht auch unter Wasser Glück. Unten steht irgendwo die Kiste mit den 8000 Silbertalern. Neue Karten, neues Spiel.«

Sylvio flucht leise: »Time, the old enemy.«

Edwards grinst: »Du hast von den Abrolhos einiges gelernt. Du bist reifer geworden.«

Am Abend sitzen wir auf dem Boot zusammen, Edwards und Cramer erzählen von anderen Schiffskatastrophen und Wracks, die ihr Taucherleben geprägt haben. An einem Riff dicht vor der Küste Westaustraliens, in der Nähe von Ledge Point, 110 Kilometer nördlich von Fremantle, zerschellte das holländische Handelsschiff »Vergulde Draeck« (Vergoldeter Drache), es geschah in der Nacht des 28. April 1656. Von den 193 Menschen an Bord konnten nur 75 die Küste erreichen. Die Schiffbrüchigen lagerten in der steinigen, menschenfeindlichen Wildnis Australiens. Der Steuermann segelte mit einigen Matrosen in einem Boot nach Batavia, um Hilfe zu holen. Nach der Katastrophe der »Batavia« hatten die Direktoren der Ostindischen Kompanie angeordnet, daß nach einem Schiffbruch Kapitän und Offiziere auf jeden Fall bei Passa-

gieren und Wrack bleiben mußten, um für Disziplin und Ordnung zu sorgen. Man wollte vermeiden, daß sich ein Morddrama wie das bei der »Batavia« wiederholte. Zur Rettung wurden Steuermänner ausgeschickt. Die Überlebenden der »Vergulde Draeck« sind spurlos in der Wildnis Australiens verschwunden, starben vor Hunger und Durst oder wurden von Aborigines im weiten Hinterland aufgenommen. Es halten sich in der australischen Historie gesunkener Schiffe Gerüchte und vage Berichte über weiße Männer und Frauen, die sich mit den Ureinwohnern vermischt haben. Die »Vergulde Draeck« hatte Elfenbein, Keramik und Silber geladen. Das Wrack war tief im Sand versunken, blieb verschwunden. Teile der Ladung wurden 1963 von Sportfischern gefunden. Dann fielen Piratentaucher über die Beute her, den Rest brachten Marinetaucher in Sicherheit, darunter Silbermünzen von 1590 und 1655.

Die »Zuytdorp«, ebenfalls ein Handelsschiff der Holländischen Ostindien-Kompanie, hatte schon auf der Reise nach Kapstadt große Probleme. Stürme hielten das Schiff auf, von den 286 Menschen an Bord erkrankten 112 an Skorbut und starben. Das Schiff war von Amsterdam unterwegs nach Batavia, an Bord waren Kisten mit Silbertalern für den Handel in den Tropen. Im April 1712 verließ die »Zuytdorp« den Hafen von Kapstadt. Sie wurde nie wieder gesehen, wahrscheinlich wurde sie bei schlechtem Wetter auf die Klippen der australischen Westküste getrieben. Im April 1927 wurden Wrackteile an den Klippen 64 Kilometer nördlich der Mündung des Murchison River entdeckt. Philip Playford sammelte bis 1958 genügend Beweise, um das Wrack zu identifizieren: Es war die »Zuytdorp«. Der Meeresboden war mit Silbermünzen übersät, in drei Stunden fanden Taucher 8000 Taler. Spuren deuteten darauf hin, daß nur wenige Schiffbrüchige überlebt hatten und an der Küste auf Aborigines getroffen waren. In der Nähe von Shark Bay wurde in einem Eingeborenendorf eine Silbermünze gefunden, die 1711 geprägt worden war. Vielleicht gehörte sie einem Seemann, der mit letzter Kraft ein Lager der Aborigines erreichte und mit dem Silbertaler Wasser und Nahrung kaufte – mit einem Silbertaler, der von Generationen der Aborigines aufbewahrt wurde. Vielleicht haben die Eingeborenen den Seemann gepflegt und gerettet. Sie standen manchmal auf den Hügeln der Küste und waren Augenzeugen der Schiffskatastrophen. Die Überlebenden schleppten sich in die Lager der Aborigines. Mancher Europäer hat vielleicht mit Silbermünzen das Erbarmen der Ureinwohner belohnt. Diese Weißen waren die ersten, die den australischen Kontinent näher kennenlernten. Die Silbermünze der »Zuytdorp« ist eine der wenigen Spuren, die Schiffbrüchige auf ihrem Weg in die Wildnis des australischen Kontinents hinterlassen haben.

An den Abrolhos zerschellte am 9. Juni 1727 die »Zeewijk«. Das Schiff hatte 315 836 Silbertaler geladen. An Bord waren 208 Menschen, 96 erreichten Gun Island, eine kleine Koralleninsel, 800 Meter lang und 350 Meter breit. Zum Glück gab es Trinkwasser, in Steinmulden hatte sich Regenwasser angesammelt. Kapitän Jan Steyns verlor die Kontrolle über die Mannschaft, die Seeleute betranken sich mit Wein, wühlten im Silber und hielten sich für reich. Aber es kam nicht zu mörderischen Orgien wie im Fall der »Batavia«, die Vernunft setzte sich durch. Die Mannschaft baute aus dem Wrack eine Schaluppe, die 88 Überlebende und die Schatzkisten mit den drei Tonnen Silbertalern aufnahm. Die »Sloepie« erreichte Batavia und wurde triumphal empfangen. Doch Kapitän Steyns wurde von der Kompanie wegen mangelnder Wachsamkeit gegenüber den gefürchteten Korallenriffen der Abrolhos verklagt. Er wurde entlassen und lebenslang für unfähig erklärt, auf einem Schiff der Kompanie als Kapitän zu dienen. Australische Taucher fanden Kanonen, Scherben von Ziergläsern und chinesischem Porzellan. Die »Batavia«, die »Vergulde Draeck« und die »Zeewijk« haben den Abrolhos in der Chronik der Schatztaucher einen besonderen Rang verliehen. Teile der Schätze wurden in die »shallows«, die türkisblauen Untiefen der Korallenbarriere geschwemmt und warten auf den glücklichen Finder. Taucher wie Hugh Edwards und Max Cramer glauben immer an ihre Chance.

Die Klippen bei Port Campbell an der Südküste Australiens heißen »Twelve Apostles«, weil sie wie die zwölf versteinerten Apostel dastehen und Schiffe vor diesem tückischen Küstenstreifen warnen.

Wir verlassen die Abrolhos, als draußen am Horizont die nächsten Brecher heranrollen, um den Tauchern wieder für einige Zeit das unvergeßliche Schiffsgrab und die Schaubühne des Morddramas der »Batavia« zu entreißen. Hinter unserem Boot »Top Gun« bleiben Inseln voller Leben zurück, die mit ihren Korallen die Chronik eines gottverlassenen Schiffs einrahmen.

Wir fliegen von Perth nach Melbourne, steigen dort um in ein kleines Propellerflugzeug, das uns in stürmischem Wetter nach King Island bringt, einer Insel in der Bass-Straße, der Meerenge zwischen Melbourne und Tasmanien. Hier ist ein Seedreieck, das über die Gewässer von King Island, Tasmanien und Flinders Island verläuft, ein Triangel, in dem eine der gefährlichsten Meereszonen der Erde liegt, gefürchtet wegen schnell aufziehender Stürme und Riesenwellen, die gegen die Klippen donnern. Unterwasserriffe lauern schon sechs bis sieben Seemeilen vor den Küsten auf Schiffe, die im Sturm ihren Kurs verlieren. Manche Kapitäne und Steuermänner hielten in früheren Zeiten das Leuchtfeuer von Cape Wickham auf King Island für das Leuchtfeuer von Melbourne, glaubten sich schon bald im sicheren Hafen, steuerten in die falsche Richtung und krachten mit ihren Schiffen im Dunkel der Nacht auf die Klippen. In diesem Dreieck ereigneten sich die schauerlichsten Schiffskatastrophen Australiens.

An den Klippen von King Island sind im Lauf der Zeit mehr als 60 Schiffe zerschellt, über 800 Opfer hat diese Küste gefordert. King Island und Flinders Island sind die schlimmsten Schiffsfriedhöfe in der tasmanischen See. Durch die Bass-Straße segelten Schiffe mit Emigranten und Goldgräbern, die in Australien ihr Glück versuchen wollten. Wir stehen an der Westküste von King Island, der Ozean hat einen toten Wal angeschwemmt, 20 Meter lang. Der riesige Kadaver erinnert an den Untergang der »Cataraqui«, der 1845 den Strand in eine Totenlandschaft verwandelte. An der Küste wurde aus Felsblöcken eine kleine Pyramide mit einer Gedenktafel errichtet. Die wenigen Überlebenden jagten Känguruhs, um nicht zu verhungern. Sie benutzten Eisenteile des Wracks als Jagdwaffen, verwendeten Schiffsholz für ihre Lagerfeuer. Die Knochen erlegter Tiere wurden in der Asche gefunden. Eine Insel, die lange vor den ersten Siedlern nur von Robbenjägern und Walfängern betreten wurde. Die Kapitäne der Handelsschiffe fürchteten King Island wie das Tor zur Hölle.

Die »Cataraqui« segelte unter dem Kommando von Captain Findlay, war von Liverpool ausgelaufen und unterwegs nach Melbourne, an Bord 369 Emigranten und 46 Besatzungsmitglieder. Sturm kam auf, die Posi-

tion des Schiffs wurde falsch berechnet. Findlay glaubte, 50 Seemeilen südwestlich von Portland zu sein, mit Kurs auf Port Phillip Heads. Aber die »Cataraqui« segelte 60 Seemeilen weiter südlich und lief auf King Island zu. Der Aufprall war so stark, daß die Räume unter Deck überflutet wurden und viele Passagiere ertranken. 200 liefen in Panik auf das Deck, Brecher rissen sie in die stürmische See. Das Sterben des Schiffs dauerte vom Morgen des 4. August 1845 bis zum Abend, dann brach das Schiff auseinander. Am nächsten Morgen waren nur noch 30 Überlebende auf dem Wrack. Als das Wrack endlich unterging, wurden nur neun Schiffbrüchige lebend an die Küste gespült. Robbenfänger kümmerten sich um die Überlebenden. In diesem Fall ist die Fracht der »Cataraqui« nicht in ein paradiesisches Korallental gesunken, sondern in einen Abgrund, den Taucher lieber meiden.

Die australische Regierung bezahlte David Howie, damit er und seine Gehilfen die Toten wegschafften, die den Strand bedeckten. 342 Opfer wurden in Massengräbern bestattet. Howie ist als Totengräber von King Island in die Geschichte eingegangen, eine abenteuerliche Gestalt zwischen Leben und Tod, ein Mann, der selbst dramatisch endete: Er beschäftigte zwei Frauen der Aborigines, die von der Nachbarinsel Flinders Island kamen. Sie hießen Georgia und Maria, sie jagten Känguruhs für Howie. Ihr Jagdrevier reichte vom Norden bis runter zum Porky River. Howie holte alle drei Monate die Häute der Känguruhs ab. Wenn Georgia und Maria erfolgreich gejagt hatten, belohnte er sie mit Rum und Tabak. Wenn sie nach seiner Ansicht faul gewesen waren und zu wenig Känguruhs erbeutet hatten, wurde der Lohn gekürzt. Howie war ein Sklavenhalter, der nebenbei an den Toten der »Cataraqui« verdiente, 50 australische Pfund bekam er von der Regierung für seinen Bestattungsdienst. Georgia starb 1855 und wurde nahe der Landestelle von Yellow Rock begraben, Maria kehrte nach Flinders Island zurück. Und Howie holte der Teufel, er ist einige Zeit später bei Robbins Island ertrunken.

Es gibt Nächte am Cataraqui Beach, da traut sich keiner an den Strand. Der Südweststurm heult, Brecher krachen gegen die Klippen wie damals, als das Schiff zerbrach. Dann, so sagen die Leute auf King Island, stehen die Toten aus ihren namenlosen Gräbern auf, irren über den Strand, auf der Suche nach den Verlorenen, die sie liebten. Sand, Gras und Gestrüpp haben im Lauf der Zeit die Massengräber zugedeckt, die genaue Lage der Gräber kennt man nicht mehr. Ein Buschfeuer hat 1865 den Holzzaun verbrannt, der um das größte Grab mit 206 Toten errichtet war. Für den Zaun haben der Totengräber Howie und seine Gehilfen das Treibholz der »Cataraqui« benutzt.

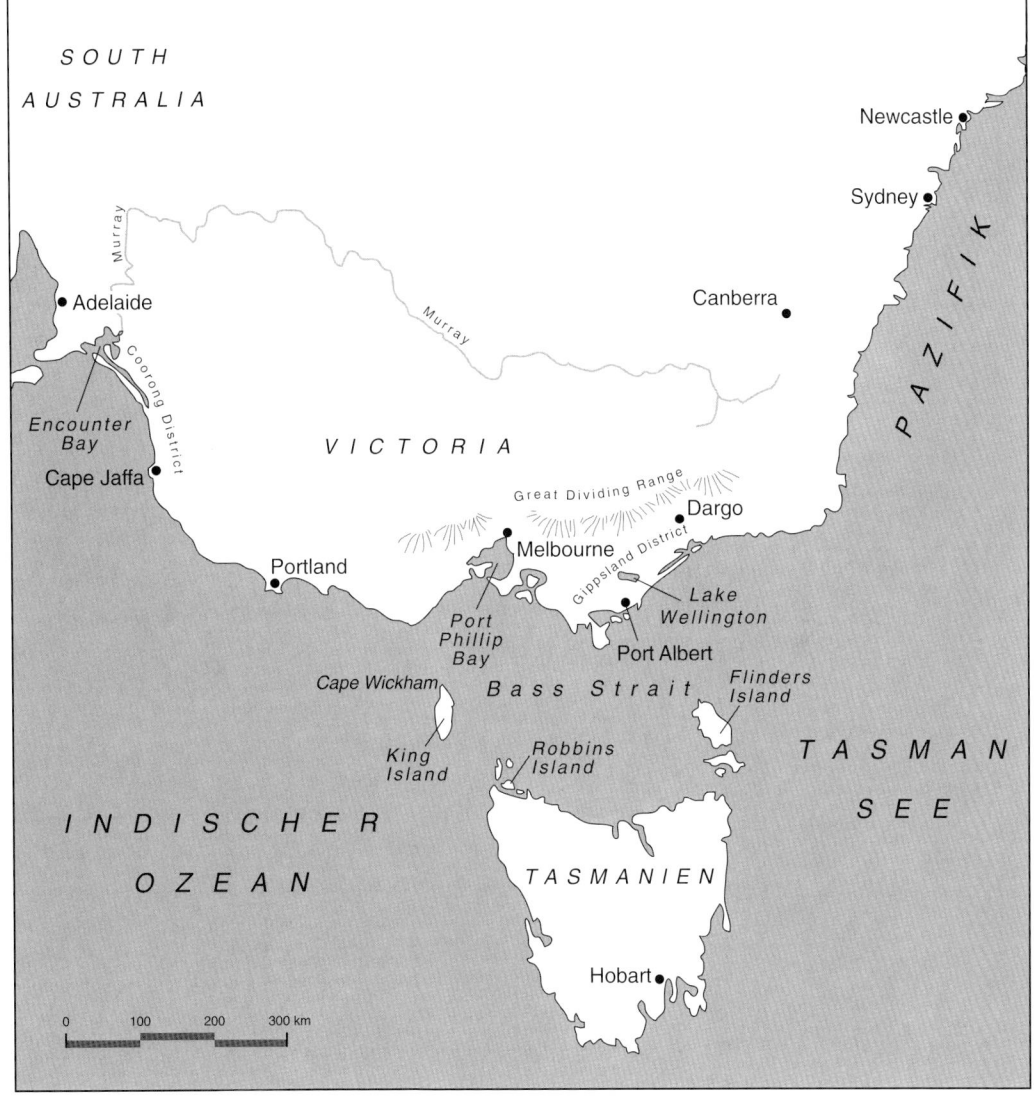

Südostaustralien

NEW SOUTH WALES

SOUTH
AUSTRALIA

Newcastle

Sydney

PAZIFIK

Murray

Murray

● Adelaide

Canberra

Coorong District

Encounter
Bay

VICTORIA

Great Dividing Range

Dargo

Cape Jaffa

Melbourne

Gippsland District

Portland

Lake
Wellington

Port
Phillip
Bay

Port Albert

Cape Wickham

Bass Strait

Flinders
Island

King
Island

Robbins
Island

TASMAN

SEE

INDISCHER

OZEAN

TASMANIEN

Hobart

0   100   200   300 km

Auf den rauhen Felsen von King Island spüren wir eine Art Heimweh nach den Koralleninseln der Abrolhos. Aber es gibt kein Zurück. Es wird Zeit für uns, anderen Spuren zu folgen. Am Strand der »Cataraqui« liegt der tote Wal. Aus seinem riesigen Leib hacken Seevögel das Fleisch. Der Wind bedeckt ihn mit Sand, bis der Wal aussieht wie eine Düne.

Immer wieder erschienen in der australischen Presse Berichte über Schiffbrüchige, die von Ureinwohnern ins Hinterland verschleppt wurden. Schatzsucher vermuteten, daß die gefangenen Weißen sich mit Goldmünzen freikaufen wollten, die sie im Wüstensand versteckt hatten. In den Wüsten von Queensland, im Nordosten, wurden Gold- und Silbermünzen gefunden. Auch im Südosten, in der Provinz Victoria, lagen Goldmünzen in den Dünen. Schiffe, die den Hafen von Melbourne ansteuerten, gerieten oft in die gefürchteten Stürme der Bass-Straße und strandeten an den Küsten Südaustraliens. Gerüchte wollten nicht verstummen, daß weiße Frauen und Kinder mit Aborigines zusammenlebten. Den Männern gelang es manchmal, aus der Gefangenschaft zu fliehen und die Behörden zu benachrichtigen. Suchexpeditionen wurden ausgeschickt, aber im weiten australischen Hinterland hatten sie kaum eine Chance, die gefangenen Weißen zu finden.

Im Jahr 1841 verdichteten sich im Gippsland-Distrikt von Victoria die Gerüchte, daß Aborigines eine Weiße gefangenhielten. Es war nicht sicher, ob sie an Bord der »Britannia« oder der »Britomart« gewesen war, die den Hafen von Melbourne verlassen hatten und vom Sturm auf die Küste getrieben wurden. Eine Mrs. Lord soll an Bord der »Britomart« gewesen sein. Es hieß, sie und ihr Kind seien von Eingeborenen verschleppt worden, die im Distrikt von Port Albert lebten. Ein anderes Gerücht besagte, daß die Mutter des Kindes, eine Mrs. McPherson, an Bord der »Britomart« war. Auch eine Mrs. Capel von der »Britannia« kam ins Gerede. Unter den Passagieren war außerdem eine Frau, die nach Sydney reiste, um Mr. Fraser zu heiraten. Die Behörden von Neusüdwales beauftragten Captain Fermanagh aus Port Albert, nach der vermißten Braut zu suchen. Mr. Fraser beteiligte sich an der Suche. In der Nähe eines Sees, des Lake Wellington, glaubten sie, eine weiße Frau mit langen, blonden Haaren in einer Gruppe Aborigines zu sehen. Aber die Einheimischen flohen mit ihr in das unübersichtliche Buschland.

Am Ufer des Glengarry River gibt es eine Stelle, die »The Heart« heißt, das Herz. Angus McMillan, der sich mit der Erforschung des Gippsland-Distriktes einen Namen machte, fand die Überreste eines weißen Kindes, ein Paar Schuhe, Fetzen eines Kinderkleides, hellbraune menschliche Haare und einen Sextanten. McMillan fand auch ein in den Sand

Rechte Seite links oben: An der Küste von King Island erinnert ein Mahnmal aus Klippengestein an die Opfer eines Schiffbruchs.

Rechte Seite rechts oben: Eine Gedenktafel auf dem Meeresgrund, die an den Untergang der »Lady Elizabeth« erinnert.

Rechte Seite unten: Am Strand von King Island, wo 1845 nur wenige Schiffbrüchige den Untergang der »Cataraqui« überlebten, liegt ein toter Wal.

Lady Elizabeth

This composite (iron, frames, wooden plank) barque was wrecked on the night of 30 June 1878 on a voyage from Fremantle to Shanghai with a cargo of sandalwood. The vessel left Fremantle and after a four-day battle with heavy gales attempted to return only to be wrecked at this spot.

One life was lost.

*Rechte Seite: Austra-
lische Taucher nen-
nen die Abrolhos
Islands die »Inseln
der zornigen
Geister«. Auf dem
Archipel vor der
Westküste Austra-
liens hat sich 1629
das Schiffsdrama
der »Batavia« ereig-
net, das einzigartig
in der Geschichte
der Seefahrt ist.*

*Folgende Doppel-
seite: Ein Holz-
löwe schmückt als
Galionsfigur den
Bug des Windjam-
mers, mit dem wir
zu Schiffsgräbern
an der Südküste
Australiens segeln.*

gezeichnetes Herz. Teilnehmer einer anderen Suchexpedition berichteten, daß offenbar eine weiße Frau ihren Namen in die Rinde mehrerer
Gummibäume geritzt hatte: Anne McPherson. Im Oktober 1816 startete
in Melbourne eine gutausgerüstete Suchexpedition, die im darauffol-
genden Frühjahr zurückkehrte und berichtete, daß der Stamm der War-
rigal eine weiße Frau gefangenhielt. Auf dem Schoner »Elizabeth« verließ nun die nächste Suchmannschaft Williamstown, angeführt von
Captain Taylor, der von Port Albert aus in das Buschland vorstieß. Es
wurden speziell präparierte Taschentücher verstreut, die eine Botschaft
für die weiße Frau enthielten: »14 bewaffnete Männer suchen Sie. Seien
Sie vorsichtig, laufen Sie erst dann auf sie zu, wenn Sie die Männer in
Ihrer Nähe sehen. Halten Sie besonders in der Morgendämmerung nach
dem Suchtrupp Ausschau, weil dann die Chance für Ihre Rettung günstig ist. Der Suchtrupp befindet sich in Richtung der untergehenden
Sonne.«

Zwei Reiter meldeten, daß eine rothaarige weiße Frau mit Schwarzen
zusammenlebte. Es kam zu einigen Gefechten mit Eingeborenen, die
sich in den Busch zurückzogen. Im Januar 1847 durchkämmte Polizei
die verlassenen Lager der Aborigines bei Dargo. Nur ein kleiner Junge
wurde gefangengenommen, der aussagte, ein Häuptling namens Bunja-
luna lebe mit einer weißen Frau zusammen. Captain Taylor nahm Verbindung zu dem Häuptling auf, der versprach, zu einem bestimmten
Zeitpunkt die weiße Frau auszuliefern. Er sah ein, daß er gegen den gut-
bewaffneten Suchtrupp keine Chance hatte. Am Tag der Übergabe erschien der alte Häuptling aus dem Busch und trug die weiße Frau auf
seinen Armen – es war die von der Sonne gebleichte, vollbusige Galionsfigur des gestrandeten Zweimasters »Britannia«.

Das reizte Schatzsucher, weiter nach den Goldsovereigns der Schiffbrüchigen zu suchen. Gerüchte von verschleppten Passagieren kamen
erneut im November 1847 in Melbourne auf. Bei Jemmey's Point, in der
Nähe der Gippsland-Seen gelegen, wurden die Gebeine einer weißen
Frau und eines Kindes gefunden. Außerdem hieß es, ein schwarzer Pfadfinder, den Angus McMillan für die Spurensuche engagiert hatte, habe
eine weiße Frau im Lager eines Gippsland-Stammes gefunden und ihr
zur Flucht verholfen. Sie soll ihm erzählt haben, daß sie die Braut des
Mr. Fraser in Sydney sei. Sie hatte einen Hund, den sie ihrem zukünfti-
gen Mann zur Hochzeit schenken wollte. Als das Schiff strandete,
schwamm der Hund neben ihr, und sie konnte sich an ihm festhalten,
bis sie den Strand erreichten. Diesmal gab es ein Happy-End: Nach ihrer
Flucht aus dem Lager der Aborigines kam die Frau nach Sydney und
heiratete mit Verspätung Mr. Fraser, der schon alle Hoffnung aufgege-

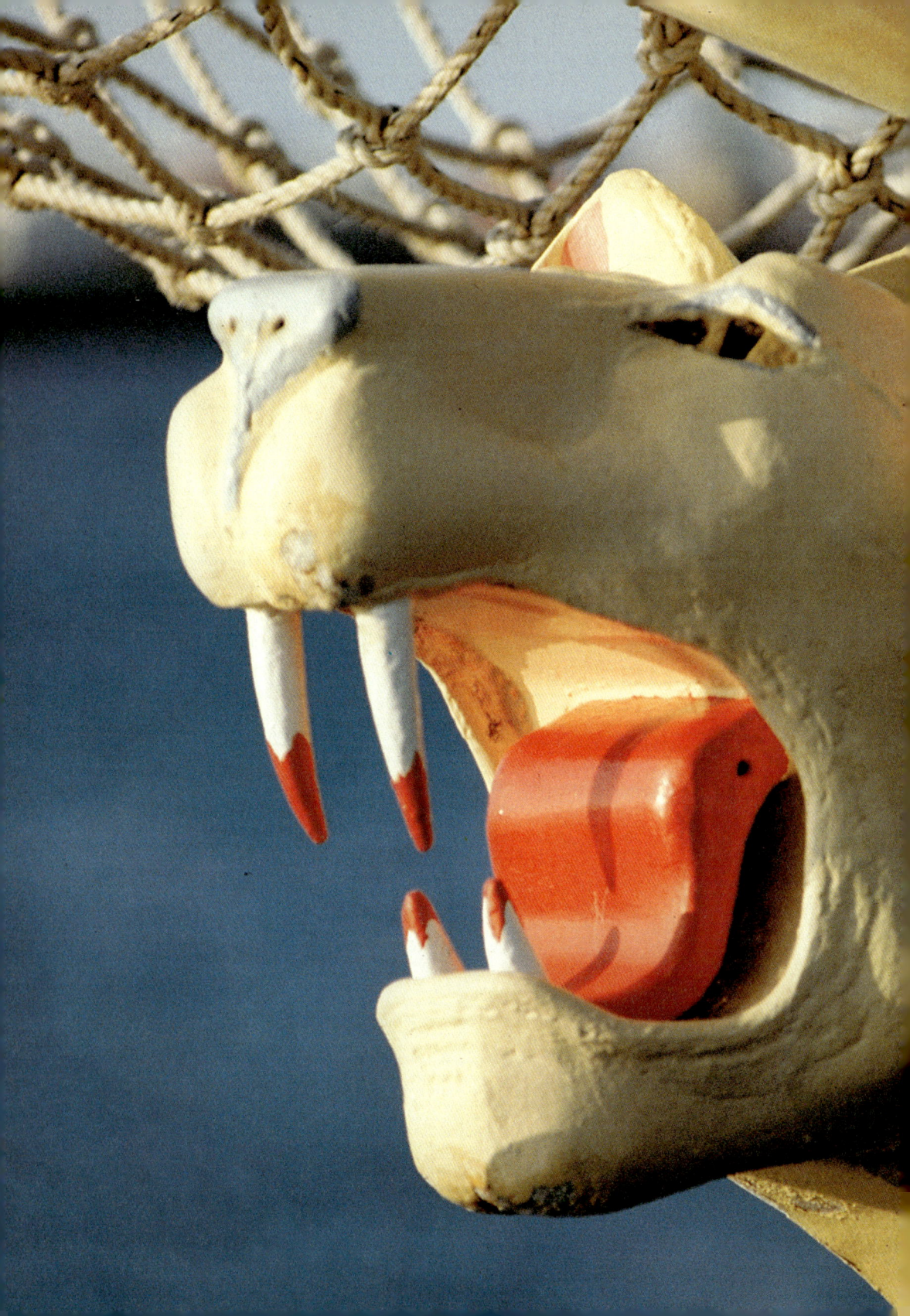

Linke Seite oben:
Anlagen der Hummerfänger auf den Abrolhos Islands.

Linke Seite unten:
Das Korallenriff – ein Unterwasserparadies.

Rechte Seite oben:
Korallenkalk haftet auf den Kanonen der »Batavia« wie Beton; Algen überwuchern die Geschütze.

Rechte Seite unten:
Teile der »Batavia« wurden geborgen und im Museum von Fremantle rekonstruiert.

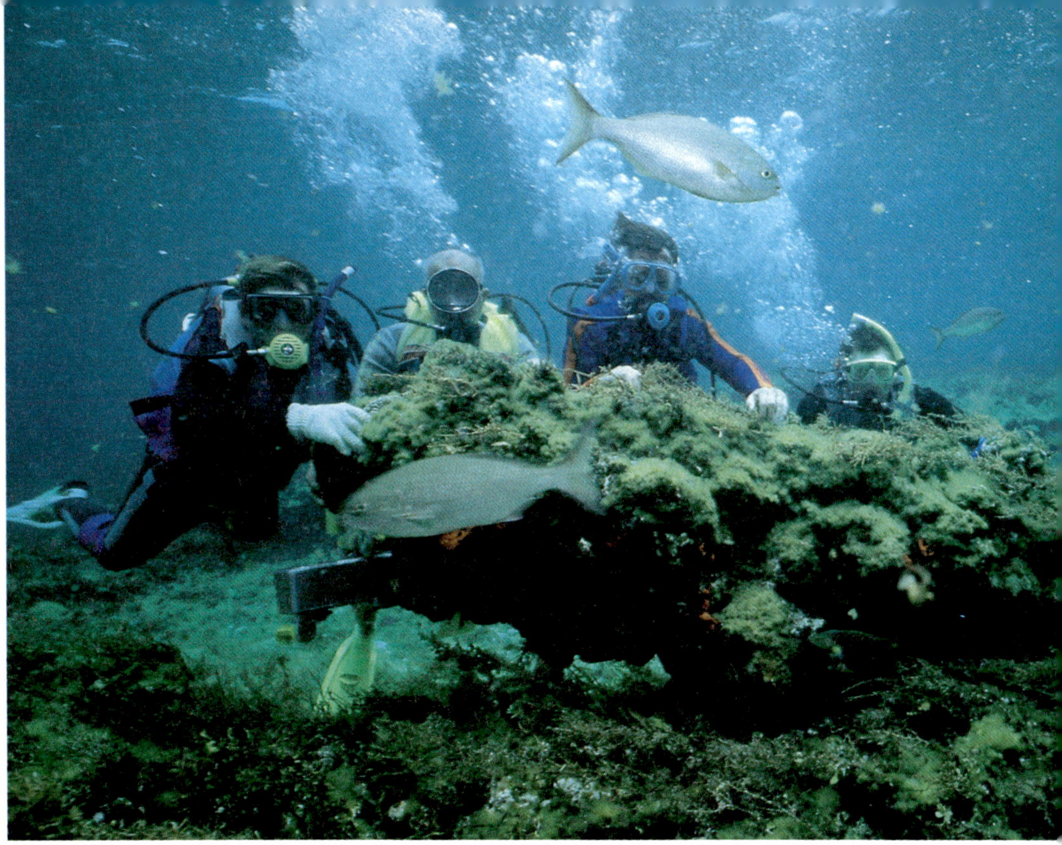

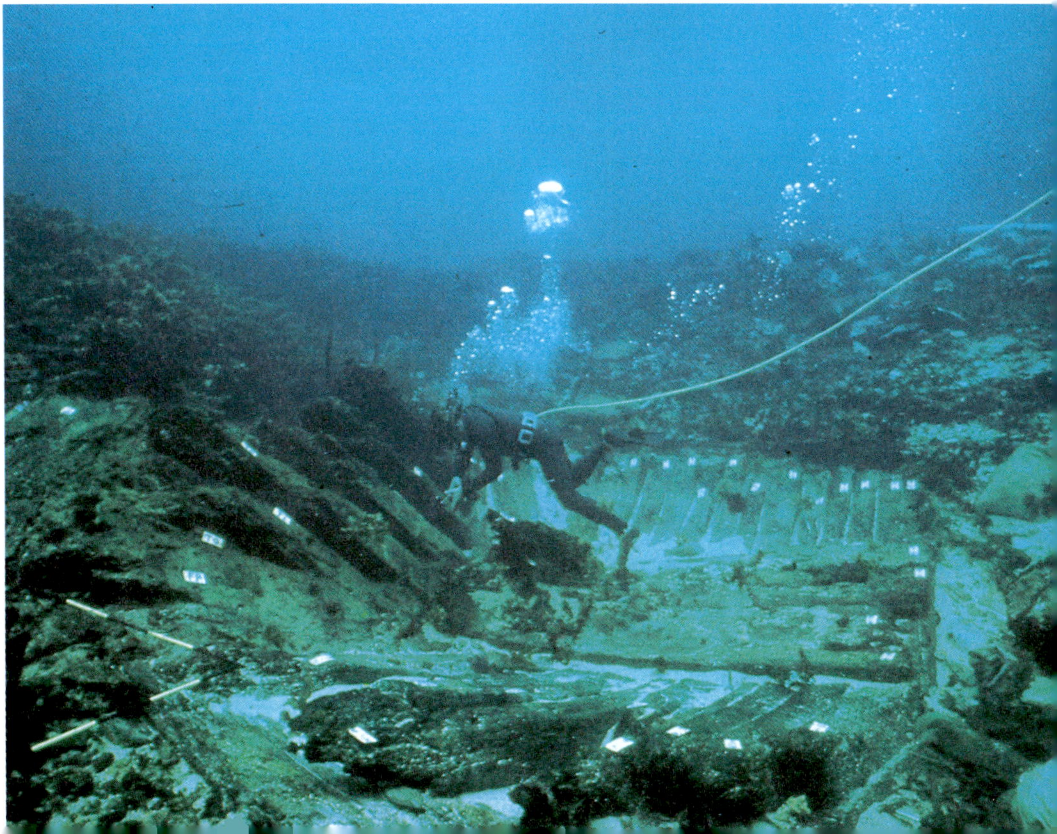

THE DUNBAR WAS WRECKED
ABOUT 500 YARDS SOUTH OF THIS SPOT
IN A HEAVY NORTH EAST GALE AT NIGHT AUG. 20TH 1857.
FROM A TOTAL OF 122 THERE WAS ONLY ONE SURVIVOR.
THIS HER ANCHOR WAS RECOVERED
BY LOCAL RESIDENTS 50 YEARS LATER
AND IS NOW SET UP IN MEMORY OF THE TRAGIC EVENT.

Der Meeresgrund birgt Erinnerungen an gesunkene Schiffe: Wrackteile, Gebrauchsgegenstände, Schmuck und Münzen. Im Korallengestein der Abrolhos wurde ein männliches Skelett gefunden: ein Opfer der Meuterer der »Batavia«.

Oben: In dieser Bucht Tasmaniens landete der britische Entdecker James Cook, als er von 1768 bis 1779 drei Weltreisen unternahm und die Inseln im Südpazifik erforschte.

Rechts: Captain James Cook wurde 1779 auf Hawaii in einem Gefecht mit den Inselnbewohnern getötet, die die Weißen erst für Götter hielten, aber bald erkannten, daß sie es mit Eroberern zu tun hatten.

ben hatte, seine Braut jemals wiederzusehen. Das Paar emigrierte nach Schottland, um seine bittere australische Vergangenheit hinter sich zu lassen.

Die Küste von Queensland ist Tausende von Meilen lang. Im sonnendurchglühten Buschland des australischen Outbacks lebten damals nur die Stämme der Ureinwohner. Die Weißen in den Küstensiedlungen waren überzeugt, daß im Hinterland Kannibalen waren, denen mancher Schiffbrüchige zum Opfer fiel. Mit den Schätzen der weißen Passagiere, mit Gold und Silber, konnten sie in den endlosen Sandhügeln nicht viel anfangen. Sie benutzten Goldmünzen als Schmuck. Nahrung war immer knapp, und Kannibalismus war eine Möglichkeit zu überleben. Am 2. April 1857 segelte die »Sea Belle«, eine 155-Tonnen-Brigg, von Rockhampton nach Sydney. Unter den Passagieren war James Harty, Polizeichef des Distrikts von Port Curtis, begleitet von seiner Frau und zwei Töchtern. Die »Sea Belle« wurde nie wieder gesehen, und man wußte nicht, was mit ihr geschehen war. Wahrscheinlich geriet der Zweimaster in einen Sturm und strandete.

Zwei Jahre später kamen Gerüchte auf, daß eine weiße Frau mit ihren zwei kleinen Mädchen bei den Aborigines lebte, auf Fraser Island, einer Insel vor der Küste von Queensland. Captain Arnold berichtete der Zeitung »Empire« in Sydney am 18. August 1859, daß die »Sea Belle« bei Breaksea Spit, am nördlichen Ende der Insel, gesunken sei, und daß weiße Frauen auf der Insel lebten. Als ein Suchtrupp Verbindung zu den Eingeborenen aufnahm, verwickelten sich diese offenbar in Widersprüche und Lügen. Die Suchmannschaft fand ein verlassenes Lager. In der Abenddämmerung stieß man auf ein zweites Lager, in das sich die Eingeborenen mit ihren Gefangenen zurückgezogen hatten. Die Aborigines flohen und ließen zwei weiße Mädchen zurück, 8 und 16 Jahre alt, die Töchter von James Harty. Sie waren nackt wie die Kinder der Aborigines und in einem jämmerlichen Zustand. Die »Coquette«, der Schoner von Captain Arnold, brachte die beiden Mädchen nach Newcastle, von dort reisten sie am 7. Oktober 1859 mit einem Dampfer weiter nach Sydney.

Die Presse hatte ihre Sensation. Endlich hatte man den Beweis, daß Schiffbrüchige von den Aborigines verschleppt wurden. Der »Sydney Morning Herald« schrieb: Die beiden beklagenswerten Mädchen, deren Eltern tot waren, hatten anscheinend ihre Sprache verloren. Sie waren so schockiert, daß sie keine Silbe Englisch mehr sprachen. Sie hatten Schreckliches erlebt. Die Schwarzen hatten sich bemüht, ihnen das Aussehen von Aborigines zu geben. Sie hatten den Mädchen die Nasenbeine gebrochen, damit sie flache, breite Nasen bekamen. Sie hatten mit Mes-

sern ihre Lippen so verändert, daß sie einen Mund wie Aborigines hatten. Ihre Gesichter waren dunkel gefärbt. Die Augen der Mädchen waren fast geschlossen, aus Gewohnheit, um sich gegen die blendende Sonne in der Wildnis zu schützen. Sie schienen unter der Gewalt einer Sonne zu stehen, die ihre zarten Körper langsam zerstört hätte, wenn die Retter nicht rechtzeitig gekommen wären.

1908 berichtete der Sohn von Captain Arnold der Zeitung »The Qeenslander«, was aus den beiden Mädchen wurde. Sie kamen in ein staatliches Waisenhaus. Kitty, die ältere, lebte nicht mehr lange. Die schrecklichen Erlebnisse auf Fraser Island hatten ihren Verstand verwirrt, sie starb in geistiger Umnachtung. Maria lebte noch knapp zwanzig Jahre, sie arbeitete als Dienstmädchen und ist 1878 in einem Hospital in Sydney gestorben.

Zu diesem Bericht gibt es eine andere Aussage von Archibald Meston, einem Freund und Beschützer der Aborigines in Queensland, die für das Unglück der Weißen so oft verantwortlich gemacht wurden. Die Meldungen erwiesen sich meistens als Gerüchte, Verleumdungen und Schauergeschichten der Weißen. Archibald Meston erklärte, es habe sich bei den beiden »weißen Mädchen« um Albinos gehandelt, die ihrer Mutter War-ann-oong weggenommen wurden, weil die Behörden die Mädchen für verschleppte Kinder der Weißen hielten. Ein peinlicher Irrtum der Beamten. Die Aborigines, erklärte Meston weiter, haben sehr um ihre entführten Kinder getrauert, die Mundi und Coyeen hießen. Sie wurden ihren Eltern nie zurückgegeben. Wer hat die Wahrheit verdreht? Archibald Meston fügte bei seiner Verteidigung der Aborigines voller Ironie hinzu, War-ann-oong habe noch nie einen weißen Mann gesehen, es könne sich also auch nicht um Mischlinge handeln. Sie konnten unmöglich Kinder der Liebe zwischen War-ann-oong und einem schiffbrüchigen Weißen sein.

An den Küsten Australiens lebten damals Walfänger, Abenteurer und Desperados, die sich nicht scheuten, ein gestrandetes Schiff zu plündern. Es war möglich, daß im Fall von Fraser Island Strandpiraten die Schiffbrüchigen getötet und ausgeraubt hatten. Und es war leicht, die Schuld auf die Schwarzen abzuwälzen. Am Ende wurden die »Wilden« für die Verbrechen der Weißen bestraft, was den Haß der Ureinwohner auf die weißen Eindringlinge vertiefte. Australiens Küsten wurden auf diese Weise auch zu einem Schauplatz der Evolution, wo der Stärkere siegte und den Verlierer zum Menschen zweiter Klasse erniedrigte. Der Weiße war mit seinen Feuerwaffen der bessere Killer, wo immer er das Rampenlicht der Geschichte betrat, in Amerika, Afrika oder Australien.

Die Morde an Schiffbrüchigen gehen mit Sicherheit nicht nur auf das Konto der »Wilden«. Die Bass-Straße war ein Tummelplatz für die »wreckers«, wie die weißen Strandpiraten hießen, die nachts mit falschen Lichtsignalen Schiffe in die Irre führten, Wracks plünderten und Schiffbrüchige ermordeten, um sie zu berauben.

Die Widersprüche in den Ermittlungen um das Schicksal von Schiffbrüchigen blieben, doch eins steht fest: Die »Perth Gazette«, die an der Westküste erschien, berichtete am 9. August 1861 von Eingeborenen, die sich auffallend von den Blacks, den Schwarzen, unterschieden. Sie kamen von der Champion Bay zu den Schaffarmen, um als Knechte zu arbeiten. Sie hatten hellbraune oder blonde Haare, die ihnen über die Schultern fielen. Ihre Haut war heller als die der Blacks, und sie hatten Gesichtsmerkmale wie Europäer. Ihre Körper hatten einen »europäischen Schnitt«. In Jahrhunderten sind die Handelsschiffe der Holländer an den Küsten Australiens gestrandet – wie die »Batavia« – und schiffbrüchige Holländer könnten die ersten gewesen sein, die den Ureinwohnern begegneten und sich mit ihnen vermischten. 1927 stolperte Tom Pepper am Murchison River in Westaustralien über Wrackteile, als er Dingos jagen wollte. Zwischen Klippen fand er Scherben von alten, grünen Flaschen, er fand Münzen, und überall lagen Wrackteile unter dem Küstensand. 1954 war ein wissenschaftliches Suchteam vor Ort, und P. E. Playford identifizierte das Wrack: Es war das holländische Handelsschiff »Zuytdorp«, das 1712 hier gestrandet war. Forscher stellten fest, daß Aborigines an den Ufern des Gascoyne River und des Murchison die Merkmale holländischer Vorfahren aufwiesen.

Unsere Hochseeyacht »Queenscliff« nimmt Kurs auf den Hafen von Hobart in Tasmanien. Hobart war auch das Ziel eines Schatzschiffes, das mit seinen 4000 Goldsovereigns in die Historie der australischen Schatzsuche eingegangen ist. In diesem Fall hat die Begegnung zwischen Weißen und Schwarzen zu einem blutigen Drama geführt, das sich südlich von Adelaide ereignete. Die Brigg »Maria«, ein Zweimaster von 136 Tonnen, verließ am 20. Juni 1840 den Hafen von Adelaide, um Hobart anzulaufen. An Bord waren 10 Mann Besatzung, 14 Passagiere, zu denen auch die Frau des Kapitäns zählte, Mrs. W. Smith. Das Schiff zerschellte bei Cape Jaffa am Riff von Margaret Brock. Mannschaft und Passagiere konnten sich retten. Man beschloß, sich an der Küste von Coorong zur Walfangstation in der Encounter Bay durchzuschlagen, bis dort waren es 100 Meilen. Eine leere Metallkassette blieb auf dem Strand liegen – 4000 Goldsovereigns waren anscheinend im Meer versunken.

Zunächst begegneten die Schiffbrüchigen freundlichen Ureinwohnern, die ihnen den Weg zur Encounter Bay beschrieben. Aber dann

mußten die Weißen das Stammesgebiet der feindseligen Milmendjuri durchqueren. Die hilfsbereiten Pfadfinder der Schwarzen verließen fluchtartig die Gruppe. 40 Meilen vom Wrack entfernt teilten sich die Schiffbrüchigen in zwei Gruppen, weil man sich nicht einig war, welche Route man wählen sollte. Die einen wollten an der Küste weitergehen, die anderen hielten es für unmöglich, die Mündung des Murray River zu überqueren. Sie wollten ins Hinterland ausweichen, um eine günstige Stelle zum Überqueren des Flusses zu finden. Die Späher der Milmendjuri beobachteten aus einem Hinterhalt, wie die Gruppe sich teilte. Das war für die Aborigines die beste Gelegenheit zum Angriff. Sie fielen mit Speeren und Keulen über beide Gruppen her und töteten in wenigen Minuten die Schiffbrüchigen, unter ihnen auch Frauen und Kinder. In Berichten über das Massaker hieß es später, daß die Milmendjuri einige ihrer Opfer zerstückelt und verzehrt hätten.

In der Encounter Bay erfuhren die Walfänger erst Wochen später von dem Massaker. Captain Pullen segelte mit einem Suchtrupp in einem Walfangboot zum Tatort. Er fand die Leichen. Aus sicherer Entfernung beobachteten die Milmendjuri die Szene, sie trugen die Kleider ihrer Opfer. Gouverneur Gawler schickte eine schwerbewaffnete Strafexpedition zum Lager der Eingeborenen, die von Polizeiinspektor Tolmer geleitet wurde. Die Ermittlungen ergaben, daß zwei Häuptlinge namens Mongarawate und Moorcangua das Massaker befohlen hatten. Sie wurden vor den Augen des versammelten Stammes gehängt.

Die Schiffspapiere und die leere Metallkassette wurden im Sand der Wüste gefunden, aber die Goldsovereigns blieben verschwunden. Suchtrupps fanden in den wüstenartigen Sandhügeln des Coorong-Distrikts weitere Tote, die von den Milmendjuri verscharrt worden waren. Aber nicht alle Toten wurden gefunden. Ein Mann namens Peterson stolperte noch im Dezember 1883 über Gebeine. Wo aber waren die Goldmünzen der Schiffbrüchigen geblieben, abgesehen von den 4000 Goldsovereigns der Schiffskasse? Die Schiffbrüchigen hatten sich doch wahrscheinlich ihre Ersparnisse in die Taschen gesteckt, als die Brigg zu sinken begann. Ein Mann namens Clarke aus der Encounter Bay hat angeblich die Eingeborenen der Coorong-Wüste besucht, um Waren gegen Gold zu tauschen. Clarke vermutete, daß die Milmendjuri den Schiffbrüchigen das Gold geraubt hatten, das ihnen außer ihrem Leben geblieben war. Aber mit dem Gold konnten sie sich bei den kriegerischen Milmendjuri, erbitterten Feinden der weißen Eindringlinge, nicht freikaufen. Clarke, heißt es, bekam für seine billige Ware eine Menge Gold. Ein gewisser Dr. Penny fand 1842 an der Coorong-Küste viele Goldmünzen. 1945 hatten zwei Fischer Glück: In der Nähe der Küste, wo die Hinrichtung der beiden Häuptlinge stattgefunden hatte, fingen die Männer einen großen Fisch, in dessen Darm ein Goldsovereign mit der Jahreszahl 1837 steckte.

Im Hafen von Hobart erholen wir uns von den Strapazen der letzten Tage, von Tauchgängen an den Korallenriffen der Abrolhos und der Spurensuche an der Küste von King Island. Tasmanien erscheint uns wie ein Paradies. Damals, als die Schiffe britischer Entdecker bis Tasmanien segelten, entspannten sich die Mannschaften nach entbehrungsreichen Tagen in stillen Buchten. Sie kurierten ihren Skorbut und andere Krankheiten, die Früchte Tasmaniens gaben ihnen neuen Schwung für die Weiterreise. Wir haben noch einen Termin mit dem Schatzsucher John Jacobs in Newcastle, das nördlich von Sydney liegt. Auch unser Boot »Queenscliff« hat ein paar ruhige Stunden im Hafen von Hobart verdient. Auf dem Pier sitzt ein junger Mann und spielt Gitarre, er singt ein Lied, das wie eine spröde, aber herzliche Liebeserklärung an Tasmanien klingt:

In Tasmanien sing ich dir ein Lied, Darling.
Du sagst zu mir: Geh und wechsle den Autoreifen.
Wir wollen an den Strand fahren, fischen und uns lieben.
Und schau mal unter die Haube,
der Motor springt nicht an.
Ja, sag ich, die Kiste reparier ich.
Und dann geht's los. Das Leben ist hart.
Wasch meine Socken und näh meine kaputten Jeans.
In Tasmanien, in Tasmanien
sing ich dir ein Lied, rauch ich meine Pfeife.
Komm, Baby, gib mir Feuer!

Am nächsten Tag bringt uns eine kleine Propellermaschine nach Melbourne. Von dort fliegen wir mit dem Jet nach Sydney weiter, mieten uns ein Boot und segeln nach Newcastle. Sylvio hat die »Sea Witch« fest im Griff, er ist Skipper, hat den Segelschein, und bis Newcastle ist es außerdem nicht weit.

Im Hafen von Newcastle lebt der Maler Terry Cullen, der den Spuren eines Schiffes nachgegangen ist, das die Gemüter an der Ostküste bis heute erregt. Cullen erzählt, was 1850 geschah: »Die ›Dunbar‹ kam in einer Sturmnacht mit vielen Passagieren an. Kaufleute und Emigranten waren an Bord, die in Australien auf eine Karriere hofften. Keiner von uns will Fehler machen. So dachten auch der Captain und die Mann-

schaft, sie glaubten, daß sie alles richtig machten. Aber das Schiff war vor den Klippen in einer verdammt kritischen Lage. Deshalb entschlossen sie sich, den Hafen von Sydney anzulaufen.«

Statt auf den Morgen zu warten, um sich bei Tageslicht orientieren zu können, segelten sie nach Süden und prallten auf die Klippen. Etwa 300 Menschen ertranken. Ein einziger Mann überlebte. Er hieß Johnson. Er rettete sich auf eine Klippe und wurde ein paar Tage später gefunden. Leute hörten seine Stimme, als er um Hilfe rief. Er war völlig durchnäßt, ausgehungert und erschöpft. James Johnson war dem Himmel für seine Rettung dankbar und gelobte, zukünftig Schiffen in Seenot zu helfen. Deshalb wurde er Leuchtturmwärter von Newcastle und signalisierte manchem verirrten Schiff den rettenden Kurs. Viele Passagiere verdankten dem alten James Johnson ihr Leben.

Wir besuchen John Jacobs in seinem Bungalow. Jacobs, etwa 57 Jahre alt, ist ein schwergewichtiger Abenteurer, der mitmischt im faszinierenden Spiel um Gold und Silber versunkener Schiffe. Als Taucher hat er oft sein Leben riskiert. Jacobs fragt uns: »Wollt ihr mit dem Boot raus? Ziemlich stürmisch heute. Kein guter Tag für einen Tauchgang zum Wrack der ›Dunbar‹. Heute kommen wir nicht an sie ran, die ›Dunbar‹ liegt zu nah an den Klippen. Ich kann nur bei ruhiger See ohne Risiko arbeiten.«

»Was machen Sie, wenn Sie nicht nach Schätzen tauchen?« fragen wir Jacobs.

»Ich bin Unternehmer«, sagt er, »ich baue Brücken, Hafenanlagen, Molen und bin für den Rettungsdienst zuständig.«

»Und wenn Sie einen Schatz finden?«

»Ich wollte, ich könnte davon leben«, antwortet Jacobs. »Man braucht viel Zeit, ein Wrack zu durchsuchen. Wir Taucher träumen hier alle davon, mal das große Ding aus dem Wasser zu ziehen. Wracks gibt es genug an unseren Klippen.«

Jacobs hat schon viel aus verschiedenen Wracks geborgen: Goldschmuck, wertvolle alte Gläser, goldene Knöpfe von den Kleidern der Passagiere. »Es liegt zum Teil im Museum, damit die Leute es bewundern können«, sagt Jacobs.

Früher, als er noch ein junger Schatzsucher war, besaß er nicht mal ein eigenes Boot. Er und seine Freunde benutzten große, doppelte Kapokmatratzen, auf denen sie zu einem Wrack paddelten. Sie mußten sich ein Tauchgerät leihen, für das sie fünfmal soviel zahlen mußten, wie sie im Monat verdienten. Mit dem altmodischen Gerät konnten sie nur fünf Minuten tauchen, dann mußten sie die Luftflasche wieder füllen. Alles auf eigene Rechnung. Als sie 1955 zum erstenmal tauchten, fanden sie Goldmünzen, Keramik und viel altes Porzellan aus China. Schon 1911 waren Taucher am Wrack der »Dunbar«, die das meiste erbeuteten. Aber Jacobs holte noch 47 Goldmünzen aus dem Wrack. Er erzählt, daß die Taucher früher ein hohes Risiko eingingen. Es waren durchtrainierte Draufgänger, die Metallhelme trugen. In der Schiffskasse der »Dunbar« waren 25 000 Goldsovereigns für den Handel im Fernen Osten. Jeder Sovereign ist heute 400 Dollar wert, auch mehr, wenn es sich um besonders gut erhaltene Exemplare handelt. »400 mal 25 000«, sagt Jacobs, »damit könnt ihr euch zur Ruhe setzen.«

Er zeigt uns seine Goldsovereigns, auf denen Kopf, Wappen und Jahreszahl zu erkennen sind. Eine Goldmünze funkelt besonders schön im Sonnenlicht, auf die ist Jacobs stolz, sie ist etwa 440 Dollar wert. In

James Johnson überlebte 1850 als einziger den Untergang der »Dunbar«, die bei Newcastle an der Ostküste Australiens auf Klippen lief. Er war dem Himmel dankbar und wurde Leuchtturmwärter von Newcastle, um Schiffen in Seenot den rettenden Kurs zu signalisieren.

seinen freien Stunden taucht er immer wieder in die trübe See des Schiffsfriedhofs, um nach Wracks zu suchen, die unter dem Sand begraben liegen. Er hat einen Blick für besondere Hügel, unter denen Wracks ruhen könnten. Ein gefährliches Glücksspiel. Die starken Strömungen sind tückisch, und die Haie an der Ostküste zählen zu den gefräßigsten Killern der australischen Gewässer.

Jacobs steht vor seiner Sammlung, die auf den ersten Blick aussieht wie Plunder, den er noch nicht sortiert hat. Da liegen Nägel, die beim Ausbau des Frachtraums benutzt wurden, neben bunten Glasscherben. Einige Funde kommen aus dem Norden, wo die Korallenriffe liegen. Kostbarkeiten von den Küsten Queenslands, vom Great Barrier Reef. Manche Nägel sind aus Kupfer, mit einem Goldanteil. Gold verfärbt sich nicht im Meer, wird nicht schwarz wie Silber. »Gold verrottet nie«, sagt Jacobs mit dem respektvollen Blick des Kenners. Da liegen Reitersporen und eine Tischglocke, die zum letzten Dinner läutete. Da steht eine Zinntasse, liegt das Teleskop eines Wachoffiziers, mit dem er vorbeifahrende Schiffe beobachten und identifizieren konnte. Neben Goldsovereigns steht ein Kerzenhalter, um die Nächte einer Schiffsreise zu erhellen, die jäh an einer Klippe endete. Manchmal blieb nur ein Messingknopf oder ein Zinnlöffel übrig.

»Und was ist das?«

Jacobs nimmt einen zerknautschten Gegenstand in die Hand, der aussieht, als sei er aus Versehen in die Sammlung des Schatztauschers John Jacobs aus Newcastle geraten. Ein Ding, das weder aus Gold noch aus Silber ist, aber seinen festen Platz in der Sammlung hat – das dasteht und auf alle Fragen schweigt.

»Das war einmal ein Überschuh«, sagt Jacobs fast zärtlich, »eine Damengalosche mit einer Messingschnalle. So was trug man in alten Zeiten, wenn man mit dem Sonnenschirm über das Deck spazierte und das Leben ein schöner Traum war.«

Ich denke an die reizende Lucretia van der Mijlen, die auf der »Batavia« den Männern den Kopf verdrehte. Aber das war ganz woanders, bei den Korallenriffen der Abrolhos. Wir haben eine weite Reise hinter uns. Vielleicht trug Lucretia auch so einen zierlichen Schuh aus einem der besten Schuhläden von Amsterdam, als die »Batavia« in ihr Verderben segelte.

DIE BEUTE
DES SEETEUFELS

**Der deutsche Seekriegspirat
Felix Graf Luckner
versteckt seinen Schatz im
Jagdrevier der Haie**

Ein arabisches Sprichwort sagt: »Vertraue auf Gott. Aber binde nachts dein Kamel an.« Wir haben allen Grund, wachsam zu sein, als unser Boot Uturoa verläßt, den Hafen der Südseeinsel Raiatea. Vor uns liegen etwa 160 Seemeilen (297 Kilometer) zum Korallenriff von Mopelia, das zu den »Inseln unter dem Wind« gehört, im Nordwesten von Französisch-Polynesien. Die südöstlich gelegenen Nachbarinseln mit Tahiti nennt man die »Inseln über dem Wind«. Alle zusammen bilden sie den Archipel der Gesellschaftsinseln. Der Passat weht über Korallenriffe und Lavagestein, über Palmen und blendend helle Sandstrände. Der Ozean strömt durch enge Pässe in die blauen Lagunen der Atolle, wo die jungen Haie aufwachsen. Wenn ihre Zeit gekommen ist, Hunger und Beutetrieb sie nach draußen treiben, schwimmen sie durch die Pässe und beziehen ihre Positionen vor dem Korallenriff. Hier liegen ihre uralten Jagdreviere, in denen es Beute im Überfluß gibt. Ständig treiben in den Gewässern des Korallenriffs winzige Gewebefetzen zerrissener Beutefische.

Unser Boot heißt »Sun Legend«, Sonnenlegende, ein Name, in dem sich der Zauber der Südsee und die trügerischen Träume und Hoffnungen derer vereinigen, die hier das Paradies gesucht haben. 1891 kam der französische Maler Paul Gauguin nach Tahiti. Die Sonne und die dunkelhäutigen Frauen Polynesiens, aber auch der Tod im Paradies inspirierten seine Bilder. Er starb 1903 auf den Marquesas, die nördlich des Tuamotu-Archipels liegen. Er hatte seinen Garten Eden auf der Insel Hiva Oa gefunden. Auf demselben Friedhof, wo Gauguin begraben ist, ruht auch der Chansonsänger Jacques Brel, der mit Krebs in den Lungen in die Südsee floh, um noch ein paar wunderbare Tage zu erleben. 1978 verlor er den Kampf gegen die Krankheit.

Vielleicht ist auch unsere Reise wie ein Traum, an dessen Ende wir froh sein können, wenn wir im schützenden Hafen von Uturoa mit dem Gestank von Benzin und Öl in der Nase wieder aufwachen. Schon immer waren diese Inseln im Stillen Ozean das Ziel von Paradiessuchern, Abenteurern und Spekulanten. Der französische Schriftsteller Albert Camus hat über den Traum vom Paradies diese Zeilen geschrieben: »... die Fahrt beginnt. Die Götter steigen auf die nackten Leiber herab, und die Inseln treiben dahin, wahnergriffen, vom zerzausten Haar windgeschüttelter Palmen gekrönt. Versuchen Sie es.« Gauguin hat dort seine Gefühle mit verzehrender Leidenschaft ausgelebt. Der Tod in diesem Paradies ist so hinreißend wie das Leben in der Südsee. Hurrikane ziehen immer wieder über die Inseln hinweg und verwüsten sie. 1903 und 1906 zerstörten Wirbelstürme die Tuamotus, 800 Tote. Die Historie ist nicht weniger dramatisch. Etwa drei Jahrhunderte nach Christi Geburt kamen die ersten Einwanderer von Samoa oder Tonga. Franzosen und Engländer stritten sich um den Besitz der Inseln. Die Könige der Pomare-Dynastie waren am Ende die Verlierer. Mit dem Tod von Pomare V. endete 1891 das Königtum. Seitdem gehören die verschiedenen Inselgruppen (Marquesas, Gesellschaftsinseln, Tuamotus, Gambier-Inseln und Tubuai-Inseln) zur Französischen Republik, seit 1977 mit dem Recht der Selbstverwaltung. Im Ersten Weltkrieg beschossen 1914 die deutschen Kreuzer »Scharnhorst« und »Gneisenau« den Hafen von Papeete auf Tahiti, weil die Franzosen die Kohlevorräte für ihre Schiffe verteidigten und den Deutschen Proviant verweigerten. 1915 zogen die ersten tahitianischen Soldaten für Frankreich in den Krieg. Und 1917 zerschellte der deutsche Hilfskreuzer »Seeadler« am Korallenriff von Mopelia, ein Dreimaster unter dem Kommando von Felix Graf von Luckner. Der Graf, so heißt es, soll die Beute seiner Kaperfahrt im Riff von Mopelia versteckt haben, in einer Unterwasserhöhle zwischen messerscharfen Korallenfelsen und Haien, die hier in Rudeln auf Beute lauern.

Unsere Yacht ist 15 Meter lang. Sie gleitet durch eine ruhige See, ein paar weiße Schleierwolken am blauen Himmel, ein guter Start. Aber auf uns wartet ein hartes Stück Arbeit. Wir sind hinter dem Schatz des »Seeteufels« her, wie Graf Luckner seinerzeit von Freund und Feind genannt wurde, weil er mit List und Bravour Seekrieg führte. Er kaperte 14 feindliche Handelsschiffe und versenkte sie, nachdem er ihre Schiffskasse

Das Südseeparadies Raiatea, unser Startplatz für die Reise ins Ungewisse, zum Gold des »Seeteufels«.

erbeutet hatte. Es müssen Schätze in harter Währung gewesen sein, Gold, Silber und Juwelen, denn Papiergeld war in Kriegszeiten nicht viel wert. Luckner brachte die Beute im Geschoßbehälter einer 105-mm-Granate der Waffenschmiede Krupp unter, nachdem sein Schiff am Korallenriff gestrandet war. Es war keine Granathülse, denn der Messingbehälter war viereckig, 30 mal 30 Zentimeter, etwa 1 Meter lang. Luckner ließ ihn verlöten und mit geteertem Segeltuch umwickeln, damit er wasserdicht war. Ein Maat soll Luckner geholfen haben, die Schatzkiste in 2 Faden Tiefe (3,66 Meter) zu verstecken.

Unsere Segelyacht hat einen 80-PS-Dieselmotor und ist eine ATM 474, von einer französischen Firma gebaut, ein wettererprobtes Schiff, auf dem wir uns sicher fühlen. Aber was sagen die Götter dazu, deren Macht sich in den uralten Steinfiguren, den »tikis«, verkörpert? Sie sind nach dem Gott Tiki benannt. Er war der erste Bildhauer und wurde zum Schutzpatron der polynesischen Steinmetze. Mit Unbehagen registrieren wir die aufkommenden Wolken. Unser Skipper ist der

Die geheimnisumwitterte Steinfigur ist ein »tiki«, in dem die Magie der Südseegötter fortlebt. Polynesier glauben an die Macht der »tikis«, die Glück oder Unglück bringen – und auch den Schatz des »Seeteufels« hüten.

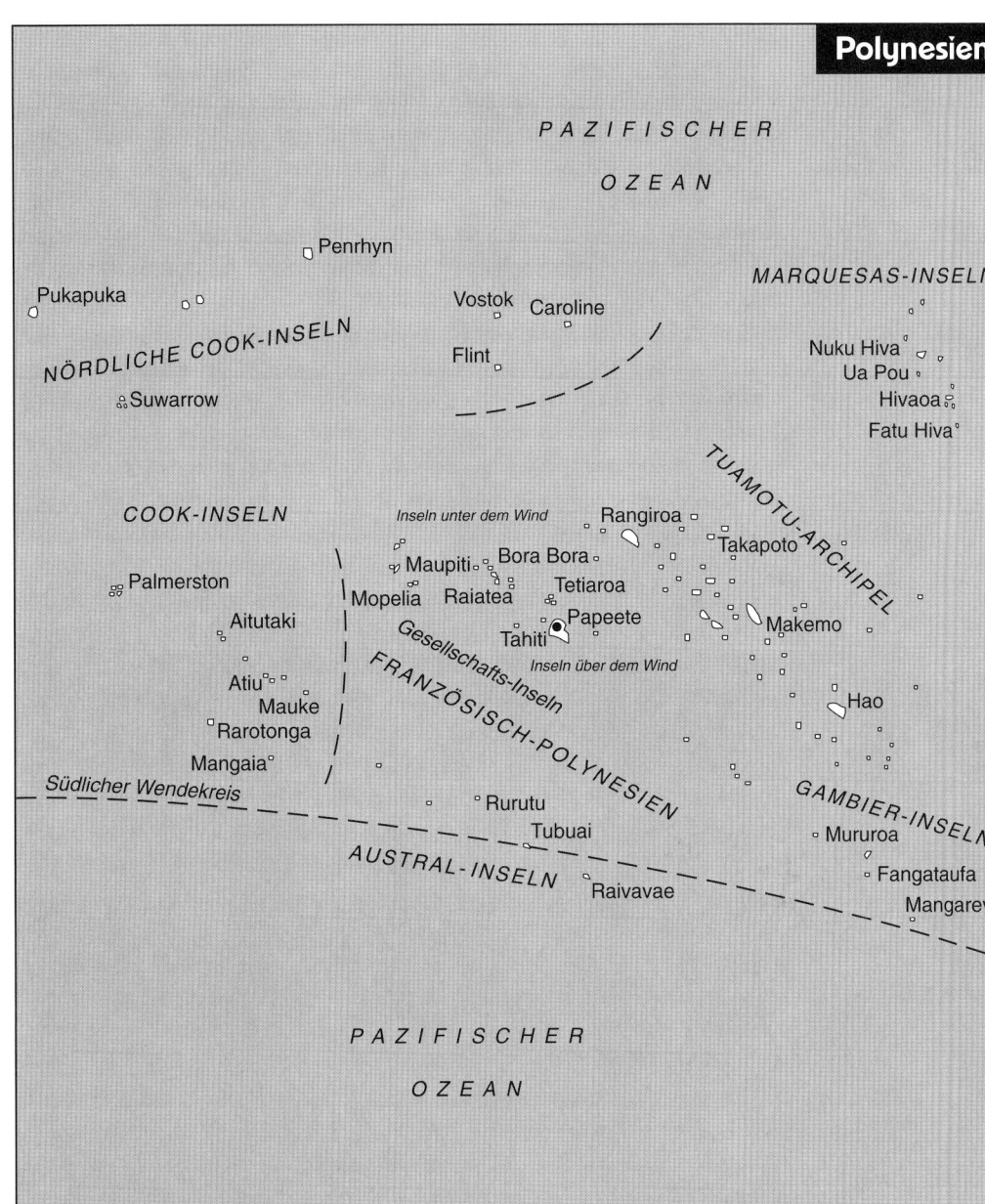

Polynesien

PAZIFISCHER

OZEAN

Penrhyn

Pukapuka

MARQUESAS-INSELN

Vostok Caroline

NÖRDLICHE COOK-INSELN

Flint

Nuku Hiva
Ua Pou

Suwarrow

Hivaoa

Fatu Hiva

COOK-INSELN

Inseln unter dem Wind   Rangiroa

TUAMOTU-ARCHIPEL

Takapoto

Maupiti   Bora Bora

Palmerston

Mopelia Raiatea   Tetiaroa

Aitutaki

Papeete

Tahiti   Makemo

Gesellschafts-Inseln

Inseln über dem Wind

Atiu

Mauke

FRANZÖSISCH-POLYNESIEN

Rarotonga

Hao

Mangaia

GAMBIER-INSELN

Südlicher Wendekreis

Rurutu

Mururoa

Tubuai

AUSTRAL-INSELN

Fangataufa

Raivavae

Mangareva

PAZIFISCHER

OZEAN

0   400   800   1200 km

28jährige Christophe Plante, ein kraushaariger Franzose aus Toulon. Auch Antoine Tonetti ist Franzose, blond, hager und blauäugig, ein erfahrener Taucher von der Insel Huahine, der uns am Korallenriff von Mopelia absichern wird, denn die Tücken eines Südsee-Atolls kennen wir noch nicht. An Bord haben wir Vorräte für die nächsten sieben Tage: Melonen, Ananas, Papayas, Trinkwasser in Plastikflaschen, Dosenbier, Rot- und Weißwein in Pappbehältern, Brot, das geliebte Baguette fürs Frühstück gleich bündelweise, Unmengen von Eiern, Trockennahrung (Pfannkuchen) und Säcke voll Reis.

Die Mannschaft wird seekrank, der Magen streikt, wir hängen über der Reling und füttern die Fische. Nur Sylvio bleibt verschont. Und dann schlagen die »tikis« zu: Wir sind schon zehn Stunden unterwegs, als ein Sturm aufkommt, der unser mehrfach geflicktes Segel zerreißt. Wir müssen zurück, steuern die Lagune von Bora Bora an, wo zum Glück eine elegante Privatyacht ankert, mit der wir unser hoffnungslos zerfetztes Segel wechseln.

Am Saum der Poofai-Bucht, auf der Landzunge von Raititi, steht das Haus des Schatztauchers und Fotografen Erwin Christian. Er lädt uns in sein halbdunkles Büro ein, draußen ziehen tiefhängende Regenwolken vorbei, die Vulkangipfel von Bora Bora sind grau verschleiert. Das Wetter scheint auf Christians Stimmung zu drücken, er ist wenig gesprächig, will nicht über Luckners Schatz reden, obwohl er mehrmals auf Mopelia war und nach der Schatzkiste gesucht hat. Sieht er uns als Kon-

Der Paß, der in die schützende Lagune von Raiatea führt, wo Schiffe sicher sind vor der starken Brandung.

kurrenten? Wir ziehen enttäuscht ab, als er mürrisch in die Regenschleier starrt und uns keine Tips für die Schatzsuche gibt.

Zweiter Start: Der Wind hat nachgelassen, aber es regnet noch immer. Wir teilen die Vierstundenwachen ein. Die Deckwache nachts ist ein einsamer Job, aber man kann dabei träumen, daß am nächsten Morgen die Sonne an einem strahlendblauen Himmel steht. Und sie schafft es tatsächlich. Endlich genießen wir Tropenseligkeit, den blauen Ozean und den wolkenlosen Himmel. Nach überstandener Seekrankheit kommt wieder Leben in die bleichen Gesichter.

Wenn uns kein Sturm mehr in die Quere kommt, müßten wir Mopelia in gut 24 Stunden erreichen. Ich habe also Zeit, mir ein Bild vom »Seeteufel« zu machen, der zur Garde der kaiserlichen Seehelden gehörte. Luckner kämpfte in der Skagerrak-Schlacht (1916) gegen die britische Flotte. Die Admirale Hipper und Scheer wurden die Helden der Nation, obwohl die Seeschlacht für Deutsche und Briten verlustreich endete und es keinen klaren Sieger gab. Hitler hat die beiden deutschen Admirale zu Helden der Schulbücher erklärt, nach dem Motto: Durchhalten bis zum letzten Atemzug. Die Nazis haben auch versucht, Luckner zum Botschafter ihrer Propaganda zu machen. Er galt als Ritter der Meere, aber auch als Spion der Nazis. Wer dieser Luckner wirklich war, ist bis heute eine umstrittene Frage. Die Seereise zum Korallenriff Mopelia bedeutet auch, daß wir es mit den Widersprüchen und Rätseln des »Seeteufels« zu tun haben. Hat er mit seinem Maat die Schatzkiste in einer Grotte des Korallenriffs versteckt? Oder hat er sie im Sand des Atolls vergraben?

Für Taucher ist die Schatzsuche an der Riffkante ein lebensgefährliches Unternehmen. Wer seine Hand in eine Spalte der Korallenfelsen steckt, in der Hoffnung auf Luckners Millionending, muß mit dem Biß einer giftigen Muräne rechnen. Tückischer noch als die im Halbdunkel lauernde Muräne ist der Steinfisch, der vorzüglich getarnt ist und wie ein Stein im Korallenschutt liegt. Wenn seine Stachel in den Fuß eines unvorsichtigen Tauchers eindringen, wirkt das Gift tödlich, sobald es in den Kreislauf gelangt. Eingeborene, die vom Steinfisch verletzt werden, greifen zum Messer und amputieren sich den Zeh oder Fuß. Kein Rettungshubschrauber wartet in der Nähe. Welten liegen zwischen den einsamen Atollen im Nordwesten und den zivilisierten Trauminseln Bora Bora und Tahiti im Südosten. Hollywoodstar Marlon Brando hat das Atoll Tetiaroa gekauft. Er spielte 1960 in den Gewässern von Tahiti den Fletcher Christian, Anführer der Meuterer in einer Neuverfilmung der »Meuterei auf der Bounty«. Brando ließ eine Rollbahn für sein Flugzeug bauen und eröffnete ein kleines, gemütliches Bungalow-

hotel, für das ein Windrad den Strom erzeugt. Er legt Wert auf Umwelt-schutz. Doch zur Zeit hat Brando Angst, seine Insel zu betreten: Sein Sohn hat den polynesischen Liebhaber von Brandos Tochter ermordet. Danach landete sie seelisch ruiniert in zweifelhafter Gesellschaft von Papeete, wie Zeitungen berichteten. Brando ist der Südseetraum ver-gangen, er war schon lange nicht mehr auf Tetiaroa. Fürchtet er die Rache der Polynesier?

Luckners Schatzinsel Mopelia ist wild und spröde. Sie sperrt sich ge-gen Besucher, schützt sich mit giftigen Fischen, gefährlicher Brandung und gefräßigen Haien. Und dennoch, ein unvergleichliches Unterwas-serparadies! Blaue Papageienfische ziehen am Korallenriff entlang, spielen neugierig mit dem Taucher und seiner Kamera. Man hat uns ge-warnt: Streckt ihnen nicht die Hand zur Begrüßung entgegen, ihre schnabelartigen Kiefer können einen Finger knacken. Mantas, Riesen-rochen von drei bis fünf Meter Spannweite, sind harmlose Besucher am Riff. Auch der Grauhai hat hier sein Jagdrevier. Er wartet auf die Fehler, die wir unter Wasser vielleicht machen. Wir haben Harpunen mit Explo-sivgeschossen an Bord, die das Gehirn eines angreifenden Hais zerfet-zen – man muß nur im richtigen Moment hinter seiner Nasenspitze auf den richtigen Punkt zielen. Wir wissen, daß wir Besucher in einer fremden Welt sind, die nicht für uns gemacht ist. Wir müssen uns mit Taucheranzügen, Schwimmflossen und Atemgeräten unter mehr oder weniger feindselige Meeresbewohner vorwagen, die den Schatz des »Seeteufels« hüten.

Auch auf dem Land gibt es Probleme. Moskitos und die Stechfliege Nono plagten schon immer die Seefahrer, die hier ankerten, um sich mit der Milch der Kokosnuß zu erfrischen. Die winzige Nono-Fliege legt ihre Eier an Füßen und Beinen ab. Die Stellen jucken, man kratzt sich wund, und die Haut entzündet sich. Oder man kommt von der langen Reise nach Hause und erlebt den Horror, daß Eier aufbrechen, die unbe-merkt unter der Haut herangereift sind. Manchmal sollen sogar junge Fliegen aus der Haut schlüpfen. Die Nono-Fliege ist ein kleines Unge-heuer, das einem den Traum verderben kann, im Garten Eden zu sein.

Trotz allem: Die »Sun Legend« segelt durch eine Inselwelt, um die uns Daheimgebliebene in asphaltierten und nach Benzin stinkenden Großstädten beneiden. Luckners Hilfskreuzer »Seeadler« strandete am Riff von Mopelia, weil die Ankerkette vom scharfen Korallengestein durchgescheuert wurde. Das Schiff trieb in der Brandung, krachte gegen das Riff und war verloren. Luckner befand sich, was sein Unglück betraf, in bester Gesellschaft. Südöstlich von Mopelia liegen die Austral-Inseln: Auf Tubuai suchten die Meuterer der »Bounty« 1789 Zuflucht. Doch es

*Rechte Seite links:
Mit dem Dreimaster
»Seeadler« jagte
Felix Graf von
Luckner im Ersten
Weltkrieg die Han-
delsschiffe der Eng-
länder und Franzo-
sen und machte
reiche Beute.*

*Rechte Seite rechts:
Kapitänleutnant
Felix Graf von Luck-
ner, ein Draufgän-
ger, den Freund und
Feind »Seeteufel«
nannten.*

kam zu Spannungen zwischen den Eingeborenen und den Engländern, die hinter den dunkelhäutigen Südseefrauen her waren. Die Briten wurden vertrieben, flüchteten mit ein paar Inselschönen nach Tahiti und landeten schließlich auf der entlegenen Insel Pitcairn, im Süden des Tuamotu-Archipels. Captain Bligh, der Menschenschinder, hatte nichts übrig für den Zauber der Südsee. Deshalb werden alte und junge Kinobesucher immer auf der Seite der Meuterer sein und den engstirnigen Bligh zum Teufel wünschen. Marlon Brando konnte sich von seiner Millionengage, die er für die Rolle des Anführers der Meuterer bekam, die Insel Tetiaroa kaufen.

Der nächste Orkan kommt bestimmt; er wird über die Palmenstrände und Paradiesträume hinwegfegen und verwüstete Rollbahnen hinterlassen, auf denen kein Flugzeug mehr starten oder landen kann. Orkane mit einer Geschwindigkeit von 200 Stundenkilometern treiben zehn Meter hohe Flutwellen voran, die Palmenhaine und Hütten niederwalzen. Die Hurrikane der achtziger Jahre hießen »Reva«, »Nano«, »Orama« und »Veena«. Wir wollten die Expedition schon im Juli unternehmen, aber dann kam aus der Hafenstadt Uturoa auf Raiatea ein Telefax, das uns zur Änderung unseres Zeitplans zwang. Christophe Zebrowski, Manager der ATM-Charterfirma, warnte uns vor dem tückischen Wind im

Juli und August, der Sturmstärke erreicht und eine Fahrt zum Korallenriff Mopelia zum lebensgefährlichen Risiko macht. Dieser Wind heißt
»marame« und kommt von Westen. Das Schiff hätte die ganze Zeit gegen
ihn ankämpfen müssen. Im September flaut der Wind ab. Also entschieden wir uns für einen Starttermin Anfang September. Dann kam ein
zweites Telefax, diesmal von der Insel Bora Bora. Erwin Christian, Teilnehmer der gescheiterten Expedition von 1970, schrieb: »Diesmal
werde ich leider nicht mitmachen können. Zu viele geschäftliche Ter-
mine. Außerdem hat der letzte Hurrikan Haus, Grund und auch den
Bootssteg beschädigt. Die Reparatur kostet Zeit, denn das Grundstück
ist 280 Quadratmeter groß. Überall geknickte Palmen, ein Bild der Verwüstung. Den 90 Meter langen Bootssteg muß ich vollständig erneuern.
Und noch etwas: Die Lage auf Mopelia hat sich in letzter Zeit verändert.
Dort breiten sich Perlenzüchter aus, und die sind mißtrauisch gegenüber Fremden. Vor allem die Nachkommen der Pomare-Dynastie, der
früheren Königsfamilie, scheuen sich nicht, mit Waffengewalt gegen
Fremde vorzugehen. Vor kurzem hat der Pomare-Clan italienische Taucher mit Unterwasserharpunen bedroht und von Mopelia vertrieben.
Wenn ihr es trotzdem wagen wollt – viel Glück!«

Auf der Trauminsel Bora Bora wären wir in Sicherheit, könnten in der
mondänen Poofai-Bucht das süße Leben genießen, Aber nein, wir vertrauen auf Hiro, den Gott der Diebe, der uns vielleicht zum Schatzversteck des »Seeteufels« führt. Hiro wurde auf den »Inseln unter dem
Wind« schon immer verehrt. Er ist nicht nur der Gott der Diebe, sondern
auch der Liebenden. Denn Hiro ist ein Gott der Nacht: im schützenden
Dunkel ist alles möglich – der Diebstahl und die Liebe. Ich vermeide das
Wort »Sünde«, denn auf den Südseeinseln war Liebe stets eine paradiesische Lust. Erst katholische Missionare brachten den Teufel ins Paradies,
sie trübten die Lebensfreude mit der westlichen Glaubenslehre von
Schuld und Sühne. Raiatea gilt noch immer als heilige Insel, das Land
der Väter, jenes »Havaii«, aus dem alles Leben kam, das Zentrum der
Götter, der Kultur und der Ahnen. Das Volk auf den »Inseln unter dem
Wind« nannte sich Maohi; es hatte im fünften Jahrhundert nach Chri-
stus die Inseln besiedelt. Die Maohi stammten wahrscheinlich von Vorfahren ab, die vor fünftausend Jahren Südostasien verlassen hatten und
zu den Inseln im Südpazifik vorgestoßen waren.

Auf Raiatea war die berühmteste aller heiligen Versammlungsstätten,
das »marae« Taputapuatea, wo die Götter angebetet und nach dem
Schicksal befragt wurden. Hier wurden auch Menschenopfer darge-
bracht. Zwischen Ruinen steht noch der Opferstein. »Tapu« bedeutet,
daß die Kultstätte, das »marae«, für das einfache Volk verboten war. Nur

Priester und Häuptlinge durften diesen Ort betreten. Taputapuatea war also doppelt unberührbar für das Volk. Von weither kamen in früheren Zeiten Pilgerschiffe. Die Gläubigen brachten dem Gott Hiro Geschenke. Was sollen wir ihm bloß schenken, um ihn gnädig zu stimmen? Falls wir Luckners Schatz finden, werden wir dem Gott der Diebe einen Goldtaler opfern. Die tahitianische Regierung wird sowieso Prozente fordern. Hiro ist friedlich. Oro aber ist der Gott des Krieges und vermutlich mit dem Pomare-Clan verbündet, der mit seinen Haiharpunen droht. Die Expedition von 1970 benutzte Harpunen mit Explosivpatronen, um sich gegen angreifende Haie zu verteidigen. Aber die Patronen waren nicht besonders zuverlässig, sie explodierten manchmal nicht, durchlöcherten aber den Hai. Wenn ein Hairudel Blut witterte, geriet es in Raserei und zerfetzte den verwundeten Artgenossen. Im Mai 1970 mußten die deutschen Taucher Rolf Lasa und Erwin Christian verzweifelt zusehen, wie ihre angebliche Schatzkiste unter dem zusammenbrechenden Korallenriff begraben wurde. Die Haie stürzten sich auf die Fische, die aus Höhlen, Spalten und Nischen flohen, als das Riff zerbrach. Die Schatzkiste trudelte durch das Hairudel in die Tiefe. Die Taucher wollten sich den Weg zum Schatz freischießen. Ein Hai wurde getroffen, und das Rudel zerfleischte ihn. Lasa und Christian konnten den Behälter – offenbar war es ein Messingbehälter für eine Geschützgranate – im Getümmel der Haie nicht bergen. Jeder weitere Versuch wäre selbstmörderisch gewesen.

Rolf Lasa, Jahrgang 1926, lebt heute in Bayern, in Dießen am Ammersee. Im Zweiten Weltkrieg war er Einmann-U-Bootfahrer, mit einem Torpedo unter seinem Miniboot. Der Blutrausch der Haie und der Verlust der Schatzkiste am Riff von Mopelia waren ein Alptraum für ihn. War es wirklich Luckners Schatzkiste? Erwin Christian, 1935 in Schlesien geboren, lebt seit Jahren auf Bora Bora, ein hervorragender Fotograf, der die Inseln Polynesiens immer wieder mit den Augen des Entdeckers gesehen hat. Der dritte Mann ist Dr. Raymond Bagnis, 1932 in Nizza geboren. Er gehörte nicht zur Expedition von 1970, doch er war ein unentbehrlicher Berater. Er lebt heute auf Tahiti. Bagnis ist Spezialist für Ozeanographische Medizin. Er entdeckte die giftige Geißelalge, die für die Fischseuche Ciguatera verantwortlich ist. Wenn das biologische Gleichgewicht eines Korallenriffs durch einen Orkan, ein Seebeben oder durch Umweltgifte zerstört wird, wuchert die Geißelalge *Gambierdiscus toxicus* über abgestorbene Korallenkolonien und verseucht die Nahrungsreviere der Fische. Der Mensch, der von der Ciguatera verseuchte Fische verzehrt, leidet an Vergiftungserscheinungen. Todesfälle sind selten, denn die Medizin verfügt inzwischen über wirksame Medikamente. Das

Das Wrack des »Seeadlers« vor der Küste von Mopelia.

Schlimme an dieser Seuche aber ist: Wo die Ciguatera sich ausbreitet, stirbt das Korallenriff, zwingt der Nahrungsmangel die Fischschwärme zum Abwandern. Die Existenz der Eingeborenen, die vom Fischfang leben, ist dann bedroht.

Lasa und Christian waren damals, als der Metallbehälter gefunden wurde, davon überzeugt, daß es sich um Luckners Schatz handelte, Gold in einem Munitionsbehälter aus Messing. Der Hilfskreuzer »Seeadler« hatte zwei Kanonen der Firma Krupp an Bord, die gut getarnt waren, damit der Feind den Dreimaster für ein harmloses Handelsschiff hielt. In Interviews hat Luckner versichert, er habe die Schatzkiste unter zwei Riffen versteckt, in einer Spalte, wo die beiden Riffe zusammenstießen. Diese Stelle haben Lasa und Christian gefunden. Die Taucher hackten den Behälter frei, der mit dem Korallengestein verwachsen war, zerrten ihn heraus, und im nächsten Moment brach das Schatzversteck zusammen.

1917, als Luckners Hilfskreuzer unterging, versanken auch die beiden Krupp-Kanonen. Das Wrack fing Feuer, als die Mannschaft es mit einer Ladung Dynamit sprengte, damit der »Seeadler« nicht dem Feind in die Hände fiel. Im August und September 1917 saß die Mannschaft des »Seeadlers« auf einer Schatzinsel, auf der es zwischen den Deutschen und ihren Gefangenen friedlich zuging. Es waren Engländer und Fran-

zosen, Besatzungen und Passagiere von versenkten Handelsschiffen –
64 Deutsche und 47 Gefangene, Männer und Frauen. Der Krieg war weit
weg, das Robinson-Dasein zwang Freund und Feind zu einer gemeinsamen Überlebensstrategie. Luckner schreibt in seinen Erinnerungen:
»Unter den Palmen bauten wir uns Zelte und Hütten … Bald entstand
eine kleine Stadt. Die Gefangenen wohnten für sich, nach Nationen ge-
trennt. Bei uns reihten sich an der Strandpromenade, wie wir den bescheidenen Weg tauften, Proviantzelte, Munitions- und Waffenzelte, ein
Garten- und Instrumentenzelt neben einer großen Kombüse, die außer
dem großen Herd auch den Backofen enthielt, die Funkbude, deren An-
tenne zwischen den Palmen pendelte und uns mit Neuigkeiten aus aller
Welt regelmäßig versorgte, das Motorzelt und schließlich die Messe.

Alles war sehr luftig, und wo uns Holz oder Leinwand fehlten, floch-
ten die Eingeborenen dichte Matten aus Palmblättern.

Wir hatten sogar elektrisches Licht, ein eigenes Lazarett und einen
Marktplatz, auf dem unsere Kapelle des Abends spielte.

Selbstverständlich vernachlässigten wir nicht unseren Dienst. Die
Schiffsglocke, die an einer Palme aufgehängt war, wurde regelmäßig
zum Glasen geschlagen.«

In alten Zeiten gab es auf Segelschiffen eine Sanduhr, das Sandglas,
zur Zeitbestimmung an Bord. Ein Glas entsprach einer halben Stunde,
dann wurde die Glocke geschlagen. Nach acht Glas, also vier Stunden,
wechselte die Schiffswache, und es wurde wieder von ein Glas an
gezählt. Daher der Ausdruck Glasen.

Luckner beschreibt weiter die Lage auf seiner Robinson-Insel:

»Da wir alle ziemlich abgerissen waren, bauten wir ein Wasch- und
Plätthaus, in dem unsere Nähmaschine fleißig klapperte und aus gekaperten Tischtüchern neue Hemden und Unterhosen fertigte.

Wir Deutschen können ja nicht stillsitzen und erst im hohen Alter
beschaulich in die Welt gucken. Bis dahin aber müssen wir uns zumindest beschäftigen. So suchte sich jeder seine Arbeit nach seiner Ver-
anlagung, und es wurde allerlei gebastelt und fabriziert, was unseren
unfreiwilligen Aufenthalt verschönern konnte. Mit großem Stolz prä-
sentierten die Erfinder dann ihre Erzeugnisse, die von allen so lange bewundert wurden, bis sie entweder entzweigingen oder sich bewährten.

Zimmermann Dreyer machte sich an unser Motorboot, um es für
eine neue Fahrt herzurichten. Es war unsere ganze Hoffnung.«

Luckner plante, ein feindliches Schiff zu kapern und den Seekrieg
fortzuführen. Auch das Grammophon war gerettet worden, das auf
Feindfahrt oft das britische Soldatenlied »It's a long way to Tipperary«
gespielt hatte. Ein Song, der auch später im Zweiten Weltkrieg wie »Lili

Matrosen des »See-adlers« mit drei Polynesiern (obere Reihe, von links der zweite, sechste und achte) auf dem Süd-see-Atoll Mopelia, an dessen Korallen-riff der Hilfskreuzer 1917 strandete.

Marlen« Freund und Feind begeisterte. Luckner taufte das Korallenriff Mopelia in »Cecilieninsel« um, zu Ehren von Prinzessin Cecilie, verhei-ratet mit Kronprinz Wilhelm. Das Atoll gehörte zwar den Franzosen, aber Luckner bemerkt in seinen Memoiren ironisch, daß die Franzosen meilenweit entfernt waren und nichts von der Eroberung der Deutschen wußten, und daß »wir nur vorübergehend Besitz von dieser schönen Insel nahmen«. Denn er wollte sobald wie möglich das unfreiwillige Ro-binson-Dasein beenden und mit einem gekaperten Schiff davonsegeln. Doch zunächst war er froh, nach monatelanger Kaperfahrt endlich wie-der Land unter den Füßen zu haben. Er notiert über seine abgelegene Inselzuflucht:

»Sie kam uns wie ein Paradies vor. Palmen wehten im leichten war-men Wind am Strande, und das Meer hatte mit seinen Korallenbänken Farbspiele, die unsere Augen immer wieder entzückten. So schön aber diese einsamen Inseln sind, so lieblich und so paradiesisch, so heim-tückisch waren sie für die Seefahrt. Unberechenbare Strömungen und verborgene Klippen lauerten wie Raubtiere auf uns.

Mopelia ist ein Korallenriff, das eine kreisrunde Lagune umschließt. Die Lagune hatte im Gegensatz zu dem stets bewegten Ozean spiegel-glattes Wasser, das einen vorzüglichen Schutzhafen bilden würde, wenn man eine brauchbare Einfahrt gefunden hätte.

Die gab es nicht, und so mußten wir leider draußen vor Anker gehen an einer Stelle, wo der Strom uns vom Riff frei hielt.«

Der »Seeadler« hatte einen Tiefgang von 6,40 Metern, zuviel für den Paß von Mopelia, der mit Klippen bis dicht unter den Meeresspiegel gespickt ist. Luckner war froh, daß alle ihre Haut gerettet hatten: »Wer monatelang keine Erde unter sich gehabt hat, weiß unser Empfinden zu würdigen. Wir kamen uns vor wie Entdeckungsreisende. Alles war wie ein Wunder: die Palmen, die Unmengen von Seevögeln, die hier nisteten, die Schildkröten, die verwilderten Schweine.«

Auf Maupihaa, der Hauptinsel des Atolls, lebten damals drei Eingeborene, die Kokosnüsse ernteten und zu Kopra verarbeiteten. Sie zerhackten die Kokosfrucht und dörrten das zerkleinerte Fruchtfleisch in der heißen Sonne. Kopra ist der Rohstoff für Tahitis Feinölraffinerie. Luckner war stets ein freundlicher Weltbürger, der mit seinem seemännischen Charme auch die drei verängstigten Insulaner für sich gewinnen konnte. Sie halfen den Deutschen beim Aufbau des Robinson-Lagers und zeigten ihnen Regenwasser, das sich in Gesteinsmulden angesammelt hatte. Weder Engländer noch Franzosen wußten, wo der »Seeadler« geblieben war, den ihre Kreuzer jagten. Das Schiff war spurlos verschwunden. Die Deutschen konnten in aller Ruhe ihre Leiden auskurieren. Es gab an Bord Anzeichen von Vitaminmangelkrankheiten, Erschöpfung und Depressionen. Die Mannschaft war reif für eine paradiesische Insel, deren Früchte ihr neue Energie gaben.

Eine Atempause für Kaiser Wilhelms müde Seehelden. Luckner verdiente sich zu dieser Zeit mehr denn je seinen Spitznamen »Seeteufel«. Zimmermann Dreyer reparierte das beschädigte Motorboot, Segel wurden gesetzt. Das Ziel waren die Fidschi-Inseln im Westen, wo Luckner ein Schiff kapern wollte, um seine Mannschaft von Mopelia abzuholen. Aber Luckner hatte seine Zweifel: »Wenn ich jedoch einen Blick auf die Karte warf, schien mir das Wagnis, mit diesem kleinen Boot jemals die nächste menschliche Wohnstätte zu erreichen, Wahnsinn zu sein. Die Entfernungen waren riesenhaft. Und wenn ich mir darüber hinaus noch Pläne machte, ob man mit diesem Boot nicht ein größeres kapern könnte, mit dem wir unseren Auftrag des Kaperkrieges weiterführen konnten, war das schon ein Spiel mit Menschenleben.

Aber ich konnte diese Gedanken nicht loswerden, denn wir hatten durchaus keine Lust, auf der Insel zu bleiben.

Wir richteten das Boot mit unseren primitiven Mitteln her, so gut es eben gehen wollte. Da wir dem Motor nicht trauten, bauten wir eine Takelage mit Mast, Klüverbaum, Großbaum und Gaffel, Pardunen, Stagen und laufendem Tauwerk.

Mit dem sechs Meter langen Beiboot verließ Luckner das Atoll und segelte zu den Fidschi-Inseln, um ein Schiff zu kapern und seine Mannschaft von Mopelia abzuholen.

Dauerproviant wurde hergerichtet und für mehrere Wochen bereitgelegt.«

Als die Reparaturen an dem sechs Meter langen Boot beendet waren, stellte sich heraus, daß es undicht war. Aber Luckner wollte nicht länger warten. Später schöpften die Männer täglich bis zu vier Eimer Wasser aus dem Boot. Für das Himmelfahrtskommando hatte der »Seeteufel« seine Besten ausgewählt: Leutnant Kircheiß, Steuermann Lüdemann, Maschinist Krause, Obermaat Permien und Obermatrose Erdmann. Der nächste Orkan würde das offene Boot wie eine Nußschale umkippen.

Luckner war eine Mischung aus Lebemann und todesmutigem Draufgänger. Im Seekrieg war er ein großherziger Gegner, was Engländer und Franzosen von einem Deutschen nicht erwartet hatten. Ein Beispiel: Luckner kaperte das französische Handelsschiff »Cambronne« und ließ 263 Gefangene frei, die mit diesem Schiff weiterreisten. Jedem Seemann zahlte er die Heuer aus, die ihm während der Gefangenschaft entgangen war. Luckner schreibt in seinen Memoiren: »Der Abschied war mehr als herzlich, Hände wurden geschüttelt, Ansprachen gehalten, Adressen ausgetauscht und manche Freundschaft zwischen Angehörigen feindlicher Nationen beschworen.« Das bedeutet auch, daß Luckner während seiner Kaperfahrt eine reiche Beute an Bord des »Seeadlers« angehäuft hatte. Sonst hätte er sich diese finanzielle Großzügigkeit nicht leisten können. Solche charmanten Gesten im Umgang mit dem Gegner haben Luckners Ruhm als Feind mit Herz begründet. Sein Wahlspruch war: »Schiffe versinken, aber die Ehre niemals.«

Mit dem winzigen Boot erreichte Luckner nach 22 Tagen die Fidschi-Insel Katafanga. Später ankerte das Boot in einem Hafen der Wakaya-Inseln. An Bord waren Gewehre, Handgranaten und ein Maschinenge-wehr. Da lag ein Zweimastschoner, den Luckner hätte kapern können, aber es kam nicht zum Blutvergießen. Luckner war später glücklich, von sich sagen zu können, daß er niemals getötet hatte. Er betonte, er habe Schiffe versenkt, aber niemals einen Feind getötet. Das war die Wahr-heit. Als im Hafen dieser kleine Polizeioffizier mit vier indischen Solda-ten die Fremden kontrollieren wollte, gab Luckner auf. Er und seine Männer trugen Räuberzivil, und für Luckner war es gegen seine Ehre, nicht in Uniform zu kämpfen. Mit dem Maschinengewehr und den Handgranaten von Krupp hätte er leicht ein Gefecht im Hafen gewinnen können. Aber er wollte kein Massaker, warf die Waffen über Bord und kapitulierte. Luckner erinnert sich: »Der gute Mann kann sich immer noch nicht fassen. Das hat er sich nicht träumen lassen. Nun hat er ohne Gewalt den großen Piraten Count Luckner gefangengenommen. Er al-lein. Vierzehn Kreuzer haben den »Seeadler« gejagt und ihn nicht zur Strecke bringen können, und er, ein kleiner Polizeioffizier auf weltver-lorener Station, hat dieses Ereignis fertiggebracht, welche Chance …«

Die Engländer brachten ihren prominenten Gefangenen und seine Kameraden in ein Lager auf der Insel Motuihi, die zu Neuseeland gehört. Die Insel liegt etwa neun Seemeilen von der Hafenstadt Auckland ent-fernt. Luckner und seinen Männern gelang die Flucht aus dem Lager: Sie stahlen das Motorboot des Lagerkommandanten und erreichten die

Luckners Himmel-fahrtskommando (er ist der dritte von links) landete in englischer Kriegs-gefangenschaft.

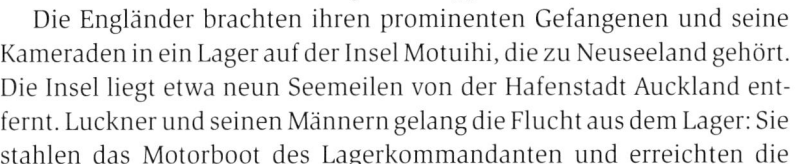

Kermadec-Inseln, mehr als 500 Seemeilen von Neuseeland entfernt. Aber dann war die Flucht zu Ende. Die Engländer fingen die Flüchtlinge wieder ein und brachten sie nach Auckland zurück. Nach dem Ende des Ersten Weltkriegs wurden Luckner und seine Kameraden entlassen. Sie kehrten in ein Deutschland zurück, das den Krieg verloren hatte und von Helden nichts mehr wissen wollte.

Was aber war in der Zwischenzeit auf dem Korallenriff Mopelia geschehen, wo die Mannschaft des »Seeadlers« vergeblich auf Luckner wartete? Eines Tages tauchte ein Schiff auf. Die Deutschen kaperten die »Lutèce«, die Mopelia ansteuerte, um die Kopra-Ernte zu verladen. Die Mannschaft segelte mit der »Lutèce«, umgetauft in »Fortuna«, bis zu den Osterinseln, wo das Schiff strandete.

Die Deutschen landeten in einem chilenischen Internierungslager. Nach dem Krieg kehrten sie nach Deutschland zurück. Luckner heiratete 1925 eine Schwedin: Ingeborg Engelstroem, die Tochter eines schwedischen Industriellen und einer Berlinerin. War die Karriere des »Seeteufels« zu Ende? Saß er am offenen Kamin und träumte von vergangenen Zeiten, von seinem versteckten Schatz im Korallenriff von Mopelia?

Bleibt nachzutragen, was aus den 47 Gefangenen auf Mopelia wurde, nachdem die Deutschen mit dem gekaperten Zweimaster »Lutèce« davongesegelt waren. Die Mannschaft ließ den größten Teil des Proviants zurück, der an Bord des »Seeadlers« gewesen war, außerdem überließ man den Gefangenen Mehl von der gekaperten »Lutèce«, so daß sie ausreichend versorgt waren. Sie hatten auch ein Boot, mit dem ein paar Wagemutige davonsegelten und Hilfe holten. Im Oktober 1917 wurden alle, die noch auf Mopelia waren, gerettet und nach Tahiti gebracht. Sie hatten die Robinsonade gut überstanden und bestätigten, daß sich die Deutschen wie Gentlemen verhalten hatten. Die Weltpresse schrieb, Luckner sei ein deutscher »Seeteufel« mit dem Charme eines Piraten vergangener Tage, als verwegene britische Freibeuter wie Basil Ringrose, Ambrose Cowley, der Schiffsarzt Lionel Wafer, John Watling und der Reiseschriftsteller William Dampier über die Meere segelten. Wenn Luckner ein paar Jahrhunderte früher gelebt hätte, so um 1678, wäre er vielleicht mit dem französischen Piraten François Lolonois durch die Karibik gesegelt oder um 1720 mit Olivier Le Vasseur im Indischen Ozean. Oder er hätte die Abenteuer des Alexandre Olivier Exquemelin miterlebt, der ein Pirat aus dem kleinen Normandie-Hafen Honfleur war und in seinem Tagebuch von 1678 die Freibeuter in der Karibischen See beschrieben hat. Zum Beispiel den blutrünstigen Lolonois, der eines Tages mit seinem Messer einem gefangenen Spanier die Brust aufschlitzte, das Herz herauszerrte und hineinbiß, um alle Spanier, die Widerstand leisteten, in Angst und Schrecken zu versetzen. Im 17. Jahrhundert, zur Blütezeit der Piraten, wäre Luckner ein ehrenwerter Freibeuter gewesen, der mit dem bösartigen Lolonois vermutlich um die Würde des Menschen gestritten hätte. Luckner war einer der letzten großen Romantiker der Meere, der sich selber gern als »Weltbürger zur See« bezeichnete.

Nur ein Mann wie Luckner konnte die Hauptrolle in diesem Schiffsdrama spielen. Er war der geborene Abenteurer. In seinen Adern floß das Blut der »tollen Luckners«, die schon immer ein wildbewegtes Leben geführt hatten. Stammvater des Adelsgeschlechts war der Major Nikolaus von Luckner, der 1757 ein preußisches Husarenkorps kommandierte, das für den Alten Fritz manches Gefecht gegen die Franzosen gewann. Die Luckner-Husaren waren verwegene Reiter, bewundert und gefürchtet von den Franzosen. Nach dem Ende des Siebenjährigen Krieges suchte General von Luckner andere militärische Abenteuer in Frankreich, geriet in die Wirren der Französischen Revolution und diente unter Napoleon als Marschall der Nordarmee. 1794 beklagte sich der 72jährige Haudegen bitter, daß die glorreiche Revolution ihm die Pension schuldig blieb und seinen Soldaten den längst fälligen Sold nicht zahlte. Marschall Luckner wurde als Konterrevolutionär angeklagt und verlor seinen Kopf unter der Guillotine. Auch der Vater von Felix, dem späteren »Seeteufel«, war ein Draufgänger, der in Holstein mit allerhand Streichen die Leute amüsierte. In Bramstedt setzten sie ihm ein Denkmal: der »tolle Luckner« auf seinem wilden Roß. Die Liebe der Luckners zur Kavallerie hat sich nicht auf Felix vererbt. Der Dreizehnjährige lief aus dem Elternhaus in Dresden auf und davon. Sachsen war ihm zu provinziell. Er reiste nach Hamburg und heuerte als Schiffsjunge auf der »Niobe« an. Ein »toller Luckner« zur See hatte der Familie noch gefehlt, man war schockiert.

Unsere »Sun Legend« gleitet durch die blauen Fluten der Südsee. Eine einzelne Schleierwolke schwebt vor der Sonne, wie das Skelett eines Riesenfischs sieht dieser fahle, weiße Wolkenfetzen aus. Vielleicht ist es der Rest eines Sturmtiefs, das sich irgendwo in den Weiten des Pazifiks ausgetobt hat. Die Sonne heizt die Planken auf. Die Suche nach Luckners Metallbehälter mit dem Schatz scheint ein heißes Eisen zu werden. Mir gehen diese schwerbewaffneten Perlenzüchter auf dem Atoll nicht aus dem Kopf. Hoffentlich fuchteln sie nicht mit ihren Haiharpunen vor unseren Nasen herum. In der Pomare-Dynastie gab es einmal eine leichtlebige Königin, Pomare IV., die das süße Leben liebte, in zwielich-

tige Geschäfte und politische Intrigen verwickelt war. Die Pomares sind unberechenbar.

Vor allem aber erwartet uns ein gefährliches Hindernis: Es gibt nur eine einzige Einfahrt in das Korallenriff, einen schmalen Paß, der in die Lagune führt. Die Eingeborenen nennen den Paß »taihaaru vahine«, Frauenschoß. Die Einfahrt ist mehr als einen Kilometer lang, an manchen Stellen atemberaubend eng und mit Unterwasserklippen gespickt, eine brutale Schiffsfalle. Wrackteile säumen den Paß. Hier strömt das Meer, das mit der Brandung über das Riff flutet, mit gewaltigem Druck aus der Lagune zurück. Für jedes Schiff, das nur in der schützenden Lagune einen sicheren Ankerplatz findet, eine Fahrt auf Biegen und Brechen. Luckner wollte damals in der Lagune ankern, aber sein Schiff hatte zuviel Tiefgang und wäre im Paß steckengeblieben, deshalb mußte es vor dem Korallenriff ankern. Niemand ahnte Schlimmes. Luckner war überzeugt, daß der Buganker den Meeresboden berührte, aber die Ankerkette war im Korallenriff eingeklemmt, der Anker schwebte über dem Abgrund. In kurzer Zeit scheuerte die Ankerkette auf dem messerscharfen Riff durch, das Schiff trieb in der Brandung. Das Wendemanöver des Wachoffiziers kam zu spät, das Schiff krachte auf die Unterwasserklippen.

Luckner war nicht an Bord, als das Unglück geschah. Er mußte verzweifelt von Land aus zusehen, wie sein stolzer »Seeadler« strandete. Es war der 2. August 1917, ein herrlicher Tag im Südseeparadies, alle waren bester Stimmung gewesen: Luckner gab für seine abgekämpften Seeleute und seine Gefangenen ein Picknick am Strand. Die Mannschaft hatte 35000 Seemeilen Kaperfahrt hinter sich. Nun genossen Freund und Feind den Landausflug – und waren entsetzt, als das Schiff in der Brandung davontrieb. Luckner konnte sich das Abdriften nicht erklären. Er ahnte nicht, daß die Ankerkette gerissen und der mächtige Buganker 32 Meter tief gesunken war. Das letzte Kettenglied, an dem der Anker hing, war durchgescheuert, genau an der Stelle, wo die Kette im Riff eingeklemmt war. Der Anker sank zuerst, die Kette löste sich später, als das Wrack zerfiel, und blieb acht Meter tief auf einem Riffhang liegen. Der Schrott des »Seeadlers« wurde über das Riff verstreut, Kanonen und Granaten, Dieselmaschine, Kurbelwelle, Kolben und Ankerwinde.

Luckner hat die Ankerkette nicht gekappt, um einer Flutwelle auszuweichen, wie er später behauptete. Eine Notlüge, um die Panne zu verheimlichen. Die gerissene Ankerkette war *die* Entdeckung der Expedition von 1970. Lasa und Christian haben auf ihrem Tauchgang eines der Rätsel von Mopelia gelöst.

Ein hartherziger, kaiserlicher Kapitän hätte den armen Wachoffizier vor ein Kriegsgericht gestellt und zum Tod durch Erschießen verurteilt. Doch Luckner muß sich schuldig gefühlt haben, er dachte nicht daran, ein düsteres Marinetribunal auf einem paradiesischen Südseestrand zu inszenieren. Er war ein »Seeteufel« mit blühender Phantasie, der die Story von einer plötzlichen Flutwelle erfand, die das Schiff aus der Verankerung riß. Die Polynesier nennen so eine Riesenwelle »tsunami«, aber das Wort kommt aus der japanischen Sprache. Ein tolles Seemannsgarn, was der »Seeteufel« in seinen Memoiren abspulte: »Sorge machte mir nur der Ankerplatz des Schiffes, obwohl wir alle nur erdenklichen Sicherungsmaßnahmen trafen, um uns von den Korallenbänken fern zu halten.

Das Unheil kam über uns am 2. August.

Wir wollten gerade das Urlauberboot an Land schicken, als ich durch mehrere Zurufe auf eine eigentümliche Erscheinung am Horizont aufmerksam gemacht wurde. Die Meeresoberfläche schien sich zu heben und zu wandern. Noch sind wir geteilter Meinung, um was es sich wohl handeln könne, da kommt mir plötzlich die große Gefahr zu Bewußtsein, in der wir schweben. Das ist eine Flutwelle von unvorstellbaren Ausmaßen, sie kann nur durch ein Seebeben hervorgerufen sein.

Schon überstürzen sich meine Befehle: ›Anker kappen! ... Motor klar! ... Alle Mann an Deck!‹ Vergebens versuchen sie, den Motor in Gang zu bringen. Immer wieder wird die Preßluft hineingedrückt. Er springt nicht an. Und dann ist sie mit einmal da, die Flutwelle, sie packt unsere Planken, hebt das Schiff wie einen Ball und schleudert es mit ungeheurer Wucht auf das Korallenriff. Die Masten brechen zusammen, große Korallenblöcke poltern aufs Deck, Türen und Wände werden eingeschlagen. Ein Wasserschwall schwemmt alles davon, was nicht niet- und nagelfest ist.

Der ›Seeadler‹ bleibt als hilfloses Wrack auf der Bank liegen und ist unwiederbringlich verloren.«

Wenn Luckner schreibt, daß »sich seine Befehle an Bord überstürzten«, dann muß er an zwei Stellen gleichzeitig gewesen sein: Beim Picknick am Strand und auf seinem Schiff, das auf der Riesenwelle tanzte. Unter den Gefangenen war auch ein 16jähriger Amerikaner, ein Steward von der »A. B. Johnson«, einem der letzten drei Handelsschiffe, die Luckner versenkt hatte. Die beiden anderen amerikanischen Schiffe hießen »Slade« und »Manila«. Der junge Steward hat später ausgesagt, daß Luckner nicht an Bord war, sondern an Land für die gute Stimmung beim Picknick sorgte. Die Gefangenen waren begeistert vom Charme des »Seeteufels«, auch wenn er manchmal mit seinem deutschen Hoch-

mut den Franzosen auf die Nerven ging. Sein Wohlwollen war nicht frei von Eitelkeit und deutschem Sendungsbewußtsein. Als Luckner 1937 mit seiner Yacht »Seeteufel« eine Weltreise unternahm, in den Südpazifik zurückkehrte und die Schauplätze seiner Erinnerungen besuchte, wehte an seinem Schiffsmast die Hakenkreuzflagge. Er wollte für Völkerverständigung werben. Aber die Widersprüche um Luckners Rolle als »Weltbürger zur See« haben dazu geführt, daß ihn seine Kritiker für einen herumsegelnden Propagandisten des Dritten Reiches hielten. Manche vermuteten hinter der jovialen Maske des braven deutschen Seehelden einen Spion Hitlers. Wir werden dieser Spur noch folgen.

Auf seinen Weltreisen spielte er gern den Kraftprotz. Er hatte Hände wie ein Boxweltmeister, zerriß Telefonbücher in zwei Hälften und verbog Münzen zwischen den Fingern. Das internationale Publikum jubelte ihm zu. Luckner wurde Ehrenbürger von San Francisco. Vor allem die Amerikaner, deren Handelsschiffe er so nebenbei auf den Meeresgrund geschickt hatte, sahen in ihm so etwas wie das Urgestein, aus dem auch amerikanische Helden gemacht sind. Zahllose Clubs und Vereine zwischen New York, Miami und San Francisco ernannten ihn zum Ehrenmitglied. Luckner war die große Show, er stand im Blitzlichtgewitter der Kameras und genoß seinen Ruhm. Und immer wieder die Fragen: »Wo ist die Beute Ihrer Kaperfahrt geblieben, Graf Luckner? Wo liegt der Schatz von Mopelia? Unter Wasser im Korallenriff? Oder haben Sie eine

falsche Spur gelegt, um von der Beute abzulenken? Haben Sie den Schatz vielleicht im Sand von Mopelia vergraben?«

Genau das ist unser Problem. Sollte Luckner den Schatz verbuddelt haben, dann hat er der Welt ganz schön was vorgeflunkert, wenn er berichtete, er habe einen Messingbehälter mit der gekaperten Beute in einer Nische des Korallenriffs versteckt, bewacht von Haien. Der schwedische Völkerkundler Bengt Danielsson lernte Luckner in Malmö kennen, wo Luckner mit seiner schwedischen Frau die letzten Jahre verbrachte. 1966 war er 85 Jahre alt, seine Tage waren gezählt. In einer »Stunde der Wahrheit« soll er Danielsson gestanden haben, daß er den Schatz vergraben habe. Danielsson schrieb einen Brief an Rolf Lasa, in dem er ihm in englisch mitteilte: »He buried it«, er vergrub ihn – den Schatz. Wenn das stimmt, dann haben Lasa und Christian 1970 an der falschen Stelle gesucht. Dann liegt unter dem zusammengebrochenen Korallenriff ein wertloser Messingbehälter neben anderem Schrott. Auch eine Krupp-Kanone liegt noch da, die andere wurde als Souvenir nach Tahiti gebracht und steht im Stadtpark von Papeete. Die Kanone trägt die Aufschrift: »Friedr. Krupp No. 201 L, 1899.«

Da sitze ich nun an Bord der »Sun Legend« und versuche, mir ein Bild von dem Mann zu machen, der hier in der Südsee für soviel Wirbel gesorgt hat. Immer, wenn ich glaube, der Wahrheit näherzukommen, setzt Luckner sein breites Grinsen auf, zieht an seiner Pfeife und freut sich, daß er mich mal wieder ausgetrickst hat. Was soll ich ihm glauben? Schatz unter Wasser? Oder Schatz im Korallensand vergraben? Seine Spötter nannten Luckner den »Münchhausen der Meere«. Hat er gelogen, um der Welt als vielbestaunter »Seeteufel« zu gefallen, der später von einem Vortrag zum anderen reiste, und dessen Bücher Bestseller wurden? Oder ging die Phantasie manchmal mit ihm durch, weil er nur sein Seemannsgarn spinnen wollte?

Ein Beispiel: Er war Schiffsjunge auf der »Niobe«, die von Hamburg zum australischen Hafen Fremantle segelte. Am Kap Horn mußte das Schiff nach einem Sturm durch schwere Dünung. Der Kapitän befahl der Mannschaft Segelmanöver. In Luckners Erinnerungen heißt es: »Da aber der Kapitän dem Manöver zusah, wollte ich mich ein wenig hervortun und dem Alten zeigen, was ich schon gelernt hatte. Ich tat mich mächtig wichtig, kletterte mit nach oben … Als der Kapitän zu mir hinaufsah, griff ich kühn mit beiden Händen ins Segel. Da schießt mir das Zeug durch einen Windstoß aus der Hand. Ich verliere den Halt und stürze schneller, als meine Gedanken es fassen können, in die Tiefe.« Mann über Bord! Der Schiffsjunge Felix schwamm um sein Leben, ein-

DIE BEUTE
DES SEETEUFELS

287

Linke Seite links: Im Schiffsgrab des »Seeadlers«, das Sylvio Heufelder untersucht, liegt noch immer eine der beiden 105-mm-Schnellfeuerkanonen, mit denen Luckners Hilfskreuzer bewaffnet war.

Linke Seite rechts: Auf seinen Weltreisen mußte Luckner immer wieder sein Kunststück zeigen: Er war bärenstark und zerriß Telefonbücher zwischen New York und San Francisco, Sydney und Tahiti.

sam und verzweifelt in den Wellentälern. Das Schiff konnte er nicht mehr sehen. Plötzlich stieß sein Fuß gegen etwas Hartes unter Wasser … Luckner erinnert sich: »Nein, etwas stößt gegen mein Bein … Wie die Schnauze eines Tieres … Erst denke ich, das wird mein Stiefel sein … aber dann durchzuckt mich ein eisiger Schreck … ›Das ist ein Hai!‹ … Gleich schnappt er zu … Da ist er schon wieder … Verzweifelt wehre ich mich durch Strampeln, das mir die Kräfte raubt …«

Vielleicht war es nur eine halb verfaulte Planke von einem versunkenen Schiff. Aber Hai klang natürlich für Felix dramatischer – er und der Hai, ein Stoff, aus dem Helden hervorgehen. Plötzlich stießen drei hungrige Albatrosse herab, die Felix für eine fette Beute hielten. Er streckte die Hand aus, wollte sich an einem der Riesenvögel, die nach ihm hackten, festhalten, als könnte der Vogel ihn wie in der Fabel davontragen. Doch der Albatros hackte in seine Hand. Die Narbe war lebenslang zu sehen. Luckner schreibt: »Da stößt mich zum Überfluß wieder die widerliche Schnauze ans Knie – der Hai … Alles dreht sich um mich … und plötzlich überkommt mich die Erkenntnis: ›Mann, du versäufst … Wenn du nicht versäufst, fressen dich die Haie oder die Albatrosse …‹

Ich gebe nicht leicht nach in schwierigen Situationen des Lebens, aber in diesem Augenblick war es mir wirklich egal, ob ich nun zerhackt oder gefressen würde … ich war beinahe am Ende …«

Im Rettungsboot bemerkten die Seeleute die wild flatternden Albatrosse, ruderten zu der Stelle und zogen den erschöpften Schiffsjungen aus dem Wasser. So verdankte er den angreifenden Vögeln sein Leben, sonst hätten die Retter ihn in der stürmischen See vielleicht nicht gefunden. Doch ich glaube Luckner kein Wort, was diesen Hai betrifft – erfunden, wie vieles in seiner bunten Legende. Unwahrscheinlich, daß ein hungriger Hai, dem das Opfer schon vor dem Maul zappelte, nicht zuschnappte. Weiß der Teufel, was es war. Hauptsache, es war schön gruselig am Kap Horn – Luckner konnte prächtig erzählen.

1937 hat er Mopelia wiedergesehen. Die Weltreise mit seiner Yacht »Seeteufel« war auch eine Reise in die Vergangenheit. Luckner segelte durch den Panama-Kanal und landete auf der berühmten Kokosinsel, 300 Seemeilen vor der Küste Costa Ricas, Modell für Stevensons Klassiker »Die Schatzinsel«. Luckner ging unter die Schatzsucher: Auf der Kokosinsel haben Schatzjäger schon immer nach vergrabenem Inka-Gold oder einem Piratenschatz gesucht. Luckner und seine Mannschaft buddelten vier Tage lang. Statt eines Schatzes fanden sie ein altes Heringsfaß, das Schatzsuchern als Posttonne gedient hatte. Es war ungeschriebenes Gesetz, daß vorbeikommende Schiffe die Post mitnahmen. Luckner fand Briefe von enttäuschten Schatzsuchern, die von ihren vergeblichen Bemühungen berichteten. Er nahm die Briefe mit nach Tahiti und übergab sie dort der Post. Im »einsamsten Briefkasten der Welt«, dem Heringsfaß auf der Kokosinsel, hinterließ er einen Brief an seine Mutter, mit dem Datum vom 16. August 1937. Ein dänischer Kapitän fand sechs Monate später den Brief und leitete ihn weiter. Nachdem Luckner die Zeilen auf der Kokosinsel geschrieben und seiner Mutter von der vergeblichen Schatzsuche berichtet hatte, erreichte der Brief ein Jahr später die Gräfin Luckner. Die alte Dame wunderte sich nicht, daß ihr Felix sich noch immer in exotische Abenteuer stürzte.

Von der Kokosinsel reiste er weiter zu den Galapagos und besuchte auf der Insel Floreana die Kölner Familie Wittmer, die in eine mysteriöse Mordaffäre um ein Berliner Liebespaar und eine Pariser Lebedame namens Wagner-Bousquet verwickelt war. Luckner führte den Wittmers seinen berühmten Kraftakt vor: Sie hatten zwar kein altes Telefonbuch, aber den Katalog eines amerikanischen Versandhauses. Luckner zerriß ihn mühelos in zwei Teile, einen dicken Katalog von Sears Roebuck. Auf Floreana hatte die bankrotte Pariser Baronin 1934 nach einem Piratenschatz gesucht, dann waren sie und ihr Liebhaber Philippson spurlos verschwunden, angeblich Opfer eines Mordkomplotts des Berliner Arztes Friedrich Ritter. Das war gerade drei Jahre her, aber Luckners Charme vertrieb die düstere Stimmung auf Floreana. Der »Seeteufel« trug sich ins Gästebuch ein, dann segelte er nach Tahiti, wo ihn die Insulaner mit dem Lied »Mädchen von Tahiti« begrüßten. Doch die Franzosen waren über den Besuch nicht gerade begeistert; ein alter Feind kehrte an den Schauplatz seiner Heldentaten zurück. Er sah seine Krupp-Kanone wieder, die Taucher geborgen hatten. Nun stand sie im Stadtpark von Papeete. Luckner freute sich zu hören, daß man seine Kanone ausprobiert hatte. Sie feuerte noch, mit den Granaten, die Taucher am Korallenriff geborgen hatten. In Papeete sah Luckner sich in einem Privatmuseum um, in dem Funde aus dem Wrack des »Seeadlers« ausgestellt waren. Da stand auch das alte Grammophon mit der Platte »It's a long way to Tipperary«. Luckner war auf dieser Reise in die Vergangenheit 56 Jahre alt; wehmütige Erinnerungen begleiteten ihn. Die Franzosen erlaubten ihm das Betreten des Korallenriffs Mopelia, ließen ihn aber während des zweitägigen Besuchs nicht aus den Augen. Sie rechneten damit, daß er nach seiner versteckten Kriegsbeute suchen würde.

Vor Pressereportern, die ihn mit Fragen bedrängten, sagte Luckner: »Ja, es gab einen Schatz. Aber er gehörte mir nicht. Er wurde nach Deutschland gebracht. Fragen Sie mich nicht, wie. Das war geheime Kommandosache und bleibt unser Geheimnis.« Dabei grinste er wie Münchhausen. »Wenn ich die Beute behalten hätte, wäre ich ein Pirat.

Dann hätte ich den Kaiser betrogen.« Keiner glaubte ihm. Der schlaue »Seeteufel«, dachte man, wollte nur von seinem Schatzversteck auf Mopelia ablenken.

Mit gemischten Gefühlen nahm er Abschied vom Schauplatz seines Schiffbruchs: »Lange standen wir an der Reling und schauten hinüber nach unserer Robinson-Insel. Und mir war recht wehmütig zumut. Ich dachte an meine Kameraden von damals, die nun vom Geschick in alle Welt verstreut waren oder schon die große Reise zu den ewigen Fernen angetreten hatten, wovon niemand zurückkehrt.«

Von Tahiti segelte er nach Samoa. In den Gewässern von Pango-Pango hatte er die zweite haarsträubende Begegnung mit einem Hai: »Wir kamen dann nach Pango-Pango. Hier hatten wir ein besonderes Erlebnis, bei dem unsere Hilfe angefordert wurde. Ein Flugzeug flog von Pango-Pango nach Australien. Es hatte für die lange Reise zu viel Benzin geladen, bekam irgendeine Panne und warf die Kanister ab. Dabei muß etwas geschehen sein, denn es stürzte plötzlich ab und verschwand in den Wellen.

Der für das Flugzeug vorgesehene Funker war aus irgendeinem Grund in Pango-Pango an Land geblieben. Sein Ersatzmann hatte sich in großer Eile bereit machen müssen und sich von ihm die Manschettenknöpfe ausgeliehen. Als die Nachricht vom Absturz kam, erbat der amerikanische Kommandant, da er kein Schiff zur Verfügung hatte, unsere Hilfe. Selbstverständlich machten wir uns sofort auf, um den Clipper zu suchen. Wir suchten die ganze Nacht. Einmal meinten wir, die Stelle gefunden zu haben. Silbergrau schillerte das Wasser. Aber es war kein Öl, wie wir zuerst annahmen, sondern das Schillern von Millionen kleiner Fische, die im Wasser leuchteten. Wir kehrten unverrichteter Sache wieder zurück.

Eines Tages aber fingen wir einen Hai. In dessen Magen fanden wir einen menschlichen Arm, der noch die Manschette trug. Sie wurde gehalten von dem entliehenen Manschettenknopf des zu Hause gebliebenen Funkers. Als wir ihm diesen Manschettenknopf brachten, mögen ihn eigenartige Gedanken bewegt haben.

Die Amerikaner bedankten sich für unsere Hilfe, dann fuhren wir weiter nach Neuseeland.

Hier erhielt ich noch ein Dankschreiben des amerikanischen Luftfahrtamtes. Ich habe mich über diese Aufmerksamkeit sehr gefreut.« Franzosen und Amerikaner haben ihm unterwegs oft die Frage gestellt: »Wie wertvoll war der Schatz, Graf Luckner?« Er wich immer aus und sprach nur von internationalem Papiergeld, das er in Wilhelmshaven mit an Bord genommen hatte, um in den Häfen der Welt bezahlen zu können. Er hatte auch ein Dokument des Kaisers, mit der Lizenz, feindliche Handelsschiffe zu kapern. Der kaiserliche Kaperbrief schien ihm wichtiger zu sein als die Beute. Über den Schatz sagte er einmal so nebenbei, ein Schiff habe ihn nach Deutschland gebracht, für die Kriegskasse des Kaisers. Was für ein Schiff? Auf diese Frage hat Luckner nie eine klare Antwort gegeben. Dieses Schiff hat vermutlich nie existiert. Viele, die ihm damals rund um die Welt begegneten, dachten: Der alte Gauner sucht eine Chance, um sich unbemerkt seine Beute von Mopelia abzuholen. Aber zu viele Augen sahen ihm und seiner Yacht »Seeteufel« zu. Die wachsamen Beobachter waren Sensationsreporter, Beamte, Polizisten. Und Geheimagenten wollten ihm sogar Spionage für das Dritte Reich nachweisen.

Auch die Nazis ließen ihn beschatten. Sie haben versucht, mit Luckner, dem braven, deutschen Seehelden, Propaganda für ein »gutes Deutschland« zu machen, dessen Krupp-Kanonen für den Zweiten Weltkrieg bereitstanden. Schon 1935 wollte Luckner zu einer Weltreise starten. Er wurde nach Berlin ins Auswärtige Amt bestellt. Man wollte ihn nicht reisen lassen, weil er in den Augen der Nazis noch immer den »tollen Luckner« spielte, der Telefonbücher zerriß. Das war nicht die richtige Propaganda für Großdeutschland. Die Gestapo führte die Gespräche mit Luckner. Waren die Nazis an Luckners Schatz interessiert? Ließen sie ihn später auf der Südseereise durch Agenten beschatten, um dem Schatz auf die Spur zu kommen? Luckner war anscheinend bei diesem Gespräch im Auswärtigen Amt nicht davon begeistert, für die Nazis Propaganda zu machen. So kam, was kommen mußte. Luckner schreibt: »Das Deck meiner ›Vaterland‹, die ich inzwischen in Mopelia umgetauft hatte, war sauber und sollte sauber bleiben. Da geschah etwas, das meine Pläne zerschlug.

Unsere gute ›Mopelia‹ lag in Bremerhaven im Freihafen. Da, plötzlich eines Tages zwischen 9 und 10 Uhr brennt das Schiff gleichzeitig an vier verschiedenen Stellen. Die Feuerwehr raste heran, aber sie hatte kein Wasser. Es war abgestellt. Das Wasserschiff konnte auch nicht kommen, denn es war Sonntag. Die ›Mopelia‹ brannte völlig aus.

Alle meine Pläne schienen zunichte zu sein.

Aber man hatte sich mit dem Seeteufel verrechnet. Er gab nicht nach und wird nie nachgeben, solange noch Seewasser in seinen Adern rauscht.«

Klar, daß die Nazis seine ›Mopelia‹ in Brand gesteckt hatten, um ihn einzuschüchtern. Doch nach zehnjähriger Ehe flüsterte er seiner Ingeborg am Hochzeitstag ins Ohr: »Ich schenke dir ein neues Schiff ...« Es war der »Seeteufel«, mit dem er 1937 um die Welt segelte.

Rechte Seite: Zeilen aus Luckners Kriegstagebuch. Auf diesem Blatt beschreibt er im August 1917 die Situation auf dem Südsee-Atoll Mopelia, wo die Schiffbrüchigen des Hilfskreuzers »Seeadler« ein Lager errichtet hatten.

Vor Reportern sagte er einmal: »Glauben Sie, daß Hitler einen alten Narren wie mich auf Propagandatour schickt? Ich liebe das Meer, und über mir sind nur die Sterne …« Er winkte zu den Sternen hoch, als wäre Hitler nur ein kleiner Diktator, ein Nichts unter dem Sternenhimmel. Luckner wäre vermutlich lieber unter der Flagge des Kaisers weitergesegelt als unter dem Hakenkreuz.

Er grüßte mit »Heil Hitler!«, weil er sich daran gewöhnen mußte. Es waren Begleiter an Bord des »Seeteufels«, die Luckner beschatteten. Zwei Herren im dunklen Zivil: Paul Kunert und Friedrich Thiele standen im Verdacht, Agenten der Gestapo zu sein. Solange Luckner nur von Wind, Meer und Sternen in seinen Vorträgen plauderte, hatte die Gestapo nichts dagegen. Es sollte verhindert werden, daß er aus der Rolle fiel und seinen Freunden in aller Welt erklärte, wie unheimlich ihm sein Vaterland geworden war. Luckner hat die Nazis nie herausgefordert, er ist ihnen einfach davongesegelt. Für die Nazis war er letzten Endes nur ein Amateurschauspieler, der seiner Show vom kaiserlichen Seehelden bis zuletzt treu blieb. Ein Nazi sagte einmal im Club der Deutschen in Sydney: »Ein alter Trottel. Wir brauchen ihn nicht.«

Seine Zeit war vorbei. Doch damals, 1916, stand er am Anfang seiner Karriere als »Seeteufel«. Er war 35 Jahre alt, als er den Befehl seines Lebens bekam. Geheime Kommandosache. Er mußte sich beim Admiralstab in Berlin melden. Luckner hatte auf dem Schlachtschiff »Kronprinz« an der Seeschlacht gegen die britische Flotte im Skagerrak teilgenommen. Danach langweiliger Dienst an Deck in Wilhelmshaven. Luckner war gespannt, was ihn in Berlin erwartete. Der Admiralstab ernannte ihn zum Kommandanten eines Schiffs. Es war die »Pass of Balmaha«, die unter amerikanischer Flagge gefahren war, 1888 in Glasgow gebaut. 1914, im ersten Kriegsjahr, wurde das Schiff, das Baumwolle geladen hatte, erst von Engländern beschlagnahmt und dann von einem deutschen U-Boot gekapert. Der Dreimaster war 72 Meter lang und knapp 11 Meter breit, ein schlanker Renner. Das Schiff bekam einen 1000-PS-Dieselmotor und wurde mit zwei 105-mm-Schnellfeuerkanonen von Krupp bewaffnet. Fertig war der Hilfskreuzer, fehlte nur noch der Name. Zuerst hieß das Schiff »Irma« und war als norwegisches Handelsschiff getarnt. Weihnachten 1916 verließ der Dreimaster seinen geheimen Ankerplatz bei Helgoland und segelte trotz Kontrolle durch die britische Blockade. Die Engländer fielen auf das Täuschungsmanöver herein, Luckners erstes Bravourstück im Seekrieg. Das Schiff steuerte in den Atlantik, die Suche nach Beute begann. Der Hilfskreuzer wurde umgetauft auf den Namen »Seeadler«. Die Krupp-Kanonen an Deck waren gut versteckt.

Mopelia

14. VIII. 17 ...

21. VIII. 17 ...

23. VIII. 17 ...

Luckner kaperte einen britischen Dampfer. Der »Seeadler« wurde mit Beute beladen. Luckner erinnert sich. »Aufs beste eingerichtet, trug er in seinem Bauch zweitausend Kisten Champagner und fünfhundert Kisten Kognak. Die konnten wir gerade brauchen, man wußte ja nicht, ob nicht einmal eine Epidemie bei uns an Bord ausbrach, zu deren Bekämpfung man auf solche Medizin angewiesen war. Sicherlich wütete sie heimlich, denn mit der Zeit wurden diese Schätze immer weniger.«

Kein Wort über die erbeutete Schiffskasse, das blieb »Geheime Kommandosache«. An Bord des gekaperten Dampfers waren auch ein Steinway-Flügel und ein Harmonium. Die kostbaren Instrumente wurden nicht zu den Fischen geschickt wie der Dampfer, denn an Bord des »Seeadlers« war ein Musiker, der zur Siegesfeier aufspielte, als der Hilfskreuzer weitersegelte. Luckner erzählt gefühlvoll: »Über dem weiten Meer steht eine wundervolle Tropennacht. Die leuchtenden Sternbilder der südlichen Hemisphäre spiegeln sich auf der Dünung, die sich wie eine atmende Brust hebt und senkt.

Wir feiern. Wir haben ja herrliche Beute gemacht. Die Sektkorken knallen wie Salutschüsse vorne auf der Back und auch hinter dem Mast. Prall stehen die Segel an den ragenden Masten im Passatwind. Mittschiffs spielt die Kapelle auf Cello, Violine, Harmonium und Flügel.

›Ach, lieber Südwind, blas noch mehr ...‹ Und er tut es.

Wir haben ein ganz eigenartiges Empfinden. Wir sind so weit von der Heimat entfernt. Auf allen Meeren der Welt fahren nur feindliche Schiffe oder neutrale, wir sind die einzigen Deutschen und dazu noch gefährliche Piraten im weiten Ozean. Nun aber feiern wir in der Tropennacht. Wir wissen nicht, was uns der nächste Tag bringen und wie einmal alles enden wird. Um so dankbarer sind wir für die Stunde, die uns die wunderbare Nacht schenkt und die unsere Herzen weich macht, wie die Musik ...

Die Gefangenen, die sich ja an Bord bewegen können, wo und wie sie wollen, denn sie sind ja unsere ›Gäste‹, haben sich bei der Musik versammelt. Manch einer steht an der Reling und denkt an seine Heimat, an Frau und Kinder ...

Und als unsere schwermütigen Volksweisen über das Meer klingen, kommen selbst den härtesten Seeleuten die Tränen. Dennoch sind wir von Herzen froh. Wir beschweren uns nicht mit den Gedanken, was kommen wird. Ob wir vielleicht schon morgen irgendwo auf dem Meeresgrund liegen, oder ob uns dieses Schicksal erst in einigen Monaten erwartet?«

Die Bilanz von Luckners Seekrieg: Elf Segelschiffe und drei Dampfer gekapert, nur die »Cambronne« wurde nicht versenkt, weil sie die Gefangenen übernehmen mußte. Alles Segler und Dampfer, die mit voller Schiffskasse unterwegs waren. Es muß sich eine enorme Summe in Luckners Safe angesammelt haben, Gold, Silber, Juwelen und Perlen der Südsee. Luckner war stets ein ritterlicher Sieger, der seinen Gefangenen das Leben an Bord des »Seeadlers« so komfortabel wie möglich machte. Er hatte 263 Gefangene an Bord, das war selbst für einen »Ritter der Meere« zuviel: »Sie waren alle vergnügt und dank der ausgezeichneten Verpflegung alle gesund und munter. Ich hielt auch streng darauf, daß alle das gleiche Essen bekamen, sowohl die Gefangenen als auch meine Offiziere und Mannschaft. So gab es keinen Neid und keine Reibungen.

Allerdings machte ich mir Sorge, wie ich auf die Dauer diese Menge ausreichend versorgen sollte. Vor allem langte das Trinkwasser nur noch eine gewisse Zeit, und wir mußten sehr damit sparen.

Ich kam zu dem Entschluß, die ganze Gesellschaft baldmöglichst irgendwie nach Hause zu schicken. Hierzu ergab sich eine Gelegenheit, als die französische Bark ›Cambronne‹ wie gerufen kam.

Wir richteten sie so her, daß sie nur langsam laufen konnte. Sonst hätte uns ihre zu frühe Ankunft in Rio de Janeiro, wohin wir sie schickten, verraten und die feindlichen Kreuzer auf uns gehetzt. Wir kappten die oberen Masten, so daß sie zu dieser Reise rund 10 Tage brauchte. Dann versorgten wir sie ausreichend, damit die entlassenen Gäste keine Not litten.«

Am Kap Horn hatte der »Seeadler« mit stürmischer See zu kämpfen. Dann flaute der Orkan ab, und das Schiff erreichte den Pazifischen Ozean. Zwischen den Marquesas-Inseln und Honolulu suchte der Hilfskreuzer vergeblich nach Beute, steuerte nach Süden, versenkte noch drei amerikanische Handelsschiffe, dann war die Mannschaft am Ende ihrer Kräfte. Luckner notiert: »Es war höchste Zeit, daß wir einmal an Land kamen und frische Nahrung zu uns nehmen konnten. Auch tat unserem Schiff nach der monatelangen Reise und nach den abgerittenen Stürmen eine gründliche Überholung not.

Wir suchten uns nun auf den Karten eine der unbewohnten Inseln. Wir wählten Mopelia, das zur Gruppe der Gesellschaftsinseln gehört.

Am Morgen des 29. Juli kam uns die Insel in Sicht.«

Das war 1917. Es folgte der Schiffbruch, das Verstecken der Beute und Luckners gescheiterter Versuch, in einem Hafen der Fidschi-Inseln ein Schiff zu kapern, um die Schiffbrüchigen von Mopelia abzuholen. Der mißtrauische Polizeioffizier, der Luckner schnappte, trug nur einen alten Revolver. Luckner hatte an Bord seines Motorbootes ein Maschinengewehr mit 5000 Schuß Munition. Er sagte zu dem verblüfften Polizeioffizier im Hafen der Wakaya-Inseln: »Sie haben die Chance, ich kann

nicht in Zivil gegen Sie kämpfen.« So beendete er seinen abenteuerlichen Seekrieg. Es folgte die zweijährige Gefangenschaft auf der neuseeländischen Insel Motuihi. Im Juli 1919 kehrte Luckner aus der Kriegsgefangenschaft in das besiegte Deutschland zurück. Er war erschüttert vom Verfall der Heimat, von Hunger, Verzweiflung und politischem Streit. Keiner nahm Notiz vom heimgekehrten »Seeteufel«, die Deutschen hatten ihren Seehelden vergessen. Luckner schreibt verbittert: »Der Dank des Vaterlandes gipfelte darin, daß mir die Gefangenenfürsorge einen Tausendmarkschein aushändigte.

Trotzdem ließ ich den Kopf nicht hängen. Ich erinnerte mich an die Situation auf der Insel Mopelia. Damals, als mein stolzer ›Seeadler‹ auf der Korallenbank zerschellte, war mein erster Gedanke: Hier darfst du nicht bleiben, du mußt weiter … vorwärts!«

Luckner hielt sich mit Vortragsreisen über Wasser, warb für Völkerverständigung, für Versöhnung mit dem besiegten Deutschland. Seine Sprache war die eines derben Kapitäns mit viel Herz. Wenn er vor Arbeitern sprach, verstanden sie ihn sofort, streckten ihm zum Dank ihre schwieligen Hände hin. Er tröstete die Deutschen in der Niederlage, gab ihnen das Gefühl: So schlecht sind die Deutschen nicht, wir werden wieder einen Platz an der Sonne finden. Das war seine naive Seemannsweisheit. Wenn das Leben eines Seemannes endete, dann zog er nach Luckners Ansicht in das »große Seemannsheim im Jenseits« ein. Luckner, das war »La Paloma« und »Große Freiheit«, ein deutscher Traum, den er erlebte und verkörperte.

1926 hatte er mit seinen Vorträgen so viel Geld verdient, daß er sich ein Schiff kaufen konnte. Einen Viermastgaffel-Schoner mit 52 Meter hohen Masten, 95 Meter lang und 15 Meter breit, 6 Meter Tiefgang. Auf der Hamburger Norderwerft wurden 250-PS-Motoren eingebaut. Luckner taufte das Schiff »Vaterland« und unternahm eine zweijährige Weltreise mit seiner Frau Ingeborg. In New York und San Francisco jubelten ihm die Amerikaner zu. Dollarkönige wie William Rockefeller, Vincent Astor und Henry Ford schüttelten ihm die Hand. Er sprach mit Ford über das Automodell »Lizzie«, das heißt »Straßenmädel«. Das Auto war ein Riesenerfolg in den USA. Luckner lobte Ford: »Sie haben aus einer Lizzie eine Lady gemacht, Mr. Ford.«

Der fand, daß es die beste Reklamezeile für seine Autoproduktion war. Ford sagte: »Darf ich Ihnen eine solche Lady verehren?« – und schenkte Luckner einen Wagen, Modell »Lizzie«. Wohin Luckner kam, er hatte Glück und Erfolg, die ihm seinen verlorenen Schatz von Mopelia mehr als ersetzten. Felix, das war schon bei den alten Römern »der Glückliche«. Phylax Lüdecke nannte er sich als Schiffsjunge, weil er nicht als nobler Graf Luckner unter derben Seemännern über die Meere segeln konnte. Lüdecke war der Mädchenname seiner Mutter.

Als Junge hatte er für den Wildwesthelden Buffalo Bill geschwärmt. Den Amerikanern gefiel Luckners verwegene Sprache, er sagte: »Wenn du einen Mann wie Buffalo Bill bewunderst, kannst du niemals ein Arsch werden.« (If you admire a man like Buffalo Bill, you can never become a bum.) Dabei vergaß er, daß Buffalo Bill ein übler Büffelkiller war, der mit seiner Winchester zahllose Büffel abknallte. Mit seiner herumreisenden Wildwestshow vermittelte er ein oberflächliches Bild von Amerika. William Cody, wie er wirklich hieß, scheute sich nicht, den besiegten alten Siouxhäuptling Sitting Bull für seine Show zu engagieren. Der legendäre Häuptling trat in der Manege mit einem dressierten Pferd auf, das sich hinsetzte und einen Huf hob, wenn ein Gewehrschuß krachte.

Aber das war alles wie vom Winde verweht, als Luckner durch die amerikanischen Städte reiste und Vorträge über seine Abenteuer zur See und über den völkerverbindenden Charme der Meere hielt. Er nannte seine Weltreisen »Kaperfahrt auf Herzen«, nach dem Motto: Einst ein Pirat, der Schiffe erbeutete, nun ein Pirat, der Herzen erobert. Als die Nazis an die Macht kamen, war ihnen diese frohe Botschaft zu altmodisch, sie wollten einen strammen Propagandisten aus ihm machen. Luckner witterte Unheil, taufte sein Schiff »Vaterland« in »Mopelia« um. Seine Weltreise 1937/38 war überschattet von Krawallen in Australien und Neuseeland, die Kommunisten wollten den »Nazispion« Luckner nicht an Land lassen. Und die Gestapo ließ ihn bespitzeln. Der angebliche Schiffsingenieur Paul Kunert, 54 Jahre alt, war ein Schnüffler, mürrisch und unnahbar. Er trank nicht, rauchte nicht und ging selten an Land, weil er offenbar die Lage an Bord im Auge behalten wollte. Friedrich Thiele, 27 Jahre, war darauf spezialisiert, Luckners Kontakte an Land zu bespitzeln. Thiele gab sich kontaktfreudig, ließ keine Party aus, zu der Luckner und seine Frau eingeladen waren.

Der »Seeteufel« war ein Zweimaster mit einem 50-PS-Motor. An den Wänden von Luckners Privaträumen hingen Fotos von den Nazigrößen Hitler, Himmler und Goebbels. Und am Mast wehte die Hakenkreuzflagge. Das alles hat Luckners politische Gegner in Australien und Neuseeland zu Demonstrationen gegen die »Propagandareise« veranlaßt. An Bord war auch ein Kameramann der UFA-Filmgesellschaft: Der 27jährige Hans Günther Oesterreich sollte einen Dokumentarfilm über Luckners Weltreise drehen. Die australische Opposition erinnerte sich an eine Anekdote aus Luckners Jugendjahren in Hamburg. Er ging in den Hamburger Zoo und amüsierte sich am Affengehege: Er schoß mit

einer Schleuder auf die Affen. Die australischen Demonstranten erklärten: »Wenn er kommt und will uns nette Storys über Hitler erzählen, dann sagen wir ihm: Es hat dir sicher Spaß gemacht, die Affen zu belästigen, die in Frieden leben wollten. Aber denk bloß nicht, Australien sei der Hamburger Zoo!«

Letzten Endes setzten sich aber seine Verehrer durch, der Jubel war stärker als die Abneigung. Er spielte meisterhaft auf dem Seelenklavier der internationalen Kameraden zur See, wenn er erzählte: »Als ich in einer kalten Winternacht des Jahres 1916 meine Kaperfahrt begann und hinaussegelte in dieses ungewisse Abenteuer, da hatte ich nur einen einzigen wahren Freund – den Wind, Gentlemen, den Wind!« Dann brauste der Beifall auf. Luckner wußte, seine Show war perfekt. Er legte Wert auf Posen, kämpfte mit Händen und Füßen gegen einen imaginären Orkan, wenn er von einer Sturmfahrt um Kap Horn erzählte. Wenn Besucher an Bord kamen, wählte er unter seinen vielen Tabakspfeifen und Seemannsmützen die passende aus, wie ein Schauspieler, der gleich seinen Auftritt auf der Bühne hat.

1938 ging die Show im Pazifik zu Ende, doch nicht so, wie Luckner es sich vorgestellt hatte. Der »Seeteufel« verließ am 6. September den Hafen von Cairns an der Nordostküste Australiens, mit wehender Hakenkreuzflagge am Mast. Luckner steuerte durch das Große Barriere-Riff. Auf seinem Reiseplan standen Neuguinea, Celebes, Borneo und Bali. Im Hafen von Surabaya auf der Insel Java wurde Luckner von der Sudeten-Krise überrascht.

Hitlers Griff nach der Tschechoslowakei verschärfte die Spannung in Europa, das »Vorspiel« zum Zweiten Weltkrieg hatte begonnen. Luckners Einmannshow mußte abgebrochen werden, alle deutschen Schiffe in fremden Gewässern erhielten per Funkspruch den Befehl, in ihre Heimathäfen zurückzukehren. Ein Jahr später begann der Zweite Weltkrieg. Luckner erlebte das Kriegsende in Halle, er wurde zum Retter der Stadt, die laut Hitlers Befehl bis zur letzten Patrone gegen die Amerikaner verteidigt werden sollte. Die Stadt war im April 1945 eingeschlossen. Luckner überzeugte den Stadtkommandanten und die Stadtväter von Halle, daß Widerstand zur sinnlosen Zerstörung der Stadt führen würde. Er fuhr mit den Stadtvertretern zur Kommandozentrale des amerikanischen Generals, um die Schlacht zu verhindern. Halle bedeutete für Luckner ein Stück seiner Jugend. Hier stand das Haus seiner Großmutter, in das die Eltern nach dem Tod der alten Dame eingezogen waren. An den Ufern der Saale hatte Felix seine ersten geschnitzten Holzschiffe auf die Reise geschickt und vom Meer geträumt. Jetzt drohte dem Vierundsechzigjährigen das Standgericht, Tod durch Erschießen wegen

Hochverrats, wenn die Nazis ihn verhafteten. Der amerikanische General wußte, wer der »Seeteufel« war. Und ein Oberst sagte: »General! Wenn Graf Luckner ein Löwe wäre, ich würde meinen Kopf in seinen Rachen stecken und sicher sein, er würde mir kein Haar krümmen.«

Der General schüttelte Luckners Hand und versprach, die Stadt zu verschonen: »Count Luckner, you've saved your city. I won't bomb Halle.« – Graf Luckner, Sie haben Ihre Stadt gerettet. Ich werde Halle nicht bombardieren. Das war der alte, sentimentale Luckner in seiner besten Rolle. Nach dem Krieg ging er wieder auf Vortragsreisen, zerriß Telefonbücher und verbog Geldmünzen zwischen seinen Pranken. In den fünfziger Jahren war er auf einer Cocktailparty in New York, die ihm zu Ehren arrangiert wurde, und zerriß das Telefonbuch von Manhattan, das dickste der Welt. 1956 haben die Amerikaner ihn wegen seiner Verdienste um die Völkerverständigung für den Friedensnobelpreis vorgeschlagen. Doch er bekam ihn wohl deshalb nicht, weil die Jahre des Hitler-Reiches Luckners Leben überschatteten. Mit 83 zerriß der Alte das letzte Telefonbuch und brach sich dabei die Hand. Da saß er mit der eingegipsten Hand und sagte lachend: »Die Telefonbücher haben nur Schonzeit.« Am 13. April 1966 ist der »Seeteufel«, 85 Jahre alt, in einem Hospital in Malmö gestorben. Doch auf dem Friedhof von Hamburg-Ohlsdorf, wo das »Seemannsheim im Jenseits« liegt, ist er begraben. Auf Jagdhörnern wurde das »Halali« geblasen, als der Sarg ins Grab sank. Der Bundesverteidigungsminister schickte zu Luckners Begräbnis einen Kranz.

Der »Seeteufel« hat angeblich ein wichtiges Dokument mit ins Grab genommen: Eine Schatzkarte, die – nach Aussage einer Augenzeugin – auf Luckners rechtem Knie tätowiert war. Wahrheit oder Legende? 1964 bekam der 83jährige Luckner Besuch von einer Dame namens Varady, die Verwandte in Malmö besuchte. Frau Varady war die Mutter des Schatzsuchers Ralph Varady, der sich auf die Suche nach dem Schatz des »Seeteufels« spezialisiert hatte. Der Amerikaner Varady, gebürtiger Ungar, lebte auf Tahiti. Er wartete auf Informationen von seiner Mutter, die Kontakt zum »Seeteufel« aufnahm. Der Alte hatte Durchblutungstörungen in den Beinen, konnte kaum noch gehen. Er saß im Sessel, schonte die alten Knochen und plauderte mit Frau Varady über die Pläne ihres Sohnes, den Schatz von Mopelia zu bergen. Frau Varady besuchte den Alten mehrmals, und jedesmal teilte sie ihrem Sohn auf Tahiti brieflich mit, was Luckner ihr anvertraut hatte. Der alte »Seeteufel« konnte offenbar dem Charme der Ungarin nicht widerstehen. Eines Tages krempelte er sein rechtes Hosenbein hoch und zeigte ihr die tätowierte Schatzkarte. Ist dem alten »Münchhausen der Meere« mal wieder die Phantasie durchgegangen? War es ein später Flirt mit dem Knie? Weiß

DIE BEUTE
DES SEETEUFELS

299

der Teufel, was Frau Varady auf Luckners Knie gesehen hat! In dem Moment, als Luckner ihr die Tätowierung erklären wollte, kam seine Frau ins Zimmer und sagte vorwurfsvoll: »Felix, du mußt dich schonen. Mach nicht solche Verrenkungen in deinem Alter, schon gar nicht, wenn du Besuch von einer Dame hast.« Luckner streifte sein Hosenbein hinunter, und das Geheimnis blieb im wahrsten Sinne des Wortes bestehen, auf seinem rechten Bein. Eine zweite Chance bekam Frau Varady nie wieder. Vielleicht hat Ingeborg dem »Seeteufel« hinterher geraten, keine weiteren Erklärungen zum Schatz von Mopelia abzugeben, die für neuen Wirbel gesorgt hätten. Die Luckners wollten ihre Ruhe haben.

Doch Ralph Varady schickte dem »Seeteufel« eine Karte, die Varady von Mopelia angefertigt und in Quadrate eingeteilt hatte, um die Position des Schatzes von Luckner markieren zu lassen. Der schickte die Karte mit wohlwollendem Bedauern zurück, konnte oder wollte sich nicht mehr so richtig an die Lage des Schatzes erinnern.

Luckner markierte ein Quadrat, das war alles. Doch ich bezweifle, daß es das Quadrat war, in dem der Schatz versteckt lag. Luckners Tage waren gezählt, er spürte die Schmerzen und Plagen des Alters. Mit Bleistift markierte er das Schatzversteck, machte einen Punkt, als wollte er den Schlußpunkt unter das Drama seines Lebens setzen. Der alte Freibeuter wünschte Varady viel Glück.

Rolf Lasa und Erwin Christian sind während ihrer Schatzsuche im Jahre 1970 Ralph Varady begegnet. Damals war er 57 Jahre alt und hatte alles an Dokumenten über den Schatz von Mopelia gesammelt, was er finden konnte – Belege für die Existenz des Schatzes. Eine Mischung aus Fotos, alten Zeitungsartikeln, vergilbten Seekarten und Skizzen vom Schatzversteck. Die Papiere dokumentierten auch Varadys Bereitschaft, das Rätsel zu lösen. Doch sein vergeblicher Tauchgang am Korallenriff im Jahre 1964 und seine unerfüllten Hoffnungen hatten ihn zermürbt.

Varady nahm nicht an der Expedition von 1970 teil, erklärte resigniert, er müßte sich um andere Geschäfte kümmern. Aber er hatte gute Vorarbeit geleistet und gab den Deutschen wichtige Tips für die Unterwassersuche am Korallenriff.

Der französische Staat ist mit 50 Prozent dabei, das ist die Spielregel. Die Behörden sehen den Schatztauchern scharf auf die Finger. Varady war überzeugt, daß der Metallbehälter, den Lasa und Christian fanden, den Schatz enthielt. Der Fundort entsprach dem Ergebnis von Varadys Nachforschungen. Aber dann brach das Korallenriff zusammen und begrub das »Ding«. Varady war ein ausgezeichneter Taucher, der beim Tauchgang im Paß von Mopelia um sein Leben kämpfen mußte – Haie

waren eine ständige Bedrohung, doch die Strömung war weit gefährlicher. Mit einer Geschwindigkeit von 6 Knoten (etwa 11 Kilometer) in
der Stunde strömen die Fluten aus der Lagune durch den Paß ins Meer
zurück. Ein extremer Härtetest für Schatztaucher, ein Balanceakt über
dem messerscharfen Korallenriff. Die Unterwasserklippen in dieser
mächtigen Strömung können einen Taucheranzug zerfetzen oder das
Atemgerät beschädigen. Blut lockt Haie an. Auch wenn ein Taucher sich
auffällig benimmt – falls das Atemgerät defekt ist, und ein Taucher in
Panik gerät –, wittern die Haie Beute und greifen an. Varady hat alle Tükken und Gefahren am Korallenriff von Mopelia überstanden. Den letzten Kampf hat er verloren. Rolf Lasa schreibt in seinen Erinnerungen:

»Ein trauriger Brief von ihm im April 1976 hat mich wissen lassen,
daß er wohl nicht mehr aus dem Bett kommen werde und die Ärzte ihm
nur noch vier Wochen gäben. Am 25. Mai ist er dann auch, 63 Jahre alt,
gestorben. Krebs. Seine zweite Frau Titi, eine Tahitianerin, hat die mühsam zusammengetragenen »Seeadler«-Relikte, die Korrespondenz mit
Luckner und dessen unersetzliche Schatzkarte an ihren Hausbesitzer
verschenkt, einen Chinesen. Für sie war Varadys Schatzsuche nur so
eine Art Hobby, ein Goldfieber hat sie nie gespürt. Schatz heißt auf tahi-
tianisch »faufaa«. Ebenso wie Macht. Aber genau dasselbe Wort bedeutet auch Eitelkeit, Nutzlosigkeit …«

Ich habe mir an Bord der »Sun Legend« ein Bild vom »Seeteufel« und
den Erben seines Schatzes gemacht. Ich liege auf den heißen Planken,
mit geschlossenen Augen, weil die Sonne blendet, und ich denke, daß
wir die gleiche Chance haben, wie alle vor uns, Luckners Beute zu finden. Das ist ein unwiderstehlicher Reiz, den man zu Hause, in seinen
eigenen vier Wänden, nicht spürt. Man muß Tausende von Meilen zu-
rücklegen, um diesen Nervenkitzel unter der Haut zu spüren, den zum
Beispiel das tätowierte Knie des »Seeteufels« auslöst. Verrückte Männer-
spiele, könnte man sagen. Aber jetzt, als die »Sun Legend« auf ihr Ziel
zugleitet, liegt eine verlockende Welt vor uns. Varady sah auf dem Grund
des Passes von Mopelia einen Riesenbarsch, den größten, dem er je begegnet war, zwei Meter lang und etwa drei Zentner schwer. Er hätte mit
seinem Maul den Kopf eines Menschen bequem packen und verschlin-
gen können, doch der Riesenbarsch interessierte sich überhaupt nicht
für den kleinen Schatztaucher Varady.

Lasa, der ehemalige Einmann-U-Bootfahrer aus dem Zweiten Weltkrieg, räumt in seinen Erinnerungen Varady einen breiten Platz ein. Er
weiß, wie einsam ein Mann ist, der nur einen Verbündeten gegen das
Meer hat – die Geduld. Varady spürte sogar noch in sechs Meter Tiefe
die Wucht der Brandung am Korallenriff. Er sah einen Anker und

Rumpfteile des »Seeadlers«. Granathülsen lagen in den Spalten des Riffs. Varady stocherte mit einer Harpune in den Höhlen und Nischen, in der Hoffnung, auf den Metallbehälter zu stoßen. Muränen schnappten nach seinen Fingern, wenn er sich am Riff festhalten mußte, um von der Strömung nicht davongetrieben zu werden. Am Ende seines Tauchgangs wurde er von der Flut im »taihaaru vahine«, dem Frauenschoß, ins offene Meer hinausgeschleudert. Der Rest Luft in seiner Atemflasche reichte gerade noch aus, um ans Riff zurückzuschwimmen und aufzutauchen.

Varady war trotz seiner Besessenheit ein Mann mit Verstand. Er gab auf, als das Riff und die Strömung stärker waren als seine Tauchtechnik. Blinder Goldrausch wäre Selbstmord gewesen. Sein Überlebenswille war größer als die Verlockung des Goldes. Das kann man von manch einem, der seine Seele einer Goldader oder einem verborgenen Schatz verschreibt, nicht behaupten. Männer, denen Goldadern im Kopf herumspuken, die sie nie gesehen haben, sterben oft für ihren Traum. Schatztaucher versuchen ihr Glück bis zum letzten Atemzug. Doch Varady war kein Traumtänzer. Er hat respektvoll vor dem Korallenriff von Mopelia kapituliert, weil er einsah, daß die Natur auch die Chance haben muß, einmal zu gewinnen.

Lasa zog nach dem Zusammenbruch des Korallenriffs Bilanz: »Was mich betrifft, so bin ich heute der Meinung, daß es wohl ein Behälter gewesen ist, der von uns gefunden worden ist, nicht aber der mit dem Schatz. Ich glaube, daß dieser gar nicht auf dem Mopelia-Riff steckt, sondern auf der größten Insel des Atolls, auf Maupihaa.«

Dort hatten die Schiffbrüchigen ihre Zeltstadt errichtet. Lasa glaubt, daß Luckner den Schatz in der Nähe der Zeltstadt in Sicherheit bringen ließ, als die Mannschaft das Wrack des »Seeadlers« ausräumte und Wertsachen an Land brachte. Es war keine Zeit zum Tauchen, um ein Unterwasserversteck zu suchen. Die Brandung drohte, das Wrack in kurzer Zeit zu zerschlagen, der Schatz wäre unwiederbringlich versunken. Und noch etwas: Vielleicht hat der »Seeteufel« bis zu seinem Tod im Jahre 1966 alle getäuscht, die seinem Schatz nachjagten. Der Flirt mit Frau Varady war vielleicht auch nur eine letzte Lüge, um von der Beute, aber auch vom peinlichsten Verlust seines Lebens abzulenken, dem Schiffbruch des Hilfskreuzers »Seeadler«. Ich habe den Eindruck, daß Luckner dieses Ereignis lieber totschwieg oder geflissentlich darüber hinwegplauderte.

Zur Erinnerung: Luckner versenkte vierzehn feindliche Handelsschiffe, darunter drei Dampfer. Das war eine reichbeladene Flotte. Kein Zweifel, er muß Millionen erbeutet haben. Gold, Silber, Diamanten, Perlen – alles, was damals in den Kriegsjahren wertvoller war als Papiergeld und deshalb im Seehandel als harte Währung vorgezogen wurde. Diese Beute landete in der Zeltstadt von Maupihaa und wurde wahrscheinlich vergraben, als sich die Lage entspannt hatte. Die Schiffbrüchigen hatten Glück, daß sie auf einer komfortablen Robinson-Insel gestrandet waren.

Das Korallenriff von Mopelia ist ein Fischparadies. Die Schiffbrüchigen stellten in der Lagune Drahtfallen auf und machten reiche Beute: Papageienfische, Stachelmakrelen, Judenfische, Doktorfische und Barsche. Die starken Kiefer der Papageienfische bissen manchem ungeübten Amateurfischer unter den Schiffbrüchigen das Fleisch von den Fingern. Die Makrelen in der Lagune schwammen zutraulich auf die Fremden zu und spielten mit ihnen. Aber sie haben eine peinliche Angewohnheit: Sie geben ein Glucksen von sich, das Haie sofort in Jagdstimmung versetzt. Muränen nisteten sich in den gesunkenen Wrackteilen des »Seeadlers« ein. Sie hausen mit Vorliebe in Wracks, wo sie Fischen und Tauchern auflauern. Eingeborene benutzen beim Fischfang klassische Methoden wie Netz, Angel und Harpune. Die Paumotu-Insulaner jagen mit einem hölzernen Unterwassergewehr, mit dem sie ausgezeichnet schießen können. Das Holzgewehr kann schwimmen, eine bequeme Jagdwaffe. Andere Inselbewohner benutzen Gifte, mit denen sie in Unterwasserhöhlen die Fische betäuben. Diese Pflanzengifte sind für Menschen unschädlich. Die »hutu«-Frucht wird zwischen Steinen gepreßt, um das Gift zu gewinnen. Auch die Blätter von »kohuku« und »kiki« sondern ein Gift ab, das Fische betäubt. Die Blätter werden zerkaut und dann über die Meeresoberfläche verstreut, das Gift sickert in die Fischgründe und schläfert die unvorsichtigen Fische ein, die nicht schnell genug fliehen. Fangmethoden, die Luckners Leute fremd waren, aber auch mit Angel und Netz hatten sie Erfolg. Moskitos und Nono-Fliegen machten den Schiffbrüchigen das Leben schwer. Auch Rolf Lasa machte 1970 böse Erfahrungen mit den winzigen Nono-Fliegen, die ihre Eier an Füßen und Beinen ablegen. Lasa war schon wochenlang wieder zu Hause, als das Nono-Nest unter seiner Haut herangereift war und die Fliegeneier platzten – ein Souvenir vom Südseeparadies. Lasa hat uns gewarnt. Der giftige Stachel des Steinfischs oder des Stachelrochens wartet, im Meeressand versteckt, auf den Fuß des unvorsichtigen Tauchers. Auch der Pfeil der Geography-Schnecke ist sehr giftig. Aber es gibt auch die freundlichen Begrüßungsschwärme roter Soldatenfische, die von gestreiften Harfenfischen begleitet werden. Papageienfische äugen distanziert auf Schatztaucher, stellen ihre bunte Farben zur Schau. Es gibt rote Exemplare, blaue, grüne, gelbe und orangefarbene. Wenn sie

mit ihrem starken Kiefer Korallen und Kalkalgen zerbeißen, knackt und knirscht es am Korallenriff, Beißgeräusche, die jedem Unterwasserjäger, Hai oder Barrakuda, den Standort der Papageienfische verraten. Die Schnabelkiefer dieser Fische schaben über das Riff, um Algen abzuweiden. Auf dem Riff bleiben Kratzer und Scharten zurück. Die kalkigen Ausscheidungen der Papageienfische sammeln sich im Lauf der Zeit zu Dünen am Fuß des Riffs an. Fühlt sich ein Papageienfisch von einem Taucher bedroht, schießt er ihm eine Ladung Kalk in die Augen. Die Insulaner fangen den blauen Papageienfisch, den sie »uhu nanao« oder »gavere« nennen, in Fischfallen aus rostfreiem Maschendraht.

Clownfische gaukeln zur Begrüßung, Schmetterlingsfische, Kardinalfische und Engelsfische erhöhen den Farbenreiz am Korallenriff. Der Kugelfisch bläht sich bei Gefahr auf. Am Rande der Jagdgründe stehen Barrakudas, Seehechte, Haie und kontrollieren das Verhalten ihrer Beute. Fressen und gefressen werden, das ist hier die tägliche Regel. Aber die Lücken schließen sich schnell, dafür sorgt üppiger Nachwuchs. Am Korallenriff herrscht immer Wohlstand für die Jäger. Nur der Mensch kann dieses biologische Gleichgewicht mit seiner Umweltverschmutzung zerstören. Wie sehr die Perlenzüchter mit Müll und Abwässern daran beteiligt sind, ist noch nicht zu übersehen. Hier herrscht der Perlenrausch. Das Auge des Gesetzes ist weit weg.

Die Perlen-Mafia hat ihre eigenen Gesetze. Wer auf einem gottverlassenen Atoll den Konkurrenzkampf verliert und mit einer Kugel im Rücken endet, den fressen die Haie. Im Korallensand gibt es keine Spuren, sie werden vom Wind des Ozeans verweht.

Vor uns taucht das ringförmige Korallenriff Mopelia aus den Fluten auf wie ein weiß schimmerndes Perlencollier. Am Saum der Lagune stehen die Hütten der Perlenzüchter. Bojen markieren die Gehege mit den Drahtnetzen, in denen die Zuchtmuscheln befestigt sind. Sie werden täglich von Tauchern kontrolliert, um sie vor ihren natürlichen Feinden zu schützen, vor Kraken, Rochen und Drückerfischen. Perlmutt hat in Polynesien als Schmuck schon immer eine große Rolle gespielt. Perlen waren Kostbarkeiten der Natur. Im Labor kann der Mensch die Natur zur Produktion anreizen: Die Larven der Perlmuschel werden gesammelt und in Brutkästen weitergezüchtet, bis die Muscheln nach sechs Monaten so groß wie eine Geldmünze sind. Dann werden sie in Drahtnetzen sechs bis zehn Meter tief in die Lagune gehängt, in strömendes Wasser. Nach drei Jahren sind sie fünfzehn Zentimeter groß und kommen ins Labor, wo ein erfahrener Operateur einen sechs Millimeter großen Perlmuttkern aus einer anderen Muschel in die Keimdrüse der Zuchtmuschel einpflanzt. Die »Perlmutter« produziert in etwa drei Jah-

Rechte Seite: Das Boot, mit dem wir nach der Beute des Seeteufels suchen. Unser Ziel ist das Korallenatoll Mopelia, das mit seiner Brandung und den tückischen Unterwasserklippen eine berüchtigte Schiffsfalle ist.

Linke Seite und rechte Seite oben: Die farbenprächtigen Fische am Korallenriff empfangen Taucher freundlich und verspielt. Doch der Traum vom Unterwasserparadies endet jäh, wenn ein Riffhai auftaucht.

Rechte Seite: Kritischer Moment für einen Taucher, der nicht weiß, ob der Hai nur sein Jagdrevier kontrollieren will oder Beute sucht. Die Angst ist immer dabei. Aber der Taucher wird belohnt, als er den Anker von Luckners gestrandetem Hilfskreuzer »Seeadler« findet.

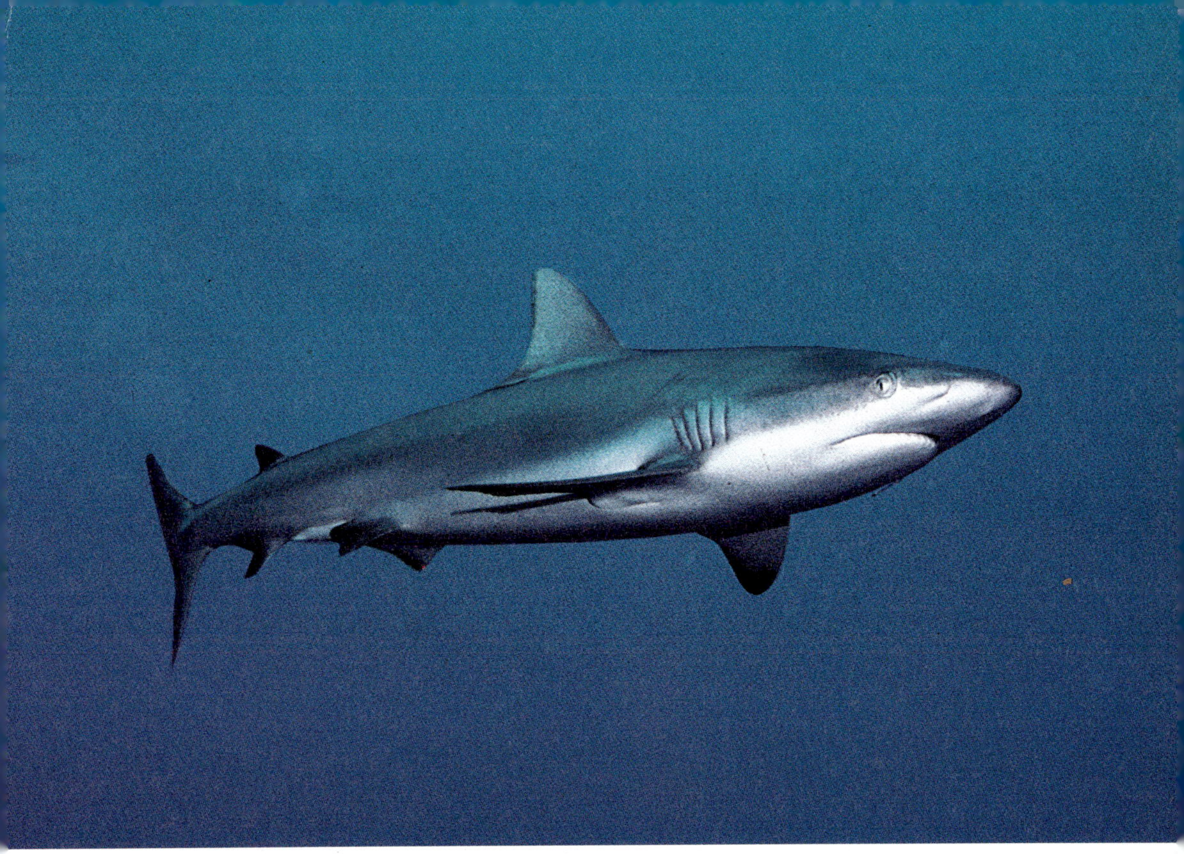

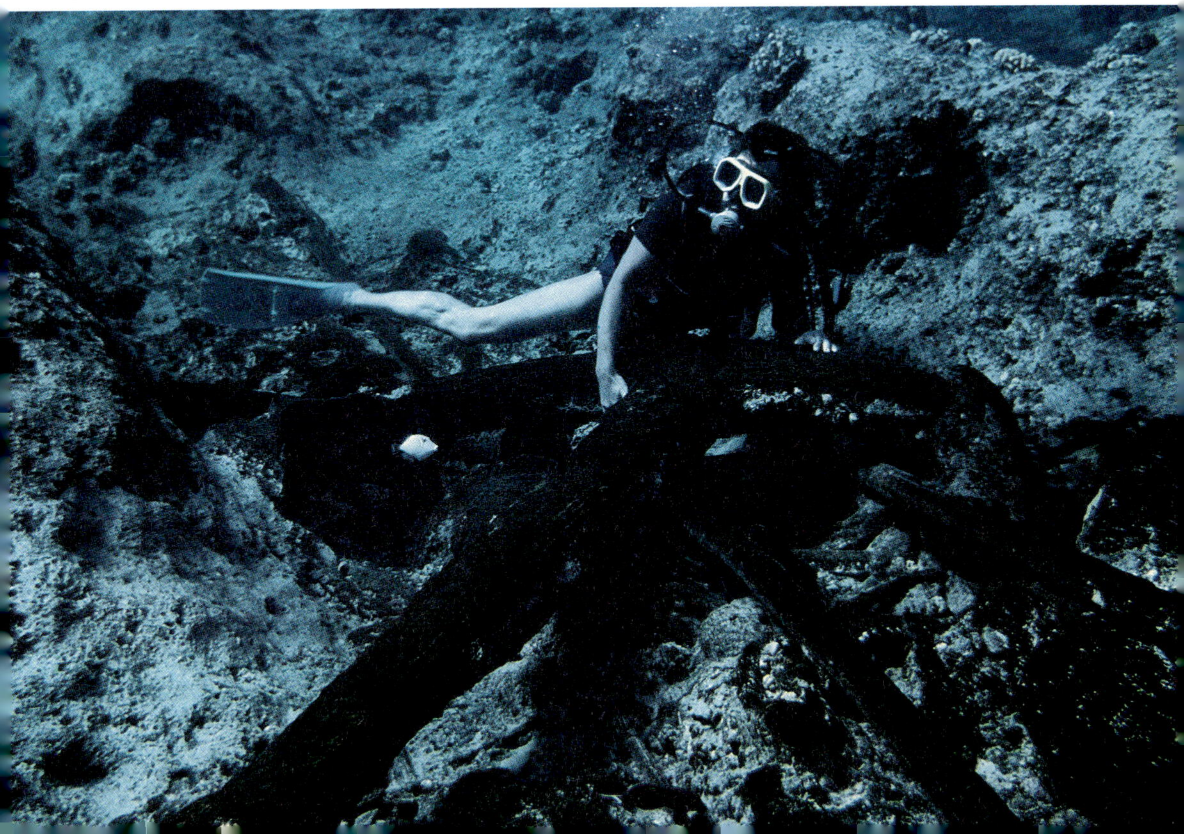

Linke Seite: Wir arbeiten wie Detektive an einem Fall, für den man Luftflaschen, Haiharpune und Spezialuhr braucht. Nervöse Spannung vor dem Tauchgang. Wer unten Fehler macht, riskiert sein Leben.

Rechte Seite oben: Filmaufnahmen an Bord sind kein Kinderspiel.

Rechte Seite unten: Die Taucher suchen nach einem Munitionsbe-

hälter, in dem Luckner seine Beute unterbrachte, und den er 1917 angeblich im Korallenriff versteckte. – Meter für Meter muß das Riff abgesucht werden.

Folgende Doppelseite: Das Muschelhorn ertönt wie vor 1500 Jahren, als die Polynesier mit ihren Ausleger-Booten von der Insel Raiatea zu den im Westen gelegenen Cook-Inseln fuhren. Heute ist das eine Südsee-Show, bei der ein Muschelhornbläser auch eine Sonnenbrille tragen darf.

Unten: Auf dem Korallenatoll Mopelia kontrolliert ein Perlenzüchter das Drahtnetz, in dem Zuchtmuscheln befestigt sind.
Wir fühlen uns in die Zeiten des Perlenrausches von 1802 zurückversetzt, als die große Ernte auf den Perlmuschelbänken der Südsee begann. Doch die Perlenzüchter auf Mopelia müssen noch ein paar Jahre warten, bis sie ihre Traumperle aus der Lagune ziehen.

Oben: Ein Schatz der besonderen Art sind Südseeperlen, vor allem die »Schwarze Perle von Tahiti«, »poe rava« genannt. Aber Naturperlen sind selten geworden, und so züchten die Polynesier in jahrelanger, mühseliger Arbeit die begehrten Südseeperlen.

ren um den Fremdkörper einen Perlmuttmantel, der zehn bis fünfzehn Millimeter dick ist – die Perle. In zehn von hundert Fällen gelingt die Verwandlung des Fremdkörpers in eine kostbare Perle. In den meisten Fällen entsteht eine unregelmäßig geformte Perle, wie ein Wassertropfen oder eine Birne. Die runde Perle ist die begehrte Rarität. Die Japaner sind Meister in der Mikrochirurgie der Perlenzucht. Die Polynesier holen sich Spezialisten von japanischen Zuchtfarmen. Aber noch immer wagen sich Perlentaucher ohne Tauchgerät bis in eine Tiefe von 25 Meter, um Perlmuscheln zu suchen, die äußerst selten geworden sind. Naturperlen sind kostbarer als Zuchtperlen. Auf tausend Muscheln kommt nur eine einzige wertvolle Perle, der Rest ist Abfall.

Die Tahiti-Perle ist eine der begehrtesten Kostbarkeiten. Sie schimmert grünlich, changiert farblich von Aubergine bis Bronze. Die schönste aber ist die »poe rava«, die »Schwarze Perle von Tahiti«, für die ein Verehrer ein Vermögen hinblättern muß, wenn er mit so einem Prunkstück das Dekolleté einer schönen Frau schmücken will.

Auch Korallen sind, wie Perlmuscheln, Meerestiere, obwohl sie wie farbenprächtige Blüten aussehen. Es sind Korallenpolypen, die ihre Fangarme nach Nahrung ausstrecken. Korallenpolypen bauen mit ihren Kalkablagerungen das Riff auf. Pro Jahr wächst es einen bis acht Zentimeter. Kalk von abgestorbenen Schnecken, Krebsen, Muscheln und anderen Meerestieren hat sich im Lauf der Zeit mit der Korallenkolonie verbunden und den festungsartigen Gürtel um die Lagune gelegt. Eine phantastische, versteinerte Unterwasserwelt. Der Ozean hat sich Pässe offengehalten, die wie Durchfahrten in eine andere Welt wirken, als liege dort der Schlüssel zu einem Schatzversteck.

Wir fühlen uns in die wilden Zeiten des Perlenrauschs von 1802 zurückversetzt, als der australische Kapitän Turnbull mit seinem Segelschiff »Margaret« im Archipel der Gambier-Inseln aufkreuzte. Turnbull hatte eine Gruppe Taucher an Bord, die sofort begannen, die Perlmuschelbänke zu plündern. In einem halben Jahr wurden Hunderte von Tonnen Perlmuscheln »geerntet« und in den Laderäumen der »Margaret« abtransportiert. Perlen und Perlmutt waren das große Geschäft. Aus Perlmutt wurden Knöpfe produziert. Die Ausbeutung der Perlmuschelbänke lief jahrzehntelang auf Hochtouren. 1924 wurden noch 1300 Tonnen Perlmutt gewonnen. 1970 war die Produktion auf knapp hundert Tonnen zurückgegangen, die Perlmuschel war fast ausgerottet. Das große Geschäft machten die weißen Kolonialherren. Klar, daß die polynesischen Perlenfarmer auf dem Atoll von Mopelia die Weißen, die vor dem Korallenriff aufkreuzen, für Ausbeuter halten – wer weiß, was die jetzt schon wieder wollen!

Schon mal was von der tätowierten Schatzkarte auf dem Knie des »Seeteufels« gehört, Gentlemen? Aber sie haben andere Sorgen. Insulaner, die hart arbeiten müssen und wie wir von Schätzen in der Tiefe des Meeres träumen. Für die einen Perlen – »poe rava«, die schwarze Traumperle – für die anderen ein alter Munitionsbehälter mit Gold. Auf dem gottverlassenen Riff von Mopelia ist die schwarze Perle alles – und ein Menschenleben nichts. Na schön, wir haben Revolver an Bord, falls sie uns klarmachen wollen, wer auf Mopelia der Herr ist. Wir sind nicht 160 Seemeilen gesegelt, um uns von Perlenzüchtern vertreiben zu lassen.

Wir kommen kurz vor der Abenddämmerung an, gerade noch rechtzeitig, um durch den Paß in die schützende Lagune zu segeln. Der Paß ist an der engsten Stelle nur zehn Meter breit. Hier sind die Unterwasserklippen am gefährlichsten, und der Skipper muß eine Meisterleistung der Navigation vollbringen. Schreck in der Abendstunde: Etwa 100 Meter neben der Yacht schießt plötzlich eine Wassersäule hoch, wir hören das Zischen eines gewaltigen Atems und das Aufklatschen einer riesigen Schwanzflosse – ein Wal steuert am Korallenriff entlang. Dann stemmt sich unser Boot gegen die Strömung im »Frauenschoß«, der 80-PS-Diesel tuckert gegen die Flut, langsam kommen wir voran. Auf dem Riff liegt das Wrack eines japanischen Fischkutters, den ein Sturm dorthin geschleudert hat. Die Polynesier haben die Fischgründe an die Japaner verpachtet, die jeden Preis zahlen können. Wenn ein Schiff sich in der rasanten Strömung des Passes querstellte, wäre es verloren. Es würde abgetrieben und von den Korallenklippen aufgeschlitzt. Unser Skipper hat starke Nerven und hält ohne Gemütsbewegung seinen Kurs. Aber der Schweiß läuft ihm von der Stirn. Noch wenige Meter – geschafft, Jubelgeschrei, wir klatschen Beifall, klopfen dem Skipper dankbar auf die Schulter, als die »Sun Legend« in das ruhige Gewässer der Lagune gleitet.

Boote kommen uns entgegen, in denen braunhäutige Insulaner sitzen, ein Bild wie in den Tagen der Entdecker Wallis, Bougainville und Cook. Sieht aus, als wollten sie unsere Yacht umzingeln und uns davonjagen. Aber dann winken und rufen sie, freuen sich über den Besuch. Es ist ein ungeschriebenes Gesetz der Meere, den Bewohnern entlegener Inseln Vorräte und Geschenke mitzubringen, nützliche Dinge für den alltäglichen Gebrauch, Messer und Taschenlampen, Werkzeug aller Art. So fangen Freundschaften an. Mit leeren Händen darf man nicht kommen, die Enttäuschung wäre groß. Wir haben gut geladen: Öl, Benzin, Konserven, einen Sack Baguette, das Brot ist schon etwas vertrocknet, aber es schmeckt nach Meer, nach Salz und Wind. Wir haben auch frisches Gemüse an Bord, Bier und Cola.

Der ATM-Manager Zebrowski hat gute Beziehungen zu den Perlen-züchtern auf Mopelia, die von der Nachbarinsel Maupiti herübergekommen sind. Er hat den Bürgermeister von Maupiti angerufen und ihm gesagt, daß wir unterwegs sind. Zebrowski hat uns ein Empfehlungsschreiben mitgegeben, das die Maupitianer lesen und lächelnd zurückgeben: Wir sind willkommen. Sie bedanken sich für die Vorräte und Geschenke, die wir für sie mitgebracht haben. Die Maupitianer betreiben schon lange Perlenzucht. Marcello Raioho verspricht, uns bei der Schatzsuche zu unterstützen. In dieser Nacht können wir ruhig schlafen, auf der Lagune schaukeln wir wie auf einem wunderbaren, riesigen Wasserbett.

Am nächsten Tag: Erster Tauchgang, um uns mit dem Korallenriff und seinen Strömungen vertraut zu machen. Marcello Raioho, ein gutgenährter, nervenstarker Polynesier, bringt uns mit seinem Boot durch den Paß nach draußen. Sein Boot ist nur sechs Meter lang und hat einen Johnson-Außenbordmotor mit 85 PS. Marcello steuert wachsam hinter den Luftblasen der Schatztaucher her, um bei einem Störfall unter Wasser einzugreifen. Solange die Luftblasen regelmäßig nach oben steigen, ist unten alles in Ordnung. Die Strömung ist gewaltig: Sylvio und Kameramann Jürgen Jungnickel aus Berlin müssen sich an den Unterwasserklippen festhalten, sonst werden sie sekundenschnell zehn Meter weit abgetrieben. Antoine muß den Kameramann festhalten, wenn der filmt und keine Hand frei hat, um sich abzusichern. Die Maschinenteile von Lucknirs Hilfskreuzer liegen im Korallengestein wie einbetoniert, nur mit Sprengstoff oder Hacke kann man sie freilegen. Das Riff fällt steil ab, Zwielicht über dem Abgrund. Weiter unten verdüstert sich die Szenerie und versinkt in einem bedrohlichen Dunkel, in dem schemenhaft Vier-Meter-Haie langsam durch ihr Jagdrevier ziehen. Ein Abgrund, in dem Taucher auch mit ihrer perfekten Technik an die Grenze einer Tiefseewelt stoßen, die sich dem Menschen verweigert.

Die Taucher kommen mit ersten Verletzungen hoch, Hautabschürfungen an den Händen. Kleinste Wunden beginnen zu eitern, wenn wir sie nicht sofort desinfizieren. Denn die verwesenden, winzigen Fleischfasern der Beutefische, die von Haien oder Barrakudas zerrissen wurden, treiben am Riff und dringen in Wunden ein, die sich dann entzünden. Wir müssen die Schrammen immer rechtzeitig mit Jod behandeln. Wenn die erschöpften Schatztaucher vom Liegeplatz der Wrackteile zurückkommen, lassen sie sich verarzten und stärken sich dann mit einem Schluck aus der Pulle, Bier oder Whisky.

Gegen sieben Uhr ist Feierabend. Die Sonne versinkt wie ein roter Riesenball im Ozean. Dann wird es schnell dunkel. Wir sitzen an Deck

rund um eine Petroleumlampe, strecken die müden Knochen aus und besprechen den Ablauf des nächsten Tages. Gegen neun Uhr fallen wir auf die Matratzen unserer Kojen. Schatzinseln können verdammt anstrengend sein, aber sie sorgen auch für eine wohltuende Müdigkeit und einen gesunden Schlaf.

Um fünf Uhr früh sind wir wieder auf den Beinen. Eine Uhr brauchen wir nicht. Der Rhythmus der Sonne und des Ozeans treibt uns nach draußen, die Haie frühstücken schon. Wenn man das begriffen hat, ist man gleich hellwach und weiß, der Tag kann gefährlich werden. Zu Hause krachen Autos aufeinander, im Südseeparadies lauern andere Gefahren. Glück ist in der Schöpfung nicht vorgesehen, nach Darwins Erkenntnis siegt der Stärkere.

Am frühen Morgen kochen wir uns einen Kaffee. Dazu gibt es Baguette mit Marmelade oder Wurst aus der Konservendose. Der Hunger am Morgen ist nicht so groß, der kommt tagsüber. Draußen kurvt noch immer der Wal und prustet gewaltig vor sich hin. Wir spüren: Das Leben gefällt dem Wal – ebenso wie uns.

Die Männer von Maupiti bringen uns zehn große Fische, um sich für die Vorräte zu bedanken, die wir den Insulanern mitgebracht haben. Die Fische bereichern unsere Speisekarte. Am Abend laden uns die Perlenzüchter zur Langusten-Party ein. Das klingt nach Südseezauber, ist aber ein hart verdientes Festmahl am Ende der Welt. Die Maupitianer entspannen sich nach den Mühen und Sorgen im Umgang mit einer unbe-

Ein Orkan fegte über die Schatzinsel Mopelia und hinterließ windschiefe und entwurzelte Kokospalmen.

rechenbaren, manchmal gewalttätigen Natur. Der Orkan vom letzten Dezember hat schlimm gewütet, die Spuren der Verwüstung sind noch zu sehen: geknickte Kokospalmen, zerstörte Hütten, angeschwemmtes Korallengeröll zwischen Treibholz.

Marcello ist einer der wenigen, die nach dem fürchterlichen Orkan auf Mopelia geblieben sind. Die anderen wollten den nächsten Sturm nicht abwarten und sind nach Maupiti zurückgekehrt, wo sie ihr Leben nicht riskieren, wenn eine Sturmflut kommt. Doch andere Maupitianer sind nach Mopelia gekommen. Sie haben noch gute Nerven und lassen sich nicht so leicht von den Naturgewalten vertreiben. Auf dem Grillfest servieren uns die Maupitianer Fisch und Langusten in Palmenblättern. Es gibt kein Eßbesteck auf Mopelia, man bedient sich mit den Fingern.

Wo sind die Mitglieder des Pomare-Clans, der uralte Landrechte bei der Regierung einfordert? Ohne Besitzurkunden können sie ihre Rechte nicht nachweisen. In den Wirren der frühen Kolonialjahre gingen die Papiere verloren, verbrannt, verweht, oder sie landeten in den Geheimarchiven der Franzosen. Die Nachkommen der Königsdynastie sind das letzte Aufgebot, das rebellisch das Rad der Geschichte zurückdrehen will, nach dem Motto: Die Inseln sind unser Land, unsere Heimat. Und die Europäer sind Eroberer und Diebe. Gebt uns das gestohlene Erbe zurück! Die Pomare-Gruppe besetzte Mopelia, um dort Perlenzucht zu betreiben, ohne amtliche Genehmigung. Die Regierung in Papeete betrachtet solche Aktionen als widerrechtliche Landnahme.

Der Polynesier Marcello Raioho kennt die Tücken des Korallenriffs und überwacht von seinem Boot aus die gefährliche Spurensuche der Taucher.

Vor einer Woche spitzte sich die Lage auf Mopelia dramatisch zu. Die polynesische Kriegsmarine landete mit einem Sturmboot, Marinepolizei verhaftete die Pomares, die ein Drahtseil über den Paß gespannt hatten, um Fremde an der Einfahrt in die Lagune zu hindern.

Marcello sagt: »Hier war der Teufel los. Die Pomares hätten euch nicht an Land gelassen. Die spielten sich hier wie Inselherren auf. Jetzt haben wir unsere Ruhe wieder.«

Die Marinepolizei entfernte das Drahtseil und brachte die Pomares nach Papeete in Untersuchungshaft. Wenn man sie nach den Verhören wieder laufen läßt, geht das Spiel von vorn los, auf einem anderen Atoll.

Dreißig Männer leben auf Mopelia, drei Frauen und sechs Kinder. Die Maupitianer halten sich Hunde, die geschlachtet werden und als Leckerbissen gelten. Wir müssen den Braten probieren, kauen tapfer, um unsere Gastgeber nicht zu beleidigen. Alle Warnungen vor der »angespannten Lage« auf Mopelia lösen sich im Blau der Lagune auf, Grillrauch und Bratenduft schweben in der Luft, wie damals, als die Schiffbrüchigen in Luckners Zeltstadt sich an ihr Robinson-Dasein gewöhnten. Wir genießen jeden Bissen nach den Konservenmenüs der Seereise.

Marcello sagt: »Ihr seid also hinter dem Schatz dieses Grafen Luckner her. Er hat 1917 auch ein französisches Schiff versenkt. Es hieß ›Charles Gounod‹.«

Da fällt mir Luckners Notiz wieder ein: »Das ist der Name des Komponisten meines Lieblingsliedes ›Liebchen, komm mit in das duftige Grün‹. Immer wenn ich diese Melodie höre, muß ich an die schöne Bark denken, die einst so stolz über die Ozeane segelte.«

Wir bedanken uns für die gegrillten Langusten, dann spülen wir alle mit Whisky von Bord der »Sun Legend« nach. Wir schließen einen mündlichen Nichtangriffspakt, versprechen gegenseitig, daß keiner dem anderen ins Gehege kommt. Wir sind froh, daß der Skipper die Fahrt durch den Paß reibungslos geschafft hat. Das Schiff schaukelt in der Lagune. Marcello sagt: »Der Paß ist wie eine Frau, heute zahm und anschmiegsam, morgen verdammt launisch. Deshalb heißt die Durchfahrt auch ›taihaaru vahine‹.« Jeder hier hat so seine Erfahrungen mit dem »Frauenschoß« von Mopelia gemacht, gute und böse, aber mit der Zeit hat er für die Männer auf Mopelia seinen Schrecken verloren.

Manche braunhäutigen Polynesier haben blaue Flecken auf den Beinen. Schuld daran sind die Nono-Fliegen und ihre in der Haut abgelegten Eier. Die Nester jucken, die Leute kratzen sich, es kommt zu lästigen Entzündungen, die bläulich verfärbte Narben auf der braunen Haut hinterlassen. Die Rückenfinne eines großen Hais kurvt langsam am Korallenriff entlang. Vermutlich ein Grauhai, den manche Sporttaucher in der Südsee für den Höhepunkt ihrer Unterwasserabenteuer halten. Auge in Auge mit einem Grauhai, das ist ein extremer Nervenkitzel. Wer sich einredet, keine Angst zu haben, macht Fehler. Für die Begegnung mit einem großen, erfahrenen Hai muß man hellwach sein und Phantasie dafür haben, was im nächsten Moment geschehen könnte. Phantasie ist die Erinnerung an das, was noch nicht eingetreten ist – eine Weisheit, mit der man überleben kann. In der Südsee gibt es manche Fischer mit verstümmelten Armen und Beinen. Sie haben geangelt oder ihre Netze eingeholt, als sie im seichten Wasser von einem Hai attackiert wurden. In den Gewässern von Sumatra, Borneo und Celebes gibt es eine traditionelle Rache: Fischer fangen vom Motorboot aus Haie mit der Angel, verstopfen ihnen den Rachen mit Seeigeln und werfen die Killer ins Meer zurück, wo sie elend verhungern. Für jedes abgebissene Bein und jeden zerfleischten Arm muß ein Hai Seeigel schlucken, die seinen Rachen versperren. Wer glaubt, in der Südsee sei das Paradies auf Erden, kennt die Inseln der Einarmigen und Einbeinigen nicht, die trotz allem gelassen ihre Fischnetze flicken.

Jede Münze hat eben zwei Seiten: Wir suchen einen Goldschatz an einem traumhaften Korallenriff. Und im Südosten, im Archipel der Tuamotus, haben die Franzosen auf Mururoa ein Zentrum für ihre Atombombentests eingerichtet. Die erste Testbombe hing 1966 noch an einem Ballon, als sie gezündet wurde. Bis 1974 wurden die Tests oberirdisch durchgeführt und dann ins Innere des Riffs verlegt. Inzwischen herrscht perfekte Diskretion: Seit 1981 werden die Tests im Basaltsockel des Atolls durchgeführt, 430 Meter tief unter der Lagune. Mururoa ist eine Metropole des Todes, die sich hinter hochmodernen Zivilisationsfassaden verbirgt. Ein Flugplatz für Großraumjets, Kinos, Discos, Clubs, Feinschmeckerlokale, Tennisplätze, Rundfunk- und Fernsehstation sorgen für das Gefühl, nicht von der Außenwelt isoliert zu sein.

Auf Mopelia aber fühlen wir uns wie am Ende der Welt. Kein Kino, kein Schlemmerlokal, keine Disco – die Perlenzüchter sind rauhe, harte Glücksritter, die auf Luxus verzichten können. Mopelia ist noch immer unzivilisiert, wild, einsam und gottverlassen, wie es sich für eine richtige Schatzinsel gehört. Und wieder bin ich verunsichert: War Luckner auf seiner Weltreise 1937 zwei Tage lang auf Mopelia, um nach seinem Schatz zu suchen? Er beschreibt die Wiederbegegnung mit Mopelia in seinen Erinnerung so, als sei er nicht an Land gegangen: »Wir fuhren auch an Mopelia vorbei. Landen konnten wir nicht, denn die Brise war zu frisch. Vom Wrack des ›Seeadlers‹ waren nur noch einige Reste zu

sehen. Ich glaube, es waren die Motorblöcke, die den Stürmen und den Seen getrotzt hatten.«

Doch es steht fest, daß Luckner mit Erlaubnis der französischen Behörden seine Schatzinsel betreten durfte. Die Franzosen hofften, daß Luckner sie unfreiwillig zum Schatzversteck führen würde. Aber sie bewachten ihn zu streng. Sie hätten ihm die Chance geben müssen, sein Schatzversteck aufzusuchen. Der alte »Seeteufel« hat wohl eingesehen, daß er seine Beute nicht heimlich an Bord seiner Yacht holen konnte. Und teilen wollte er vermutlich nicht. Sonst hätte er den Franzosen 50 Prozent angeboten. Als er einsehen mußte, daß die Beute verloren war, hat Luckner offenbar alles getan, um die Nachwelt von seinem Schatz abzulenken. Er hat falsche Spuren gelegt, hat vermutlich auch mit seinem tätowierten Knie geblufft – und hat sich wie ein alter Pirat im Ruhestand amüsiert, daß Frau Varady glaubte, eine Schatzkarte auf seinem Knie zu sehen. Ich kann mir nur schwer vorstellen, daß die »Schatzkarte« auf dem Knie des 83jährigen »Seeteufels« noch lesbar war. Auch die Tätowierung war gealtert, ein Gekritzel auf seinem Knie, das er selber nicht mehr entziffern konnte.

Doch das alles spricht dafür, daß er im Atoll von Mopelia die Beute seines Lebens versteckt hat. Er hat nie bestritten, daß seine Kaperfahrt höchst erfolgreich war. Aber er hat niemals vorgerechnet, wie viele Millionen es unterm Strich waren. Da hüllte er sich in Schweigen. Wer gibt schon zu, wieviel er auf einem Geheimkonto mitten in der Südsee hat?

Das Wetter ist günstig, tiefblauer, wolkenloser Himmel. Der Ozean flutet mit Wucht auf »taihaaru vahine« zu, schäumt am Korallenriff auf und trifft auf die Gegenströmung der Lagune. An Bord der »Sun Legend«: nervöse Spannung, Count down vor dem Tauchgang, Luftflaschen werden angeschnallt, Haiharpunen überprüft. Dann gehen Sylvio und sein Kameramann Jungnickel von Bord und verschwinden in der türkisblauen Tiefe.

Es ist wie bei einem Lokaltermin, wenn am Tatort letzte Fragen geklärt werden sollen. Aber in diesem Fall fehlt uns der Hauptakteur, der »Seeteufel«, und alles, was die Taucher über ihn wissen, zählt nicht mehr, wenn sie in die fremde Welt des Korallenriffs eintauchen. Hier herrschen Gesetze, deren Mißachtung ein tödlicher Fehler sein kann. Die Kamera filmt die zusammengebrochene Korallenbank, unter der im Mai 1970 ein Metallbehälter begraben wurde – die Schatzkiste? Undeutlich ist ein Hügel zu erkennen, über dem der Kalk abgestorbener Korallen und anderer Meerestiere einen Mantel gelegt hat, auf dem Korallenpolypen ihre farbenprächtigen Fangarme nach Nahrung ausstrecken. Am Riffhang liegt eine der beiden Krupp-Kanonen. Die Nummer ist nicht mehr zu erkennen, bedeckt von Kalk und Muscheln. Das also ist der Schrottplatz des »Seeadlers« mit den Granathülsen, aus denen sich Schatztaucher Aschenbecher machen lassen, wenn sie ohne die goldene Beute heimkehren.

Wir haben darauf verzichtet, Dynamit an Bord der »Sun Legend« mitzunehmen. Es wäre leicht, hier draußen, wo Paragraphen und Gesetze der Behörden keine Rolle spielen, eine Sprengladung zu zünden, um an den verschütteten Metallbehälter heranzukommen. Aber dann würden wir am Riff wahrscheinlich eine Geröll-Lawine auslösen, schlimmer als der Bruch von 1970. Tote Fische mit geplatzten Atmungsorganen würden lauernden Haien ins Maul schwimmen. Wir wollen nicht mit Dynamit nach dem Schatz des »Seeteufels« jagen. Eine Sprengladung würde dieses wunderbare Korallenriff zerstören. Und wir hoffen, daß auch nach uns keiner versucht, das Rätsel von Mopelia mit Dynamit zu lösen.

Am nächsten Tag kommt Marcello zur Lagune und fragt: »Wie war's? Seid ihr schon Millionäre?«

»Die Krupp-Kanone ist eine Antiquität«, sagt Sylvio. »Die ist vielleicht ein paar tausend Mark wert. Dafür gibt es Liebhaber in Deutschland.«

Marcello lacht: »Souvenir von Kaiser Wilhelm. Aber ihr braucht Preßluft und Unterwasserballons, um das Ding zu heben. Und die Frage ist, ob die Franzosen euch mit der Kanone abreisen lassen. Die stellen wir im Stadtpark von Papeete neben der anderen auf. Da können die deutschen Touristen unsere Kriegsbeute besichtigen.«

»Habt ihr Preßluftflaschen und Unterwasserballons auf Lager?«

»Ich würde euch gern das Zeug leihen«, sagt Marcello, »aber so was brauchen wir nicht. Perlen sind uns lieber als eure deutschen Kanonen.« Marcello lacht über seinen Witz und sagt dann versöhnlich: »Pardon, war nicht böse gemeint. Viel Glück.« Dann fährt er mit seinem Boot davon, um die Drahtnetze der Lagune zu kontrollieren, in denen die Perlmuscheln hängen, sechs Reihen in jedem Netz.

»Ihr kriegt Prozente, wenn wir Luckners Schatz finden«, rufen wir ihm nach, dankbar, weil die Perlentaucher uns nicht mit Haiharpunen vom Korallenriff vertrieben haben. Sie hätten uns durchlöchern und ins Meer werfen können, ein Fressen für die Haie – angeblich Unfall beim Segeln am Korallenriff, Schiff gestrandet, Mannschaft ertrunken. Das hätte für eine nette Schlagzeile in den vermischten Nachrichten der Münchner »Abendzeitung« gereicht.

Der Wind hat aufgefrischt, von den Prozenten hat Marcello vielleicht nichts mehr gehört. Denn er reagiert nicht, als er davonfährt. Man scherzt miteinander, um sich von den Strapazen des Robinson-Daseins zu erholen. Vielleicht hat Marcello recht: Die Franzosen würden uns

nicht erlauben, die Kanone des »Seeteufels« abzuschleppen. Außerdem verlangen sie 50 Prozent vom Schatz. Wer den Schatz des »Seeteufels« findet, landet in jedem Fall in der Mühle der Bürokratie von Papeete und Paris. Aber bis dahin strömt noch viel Wasser durch »taihaaru vahine«.

Die Haie am Riff sind unruhig geworden, seit die Taucher mit der Filmkamera in ihr Jagdrevier eingedrungen sind. Sylvio warnt seinen Kameramann: »Zieh die Kamera hoch, wenn ein Hai auf dich zukommt.« Leicht gesagt: Das Kameragehäuse wie einen Schutzpanzer vor den Kopf halten, da beißt sich ein Grauhai die Zähne aus – und dabei filmen. »Dann kriegst du den Filmpreis für Dokumentarfilm, Abteilung Haie.« Wir machen Witze, um die Angst zu verdrängen. Abends sitzen wir an Bord der »Sun Legend«, schaukeln in der Lagune, mit Scherz und Ironie machen wir uns Mut für die nächsten Tage auf einem der einsamsten Atolle dieser Erde.

»Mach es wie Luckner«, sagt Sylvio zu Jungnickel, »der war auch hart im Geben und Nehmen.«

»Und wie hat er es gemacht?«

Luckner war 1927 auf Vortragsreise durch die USA. Er besuchte auch das wildromantische Yosemite-Tal im Nationalpark. Plötzlich kam aus dem Gebüsch ein riesiger Wapiti-Hirsch. Luckner wollte ihn fotografieren, doch der Hirsch ging auf ihn los und nahm ihn aufs Geweih. Luckner, wieder auf den Beinen, packte den Hirsch am Geweih und stemmte sich gegen den Angreifer. Der Wapiti riß sich los, starrte den bärenstarken Luckner verwundert an und verließ den Kampfplatz. Luckner blutete aus einer fünfzackigen Stoßwunde. Er wurde Ehrenmitglied im amerikanischen »Elk-Club«, dessen Wappentier ein Elch ist, Symbol für Kraft und Größe.

Ohne Dynamit haben wir keine Chance, an den Metallbehälter unter der zusammengebrochenen Korallenbank heranzukommen. Da nutzt kein noch so intensives Stochern mit dem Eisenstab, vor dem die Muränen aus den Riffspalten fliehen. Das Korallengestein ist hart wie Beton. Weiß der Teufel, wieso diese Korallenbank 1970 zusammengebrochen ist, als Lasa und Christian das »Ding« aus der Nische gezogen hatten. Zahllose Langusten stürzten in Panik aus ihren Höhlen und Spalten, wurden von der Meute der Haie geknackt.

Inzwischen haben die Langusten andere Verstecke bezogen. Die Kolonie ist wieder gewachsen, und sie haben nichts zu befürchten, denn für Langustenfänger ist Mopelia zu weit weg und zu gefährlich. Eine Krupp-Kanone von 1917 inmitten von Delikatessen für Feinschmeckerlokale, das ist ein einzigartiges Stilleben. War Luckner überhaupt ein guter Taucher? War er fähig, seine Schatzkiste mehrere Meter tief an einem Korallenriff zu verstecken, das auch für erfahrene Taucher ein lebensgefährliches Risiko ist? Luckner erinnert sich in seinen Aufzeichnungen, wie bedrohlich die Situation nach dem Schiffbruch war: »Es galt nun, schnell alles das an Land zu bringen, was wir zu unserem Leben brauchten.

Sofort packten alle an. Auch unsere Gefangenen und die Eingeborenen halfen mit.

Wir mußten dabei über die Korallenriffe waten, die mit ihren scharfen Kanten unsere Beine zerschnitten. Dazu führte der Weg durch eine starke Strömung, die manchen Mann einfach umwarf mitsamt seiner Last.«

Es hieß immer wieder, Luckner habe mit einem Maat, der einer der treuesten seiner Mannschaft war, die Schatzkiste unter Wasser versteckt. Den anderen soll er gesagt haben, er wolle tauchen und die Speisekarte mit ein paar Seeaalen bereichern. Doch Luckner und seine Männer waren im Tauchen völlig ungeübt. Ihr Auftrag lautete, feindliche Handelsschiffe zu versenken. Dazu mußte man nicht tauchen können. Für Luckner lag es also nahe, die Schatzkiste zu vergraben, heimlich, damit die Gefangenen nichts merkten. Heute ist nicht mehr zu klären, wer von der Aktion wußte. Nur der treue Maat? Oder ein paar Eingeweihte, die schweigen konnten bis ins Grab?

Nach allem bin ich der Ansicht, daß Luckner in der »Stunde der Wahrheit« zu Bengt Danielsson ehrlich war, als er sagte: »Ich habe den Schatz vergraben.« Es bleibt nicht aus, daß wir uns auf dem ringförmigen Korallenriff im Kreis drehen. Wir spüren es jeden Tag mehr, daß wir hier, wo die Schiffbrüchigen wie Robinson hausten, auch Gefangene einer Geschichte sind, die zwielichtig und widersprüchlich bleibt.

Luckner hat nach dem Schiffbruch nicht übereilt nach einem Versteck für seinen Schatz gesucht, er sorgte erst einmal für Ruhe und Ordnung, wie es sich für einen guten Kapitän gehört. Und dann erst reifte die Vorstellung, wie er die Beute am besten verstecken könnte, um sie vor den britischen und französischen Verfolgern zu schützen, die den »Seeadler« seit Monaten über die Meere jagten. Die Engländer ließen sich einen Trick einfallen, um Luckners Hilfskreuzer wenigstens auf dem Papier zu versenken. Sie funkten eine Falschmeldung: »›Seeadler‹ mit wehenden Flaggen untergegangen. Kommandant und ein Teil der Mannschaft als Gefangene auf dem Weg nach Montevideo.«

Luckner amüsiert sich darüber in seinen Erinnerungen. »Wir hatten auch bald heraus, weshalb der Engländer diese Lüge in die Welt funkte. In allen Häfen der südlichen Halbkugel lagen verängstigte Schiffe, die wegen der deutschen Kaperkreuzer nicht auszulaufen wagten. Die Ver-

sicherungsprämien stiegen auf schwindelhafte Höhe. Nachdem man uns moralisch versenkt hatte, hoffte man, daß sie wieder fielen. Sie fielen auch, aber wir brachten sie wieder auf Höhe, indem wir durch den Funk eine Alarmmeldung nach der anderen über deutsche U-Boote starteten, solange wir das aus Sicherheitsgründen verantworten konnten. Danach schwiegen wir und freuten uns unseres Lebens.«

85 Seemeilen östlich von Mopelia liegt die Insel Maupiti, auf der noch reinrassige Polynesier leben, die mit Angelhaken aus Perlmutt fischen. Nachdem die Deutschen Mopelia mit dem gekaperten Kopraschoner »Lutèce« verlassen hatten, saßen die 47 Gefangenen in der Zeltstadt und hofften auf ein rettendes Schiff. Einige haben versucht, in einem Beiboot des »Seeadlers« Maupiti zu erreichen, aber der Passat und die Strömung trieben sie nach Mopelia zurück. Im Oktober 1917 kam der Zweimaster »Tiare Taporo« von Tahiti und beendete das Robinson-Dasein. Von Anfang August bis zum 6. Oktober haben die Schiffbrüchigen neben einem Millionenschatz gelebt, den Luckner vermutlich nahe bei der Zeltstadt vergraben hatte. Aber sie hatten andere Sorgen, als nach einem Schatz zu suchen.

Von den Perlenzüchtern kann uns keiner sagen, wo das Lager der Schiffbrüchigen war. Auch Luckner macht in seinem Buch »Seeteufels Weltfahrt« keine genauen Angaben über die Position der Zeltstadt. Anfang September 1917 zerstörten Sturm und Hochwasser Teile des Lagers, Proviant wurde ins Meer gespült, auch die vierzig Meter lange Landungsbrücke wurde von der Brandung weggerissen. Die Mannschaft des »Seeadlers« hatte den Steg gebaut, um Luckner bei seiner Rückkehr mit einem gekaperten Schiff das Anlegen zu erleichtern. Nach dem Sturm war die Stimmung auf dem Tiefpunkt. Das Warten auf Rettung zehrte an den Nerven, ab und zu spielte abends noch die Bordkapelle, um die Durchhaltemoral zu stärken. Aber dann segelten die Deutschen mit der »Lutèce« davon, und die Gefangenen waren mit Luckners Schatz allein. Die Kapitäne der letzten drei versenkten Schiffe – »A.B. Johnson«, »Manila« und »Slade« – konnten sich ausrechnen, was Luckner auf ihren Schiffen erbeutet hatte, plus der Beute von den früher gekaperten Schiffen. Die Gentlemen auf Maupihaa hatten viel Zeit, um Bilanz zu ziehen. Sie mußten sich fragen, wo Luckners Schatz geblieben war. Der 16jährige Steward von der »A.B. Johnson«, der Augenzeuge war, als die Ankerkette des »Seeadlers« riß, hat Tagebuch geführt. Den Schatz erwähnt er nicht, aber er machte Karriere im Geheimdienst der US-Marine. Wußte er mehr, als er vor Pressereportern ausgesagt hat?

Wir gehen über den Kies des Korallenriffs, auf den Spuren des Mannes, der als 13jähriger Ausreißer seinen Helden Buffalo Bill in Amerika besuchen wollte. Der Schiffsjunge landete in San Francisco und trampte 2100 Kilometer nach Denver im Bundesstaat Colorado, um dem Wildwesthelden die Hand zu schütteln. Als er in Denver vor Buffalo Bills Haus stand, war alles so, wie er es sich erträumt hatte: Vor dem Haus gingen Indianer auf und ab, und über der Tür hing ein ausgestopfter Büffelkopf. Der Schiffsjunge Luckner, Phylax Lüdecke genannt, pochte mit dem Türklopfer, ein Sekretär öffnete, und dann diese Enttäuschung – Buffalo Bill war nicht zu Hause. Er reiste zur Zeit mit seiner Wildwestshow durch Deutschland. Und das Verrückte war: Buffalo Bill war Gast im Haus von Luckners Vater in Dresden.

Luckner ist dem Helden seiner Jugendträume nie begegnet, aber das Schicksal hat ihn mit Abenteuern überhäuft, kurzfristig war er sogar Herr der Schatzinsel Mopelia. Wir haben Treibholz von der Landungsbrücke gefunden, zugedeckt vom Flugsand. Wo die Trümmer des Stegs liegen, kann das Lager der Schiffbrüchigen nicht weit entfernt gewesen sein. Einen Tag lang tasten wir mit dem Metalldetektor das Gelände ab. Die Perlenzüchter kümmern sich nicht um uns. Sie belächeln die verrückten Fremden, die einem Schatz nachjagen, dann tauchen sie und kontrollieren die Perlmuscheln im Drahtnetz. Wir schwitzen und wollen ihnen beweisen, daß es kein nostalgisches Sandkastenspiel rund um einen deutschen Seehelden ist. Schön wär's, wenn wir im nächsten Moment sagen könnten: Seht mal, da liegt das »Ding«. Glaubt ihr uns jetzt? Die halten uns für Verrückte, die auf dem Ring-Atoll im Kreis herumlaufen. Es ist eine harte Arbeit mit Filmkamera und Metalldetektor, mit Taucherflasche und Eisenstab zum Stochern im Korallenriff. Das muß ein Glücksgefühl gewesen sein, als Christians Harpune im Mai 1970 im Korallenriff auf Metall stieß. Der Schatz! Lasa und Christian am Ziel ihrer Wünsche … Ein Behälter, über den Korallen gewuchert waren. Das Team war überglücklich. Und dann brach die Schatzhöhle zusammen wie ein Kartenhaus.

Ich habe Lasas Finale, in dem der Schatz unter einer Geröll-Lawine verschwindet, mit leisen Zweifeln gelesen. Ein guter Einfall, am Ende einer Expeditionsstory das Ganze zusammenkrachen zu lassen. Höhere Gewalt, nichts zu machen. Aber Lasa ist nicht der Mann, der Märchen erzählt. Wer im Zweiten Weltkrieg Einmann-U-Bootfahrer war, mit einem Torpedo unter dem Sitz, der spinnt kein Seemannsgarn.

Marcello kommt vorbei und sagt zufrieden: »Es könnte eine gute Perlenernte werden.«

»Habt ihr in diesem Jahr schon eine ›poe rava‹ rausgeholt?«

»Hier noch nicht«, sagt Marcello, »wir haben hier gerade erst damit angefangen, unsere Perlmuscheln zu züchten. Aber woanders haben

wir ausgereifte Perlmuscheln in den Netzen. Das wird eine gute Saison«, sagt Marcello optimistisch. Das Gefühl kennen wir. Marcello ist auch einer von denen, die an Schätze glauben, er arbeitet nur in einem anderen Fach. Das ist so ein Tag, an dem alles normal zugeht im Südseeparadies, die Kollegen schuften im Muschelgehege. Es fallen keine Schüsse, es werden keine Haiharpunen abgefeuert, es gibt keine Gefechte um Gold oder die Schwarze Perle von Mopelia. Alltag im Paradies. Und dennoch kommen wir uns vor wie in einem Traum, den sich der »Seeteufel« ausgedacht hat.

Erschöpft liegen wir am Strand der Lagune, nachdem wir einen Tag lang mit dem Metalldetektor den Boden Mopelias abgetastet haben. Wir haben gebuddelt wie Besessene, die glauben, daß die Schatzkiste greifbar nah ist. Meine Wirbelsäule schmerzt nach der Wühlarbeit, will nur noch ausruhen im weichen, warmen Korallenkies. Die Muskulatur entspannt sich, und kaum geht es mir besser, kommt dieser Nervenkitzel wieder auf, den man nur auf Schatzinseln spürt. Mir geht das unvergeßliche Finale von Stevensons »Schatzinsel« durch den Kopf – der Schiffsjunge Jim Hawkins will nie wieder die Schaufel auf einer gottverdammten Schatzinsel in die Hand nehmen: »Nicht mit Ochsen, nicht mit Wagenseilen lasse ich mich je wieder nach der verwünschten Insel bringen; und meine schlimmsten Träume sind es, wenn ich die Brandung an ihre Küsten donnern höre und brüsk im Bett auffahre, weil die kreischende Stimme Käpt'n Flints mir ins Ohr gellt: Piaster! Piaster!«

Die orientalischen Goldmünzen funkeln verlockend durch seine Träume. Ich glaube ihm nicht, daß es seine letzte Reise war. Dieser Jim Hawkins, der in jedem Schatzsucher steckt, macht weiter, wenn er den nächsten Schatz wittert. Der bleibt nicht am offenen Kamin sitzen, die Füße in warmen Pantoffeln. Wir sind wie Hawkins hinter den Piastern her, hinter Luckners Goldtalern – wer könnte sie nicht gebrauchen? Stevenson läßt offen, was aus Hawkins wurde. Dabei denke ich auch an die Königin der Polynesier, an Pomare IV., auch Pomare Vahine genannt, die »Frau« auf dem Thronsessel der Südsee. Eine schwergewichtige Dame, die sich auf eine politische Intrige gegen die französischen Kolonialherren einließ und das Spiel verlor. Sie hörte auf den Rat des Engländers George Pritchard, eines protestantischen Missionars, der die polynesischen Inseln für Großbritannien gewinnen wollte. Die Franzosen durchschauten die Pläne und schlugen zwischen 1844 und 1847 den Aufstand der Polynesier blutig nieder. Die Königin unterwarf sich den Franzosen, zog sich in ihren Palast auf Tahiti zurück und genoß das süße Leben.

Eine Verliererin, die in ihren letzten Jahren von einer dekadenten Tristesse umgeben war: Singende Tänzerinnen vertrieben ihr die Depressionen und trüben Erinnerungen. Mitten in der Nacht verlangte sie nach Plaisir und Konversation. Die Königin ließ sich den müden Körper mit Blütenöl einreiben und massieren, rauchte Zigaretten und trank Cognac. Zeitgenossen verglichen Pomare Vahine mit Königin Victoria von England, weil sie aussah wie eine Grüblerin auf dem Thron, in wallende Gewänder gekleidet, melancholisch, mit einem verlorenen Lächeln in den Mundwinkeln. Sie gebar neun Kinder. 1877 starb sie nach 50jähriger Regierungszeit, 64 Jahre alt. Sie war wie eine glücklose Mutter, die ihr Südseeparadies vor dem Ansturm der Franzosen und Engländer nicht retten konnte. Die Franzosen demütigten sie 1843: Die Fahne von Pomare Vahine durfte nicht vor ihrem Palast wehen. Die Königin klagte den König von Frankreich an und mußte den Spott der französischen Kolonialherren ertragen.

Pomare Vahine hat die Erinnerung an Macht und Größe einer Urwelt hinterlassen, in der Götter und ihre Stellvertreter auf Erden, Könige und Häuptlinge, über die Südseeinseln herrschten. Als die deutschen Panzerkreuzer »Scharnhorst« und »Gneisenau« am Horizont des Paradieses

Pomare IV., Königin von Polynesien, verlor ihr Südseeparadies an die Franzosen und starb 1877 nach fünfzigjähriger Regierungszeit.

auftauchten, war die Zeit der Götter abgelaufen. Ich lese im Kriegstagebuch von Luckners Erstem Offizier, Leutnant Kling, ich suche nach Hinweisen auf die Kriegsbeute und das Schatzversteck. Aber Leutnant Kling hüllt sich in Schweigen. Er notiert alltägliche Vorkommnisse, was sich so liest, als sollte von der Spur abgelenkt werden. Notizen in SütterlinSchrift, zackig deutsch, wie sie zu Kaisers Zeiten üblich war. Peinlich sauber und leicht schräg stehen die Buchstaben auf dem Papier, der Erste Offizier Kling war offenbar ein Mann von Ordnung und Disziplin. Aber was immer er schreibt, er deckt mit deutscher Gründlichkeit das Rätsel des Luckner-Schatzes zu. Da heißt es am 4. September 1917: »Nichts Besonderes.« Und am 5. September schreibt Kling:

»Ich ging gewöhnlich 5 h morg. auf Schnepfen- und Reiherjagd nach dem Korallenriff an der Nordostseite der Insel.

Heute morgen 5.20, als ich wieder hinter einem Felsen auf Anstand saß und eben den ersten Schuß gefeuert habe, sehe ich plötzlich in der Dämmerung die verschwommenen Umrisse eines Segelschiffes, das auf die Küste zusteuerte.

Ich lief voller Freude schnell zum Lager zurück und ließ das Motorboot klarmachen, das trotzdem der Motor teilweise auseinandergenommen war in 40 Min. fahren konnte. 6.20 morg. legte das Boot ab.«

Das Schiff, das der Erste Offizier gesehen hatte, war der Kopra-Schoner »Lutèce«, den die Deutschen stoppten und für ihre Abreise von Mopelia benutzten.

Kling hilft uns also auch nicht weiter mit seinem Kriegstagebuch. Unser polynesischer Freund Marcello Raioho sagt ironisch scherzend: »Die ›tikis‹ wollen nicht, daß ihr den Schatz findet.« Das ärgert uns mächtig, stachelt unseren Ehrgeiz an. Aber auch Nicole Zebrowska, die Mutter des Managers der ATM-Charterfirma, hatte uns in der Faaroa-Bucht von Raiatea wenig Hoffnung gemacht. Die Siebzigjährige saß auf der Veranda ihres Sohnes, trug das weiße, luftige Kleid der Tahitianerinnen, eine weiße Blüte der »tiare« (Gardenie) hinter dem Ohr. Die »tiare« ist die Nationalblume Tahitis. Madame Zebrowska sprach mit dem Charme einer Polin und in elegantem Französisch bewundernd von Luckner, »le corsaire allemand«, dem deutschen Korsaren: »Luckner hatte einen großartigen Charakter – das ist der wahre Schatz in dem Drama. Nicht das Gold! Er hat uns eine Geschichte voll Abenteuer und Charme hinterlassen.«

Ihr Mann war Verwaltungssekretär in Polynesien. Über seinen Schreibtisch gingen Berichte und Dokumente, die den Schatz von Mopelia betrafen. Die Franzosen witterten Gold. Der Beamte erzählte seiner Nicole manches Detail über Luckners Abenteuer. Die alte Dame

sagte uns: »Luckner hat das wertlose Papiergeld in die Latrine des Lagers der Schiffbrüchigen geworfen. Aber das Gold – nun ja, das ist eure
Sache.«

Eine ganz andere Information bekamen wir von Albert Durou in Papeete, einem ehemaligen französischen Geheimagenten, der sich auf
Tahiti zur Ruhe gesetzt hat. Durou hat mit der Routine und dem Instinkt
eines Ex-Agenten sein eigenes Puzzle von Luckners verborgenem
Schatz zusammengesetzt. Er kam zu dem Schluß: Luckner hat seinen
Hilfskreuzer »Seeadler« absichtlich in den Schiffbruch gesteuert. Fran-
zosen und Engländer jagten ihn mit schnellen Kriegsschiffen durch die
Südsee, irgendwann hätten sie ihn geschnappt. Luckner wollte vermei-
den, daß ihnen seine reiche Beute in die Hände fiel. Deshalb ließ er den
»Seeadler« auf das Korallenriff laufen und versteckte die Beute, um sie
Jahre später abzuholen. Das muß irgendwann zwischen 1918 und 1925
passiert sein. Luckner segelte heimlich nach Mopelia zurück, behauptet
Durou, ein typischer Coup des »Seeteufels«, unbemerkt von der Weltöf-
fentlichkeit, die nach dem Ersten Weltkrieg andere Sorgen hatte, als den
»Seeteufel« im Auge zu behalten. Durou ist auf eine bis heute unbe-
kannte Spur gestoßen, er behauptet: Luckner fand seinen Schatz, aber
sein Zweiter Offizier forderte einen so hohen Anteil, daß Luckner seine
Pistole zog, den Mann erschoß und auf dem Atoll verscharrte. Das soll
Luckner damals bei einem vertraulichen Gespräch dem Erzbischof von
Papeete berichtet haben, der es in Kirchenkreisen weitererzählte, weil
es nicht unter das Beichtgeheimnis fiel – die Kirche schwieg das Geständnis tot. Klingt so, als habe Luckner für die Erleichterung seines
Gewissens damals mit einem Teil seiner Beute bezahlt. Dann segelte er
mit den restlichen Millionen nach Deutschland zurück.

Ist das die phantastische Behauptung eines Ex-Agenten? Durou
scheint der einsame, ausgediente Geheimagent zu sein, der an einem
Fall tüftelt, zu dem ihm der letzte Beweis fehlt – ein Stoff, den seine
grauen Zellen brauchen, um weiter Geheimagent spielen zu können.

In Papeete sagte uns Bengt Danielsson: »Luckners Schatz? Was ist
das? Eine Legende oder ein Millionenvermögen in einer Munitions-
kiste?« Der Alte glaubt nicht mehr an den Schatz: »Auf Mopelia ist nichts
– guten Tag!« Ende des Interviews. Der alte Danielsson hat seinen
Schlußstrich gezogen. Aber leugnen kann er nicht, daß Luckner ihm
1966 gestanden hat: »Ich habe den Schatz vergraben.«

Sylvio taucht noch einmal, um mit dem Unterwasser-Metalldetektor
das Korallenriff abzutasten. Jungnickel begleitet ihn mit der Filmkamera. Wolfgang Groth, unser Produktionsleiter, schnorchelt am Riff,
drei Haie schwimmen auf ihn zu. Das Trio ist eher neugierig als heiß-

*Korallengestein um-
schließt wie Beton
die versunkenen
Granaten des »See-
adlers«.*

hungrig. Sie trainieren Angriff, drehen verwundert vor der seltsamen Beute an der Wasseroberfläche ab, kreisen, bleiben am Mann. Junge Haie, die noch keine Bißerfahrung im Umgang mit Produktionsleitern von Filmteams haben. Groth, auf die Haie fixiert, übersieht eine heran-flutende Riesenwelle und wird gegen das Korallenriff gedrückt, verliert die Kontrolle. Der Sog schiebt ihn hoch und reißt ihn wieder nach unten, wie in einem Paternoster schwebt der Mann am Riff auf und ab, bis ihm die Luft ausgeht … Zum Glück hat Marcello den Zwischenfall gesehen, er gibt Gas und rast mit seinem Boot auf den Ertrinkenden zu, reißt ihn im letzten Moment ins Boot. Marcello glaubt an die Macht der »tikis«. Für uns war das eine der verdammten Riesenwellen aus der Weite des Pazifiks, die plötzlich wie nach einem fernen Seebeben heranrollen, vier, fünf Meter hoch – dann braucht man den starken Arm des dicken Marcello, der wie ein guter Geist in seinem Boot hinter uns her tuckert.

Sylvio und Jürgen Jungnickel spüren noch in 15 Metern Tiefe Druck und Sog der Riesenwelle, sie klammern sich am Riff fest. Dann hacken sie weiter und holen Schrauben, Deckel, Gewindeteile und ein Stück von einem Messingrad hoch, auf dem eine »10,5« und unleserliche Buchstaben eingeprägt sind, wahrscheinlich ein Stück von der versun-kenen Kanone. Kalkverkrusteter Schrott des »Seeadlers«, aber für uns sind die grünlich verfärbten Messingteile Souvenirs, in denen die Faszi-nation eines wahrscheinlich unlösbaren Rätsels steckt.

Samstag, 19. September: Unser letzter Tag auf Mopelia. Die Perlenzüchter haben über Funk gehört, daß sich das Wetter verschlechtern wird. Ein Orkan würde die Rückfahrt durch den Paß verhindern und uns in der Lagune vielleicht tagelang festhalten. Der Dezember-Orkan vom vergangenen Jahr war für Marcello Raioho ein Alptraum. Der Wind raste, Mütter und Kinder krallten sich an Kokospalmen oder Hüttenpfosten fest, hielten sich an den Händen, eine Menschenkette gegen den Orkan. Bis zur Brust standen sie in den Fluten. Die alte meteorologische Station im Osten des Riffs war ein solider Steinbau, jetzt ist nur noch ein Trümmerhaufen übrig. Geknickte Palmen, Überreste von Hütten, die wie Kartenhäuser zusammenstürzten – im Oktober soll ein Schiff kommen und Bagger ausladen, die aufräumen sollen. Aber wenn Stürme über die Inseln fegen, wird vorläufig nichts aus der Aufräumungsaktion, dann kommt das Schiff erst im nächsten Jahr. Wir haben mit der Filmkamera über und unter Wasser den Schauplatz des Schiffsdramas dokumentiert. Für Filmemacher ist das ein Erfolg, auch wenn der Schatz des »Seeteufels« verschwunden bleibt. Wie sagte Madame Zebrowska? Der Charakter des »Seeteufels«, das ist der wahre Schatz – und der Charme des Abenteuers. Eine schöne Polin, die das Leben genossen hat, muß das wissen.

Der schlechte Wetterbericht im Radio und über Funk drängt uns zum Abschied von Mopelia. Gegen Mittag verlassen wir unsere Freunde auf dem Atoll, ein dicker Maupitianer, der nach Hause will, kommt mit an Bord. Die »Sun Legend« segelt reibungslos durch den Paß, die Strömung von »taihaaru vahine« treibt uns in den offenen Pazifik. Unsere Freunde winken, Männer, Frauen und Kinder. Die Hunde bellen. Sie waren um unsere Grillfeuer gestreunt, hungrige und ziemlich verwilderte, traurige Köter, die irgendwann von den Maupitianern gefangen und geschlachtet werden, wenn sie Fleisch brauchen.

Marcello hat uns erzählt, daß auch die armen Insulaner nach Luckners Schatz gesucht haben: Das Gerücht ging um, Luckner habe das Gold in einem Loch versteckt, das sich immer mit Regenwasser füllte. Alle Leute auf Mopelia, auch die Kinder, haben an verschiedenen Stellen gebuddelt. Aber dann haben sie die Schatzsuche aufgegeben, weil sie glauben, daß die »tikis« keinem erlauben, weder Europäern noch Eingeborenen, den Schatz zu finden.

Es war eine gute Zeit auf Mopelia. Das Leben war, trotz seiner Härte und Widersprüche, versöhnlich – eine Zeit, um Freunde zu finden. Wir spüren den aufkommenden Wind in den Segeln, als wir ostwärts steuern, die Schräglage des Bootes ist verdammt unbequem und schlägt allen auf den Magen. Auch unser polynesischer Passagier wird seekrank,

Die Männer von
Raiatea in ihrem
Ausleger-Kanu sind
die späten Nach-
kommen der Seefah-
rer, die vor 1500 Jah-
ren mit Einbäumen
zu den 275 Seemei-
len entfernten Cook-
Inseln paddelten.

obwohl er doch Wind, Ozean und Salz schon mit der Muttermilch einge-
sogen hat.

Der Sturm holt uns ein, und die Ruderkette springt vom Zahnrad. Wir
treiben wie eine Kokosnuß in der stürmischen See. Dem Skipper und
Sylvio gelingt es, die Kette wieder über das Zahnrad zu ziehen, so daß
wir unseren Kurs wieder aufnehmen können. Im Morgengrauen erreichen wir Maupiti und steuern die Lagune an. Unser dicker Maupitianer
springt ins flache Wasser und schwimmt nach Hause. Stunden später
laufen wir in den Hafen von Uturoa ein. Wir stärken uns mit einem Frühstück im Bistro »Quai des Pêcheurs«, einem Treffpunkt einheimischer
Fischer.

Marcello hat verkündet, daß die »tikis« uns am Ende dafür strafen
werden, daß wir nach dem Schatz von Mopelia suchten. Wir trauen der
Ruhe nach dem Sturm nicht. Doch was kann uns jetzt noch passieren?
Christophe Zebrowski sagt, daß eine große Zeremonie in der Bucht der
alten Kultstätte von Taputapuatea stattfinden wird. Eine Piroge, ein fest-
lich geschmückter Einbaum mit Ausleger, wird zu den 275 Seemeilen
entfernten Cook-Inseln reisen, angetrieben von den Paddeln athleti-
scher Polynesier. Das wollen wir uns und unserer Filmkamera nicht entgehen lassen.

Am frühen Morgen sind wir mit unserer gesamten Filmtechnik vor
Ort. Taputapuatea liegt in einem alten Palmenhain, der das heilige »marae«, ein langgestrecktes Viereck aus aufgeschichteten Lavabrocken, in
mystisches Zwielicht hüllt. Im Schatten der Bäume hocken munter
schnatternde Kinder. Stevenson, der Autor der »Schatzinsel«, hätte
seine helle Freude an dem folgenden Drama gehabt. Wir wollen filmen,
aber ein australisches Fernsehteam aus Sydney hat die Rechte an der
Zeremonie für 180 000 australische Dollar gekauft. Clément Pito, der tätowierte Anführer der Pirogenmannschaft, regt sich fürchterlich auf, als
wir die Filmkamera auf die Szene richten. Pito hat mit den Australiern
einen Exklusivvertrag abgeschlossen. Er verbietet uns, seine Zeremonie
und den Start der Piroge zu filmen. Wir fahren mit unserem Boot hinaus
und drehen. Die Piroge startet, stoppt vor unserem Boot. Pito springt
wütend an Bord, mit seinem Paddel schlägt er auf die Filmkamera ein,
daß es nur so kracht. Frauen, die in Begleitbooten sitzen, schreien ver-
ängstigt. Pito springt in seine Piroge zurück, unsere Kamera ist kaputt.

Wir verlangen Schadenersatz von der australischen Filmfirma ZA-
ZOU. Die Chefin Heather Noud akzeptiert unsere Forderung von 10 000
US-Dollar. Am nächsten Tag steht ein Bericht in der Zeitung, die Presse
ist auf unserer Seite. Clément Pito hat allzu eifrig den Showstar gespielt.
Südsee-Theater: Mit dem Paddel schlug er beschwörend auf die Wellen,

sprach wie ein Priester mit den Göttern, die langen, schwarzen Haare zum Pferdeschwanz zusammengebunden, Bananenblätter um den Hals, kostümiert für die Fernsehkamera. Aber Pito ist alles andere als ein polynesischer Priester, er ist der geschäftstüchtige Präsident des Ruderverbandes von Tahiti. Pito hat sich als Supersportler einen Namen in Polynesien gemacht. Mit der Pirogenfahrt wollte er demonstrieren, wie vor 1500 Jahren die Ureinwohner von Raiatea die Pazifiküberquerung zu den Cook-Inseln geschafft haben. Dort fand in diesem Jahr das »South Pacific Art Festival« statt, ein Fest der Südseestaaten zu Ehren der alten Zeiten, als die Götter noch über das Inselparadies herrschten. Pito machte das Geschäft mit den Australiern, die den Franzosen die Atomwaffentests auf Mururoa übelnehmen. Er ist Verfechter einer radikalen Unabhängigkeit der polynesischen Inseln von Frankreich. Deshalb lehnte die Regierung es ab, Pitos Reise in die Vergangenheit moralisch und finanziell zu unterstützen. Also rächte sich Pito an den Machthabern und holte sich das Geld bei den Australiern. Wir waren mitten in diesen Streit hineingeraten.

Pitos Einbaum glitt in den Pazifik hinaus, die Männer paddelten wie in den alten Zeiten – aber es war nur noch Pitos Fernsehshow. Die Tagesschau des tahitianischen Fernsehens berichtete über Pitos Angriff auf uns. Marcello hat uns beim Abschied von Mopelia vor den unberechenbaren Mächten der Südsee gewarnt – und so schien es, als hätten die »tikis« am Ende zugeschlagen, in Gestalt des wütenden Pito. Barfuß stand er im magischen Bezirk von Taputapuatea. Laut einem alten Brauch durfte niemand ihn während der Beschwörung ansprechen. Wir hatten eine Drehgenehmigung des Hochkommissars der tahitianischen Regierung, Lionel Rimoux. Aber Pito, halbnackt Beschwörungsformeln murmelnd, kümmerte sich nicht um amtliche Papiere und Stempel, als wäre er den Göttern näher als dem Hochkommissar von Tahiti. In diesen Minuten spürten wir, daß der polynesische Zauber mit seinen steinernen »tikis« und seinen entmachteten Göttern trotz Zivilisation und Pitos Medienspektakel im Schatten der Palmen weiterlebt. Wir sind dem göttlichen Hiro dankbar, daß er uns beschützte, auch wenn er uns Luckners Gold verweigerte. Doch soviel ist sicher: Nur Hiro, der Gott der Diebe, weiß, wo der Schatz des »Seeteufels« geblieben ist.

LITERATURVERZEICHNIS

Blakeley, Fred: Lasseter's Dream of Millions. New Light on the Lost Gold Reef. Sydney: Transpareon Press 1984.

Brugger, Karl: The Chronicle of Akakor. New York: Delacorte Press 1977.

Camus, Albert: Der Fall. Hamburg: Rowohlt 1957.

Cartwright, Max: Ayers Rock to the Petermanns. Legend of Lasseter. Alice Springs, Australien: Cartwright Press 1991.

Childress, David Hatcher: Lost Cities & Ancient Mysteries of South America. Stelle, Illinois: Adventures Unlimited Press 1986.

Christian, Erwin und Raymond Bagnis: Tahiti und seine Inseln. Bora Bora, Franz. Polynesien: Kea Editions 1988.

Coote, Errol: Hell's Airport and Lasseter's Lost Legacy. Hawthorndene, Australien: Investigator Press 1981.

Cummins, Geraldine: The Fate of Colonel Fawcett. London: Aquarian Press 1955.

Dampier, William: Freibeuter 1683 bis 1691. Das abenteuerliche Tagebuch des Weltumseglers und Piraten. Tübingen und Basel: Horst Erdmann, 2. Aufl. 1977.

Edwards, Hugh: Islands of Angry Ghosts. North Ryde, Australien: Angus & Robertson Publishers 1989.

Exquemelin, Alexandre Olivier: Das Piratenbuch von 1678. Die amerikanischen Seeräuber. Tübingen und Basel: Horst Erdmann 1968 (Neuaufl. 1983).

Lasa, Rolf: Piraten, Träumer, Schätze, Gold unter Wasser. Das große Abenteuer in unserer Zeit. Hannover: Fackelträger 1978.

Loney, Jack: Ships and Seamen off the South Coast. Belmont, Australien: Neptune Press 1980.

Loney, Jack: Australian Sea Mysteries. Maryborough, Australien: Marine History Publications 1988.

Luckner, Felix Graf von: Seeteufels Weltfahrt. Alte und neue Abenteuer. Gütersloh: C. Bertelsmann 1956.

Piekalkiewicz, Janusz: Da liegt Gold. Millionenschätze, die noch zu finden sind. München: Südwest 1971.

Rühen, Carl: The Sea Devil. The Controversial Cruise of the Nazi Emissary von Luckner to Australia and New Zealand in 1938. Kenthurst, Australien: Kangaroo Press 1988.

Stapleton, Austin: Lasseter Did Not Lie. Hawthorndene, Australien: Investigator Press 1981.

Stevenson, Robert Louis: Die Schatzinsel. Dortmund: Hermann Schaffstein 1977.

Swanson, James und Tom Kollenborn: Superstition Mountains. A Ride Through Time. Phoenix, USA: Arrowhead Press 1981.

Ward, Bob: Ripples of Lost Echo's. True Story of Superstition Mountains. Apache Junction, USA: Pending 1989.

NACHWEISE

Die Zahlen im folgenden Bildnachweis beziehen sich auf die jeweilige Seite, auf der die Abbildungen plaziert sind. Alle Abbildungen stammen von Sylvio Heufelder, mit folgenden Ausnahmen:

Archiv für Kunst und Geschichte, Berlin: 51, 256
Art Publisher (PTY) Ltd., Durban, Johannesburg: 115
Bavaria, Picture Finders, Gauting: 155
West. Australia Museum / Jeremy Green, Fremantle: 253 unten
ZEFA, Allstock: 11
ZEFA, Damm: Schutzumschlag (Hintergrund)
Unbekannt: 13 rechts, 112, 118, 122, 169 oben, 181, 202 oben links, 205 links und rechts, 215 oben links und rechts, 225, 228, 232 oben und unten, 263, 273 links und rechts, 276, 278, 280, 281, 286, 327

Die Autoren haben sich bemüht, die Inhaber etwaiger Rechte an den in diesem Buch veröffentlichten Bildern ausfindig zu mache. Nicht in allen Fällen ist dies gelungen. Deshalb danken wir auf diesem Wege den nicht zu ermittelnden Inhabern von Bildrechten.

Den folgenden Firmen danken wir für die freundliche und vielfältige Unterstützung unserer Expeditionen:

Treasure Hunter Videos
Heitz & Höffges
Alte Bottroper Straße 144
D-4300 Essen 11

Ortungs- und Bergungstechnik
Nautik GmbH Keppler + Vitt
Limburgstraße 4
D-7831 Sasbach/Rh.

NUGGET Abenteuer, Schätze, Gold
Fachmagazin für Schatzsucher
Vettermann-Verlag
Postfach 1001
D-6272 Niedernhausen/Ts.

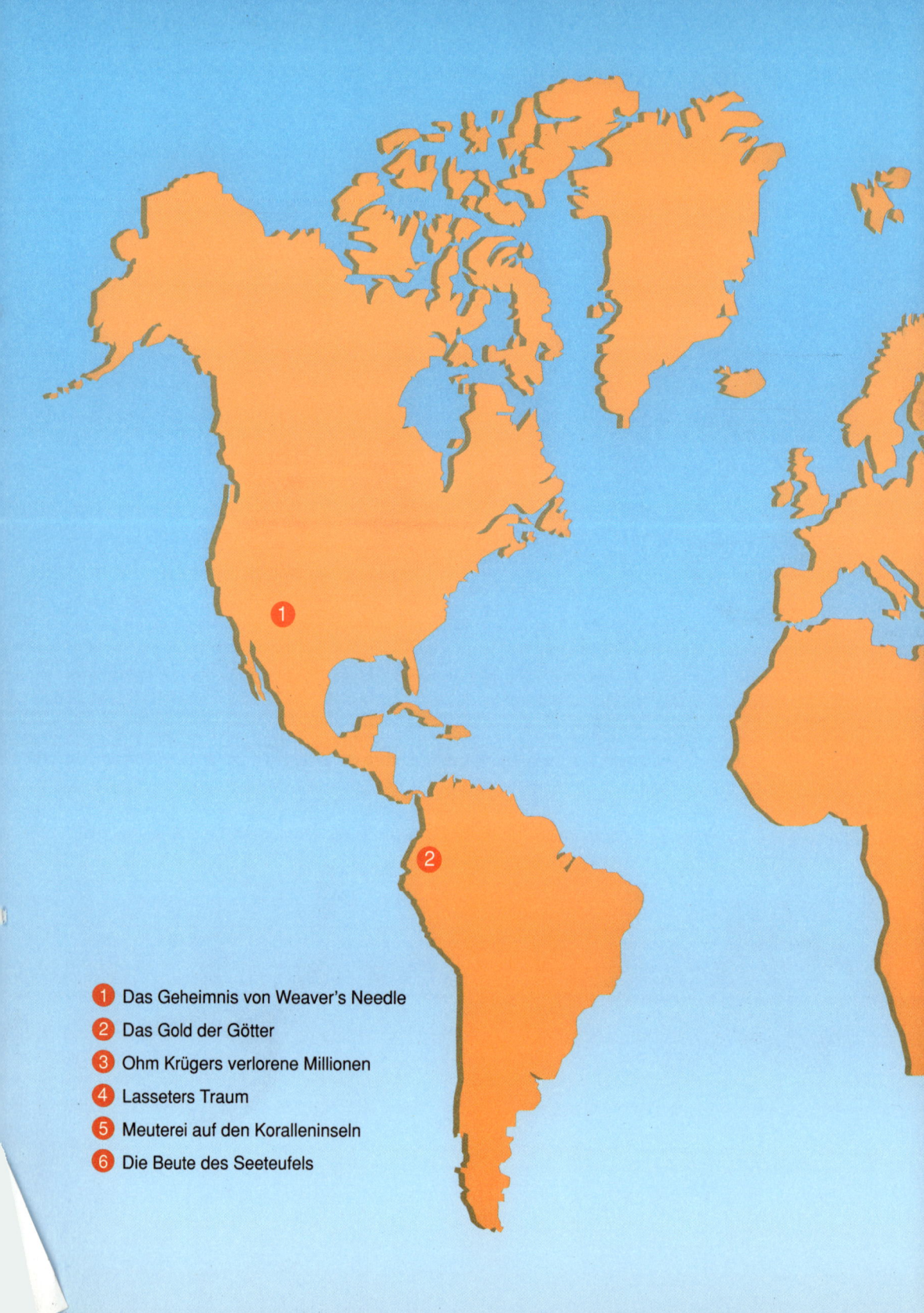

1 Das Geheimnis von Weaver's Needle

2 Das Gold der Götter

3 Ohm Krügers verlorene Millionen

4 Lasseters Traum

5 Meuterei auf den Koralleninseln

6 Die Beute des Seeteufels